Eric LEUPATON
    RLLPUR
    2 JUIN

L .45
.11

L .1264.
+ 6.33.

COLLECTION
DES CHRONIQUES
NATIONALES FRANÇAISES.

COLLECTION
DES CHRONIQUES
NATIONALES FRANÇAISES,

ÉCRITES EN LANGUE VULGAIRE

DU TREIZIÈME AU QUINZIÈME SIÈCLE,

AVEC NOTES ET ÉCLAIRCISSEMENTS,

PAR J.-A. BUCHON.

XVe SIÈCLE.

PARIS.
VERDIÈRE LIBRAIRE, QUAI DES AUGUSTINS, N° 25.
J. CAREZ, RUE HAUTEFEUILLE, N° 18.

M DCCC XXVI.

CHRONIQUES

D'ENGUERRAND

DE MONSTRELET.

IMPRIMERIE D'HIPPOLYTE TILLIARD,

RUE DE LA HARPE, N° 78.

CHRONIQUES

D'ENGUERRAND

DE MONSTRELET,

NOUVELLE ÉDITION,

ENTIÈREMENT REFONDUE SUR LES MANUSCRITS,

AVEC NOTES ET ÉCLAIRCISSEMENTS,

PAR J. A. BUCHON.

TOME VIII.

PARIS.

VERDIÈRE, LIBRAIRE, QUAI DES AUGUSTINS, N° 25.
J. CAREZ, RUE HAUTEFEUILLE, N° 18.

M DCCC XXVI.

SUPPLÉMENT.

MÉMOIRES

DU S' DE SAINT-REMY.

CHAPITRE LXI.

Comment les Franchois ordonnèrent leurs batailles pour combattre le roy d'Angleterre.

Or faut parler des Franchois, quy, le jeudi au soir, comme devant est dict, se logèrent aulx champs quy estoient entre Azincourt et Tramecourt, où la bataille feut lendemain. En ladicte place, comme dict est, se tinrent jusques au matin, espérant de jamais en partir que premiers n'eussent combattu le roy d'Angleterre. Si se mirent et ordonnèrent tous en point; mais, pour en raconter à la vérité, le jeudi aulx vespres, quand ils eurent ravisé la place là où ils s'arrestèrent et là où la bataille feut lendemain, les princes de France et les officiers royaux, assavoir le connétable, le maréchal Boucicault, le seigneur de Dampierre, et messire Clignet de Brabant, tous deulx eulx nommants amiraulx: le seigneur de Rambures, maistre des arbalestriers de France, et pluiseurs princes, barons et chevaliers fichèrent leurs bannières, de grand' liesse (joie), avecque la bannière royale du connestable de France, au champ par eulx avisé et situé en la comté de Saint-Pol, ou territoire d'Azincourt, par lequel, lendemain, debvoient passer les Anglois pour aller à Calais; et firent, celle nuit, moult grands feux au plus près de la bannière sous laquelle ils devoient combattre. Et, jà-soit-ce que les Franchois fussent bien cinquante mille hommes, et grant nombre de charriots et charrettes, canons et serpentines, et aultres habillements de guerre, tel qu'en tel cas debvoit appartenir, néanmoins, si y avoit-il peu de instruments de musique pour eulx resjouir, et à peine celle nuict, de tout l'ost des Franchois, on n'eust ouy un cheval hennir. Je le sai, pour vérité, par messire Jean, le bâtard de Waurin, seigneur du Forestel[1], car en celle journée estoit du costé des Franchois, et j'estois de l'aultre costé des Anglois: de laquelle chose chacun avoient grants merveilles, et n'y prendoient pas bon pied les Franchois, et aulcuns en disoient comme lendemain en advint. Puis, quand che vint lendemain au matin, quy feut vendredy vingt-cinquième jour d'octobre, l'an 1415, les Franchois, assavoir le connestable de France et tous les aultres officiers du royaulme, les ducs d'Orléans, de Bar, d'Alenchon; les comtes de Nevers, d'Eu, de Richemont, de Vendosme, de

---

1. Nous avons de lui une Chronique manuscrite dont il existe une belle copie dans la bibliothèque royale.

Marle, de Vaudemont, de Blamont, de Salmes, de Grampret, de Ronsey, de Dampmartin, et généralement tous les aultres nobles et gens de guerre, s'armèrent et issirent hors de leurs logis. Et lors, par le conseil du connestable et aultres sages du conseil du roy, feut ordonné à faire trois batailles, c'est assavoir, avant-garde, bataille et arrière-garde; en laquelle avant-garde furent mis environ huit mille bachinets, chevaliers et escuyers, et peu de gens de trait : laquelle avant-garde conduisoit le connestable; avec lui les ducs d'Orléans et de Bourbon, les comtes d'Eu et de Richemont, le maréchal Boucicaut, le maistre des arbalestriers, le seigneur de Dampierre, amiral de France, messire Guichard Dauphin, et aulcuns aultres capitaines; et le comte de Vendosme, et aultres officiers du roy, atout seize cents hommes d'armes, feut ordonné à faire une aile, pour férir sur les Anglois d'ung costé; et l'aultre aile conduisoit messire Clignet de Brabant, amiral, et messire Louis de Bourbon, atout huit cents hommes d'armes, à cheval, gens élus, comme l'on disoit, et que depuis j'ai ouy dire.

Avec lesquels conduiseurs dessusdicts estoient, pour rompre le trait des Anglois, messire Guillaume de Saveuse, Hector et Philippe ses frères, Ferry de Mailly, Ailiaume de Gapaunes, Alain de Vendosme, Lamon de Launoy, et pluiseurs aultres jusques au nombre dessusdict. Et, en la bataille dessusdicte, furent ordonnés ung nombre de chevaliers et escuyers et gens de trait, desquels estoient conduiseurs les ducs de Bar et d'Alenchon, les comtes de Nevers et de Vendosme, et de Vaudemont, de Blamont, de Salius, de Grampret et de Roussy; et, en l'arrière-garde, tout le surplus des gens de guerre, lesquels conduisoient les comtes de Marle, de Dampmartin et de Fauquenbergue, et le seigneur de Longroy, capitaine d'Ardre, qui avoit amené ceulx de la frontière de Boulenois. Et, après che que toutes les batailles dessusdictes furent mises en ordonnance, comme dict est, estoit grand' noblesse de les voir; et, comme on povoit estimer à la vue du monde, estoient bien trois fois en nombre autant que les Anglois; et, lorsque che feut faict, les Franchois séoient, par compaignies divisées, chacun auprès de sa bannière, en attendant la venue des Anglois; et, en eux repaisant, et aussi des haines que les ungs avoient aulx aultres, se pardonnèrent; les aulcuns s'entrebrassoient et accoloient, par paix faisant, que pitié estoit à les voir. Toutes noises et discordes quy avoient esté en eulx, et que ilz avoient eues du temps passé furent là transmuées en grant amour; et en y eut quy burent et mangèrent de ce que ilz avoient. Et feurent, ainsi que il me feut dict, jusques entre neuf et dix heures du matin, tenans pour certain, veu la grant multitude que ilz estoient, que les Anglois ne povoient eschapper de leurs mains. Touttefois y avoient pluiseurs des sages qui doutoient à les combattre en battaille publique.

CHAPITRE LXII.

De l'emprinse que dix-huit gentilshommes Franchois feirent contre la personne du roy d'Angleterre; et du parlement qui fut tenu entre les deux batailles; de la bataille d'Azincourt, où l'armée des Franchois feut de tous points défaite par le roi Henry d'Angleterre.

En ces ordonnances faisant, du costé des Franchois, ainsi que depuis l'ouys recorder par chevaliers nottables de la bannière du seigneur de Croy, s'eslirent ensemble, et jurèrent dix-huit gentils hommes; de toutte leur puissance joindre, si près du roy d'Angleterre, qu'ils lui abbatteroient la couronne sur la teste, où ils mourroient tous, comme ils firent. Mais, avant ce, se trouvèrent si près du roy, que l'un d'eux, d'une hache qu'il tenoit, le férit, sur son bachinet, un si grant coup, qu'il lui abbattit un des fleurons de sa couronne, comme l'on disoit. Mais gaires ne demeura que tous ces gentilshommes fussent morts et détrenchés, que oncques un seul n'échappa, dont ce fust grant dommage : car si chacun se fust ainsi employé de la partie des Franchois, il est à croire que les Anglois eussent eu mauvais parti. Et estoit chef et conducteur des dessusdits dix huit escuyers, Louvelet de Masinguehem, et Gaviot de Bournonville.

Quant les gens du roy d'Angleterre le eurent ainsi ouy parler, comme par cy-devant avez ouy, et faire ses remonstrances, cœur et hardement leur crût, car bien savoient qu'il étoit heure de eux deffendre, qui ne voulloit mourir. Aucuns de la part des Franchois voeullent dire que le roy d'Angleterre envoya secrettement, devers les Franchois, par derrière son ost, deux cents archers, afin qu'ils ne fussent perceus vers Tramecourt, par dedans un pret assez près, et à l'endroit de l'avant-garde des Franchois, afin que, au marcher que feroient les Franchois, lesdits deux cents Anglois les verseroient de ce costé; mais j'ai ouy dire et certifier pour vérité, par homme d'honneur, qui, en ce jour, estoit avecque et en la compaignie du roy d'Angleterre, comme j'estois, qu'il n'en fust rien. Or donc, comme dessus touché, les Anglois oyants le roy eulx ainsi admonester, jettèrent un grant cry, en disant : « Sire, nous prions Dieu qu'il vous » donne bonne vie et la victoire sur vos ennemis. » Alors, après ce que le roy d'Angleterre eust ainsi admonesté ses gens, ainsi comme il estoit monté sur un petit cheval, se mist devant la bannière, et lors marcha atout sa bataille en très belle ordonnance, en approchant ses ennemis; puis fist une reposée en icelle place, où il s'arresta. Il députa gens en qui il avoit grant fiance, et, par lui, furent ordonnés eux assembler et communiquer avec pluiseurs notables Franchois; lesquels Franchois et Anglois, s'assemblèrent entre les deux batailles, ne sais à quelle requeste : mais vrai est, qu'il y eust ouvertures et offres faictes d'un costé et d'aultre, pour venir à paix entre les deux roys et royaulmes de France et d'Angleterre. Et fust offert de la part des Franchois, comme j'ai ouy dire, si il vouloit renoncer au titre que il prétendoit avoir à la couronne de France, et de tout le quitter et délaisser, et rendre la ville de Harfleur, que de nouvel il avoit conquise, le roy seroit content de lui laisser ce qu'il tenoit en Guyenne, et ce qu'il tenoit d'ancienne conqueste en Picardie. Le roy d'Angleterre ou ses gens, respondirent que si le roy de France lui voulloit laisser la duché de Guyenne, et cinq cités que lors il nomma, et qui appartenoient et devoient être à la duché de Guyenne, la comté de Ponthieu, madame Katerine, fille du roy de France, pour l'avoir à mariage, comme il l'eust depuis, et, pour joyaux et vesture de ladite dame, huit cent mille escus, il seroit content de renoncer au titre de la couronne de France, et rendre la ville de Harfleur. Lesquels offres et demandes, tant d'un costé comme de l'autre, ne furent point acceptées; et retournèrent chacun en sa bataille. Ne demoura gaire depuis, que, sans plus espérance de paix, chacun des deux parties se prépara à combattre. Comme devant est dit, chacun archer anglois avoit un penchon (pieu) aiguisé à deux bouts, qu'ils mettoient devant eux, et dont ils se fortifioient.

Vérite est, que les Franchois avoient ordonné les batailles entre deux petits bois, l'un serrant à

Azincourt, et l'aultre à Tramecourt. La place estoit estroite et très avantageuse pour les Anglois, et au contraire pour les Franchois; car les Franchois avoient esté toutte la nuict à cheval, et si pleuvoit. Pages et varlets, et pluiseurs, en promenant leurs chevaux, avoient tout dérompu la place qui estoit molle et effondrée des chevaux, en telle manière, que à grant peine se pouvoient ravoir hors de la terre, tant estoit molle. Or, d'autre part, les Franchois estoient si chargés de harnois, qu'ils ne pouvoient aller avant. Premièrement, estoient armés de cottes d'acier, longues, passants les genoux, et moult pesantes; et par-dessous harnois de jambe; et par-dessus blancs harnois, et de plus, bachinets de caruail. Et tant pesamment estoient armés, avec la terre qui estoit molle, comme dit est, que à grant peine povoient lever leurs bastons. A merveille y avoit-il de bannières; et tant qu'il fust ordonné que pluiseurs seroient ostées et pliées; et aussi fust ordonné, entre les Franchois, que chacun racourcist sa lance, afin qu'elles fussent plus roides, quand ce viendroit à combattre. Assez avoient archers et arbalestriers; mais point ne les voulurent laisser tirer; et la cause si estoit pour la place qui estoit si estroite, qu'il n'y avoit place, fors pour les hommes d'armes.

Après ce que le parlement se fust tenu entre les deux batailles, et que les députés furent retournés chacun avec leur gens, le roy d'Angleterre, qui avoit ordonné un chevalier ancien, nommé messire

Thomas Herpinghen, pour ordonner ses archers, et les mettre au front devant en deux aisles; icelui messire Thomas enhorta à tous généralement, de par le roy d'Angleterre, qu'ils combatissent vigoureusement contre les Franchois. Et ainsi chevauchant, lui troisième, par-devant la bataille des archers, après ce que il eust faict les ordonnances, jetta un baston contre mont, qu'il tenoit en sa main; et, en après, descendit à pied, et se mit en la bataille du roy d'Angleterre, qui estoit pareillement descendu à pied, contre ses gens, et la bannière devant luy. Lors les Anglois commencèrent soudainement à marcher, en jettant un cry moult grant, dont grandement s'émerveillèrent les Franchois. Et quand les Anglois virent que les Franchois point ne les approchoient, ils marchèrent vers eux tout bellement, en belle ordonnance; et, derechef, firent un très grant cry, en eux arrestant, et reprenant leur haleine. Lors les archers d'Angleterre, qui estoient, comme j'ai dit, bien dix mille combattants, commencèrent à tirer à la volée, contre iceulx Franchois, de aussi loing comme ils povoient tirer de leur puissance; lesquels archers estoient, la plus grant partie, sans armures à leur pourpoint; leurs chausses avallées, ayant haches et cognées pendants à leurs ceintures, ou longhes espées, les aulcuns tout nuds pieds, et les aulcuns portoient hamettes ou capelines de cuir bouilli, et les aulcuns d'osier, sur lesquels avoit une croisure de fer. Alors les Franchois, vers eux voyants venir les Anglois, se mirent en ordonnance, chacun dessous sa bannière, ayant le bachinet en sa teste. Le connestable, le mareschal, et les princes, admonestoient moult fort leurs gens à bien combattre, et hardiment. Les Anglois, quand ce vint à l'approcher, leurs trompettes et clairons demenèrent grant bruit. Les Franchois commencèrent à encliner le chef, en espécial ceulx qui n'avoient point de pavais, pour le traict des Anglois; lesquels tirèrent si hardiment, qu'il n'étoit nul qui les osast approcher; et ne s'osoient les Franchois descouvrir; et ainsi allèrent allencontre d'eux, et les firent un petit reculer. Mais avant qu'ils puissent aborder ensemble, il y eut moult de Franchois blessés et navrés par le traict des Anglois; et, quand ils furent venus, comme dit est, jusques à eux, ils estoient si pressés l'un de l'autre, qu'ils ne pouvoient lever leurs bras pour férir sur leurs ennemis, sinon aucuns qui estoient au front devant, lesquels les boutoient de leurs lances qu'ils avoient auprès par le moilieu, pour être plus forts et plus roides, afin qu'ils pussent approcher de plus près leurs ennemis. Et avoient fait les Franchois, le connestable et le mareschal, une ordonnance de mille à douze cents hommes d'armes, dont la moitié d'eulx devoient aller par le costé d'Azincourt, et l'aultre par devers Tramecourt, afin de rompre les ailes des archers Anglois; mais, quand ce vint à l'approcher, ils n'y trouvèrent pas huit vingts hommes d'armes. Là estoit messire

Clignet de Brabant, que en espécial avoit la charge de ce faire. Lors, messire Guillaume de Saveuse, un très vaillant chevallier, lui troisième, s'avança devant les autres, et étoit du lez d'Azincourt, et bien trois cents lances; lesquels se férirent dedans les archers Anglois qui avoient leurs peuchons aiguisés, mis et affichés devant eux; mais la terre estoit si molle, que lesdits peuchons chéoient; et retournèrent tous, excepté trois hommes d'armes, dont messire Guillaume en estoit l'un. Si leur mésadvint que leurs chevaux chéirent entre les peuchons; si tombèrent par terre entre les archers, lesquels furent tantost occis. Les aultres, ou la plus grant partie, atout leurs chevaux, pour la force et doute du traict, retournèrent parmi l'avant-garde des Franchois, auxquels ils firent de grans empeschemens; et les dérompirent et ouvrirent en pluiseurs lieulx; et les firent reculer en terre nouvelle semée; car leurs chevaux estoient tellement navrés du traict, qu'ils ne les povoient tenir ni gouverner. Et ainsi, par iceulx fust l'avant-garde désordonné, et commencèrent à cheoir hommes d'armes sans nombre; et leurs chevaux se mirent à fuir arrière de leurs ennemis, à l'exemple desquels se partirent et mirent en fuite grant partie des Franchois. Et tantost après, les archers Anglois, voyant cette rompture et division en l'avantgarde, tous ensemble issirent hors de leurs peuchons, et jettèrent jus arcs et flesches, en prenant leurs espées, hasches, et autres armures et bastons. Si se boutèrent par les lieux où ils voyoient les romptures. Là abbattoient et occisoient Franchois, et tant, que finablement ruèrent jus l'avant-garde, qui peu ou néant s'estoient combattus. Et tant alloient Anglois, frappants à dextre et à sénestre, qu'ils vindrent à la seconde bataille, qui estoit derrière l'avant-garde. Lors se férirent dedans, et le roy d'Angleterre en personne, avec ses gens d'armes. Alors survint le duc Anthoine de Brabant, qui avoit esté mandé de par le roy de France; lequel y arriva moult hastivement, et à peu de compaignie, car ses gens ne le purent suivre, pour le désir que il avoit de soi y trouver. Si ne les voullut attendre, de haste que il avoit; et print une des bannières de ses trompettes, et y fist un pertuis par le millieu, dont il fist cotte d'armes. Jà si tost n'y fust descendu, que tantost et incontinent par les Anglois fust mis à mort. Lors commença la bataille et occision moult grande sur les Franchois, qui petitement se défendirent; car, à la cause des gens de cheval, la bataille des Franchois fut rompue. Lors Anglois envahirent de plus en plus les Franchois, en desrompant les deux premières batailles; et, en pluiseurs lieulx, abbattants et occisants cruellement sans mercy. Et, entre temps, les aulcuns se relevèrent par l'aide des varlets qui les menèrent hors de la bataille; car les Anglois estoient attentifs et occupés à combattre, occire et prendre prisonniers; pourquoy ils ne chassoient ne poursuivoient nully (personne). Et lors toutte l'arrière-garde estant encore à cheval, véants les deulx batailles premières avoir le pieur, se mirent à fuir, excepté aulcuns des chefs et conduiseurs d'icelles. Si est assavoir, que entre tant que la bataille duroit, les Anglois, qui estoient au dessus, avoient prins pluiseurs prisonniers Franchois; et lors vindrent nouvelles au roy d'Angleterre, que les Franchois assailloient par derrière, et qu'ils avoient desjà prins ses prisonniers, et aultres bagues; laquelle chose estoit véritable : car un nommé Robinet de Bournonville, Riflart de Plamasce, Ysambart d'Azincourt, et aucuns hommes d'armes, accompaignés d'aulcuns paysans, environ six cents, allèrent au bagage du roy d'Angleterrre, et prinrent les bagues et autres choses, avec grand nombre de chevaux Anglois, en tant que les gardes d'iceulx estoient occupés en la bataille; pour laquelle destrousse, le roy d'Angleterre fust moult troublé. Lors derechef, en poursuivant sa victoire, et voyant ses ennemis déconfits, et voyant que plus ne povoient résister allencontre de luy, encommencèrent à prendre prisonniers à tous costés, dont ils cuidèrent estre tous riches ; et, à la vérité, aussi estoient-ils ; car tous étoient grands seigneurs, qui estoient à ladite bataille. Et quand iceulx Franchois furent prins, ceux qui les avoient prisonniers, les désarmoient de la teste. Lors leur survint une moult grant fortune, car une grant assemblée de l'arrière-garde, en laquelle il y avoit plusieurs François, Bretons, Gascons, Poitevins, et autres, qui s'estoient mis en fuite, avoient avec eux grant foison d'étendarts et d'enseignes, eux montrant signe vouloir combattre; et, de faict, marchèrent en ordonnance. Quand les Anglois perçurent iceulx ensemble en telle manière, il fust ordonné, de par le roy d'Angleterre, que chacun tuast son prisonnier, mais ceulx qui les avoient prins ne les voeulloient tuer, pour ce qu'il n'y avoit celui qui ne s'attendist d'en avoir grant finance. Lors, quant le roy d'Angleterre fut adverti que nul ne voeulloit tuer son prisonnier, ordonna un gentilhomme avec deux cents archers et lui commanda que tous prisonnier fussent tués. Si accomplit ledit escuyer, le commandement du roy, qui fust moult pitoyable chose; car, de froid sang, toutte celle noblesse Franchoise, furent là tués et découpés, testes et visages, qui estoit une merveilleuse chose à voir. Cette maudite compaignie de Franchois, qui aussi firent meurir celle noble chevallerie, quand ils virent que les Anglois estoient prests de les recevoir et combattre, tous se mirent à fuir subit, et eux sauver, qui sauver se put; et se sauvèrent la plupart de ceulx qui estoient à cheval; mais, de ceulx de pied, en y eust pluiseurs morts. Quand le roy d'Angleterre vit et apperçut clairement avoir obtenu la victoire contre ses adversaires, il remercia Nostre-Seigneur de bon cœur; et bien y avoit cause, car de ses gens ne furent morts sur la place que environ seize cents hommes de tous estats, entre lesquels y mourut le duc d'Yorck, son grant oncle, et le comte d'Oxenfort. Et, pour vérité, la journée durant qu'ils s'assemblassent en bataille, y eust faict cinq cents chevaliers ou plus.

CHAPITRE LXIII.

Comment le roy d'Angleterre, après la bataille d'Azincourt, tint son chemin vers Guisnes, et de là à Calais et à Londres, avec ses prisonniers, entre lesquels estoit le duc d'Orléans, quy feut trouvé entre les morts; et comment il feut reçu en son royaume d'Angleterre.

En après, le roy d'Angleterre, se voyant demeuré victorieux sur le champ, comme dit est, tous les Franchois départis, sinon ceux qui étoient demeurés prisonniers ou morts en la place, il appela avec lui aucuns princes au champ où la bataille avoit été. Quand il eut regardé la place, il demanda comment avoit nom le chastel qu'il véoit assez près de lui; on lui répondit qu'il avoit nom Azincourt. Lors le roy d'Angleterre dit : « pourtant » que toutes batailles doivent porter le nom de la » prochaine forteresse où elles sont faites, ceste-ci » maintenant et pardurablement aura nom la ba- » taille d'Azincourt. » Puis, quand le roy et ses princes eurent esté là une espasse, et que nuls Franchois ne se monstroient pour lui porter dommage, et qu'il veyt que sur le champ il y avoit esté bien quatre heures, et aussi véant qu'il plouvoit, et que le vespre approchoit, se tira en son logis de Maisoncelles; et là archiers ne firent depuis la desconfiture, que deschausser gens morts et désarmer, sous lesquels trouvèrent pluiseurs prisonniers en vie; entre lesquels le duc d'Orléans en fut un, et pluiseurs autres. Iceulx Anglois portèrent les harnois des morts en leur logis par chevalliers; et aussi emportèrent les Anglois morts en la bataille, entre lesquels y fut porté le duc d'York et le comte d'Oxenfort, qui morts avoient esté en la bataille; et à la vérité les Anglois n'y firent pas grant perte, sinon de ces deux là. Quand ce vint au soir, le roy d'Angleterre fut adverty et sceut que tant de harnois on avoit apporté en son logis, fit crier en son ost que nul ne se chargeast néant plus qu'il en failloit pour son corps, et qu'encore n'estoit pas hors des dangiers du roy de France. On fit bouillir le corps du duc d'York et du comte d'Oxenfort, afin d'emporter leurs os au royaulme d'Angleterre. Lors le roy d'Angleterre commanda que tout le harnois qui seroit outre et pardessus ce que ses gens importeroient avecque les corps d'aucuns Anglois qui morts estoient en la bataille, fussent boutez en une maison ou grange, où là on fist tout ardoir, et ainsi en fut fait. Lendemain, qui fut samedi, les Anglois se deslogèrent très matin, de Maisoncelles; et, atout leurs prisonniers, derechief allèrent sur les champs et sur le champ où avoit esté la bataille; et che qu'ils trouvèrent de Franchois encore en vie, les firent prisonniers ou occire. Le roy d'Angleterre s'arresta sur le champ en regardant les morts; et là estoit pitoyable chose à voir la grant noblesse qui là avoit esté occise pour leur souverain seigneur, lesquels estoient désja tout nuds comme ceulx qui naissent.

Après ces choses faites, le roy d'Angleterre passa outre, et print chemin vers Calais. Si advint que à une reposée qu'il fit en son chemin, il fist apporter du pain et du vin, et l'envoya au duc d'Orléans, mais il ne vollu ne boire ne mangier; ce qui fut rapporté au roy d'Angleterre; et le roy cuidant que par desplaisance le duc d'Orléans ne voulsist ne boire ne mangier, tira devers luy, disant : « Beau cousin, comment vous va ? » Et le duc d'Orléans respondit: « Bien monseigneur. » Lors le roy lui demanda : « D'où vient ce que ne voulez » ne boire ne mangier ? » Il respondit que à la vérité il jusnoit. Si luy dit adonc le roy d'Angleterre: « Beau cousin, faites bonne chière ; je connois que » Dieu m'a donné la grâce d'avoir eu la victoire sur » les Franchois, non pas que je le vaille ; mais je » croi certainement que Dieu les a voollu pugnir. » Et s'il est vray ce que j'en ay ouy dire, ce n'est de « merveilles ; car on dit que oncques plus grant « desroy ne désordonnance de voluptez, de péchiés » et de mauvais vices, ne fut veu, qui reignent » en France aujourd'hui et est pitié de l'ouyr re- » corder, et horreur aux escoutants. Et se Dieu en » est courrouchié, ce n'est pas de merveilles, et nul

» ne s'en doibt esbahir. » Pluiseurs devises et entrevalles eurent le roy d'Angleterre et le duc d'Orléans, et tousjours exploitoient chemin de chevauchier en très belle ordonnance, ainsi que tousjours avoient faict, excepté que après la bataille, ne portèrent plus cottes d'armes en chevauchant, comme par avant avoient fait. Tant exploitèrent qu'ils arrivèrent à Guisnes, où le roi fut du capitaine de la place receu en grant honneur et révérence.

Si sçachiez que tousjours il faisoit chevauchier, et mettre les prisonniers Franchois entre l'avantgarde et bataille. Le roy d'Angleterre se logea dedans le chastel de Guisnes; mais la grosse flotte des gens d'armes tirèrent vers Calais, moult las et travailliez et chargiez de prisonniers et de proyes, excepté les ducs, comtes et hauts barons de France, que le roy d'Angleterre retint avec lui. Mais quant iceulx gens d'armes arrivèrent à Calais, où ils cuidèrent bien entrer, pour eux refaire, et aisier comme bien mestier en avoient, car la pluspart d'eux tous avoient estés par l'espace de huict jours ou dix sans mangier pain, mais d'autres vivres; chairs, beurres, œufs, fromages, tousjours quelque peu en avoient finé. Si eussent alors voulu donner pour en avoir, plus que on ne sauroit vous dire, car si grand disette avoient de pain qu'il ne leur challoit qu'il en coustast, mais pourvu qu'ils en eussent. Si est assez à penser que les povres prisonniers Franchois, dont le plus estoient navrez et bleschiez, estoient en grant destresse, car bien cuidèrent entrer tous dedans Calais ; mais ceux de la ville ne les vouldrent laisser entrer, exceptez aucuns seigneurs d'Angleterre ; et le faisoient afin que vivres ne leur faulsissent, et que la ville, qui estoit en frontière, demourast tousjours bien garnie. Et par ainsi gens d'armes et archiers qui estoient chargiez de bagues et de prisonniers, la pluspart d'eux, pour avoir argent, vendoient à ceulx de la ville, de leurs bagues et assez de leurs prisonniers; et ne leur challoit, mais qu'ils eussent argent et fussent en Angleterre. Et d'autre part, en y ot assez qui mirent leurs prisonniers à courtoise rançon, et les recepvoient sur leur foy, et donnoient à che jour ce qui valloit dix nobles pour quatre, et ne leur challoit ; mais qu'ils eussent du pain pour mangier, ou qu'ils pussent estre passez en Angleterre. Le roy d'Angleterre, qui estoit à Guisnes, sceult et fut adverty en quelle disette ses gens estoient, et il y pourvey tantost, car, à grant dilligence, il commanda que pourvéance de batteaux fust faicte ; sur lesquels gens d'armes, archiers et leurs prisonniers passèrent en Angleterre, les uns à Douvres, les autres à Sandvich, où moult joyeux furent quand là se trouvèrent et aussi pour la belle victoire qu'ils avoient eu contre les Franchois. Si se partirent et allèrent chacun en son lieu. Après, le roy, quant il eut séjourné aucuns jours à Guisnes, s'en alla à Calais, et en allant se print à deviser avec les princes Franchois, en les réconfortant amiablement, comme celuiqui bien le sçavoit faire ; et tant

2.

chevauchèrent qu'ils vindrent à Calais, où le roy d'Angleterre fut reçu du capitaine et de ceux de la ville, lesquels lui vindrent au-devant jusques au plus près de Guisnes; et d'autre part les prestres et clercs, tous revestus avec les croix et fanons de toutes les esglises de la ville, en chantant : *Te Deum laudamus.* Hommes et femmes s'esjouissoient, et petits enfants, à sa venue, disant : « Bien venu soit le » roy nostre souverain seigneur. » Et ainsi en grant gloire et triomphe entra dedans la ville de Calais, et là séjourna le roy aucuns jours. Si y tint la feste de Tous-les-Saints, et tantost, après, fist apprester ses navires pour passer en Angleterre, qui furent prests de partir le onze de novembre; mais avant son département vindrent par-devers lui les prisonniers de Harfleur, comme ils avoient promis. Le roy d'Angleterre fist faire voiles. Tantost qu'ils furent eslongiez de terre et entrez en mer, un moult grant vent s'esleva; et fut la mer très fort troublée, et tant que deux des vaisseaux du seigneur de Cornouailles périrent en mer et tous ceulx qui dedans estoient, que oncques un seul ne s'en eschappa, que tous ne fussent péris et noyez; et mesmement aucuns povres prisonniers allèrent arriver en Zélande, au port de Zerixée. Toutefois le roy d'Angleterre arriva sain et sauf en Angleterre, et prist terre à Douvres. Le roy d'Angleterre, pour la belle victoire de sa bataille d'Azincourt, et aussi pour la conqueste d'un si noble port, comme de Harfleur, fut très grandement loé et gracié du clergié et peuple de son royaulme, comme bien y avoit raison. De Douvres alla à Cantorbie. Si luy vint au-devant de luy l'archevesque, l'abbé et tous les religieux de ses églises, comme raison estoit. Puis pour abrégier, quant eut là séjourné une espasse, il se mist à chemin pour tirer à Londres, où il fut honorablement receu; et vindrent au-devant de luy à croix et gonfanons, avec toutes les reliques des corps saints. Quant il vint vers saint Pol, il descendit de son cheval; si baisa les reliques, et fist son offrande, puis se départist et entra en un batel sur la Thamise, et vint descendre en son palais de Wesmonster, lequel estoit moult richement paré et tendu, comme bien appartenoit à sa personne, et aussi pour l'honneur des princes de France ses prisonniers.

CHAPITRE LXIV.

Les noms des princes, grant maîtres, seigneurs et chevaliers Franchois qui moururent à la bataille d'Azincourt.

Ainsy que vous avez ouy, le roy d'Angleterre vint en son royaulme en grand triomphe. Un petit vous lairons à parler du roy d'Angleterre, et parlerons de ceulx qui moururent à la piteuse bataille d'Azincourt, et aussy des prisonniers. Premier, morut en la bataille messire Charles de Labreth, connestable de France : le mareschal Bouchicault feut mené prisonnier en Angleterre où il mourut ; messire Jacques de Chastillon, seigneur de Dampierre, admiral de France ; le seigneur de Rambures, maistre des arbalestriers ; messire Guichart le Daulphin, grant maistre d'hostel de France. Des princes ; messire Anthoine duc de Brabant, frère au duc Jehan de Bourgongne; le duc Édouard de Bar ; le duc d'Alenchon ; le comte Philippe de Nevers, frère au duc de Bourgongne ; messire Robert de Bar, comte de Marle ; le comte de Vaudemont ; Jehan frère au duc de Bar ; le comte de Blammont ; le comte de Grant-Pré ; le comte de Roussy; le comte de Faukembergue; messire Loys de Bourbon, fils du seigneur de Préaulx ; et autres grands seigneurs, tant de pays du Picardie comme d'aultres pays : le vidame d'Amiens, le seigneur de Croy et son fils, messire Jehan de Waurin et son fils, le seigneur d'Auxy, le seigneur de Brimeu, le seigneur de Poix, l'Estendart seigneur de Crequy, le seigneur de Louroy, messire Wistasse de Bours, messire Philippe d'Auxy et son fils, le seigneur de Raineval et son frère, le seigneur de Longueval et messire Alain son frère, le seigneur de Mally et son fils aisné, le seigneur d'Inchy, messire Guillaume de Saveuse, le seigneur de Neufville, le chastellain de Lens, messire Jehan de Mareul, messire Jehan de Béthune, messire Jehan de Mareul en Brie, messire Simon de Craon, le seigneur de Clary, le seigneur de la Roche, le seigneur de Aleigre en Auvergne, le seigneur de Bauffremont en Champaigne, messire Jacques de Hem, le seigneur de Sambry, messire Regnaut de Créquy seigneur de Conte et son fils, messire Oudart de Renty et deux de ses frères, le seigneur de Happelaincourt, messire Loys de Ghistelles, messire Jacques de Lichternelde, le seigneur de Harnes, messire Jehan de Bailleul, messire Raoul de Flandres, messire Collart de Fosseux, le seigneur de Rosimbos, et son frère le seigneur de Thiennes, le seigneur d'Azincourt et son fils, le seigneur de Warignies, le seigneur d'Auffemont, messire Dreux d'Ongnices, le seigneur de Betencourt, le sénéschal d'Eu, le seigneur de Coursy, le seigneur de Viel-port, le seigneur de Moncaurel, le seigneur de Fontaines, messire Anthoine de Beauvergier, le seigneur de la Tour, le seigneur de l'Ille-Gommor, le seigneur de Sainct-Tron, messire Ferry de Sardonne, messire Pierre d'Argies, messire Bertran de Montaben, Bertrand de Sainct-Gilles, messire Jehan de Werchin sénéschal de Haynault, le seigneur de Quiéurain, le seigneur de Hamayde, le seigneur de Quesnoy, le seigneur de Montigny en Haynault, le seigneur de Jeumont, le seigneur de Chim, messire Simon de Haverech, le seigneur de Pottes, messire Jehan de Grés, messire Michel de Chasteller et son frère, le seigneur de Solre et messire Brifault son frère, le seigneur de Moy en Beauvoisis et son fils, messire Collart de Fresnes, messire Collart de Sempy, le seigneur du Bois-Dennequin, messire Rasse de Moncaurel, messire Lancelot de Cléry, messire Gérart de Herbaumes, Philippe de Poictiers, messire Regnault d'Azincourt, le seigneur de Chastelneuf, le seigneur de Marquettes, messire Regnault de Corbie, messire Lancelot de Reubempré, messire Hector de Chartres et ses deux frères, le seigneur de Regnault-Ville, le seigneur de Fiennes, le seigneur de Tencques, le seigneur de Herlin, messire Maillet de Gournay, messire Pierre de Moyelle, le seigneur de Honcourt, le seigneur de Rasse, le seigneur d'Espagny, messire Loys de Vertain, Hectorin d'Ougnies et son frère, messire Henry de Boissy, messire Artus de Moy, messire Floridas de Morœul, messire Tristan de Moy, le seigneur de Verneul, le vicomte de Dommart. Se dire et raconter vous voulloye par noms et surnoms, les barons, chevaliers, escuyers et nobles, qui à ceste journée moururent, trop pourroye eslongier la matière ; mais, pour venir au faict, ne vous ai nommé que ducs, comtes, chevalliers et escuyers : car tant de nobles escuyers y morurent, et aultres vaillants hommes, que c'estoit une pitié à veoir et à ouyr raconter aux officiers d'armes qui feurent à ladite journée, tant de la partie des Franchois que des Anglois. Car durant la bataille tous officiers d'armes, tant d'un party que d'autre, se tinrent ensemble ; et après la bataille ceulx de France s'en allèrent où bon leur sembla, et ceulx d'Angleterre demourèrent avec leurs maistres qui avoient gaigné la bataille. Mais quant à moi je demourai avec les Anglois; et depuis j'ai ouy parler pluiseurs notables chevalliers de la partie de France, et par espécial à messire Hue et à messire Guillebert de Lannoy, frères, qui feurent à ladite bataille, qui en racomptoient bien au long. Mais, comme dit est, tant y moururent de nobles, que on les extimoit à dix mille hommes, dont ils estoient de sept à huit mille nobles hommes, et le surplus archiers et aultres gens. Et feut trouvé, à compter les princes qu'il y avoit morts, de cent à six vingts bannières; et se la journée eust esté le samedy après, il y eust eu plus grand nombre qu'il n'y eust, car à tous costés gens applouvoient, comme se che fust à aller à une feste de joustes ou de tournoy.

CHAPITRE LXV.

Les noms des prisonniers Franchois qui feurent prins à ladite journée d'Azincourt.

Or doncques, puisque je vous ay nommé partie de ceulx qui moururent à la dite bataille, je vous raconterai les noms de ceux qui feurent prisonniers à ladite journée, seize cents hommes ou environ, tous chevaliers ou escuyers, dont le premier feut Charles duc d'Orléans, le duc de Bourbon, les comtes d'Eu, de Vendosme et de Richemont, messire Jacques de Harcourt, messire Jehan de Craon seigneur de

Dommart, le seigneur de Fosseux, le seigneur de Humières, le seigneur de Roye, le seigneur de Chauny, messire Bohort Quieret, le seigneur de Ligne en Haynault, le seigneur de Noyelle, nommé le Blanc Chevalier, et messire Baudot son fils, le seigneur d'Inchy, messire Jehan de Waucourt, messire Athis de Brimeu, messire Jennet de Poix, messire Guillebert de Lannoy, le seigneur d'Angnois en Ternois, et pluiseurs aultres grands seigneurs, chevalliers et escuyers, que je ne sais nommer, jusques au nombre dessusdit. Ainsy comme vous avez ouy, advint de la piteuse journée d'Azincourt.[1]

CHAPITRE LXVI.

Comment le roi de France feut adverti de la bataille que les princes de son sang avoient perdue; comme aussi feut le duc de Bourgongne qui, à grand' puissance d'armes, tira vers Paris, où il ne peut entrer; et du départ du duc de Guyenne; et comment le comte d'Erminacq feut faict connestable.

Assez tost après que le roy d'Angleterre eut obtenu la victoire sur les Franchois, au lieu d'Azincourt, les nouvelles feurent portées à Rouen devers le roy, de la douloureuse adventure et perte de ses gens. Sy ne faut pas doubter que le roy et ses

---

1. Voyez à la fin de ce volume un Fragment d'un poème anglois du temps, sur le même sujet.

gens, princes et aultres, eurent au cœur grand' tristesse. Néanmoins, dedans certains jours après, le roy retourna à Paris, et en la présence du roy Loys, des ducs de Guyenne, de Berry, de Bretagne et de pluiseurs aultres de son sang et conseil, constitua et établit le comte d'Erminacq connestable de France, et manda iceluy hastivement au pays de Languedoc où il estoit, à venir devers lui. Aussy feurent portées les nouvelles au duc de Bourgongne, qui lors estoit en son pays de Bourgongne; pourquoy, pareillement comme les aultres princes, il feut très dolent et très fort desplaisant, par espécial de ses deulx frères, le duc de Brabant et le comte de Nevers; mais che nonobstant, se prépara sans délay à toute diligence et à grand' puissance de gens, pour aller à Paris, en sa compaignie le duc de Lorraine et bien dix mille chevaux; pourquoy les Parisiens, doubtants le duc de Bourgongne, envoyèrent à Melun devers la royne de France, qui là estoit malade, laquelle de là se feit porter par pluiseurs hommes de pied à Paris, et se logea à l'hostel d'Orléans avec la duchesse de Guyenne, fille au duc de Bourgongne. Or est vrai que aucuns Parisiens et aucuns officiers du roy, qui avoient esté favorables à la partie d'Orléans, se doubtoient très fort, pource qu'il avoit en sa compaignie pluiseurs de ceulx qui avoient esté bannis et enchassés de Paris; c'est assavoir messire Ellyon de Jacqueville, messire Robinet de Mailly, maistre Eustasce de Latre, maistre Jehan de

Troyes, Caboche et Denisot de Chaumont, Garnier de Sainct-Yon, et pluiseurs aultres. Et pour tant traitèrent sy bien devant le roy, que messire Clignet de Brabant, le seigneur de Barbasan et le seigneur des Bosqueaux feurent mandés à venir à Paris avec grand nombre de gens d'armes, pour la seureté d'icelle, et aussy pour accompagner le duc de Guyenne. Et avec che, feut mandé derechef le comte d'Erminacq, qu'il venist atout (avec) la plus grand' puissance qu'il polroit finer. Le duc de Bourgongne passa par Troyes et s'en vint à Provins et à Meaulx en Brie; auquel lieu on lui refusa l'entrée, par le commandement du duc de Guyenne, qui leur avoit rescript, que pas ne laissassent dedans le duc de Bourgongne; et pourtant s'en alla à Lagny-sur-Marne, et se logea dedans la ville. D'autre part se mirent sus pluiseurs capitaines à grand' puissance, du pays de Picardie, c'est assavoir Martelet du Mesnil, Ferry de Mailly, Hector et Philippe de Saveuse, messire Maury de Sainct-Légier, messire Payen de Beaufort, Loys de Warignies, et plusieurs autres; lesquels, fort dégastants le pays, allèrent par le Pont-au-Vaire jusques au lieu de Lagny, devers le duc de Bourgongne, quy mandé les avoit. Et tant multiplia sa compaignie, qu'ils feurent bien vingt mille chevaux ou plus.

Durant lequel temps, le roy Loys, sçachant qu'il n'estoit point aymé du duc de Bourgongne, pour la cause du renvoy de sa fille, se partit de Paris

tout malade et se en alla à Angers, mais avant son
partement, se voeult sousmettre de leurs discords
seur le roy et seur son grand conseil, moyennant
que il fust ouy en ses deffenses, à quoy le duc de
Bourgongne ne voult entendre, mais feit response à
ceulx quy pour cette cause estoient venus devers
luy, que des torts et blasme que le roy Loys avoit
faict à luy et à sa fille, il l'amenderoit en temps et
en lieu, quand il polroit. Le duc de Bourgongne,
de Lagny-sur-Marne où il estoit, envoya devers le
roy à Paris, messire Jehan de Luxembourg, le
seigneur de Sainct-Georges, et pluiseurs aultres,
quy exposèrent pleinement au conseil du roy la
cause de sa venue, en faisant leur requeste que il
pussit en Paris entrer atout sa puissance, pour la
seureté de leur corps; mais seur che, ils ne eurent
aulcune response, synon que le roy envoyeroit
brief response devers le duc de Bourgongne; lequel
y envoya maistre Jehan de Wailly, président en
parlement, et pluiseurs aultres ambassadeurs du
conseil du roy. Mais à la fin il ne pust finer d'entrer à Paris à puissance; ains luy fut dict que sy il
y voulloit aller à son simple estat, le roy et son
conseil en estoient bien contents, et non aultrement. Che que le duc de Bourgongne ne voulut
jamais, car bien sçavoit que ceulx quy gouvernoient
le roy estoient ses mortels ennemis, et ne se y fust
pour rien fié. Or, est ainsy que les Parysiens et
principalement ceulx de l'université, véyant de jour
en jour que pluiseurs maulx et desrisions se mul-

tiplioient entre les seigneurs du sang royal et ceulx de leur conseil l'un contre l'aultre, à la grant destruction du royaulme et du pauve peuple, allèrent un certain jour, à grant moultitude, devers le duc de Guyenne, où estoit son frère, nommé le duc de Touraine, le duc de Berry et pluiseurs aultres grans seigneurs et gens d'esglise, demandant audience de parler. Laquelle obtenue, le premier président en parlement commença à parler et dict pour son thesme che qui se ensuit : *Domine, salva nos, perimus*, che qui veut dire : Seigneur, sauvez-nous, car nous périssons. Et est écrit au chapistre de sainct Mathieu : lequel président clairement l'exposa, en touchant sagement et éloquemment pluiseurs conclusions en desclarant les principaux malfaicteurs du royaulme, troublants et opprimants le povre peuple.

Après la fin de laquelle proposition, le duc de Guyenne promptement respondit, et prit parole de fils de roy, que doresnavant les malfaicteurs du royaulme, de quelque qualité que ils fussent, seroient punis selon leur desmérite, et que justyce seroit fayte, réparée et gardée, et que le clergié et le peuple seroient tenus en paix ; mais tantost après, le bon duc de Guyenne, qui, par cours de nature, debvoit estre après la mort du roy son père, roy, et qui avoit grant désir, comme raison estoit de faire bonne justice, et de tenir le peuple en paix, accoucha malade des fiesvres ; dont il alla de vie à trespas, le huitiesme jour de décembre, en l'hostel de Bourbon. Pour la mort duquel furent faicts grans pleurs et lamentations de pluiseurs seigneurs et aultres ses serviteurs. Si fut gardé son corps audit hostel, en un cerceuil de plomb, par l'espace de trois jours; et là vinrent tous les colléges de Paris prier pour luy, et depuis fut porté à Sainct-Denys, où les roys ont leurs sépultures.

En après huit jours ensuivant, le comte d'Erminacq entra à Paris, à recevoir l'office de connestable et l'espée, de la main du roy, en faisant serment solennel, comme il est de coutume de faire; et là remercia humblement le roy de l'honneur qu'il luy portoit et faisoit. Quand le comte d'Erminacq eust fait le serment de connestable, il assembla gens d'armes; tant qu'il se trouva de cinq à six mille combattants pour résister allencontre du duc de Bourgongne; et fit mettre en pluiseurs lieux garnisons; et doubtant les Bourguignons, fit rompre pluiseurs ponts et passages. En ce temps fut messire Jehan de Torsay, de par le roy, ordonné maistre des arbalestriers de France, messire Thomas de Largies, bailli de Vermandois, le seigneur de Humbercourt, bailli d'Amiens, et messire Brunet de Baines, bailly de Tournay; et pareillement furent faits par le roy pluiseurs officiers en France.

En ycelle saison, le duc de Bretagne alla à Paris pour traiter devers le roy, que le duc de Bourgongne pust aller devers luy à toute sa puissance; laquelle chose il ne put impétrer, et pour tant retourna assez tost en Bretagne; mais avant son partement, se courrouça moult fort à messire Tanneguy du Chastel, prévost de Paris, et luy dit pluiseurs injures, pour ce qu'il avoit fait mettre en prison au Chastelet le ministre des Mathurins, docteur en théologie, lequel avoit fait devant le peuple de Paris, une proposition de par le duc de Bourgongne; et bief en suivant le prévost le deslivra franc et quitte.

CHAPITRE LXVII.

Du retour du duc de Bourgongne en son pays de Flandres, et comment il alla visiter ses deux nepveux, Jehan et Philippe, fils de son frère Anthoine, duc de Brabant, qui mourut en la bataille d'Azincourt; et des gens de guerre quy gastoient le pays de Santers, quy feurent rués jus par le commandement du roi de France.

Après que le duc de Bourgongne eust été bien dix semaines à Lagny-sur-Marne, voyant que par nuls moyens il ne pouvoit impétrer devers le roy pour entrer dedans Paris, à simple estat se partit de là, et prit son chemin à Dampmartin, à Reims en Lannois, Terrane et Cambrésis, à Douay et Lille; et toujours avoit grant nombre de gens d'armes avec luy, dont le pauvre peuple estoit fort oppressé. Toutefois à son partement de Lagny, fut poursuivy par aucuns de soudoyers du roy, lesquels, vers le Pont-à-Vaire, férirent et occirent des gens, dont il fut mal content; et pour sa longue demeure dedans la ville de Lagny, les Parysiens et aultres le nommoient, en commun langage, *Jehan de Lagny*. Et après, quand il fut retourné en sa ville de Lille, il s'en alla en Brabant visiter ses deux nepveux, c'est à savoir Jehan et Philippe, fils au duc de Brabant; et lors prit avec luy le mains-né fils, auquel avoit esté ordonné pour partage la comté de Sainct-Pol et de Lygny, et toutes les terres qui furent au comte Waleran de Sainct-Pol, père de madame leur mère, et de Brabant. Le duc de Bourgongne retourna en son pays de Flandres, où il ordonna le seigneur de Fosseux, capitaine de Pycardie, à faire retraire tous ses capitaines et leurs gens d'armes, hors de son pays d'Arthois, et des mettes d'environ. Et pour ce que les aucuns travailloient moult fort les pays du roy, le vingt-quatriesme jour de janvier, par nuict, Rémonnet de la Guerre, le presvost de Compiengne, le seigneur des Bosqueaux, gouverneur de Valois, par le commandement du roy et de son conseil, assemblèrent secrettement grant nombre de gens d'armes, et furent au logis de messire Martelet du Maisnil, et Ferry de Mailly, qui estoient logés au pays de Santers, en aucuns villages, atout bien six cents hommes, faisans grans dérisions sur le pays; lesquels furent tous morts, pris ou destroussés, sinon ceux qui eschappèrent par fuite; et furent messire Martelet et Ferry de Mailly pris prisonniers et menés à Compiengne. Toutefois le jour de la Purification de Notre-Dame, messire Martelet et quatre aultres gentilshommes, après ce qu'ils eurent esté questionnés des officiers du roy, furent pendus au gibet de Compiengne; et Ferry de Mailly, par le moyen de aucuns ses bons amis, fut mis à pleine deslivrance.

CHAPITRE LXVIII.

Comment la sentence de condamnation, par cy-devant faicte par l'évesque de Paris, allencontre de feu maistre Jehan Petit, feut déclairée de nulle valeur au conseil de Constance.

Vous avez ouy comment, par ci-devant, maistre Jehan Petit avoit esté condamné par l'évesque de Paris, et par pluiseurs de l'Université, et aussi par l'inquisiteur de la foi; toutesfois, au concile de Constance, Martin Porée, docteur en théologie et évesque d'Arras, avecques aultres ambassadeurs du duc de Bourgongne, mirent le cas en termes, et par ces clercs notables, c'est assavoir cardinaulx et aultres, feut dict ce qui s'ensuit, par le conseil et clercs de droit : « Par icelle notre sentence or-
» dinaire, laquelle nous affermons en ces escripts,
» nous prononçons et déclarons les sentences,
» procès et condamnations, arsins, deffenses et
» excusations faictes par l'évesque de Paris, con-
» tre maistre Jehan Petit, et toutes choses qui de

» ce se sont ensuivies, estre de nulle valeur, et les
» annullons et cassons. La condamnation des dé-
» pens faicts devant nous en ceste cause, nous les
» laissons à taxer, pour cause. Ainsi, moi, Jour-
» dain de Albane; ainsi, moi, Anthoine d'Aquila,
» prononçons; ainsi, moi, cardinal de Florence,
» le prononçons. » Lequel procès feut condamné au
concile de Constance, le 15 jour de janvier.

CHAPITRE LXIX.

Comment l'empereur Sigismond arriva à Paris, où honorablement feut reçu du roy, et de là passa en Angleterre, où aussi feut honorablement reçu et festoyé du roy d'Angleterre; de son retour en France sans avoir rien besongné touchant la paix des deux roys; et du trespas du duc Jehan de Berry, oncle du roy de France.

En icelui temps, 1415, vinrent à Paris deux chevaliers des gens de l'empereur Sigismond et roy d'Allemagne, pour avoir et préparer son logis; auxquels deux chevaliers feut baillé et délivré le chastel du Louvre; et le jour du Gras dimanche ensuivant, arriva l'empereur, accompaigné de huict cent chevaulx environ. Allencontre duquel allèrent le duc de Berry, le cardinal et le duc de Bar, le comte d'Erminacq et plusieurs aultres, en moult noble estat; et feut logié au Louvre; et en aucuns jours après fist exposer au roy et à son conseil la cause de sa venue, c'est assavoir, pour l'union de notre saincte Eglise. Et après il se offrit moult au roy à faire ce qu'il polroit pour luy et pour son royaulme; et depuis y eust un docteur en théologie, nommé maistre Ghérart Machet, qui proposa devant luy moult prudentement, de par le roy, dont il feut très content; et estoit le roy en assez bonne santé. Et après que plusieurs parlements eurent par luy esté faicts, sur l'estat de l'universelle église et aultres besognes, il se partit de Paris pour aller en Angleterre, où il s'acquitta d'appaiser à son pouvoir les deux roys de France et d'Angleterre, comme cy-après sera dict. Et feut son partement le mercredy devant les Pasques; et de là feut convoyé jusques à Sainct-Denis, par le roy Loys, le duc de Berry et le cardinal duc de Bar; et estoit en la compagnie de l'empereur, le duc de Milan, oncle du duc d'Orléans; et estoit l'empereur armé, portant à l'arçon de sa selle un chapeau de Montauban. Sur son harnois portoit une heuque (robe) noire, en laquelle estoit une droicte croix, devant et derrière, de couleur de cendre, sur laquelle avoit escript en latin : *Dieu tout puissant et miséricors*. Et ainsi estoient habillés la plus grant partie de ses gens, montés sur bons chevaulx; et s'en alla à Boulongne, mais ceulx de la ville ne les laissèrent pas entrer dedans, dont il eust grand dépist; et pour ce ne voulut recevoir les présents à luy envoyés de la ville, et s'en alla à Calais; et après ce qu'il eust sesjourné deux jours, navires feurent apprestés, sur lesquels luy et ses gens

montèrent, et ils eurent vent à plaisir, qui tost les
mist à Douvres. Après prinrent leur chemin à Londres; si leur alla au-devant le roy d'Angleterre et
ses frères, accompaignés de pluiseurs nobles princes de son sang; et en brief jours après y veint le
duc Guillaume, comte de Hainault, pour parler de
la paix des deux roys et de leurs royaulmes; mais
ni l'empereur, ni le roy d'Angleterre, ni ceulx du
conseil des deux parties, ne se sçurent accorder ni
trouver manière de venir à bien de paix. Nonobstant ce, le roy d'Angleterre festoya moult honorablement l'empereur, et le duc Guillaume, son
cousin, et les aultres ambassadeurs qui venus estoient en leur compaignie, de par le roy. Dont
pour festoyer l'empereur fist faire un moult bel et
sompteux souper, où estoit assis l'empereur au
milieu de la table, et à son dextre le duc d'Orléans, et au-dessus du duc d'Orléans, le duc de
Bourbon, le comte d'Eu, le seigneur d'Estoute-
ville et le seigneur de Gaucourt, tous prisonniers
au roy d'Angleterre; et au sénestre costé estoit
assis le duc Guillaume, comte de Hainnault, de
Hollande et de Zélande; le duc de Brick, allemand,
et trois aultres comtes d'Allemagne, que je ne sais
nommer. Le roy d'Angleterre, qui bien sçavoit les
honneurs mondains autant que prince de son temps,
veint devant la table de l'empereur, pour le festoyer et semondre à faire bonne chière, vestu d'une
moult noble robe de drap noir, et autour de son col,
un moult riche collier garni et aourné (orné) de

moult riches pierres; si les veint par deux fois visiter. L'empereur séjourna en la ville de Londres, avecques le roy d'Angleterre, par l'espace d'un mois ou cinq semaines; mais quand ils virent que ils ne pouvoient trouver paix, ni moyen de traicter entre les deux roys de France et d'Angleterre, moult desplaisant l'empereur s'en départit, et prist congié du roy d'Angleterre. Et quand le roy d'Angleterre sçut son partement, il le fist desfrayer, et tous ses gens, hommes et chevaulx. L'empereur, venu à Douvres, après ce que les ducs, comtes et barons d'Angleterre eurent prins congié de luy, il trouva son navire prest, et monta dessus, luy et ses gens, et veinrent au soir au giste à Calais; puis l'empereur, sans gaires sesjourner, retourna en France, là où il raconta au roy ce que luy et le duc Guillaulme avoient peu faire, touchant les matières, pour venir au bien de paix, dont le roy et les princes furent moult courroucés, car bien sçavoient et espéroient que le roy d'Angleterre ne seroit assouffi à tant, et que en brief temps il repasseroit en France. Et quant est à parler du duc Guillaulme, il s'en partist de Londres environ douze jours après l'empereur, et s'en retourna au pays de Hollande. En ceste année, mourut le duc Jehan de Berry, oncle du roy, et se remaria la duchesse au seigneur de La-Trimouille, dont le duc de Bourgongne feut mal content, car pour ce jour il n'aimoit gaires le seigneur de La-Trimouille; et par droit, ladicte dame estoit comtesse de Boulogne. Et pource que le duc de Bourgongne fust adverti du mariage, hastivement envoya le seigneur de Fosseux, lors gouverneur d'Arthois, en la ville de Boulogne, pour icelle saisir et mettre en sa main; mais desjà, de par le roy, estoit commis le seigneur de Moreul pour faire frontière allencontre des Anglois.

CHAPITRE LXX.

De l'armée de mer que le roy de France mit sus, laquelle feut défaite par l'armée des Anglois, dont le duc de Clarence estoit chief.

En icelle mesme année, fut par le roi et son conseil, ordonné et avisé de mettre en la mer, entre France et Angleterre, une grosse armée, et si puissante que pour combattre l'armée du roy d'Angleterre, et mesmement pour garder la mer, que la ville de Harfleur fust avitaillée d'Angleterre, ni d'ailleurs. Et pour fournir icelle grosse armée, le roy envoya à Gennes, où il recouvra de huit grosses carraques, lesquelles le roy fit armer, avec plusieurs et grand nombre de navires de guerre : et furent d'icelle armée, chefs et capitaines, le bastard de Bourbon et messire Robinet de Bracquemont, amiral de France. Il est vrai que après que ladite armée fut preste, ils se mirent en mer, et tant nagèrent qu'ils se trouvèrent sur la coste d'Angleterre, si puissants, que pas ne les osoit attendre. Quand le roy d'Angleterre sut que icelle armée estoit sur la mer, pour lui deffendre le passage, il assembla les princes et grands seigneurs de son conseil, et leur fit remonstrer l'armée que les Franchois avoient mis sur mer, par laquelle, se provision n'y estoit mise, il y recevroit honte et dhommaiges, en leur requérant conseil. Si fut conclu en ce conseil, de assembler une grosse armée pour combattre les Franchois sur la mer. Quand il eut son armée preste, il manda son frère le duc de Clarence, et lui dit : « Je vous ordonne chef de » mon armée, et que tous de madite armée vous » obéissent comme à moi ; et, au surplus, je vous » commande que vous alliez combattre l'armée des » Franchois, qui de présent sont sur la mer; et vous » gardez, sur votre vie, de jamais retourner en Angle-» terre, s'ils vous attendent, que vous les ayez com-» battus. Et, par la grâce de Dieu, soyez victorieux, » ou que vous soyez mort ou pris. » L'ordonnance du roi d'Angleterre faite, et son armée preste, où pouvoit avoir de trois à quatre cents navires, le duc de Clarence se partit après qu'il eut remercié le roy, son frère, de l'honneur qu'il lui faisoit, et de lui le congé prit; et tant fit qu'il trouva l'armée des Franchois, auxquels il aborda et assembla à combattre, et là y eut dure bataille ; et Franchois furent enfin déconfits; et là y eut maints nobles hommes morts et noyez, entre lesquels fut mort le gentil chevalier messire Jehan de Bracquemont, fils de l'amiral; le bastard de Bourbon fut pris et mené en Angleterre; et quant aux quatre car-recques, elles s'enfuirent sans combattre, et les aultres furent prises, avec plusieurs navires de guerre. Et après icelle bataille, le duc de Clarence fit ravitailler et rafraischir de vivres la ville de Harfleur, puis s'en retournèrent les Anglois en Angleterre, fort joyeux de leur bonne fortune : de ces nouvelles fut moult joyeux le roy d'Angle-terre, et bienviengna son frère moult grande-ment.

CHAPITRE LXXI.

Comment l'empereur Sigismond se trouva dereçhief à Calais, vers le roy d'Angleterre, comme aussi feit le duc de Bourgongne; et de la rencontre que les Anglois de Harfleur eurent aux Franchois.

Environ la Saint-Remy 1416, l'empereur re-tourna à Calais. Si vint vers lui le roy d'Angleterre, moult grandement accompagné. Eux estans au-dit lieu de Calais, alla par-devers eux le duc de Bourgongne, où il fut honorablement receu. Si vint tenir ostage, pour lui, le duc de Glocestre, frère du roy d'Angleterre, en la ville de St.-Omer, et par le comte de Charolois, fut le duc de Glo-cestre grandement et honorablement receu. Si le visitoit et compaignoit, le plus qu'il pouvoit, le comte de Charrolois, qui alors estoit jeune, et qui, de son eage, savoit plus que prince de son temps. Le duc de Glocestre, de l'honneur et courtoisie que le comte de Charrolois lui faisoit, le mercioit très honorablement. Le duc de Bourgongne, estant à Calais, fut à icelle fois moult requis et pressé du roi d'Angleterre, qu'il se voulsist déporter d'estre en l'aide du roy allencontre de lui et des siens, par condition qu'il partiroit à aucuns des conquestes qu'il feroit en France; et avec ce, le roi d'Angleterre lui promettoit de rien entreprendre sur nuls de ses terres et seigneuries, ni de ses alliez et bienveillants. Laquelle requeste ne voult pas accorder le duc de Bourgongne; mais les trèves qui par avant avoient esté accordées, touchant le fait de marchandise entre Angleterre et France, furent ralongiés jusques à la Saint-Michel 1419. Et, comme je fus informé, le duc de Bourgongne désiroit grandement parler à l'empereur, car autrement ne pouvoit parler à lui, s'il ne fût venu à Calais. Et aussi, l'empereur ne fût pas venu vers lui à cause des desbats, noises et guerres que avoit le duc de Bourgongne à ceulx tenans la partie du duc d'Orléans et de ses frères. Et après ce qu'il eut séjourné en la ville de Calais, par l'espace de huit jours, et besongné de ce pour quoi il estoit allé, prit congé et retourna à Saint-Omer, et pareillement se retourna le duc de Glocestre à Calais. Pour lequel voyage, ainsi par le duc de Bourgogne fait, fut le roi, et ceux qui gouvernoient, moult merveillés; et tenoient véritablement qu'il se fût du tout allié avec le roy d'Angleterre, au préjudice du roy et de sa seigneurie. De laquelle chose oncque ne fut parlé, excepté ce que le roy d'Angleterre lui avoit dit; mais tant aimoit le roi, que jusques à mourir ne l'eût voulu faire. Mais en icelui temps, tous les princes de France avoient conceu une si grand' envie sur lui, à cause de la mort du duc d'Orléans, que nul bien ne pouvoient dire; parquoi grands guerres et effusions se faisoient alors en France, dont le roy d'Angleterre n'estoit pas courroucé; et ne s'en doit-on pas esmerveiller, car pour lors, si la France eût esté en paix et union, le roy d'Angleterre y eût eu moult à faire, avant qu'il fût venu aussi avant comme il vint.

En ce mesme temps, le duc d'Exetre, qui se tenoit à Harfleur, se mit sur un certain jour aux champs, atout trois mille combattants anglois; et alla courre devant la ville de Rouen, et de là, alla atteindre le pays de Caux, où il fut par trois jours, et y fit de très griefs maux, par feux et espée; mais à ce temps, se assemblèrent les garnisons, tant qu'ils se trouvèrent trois mille, comme estoient iceulx Anglois. Si les rencontrèrent, et leur cururent sus vaillamment, et en brief, les mirent tous en desroi (désordre). Si en demeura sur la place bien huit cents, que morts que pris, et les autres, avec le duc d'Exetre, se retrayrent en un jardin, qui estoit environné de fortes haies d'épine, et là se tin-rent le surplus du jour. Les Franchois ne les pouvoient avoir, jà-soit-ce qu'ils s'en missent en peine; et quand ce vint au soir, Franchois se retrayrent, pour eux rafraischir, en un village là au plus près; mais le duc d'Exetre et ses gens, doutant la journée, se partit environ le point du jour, et tira vers Harfleur. Laquelle despartie sçurent assez tost après les Franchois, qui derechef les poursuivirent et les rateindirent sur les marès, assez près de Harfleur, , environ deux lieues. Si les assaillirent comme devant, mais les Anglois, voyans que sans mort ou prison ne pouvoient eschapper, ruèrent pied à terre. Si se défendirent en telle manière, qu'il desrompirent les Franchois, et mirent en fuite. Si moururent en la place, jusques au nombre de douze cents Franchois, entre lesquels fut le principal, le seigneur de Villequier, qui estoit conducteur; le demeurant se sauva. Ainsi advient-il de guerre, une fois perdre et l'autre gagner.

CHAPITRE LXXII.

Du monopole que les Parisiens feirent, quy feut descouvert d'une femme; et comment ceux qui feurent coupables feurent exécutés; et comment le dauphin de Viennois espousa la fille au comte de Hainaut; et des trespas desdits dauphin et comte de Hainaut.

Après le partement de l'empereur de la ville de Paris, ceulx quy gouvernoient le roy, c'est assavoir le roy Loys, le duc de Berry et aulcuns aultres, tinrent conseil, auquel feut ordonné que on mettroit une taille sus pour les affaires du roy et du royaulme, dont le peuple, en espécial ceulx de Paris, tenants secrettement le party du duc de Bourgongne, feurent moult troublés, et à la couleur d'icelle taille feirent une assemblée secrette, à laquelle feirent ung terrible monopole et conspiration, et la plus cruelle et détestable dont on polroit parler. Ne sais s'il feut vray, mais la chose n'advint point, comme vous orrez (entendrez). Iceulx Parisiens, pour accomplir leur intention, envoyèrent devers le duc de Bourgongne, afin qu'il envoyast secrettement de ses gens à Paris, feignant que ce fust pour ses affaires, aulxquels iceulx Parisiens eussent conseil et confort. Sy leur accorda le duc de Bourgongne, et leur envoya messire Jennet de Poix, Jacques de Fosseulx, le seigneur de Saint-Légier et Binet Dauffleu, lesquels portèrent pluiseurs lettres de créance signées de la main du duc de Bourgongne, adressants à Paris, à ceulx à qui ils avoient fiance. En conclusion, au contempt de ladite taille, iceulx Parisiens jurèrent et feirent serment ensemble, que le jour du grand vendredy, après disner, ils se mettroient sus en armes, pour prendre tous ceulx quy leur estoient contraires; et premier, le prévost de Paris, lequel ils occiroient; et en après mettroient à mort la royne de Sicile, et sy prendroient le roy de Sicile et le duc de Berry, et les feroient vestir d'habits honteux, leur feroient rère (raser) la tête comme fols, et les feroient mener sur deux beneaux avant la ville de Paris; après les feroient mourir, qui eust esté une grant cruauté, s'il estoit vrai. Toutefois la voix courut que pluiseurs, qui à la cause feurent exécutés le confessèrent. Iceluy jour, ils ne mirent point à exécution leur maulvaise entreprinse, mais la cuidèrent exécuter le jour de Pasques; mais leur maulvaiseté feut seue par une femme quy leur conseil révéla à Michaut Laillier, qui le fist savoir à Bureau de Dampmartin, et Bureau le fist savoir au chancellier, qui promptement s'en alla au Louvre, et de là envoya secrettement à la royne, aulx princes et au prévost de Paris, déclarer la fausse et maulvaise intention d'iceulx Parisiens. Et promptement que le prévost le sust, secrettement fist armer gens, et assembla de cinquante à soixante hommes, et tira vers les quartiers des halles où aulcuns des capitaines de ces maulvais demouroient, qui ne se doubtoient en rien que leur entreprinse feut descouverte. Sy en feurent pluiseurs prins et menés en Chastelet, entre lesquels feurent prins messire Almeric d'Orgemont, l'archidiacre d'Amiens, doyen de Tours et chanoine de Paris; l'ung des présidents de la chambre des comptes; Robert de Belloy, très riche drappier; le sire de l'hostel de l'Ours, à la porte Baudet, et pluiseurs aultres. Laquelle chose, en toutte diligence feut rescripte au connestable et au maréchal de France, qui lors estoient en la frontière de Harfleur, allencontre des Anglois; lesquels y envoyèrent Remonnet de la Guerre, atout (avec) huit cents hommes de guerre; et le cinquième jour de may, feurent menés pluiseurs des maulvaises gens dessus nommés ès halles, où là feurent comme traictres exécutés et décollés. Et au regard de Almeric d'Orgemont, il feut rendu à l'evesque, par lequel il feut condamné au pain et à l'eau en chartre perpétuelle. Et tantost après, le connestable vint à Paris, accompagné de gens de guerre; et après sa venue, fist, par le prévost de Paris, oster touttes les chaisnes de fer par les rues de ladite ville, et avec che, les armures de ceulx de la ville. Ne demoura gaires après que messire Loys Bourdon, messire Clignet de Brabant, et le seigneur des Bosqueaulx, atout (avec) grand nombre de gens de guerre, arrivèrent à Paris, et ès villages d'environ. Sy feurent tous les favorables du duc de Bourgongne, en grand' perplexité, et ceulx que on trouva coupables de la conspiration feurent sans miséricorde punis, les ungs décapités, les aultres pendus, les aultres noyés, et peu en échappa. Toutefois les nobles hommes que le duc de Bourgongne avoit envoyés, retournèrent sans quelque empeschement. En ce temps, estoient gens d'armes en grand' puissance, en l'Isle-de-France et ès marches environ, par l'ordonnance des gouverneurs quy gouvernoient le roy. Et pareillement se mirent sus les gens du duc de Bourgongne en grand nombre, parquoy le pauvre peuple du royaulme estoit tout détruit. Vous avez ouy précédemment comment le duc de Guyenne alla de vie à trépas, après lequel trépas, Jehan de Tourraine, son second frère, feut daulphin de Viennois, et héritier de la conronne de France, lequel avoit espousé la fille et héritière du comte de Haynault, de Hollande et de Zélande, auquel le comte de Haynault bailla et ordonna ung grand estat pour le mener en France; mais avant le partement s'assemblèrent ensemble le daulphin et le duc de Bourgongne, et le comte de Haynault, lesquels jurèrent et promirent de tenir de point en point la paix tant de fois faicte en France. Lesquels serments feurent faicts, en la présence de pluiseurs grands seigneurs, en la ville de Valencienne; et puis, après ces choses faictes, le daulphin print son chemin pour aller à Paris, en sa compaignie madame la daulphine sa femme, et son beau-père le comte de Haynault. Il ne passa point Compiengne, et là d'une grosse maladie, son ame rendit à Dieu. Duquel trespas se feit grand' murmuration parmy le royaulme; et disoient les aucuns que il avoit esté empoisonné, pour cause que il estoit trop Bourgongnon, et trop fort allié avec le duc de Bourgongne. Après son trespas, madame la daulphine retourna au pays de Haynault en la compagnie de son frère, mais ce fust à grand deuil et en très amère déplaisance; et ne demoura gaire après, que le comte de Haynault alla de vie à trespas; et tréspassa au chasteau de Bouchain, au mois d'aoust 1417. Si feut madame la daulphine héritière des comtés de Haynault, de Hollande, de Zélande et seigneurie de Frise. Toutefois, Jehan de Bavière, évesque de Liége, son oncle de par son frère, lui bailla pluiseurs empeschements, et par espécial ès comtés de Hollande et de Zélande.

CHAPITRE LXXIII.

Comment Jehan de Bavière, esleu de Liége, bailla empeschement à dame Jacqueline de Bavière, en la comté de Hollande; et comment il se maria à la duchesse de Luxembourg, laquelle estoit vefve de feu Anthoine, duc de Brabant.

APRÈS le trespas du daulphin de Viennois et du comte de Haynault, son beau-père, Jehan de Bavière, évesque de Liége, oncle de la daulphine, lui bailla moult d'empeschements, comme avez ouy, en disant que à icelles siegneuries ne devoient nulles femmes succéder: et de faict, se bouta, par le consentement d'aulcuns Hollandois, dedans la ville de Dordrecht, et en aulcunes aultres places qui le tenoient pour seigneur. Puis commença à faire guerre à ceulx du pays de Hollande et Zélande qui obéir ne voulloient, et délaissa du tout l'église, et se maria à la duchesse de Luxembourg, laquelle auparavant avoit esté espouse du duc Anthoine de Brabant.

CHAPITRE LXXIV.

Comment le duc de Bourgongne escripvit lettres à plusieurs villes du royaume, pour remettre le roy en liberté, et pour le bien public du royaume; et comment la royne feut envoyée par le roy à Tours, en Touraine, avec trois gouverneurs, qui la tenoient bien court.

Le duc de Bourgongne, quy désiroit avoir le gouvernement du roy et du royaulme, envoya ses lettres en pluiseurs bonnes villes du royaulme, par lesquelles il remontroit comment pluiseurs et diverses fois paix avoit esté faicte en France, laquelle de son pouvoir avoit toujours tenu et vouloit tenir, mais de l'aultre partie avoit esté enfreinte en pluiseurs et diverses manières, comme par avoir mis gens prisonniers, décapités, pendus, noyés, les deux enffants de France empoisonnés, c'est assavoir le

duc de Guyenne et le duc de Touraine, daulphin
de Viennois; et de jour en jour destruisoient le roy
tant par mangeries de gens d'armes, que par pluiseurs grands tailles et exactions. Et après toutes
ces grands remontrances, requéroit à ceulx des
bonnes villes, nobles et aultres, qu'ils le voulsissent ayder et délivrer, et à mettre en franchise
le roy, quy estoit détenu par iceulx robbeurs et
détruisants du royaulme, estrangiers et non du sang
royal; et pluiseurs aultres remontrances du duc de
Bourgongne qu'il leur faisoit, en disant qu'il avoit
ferme espérance en Dieu, qui connoist le secret
des cœurs des hommes, de venir à conclusion de
garder et conserver la noble maison de France,
par les moyens des bons et loyaulx subjects du roy,
lesquels en avoit-il intention de secourir et ayder en
toute maniere, de noblesse, franchises et libertés,
et tant faire, que plus le peuple ne payeroit tailles,
aydes, impositions, gabelles et autres exactions,
comme luy requiert le noble royaulme de France:
et contre ceulx quy voudroient aller au contraire,
y procéderoit par voye ennemie contre eulx par feu
et sang, soient universités, communautés, chapitres, colléges, nobles et tous aultres de quelque
estat ou condition que ils soient. En ce même
temps, la royne estant au bois de Vincennes, où
elle avoit son noble estat, le roy estant vers elle,
ainsy qu'il retournoit à Paris envers le vespre,
rencontra messire Loys Bourdon allant de Paris au
bois; lequel passant assez près du roy, luy feit la

révérence et passa oultre assez légèrement. Toutefois le roy le connut; si ordonna au prévost de Paris qu'il allast après luy, le print et en feit bonne garde, tant que aultrement y auroit ordonné: laquelle chose feut ainsy faicte; et après, par le commandement du roy feut questionné, puis feut mis en un sacq de cuir et jetté en Seine. Sur lequel on avoit escript: *Laissez passer la justice du roy.*

En briefs jours après, feut ordonné, de par le roy, que la royne s'en iroit à Tours en Touraine, en sa compagnie sa belle-sœur, duchesse de Bavière, et atout son simple et petit estat. Et luy feurent baillés pour la conduire, maistre Jehan Guillaume Thorel, maistre Jehan Picart et maistre Laurent Dupuis, sans le conseil desquels ne povoit rien besogner, escripre, ne faire quelque chose; de laquelle ordonnance elle fut fort déplaisante; et avec ce, ceulx quy la gouvernoient luy avoient osté tout son argent, joyaulx et richesses.

CHAPITRE LXXV.

Cemment ancuns rebelles de Rouen occirent leur baillif, son lieutenant et autres; et comment le dauphin y alla à main armée, et feit punir les rebelles; de la mort du roy Loys de Cécille, et quels enfans il délaissa; et des pilleries et mauvais gouvernement qui estoit au royaume de France.

En ce temps, par l'exhortation d'aulcuns quy estoient favorables et avoient la partie du duc de Bourgongne, se mirent sus, par manière de rébellion, pluiseurs méchants gens de petit estat, en la ville de Rouen; et, de fait, allèrent en la maison du bailly royal de Rouen, nommé messire Raoul de Gaucourt, tous armés et embastonnés, heurtèrent à son huis bien fort, disans à ceulx de dedans: « Nous voulons cy entrer et parler à mon- » sieur le bailly, pour luy présenter un traistre » que nous avons maintenant prins en la ville. » Et polvoit estre environ dix heures en la nuict. Auxquels feut répondu par iceulx serviteurs, qu'ils missent leur prisonnier seurement jusques à lendemain. Néanmoins, par leurs importunités, tant de force comme aultrement, ouverture leur feut faite; et tantost le bailly se leva, et, affublé d'ung grant mantel, vint parler à eulx; et lors aulcuns de la compaignie quy avoient les faces mucées (cachées), le occirent cruellement. Après ce faict, de là allèrent à l'hostel de son lieutenant, nommé Jehan Légier, et le mirent à mort; et de là en aultres lieux, jusques au nombre de dix. Mais aulcuns des aultres officiers, comme le vicomte et le receveur, de che avertis, s'enfuirent au chastel, où ils feurent reçus par messire Pierre de Bourbon quy en estoit capitaine; et, lendemain au matin, se assembla le commun en grant nombre, et allèrent en armes devant le chastel, en intention d'entrer. Mais le capitaine, quy avoit avec luy cent souldoyers de par le roy, leur refusa l'entrée. Apprès pluiseurs paroles feut traité entre eulx que il entreroit dedans jusques au nombre de seize hommes des plus notables de la ville, pour parler au capitaine sur les affaires quy moult leur touchoient, comme ils disoient. Lesquels, après ce qu'ils furent entrés, s'excusèrent de la mort du bailly et des aultres, et aussi toute la communauté, disans que moult seroient joyeux si les facteurs estoient connus et prins et aussi punis, car pour l'homicide ils craignoient le roy; et, pour ce, lui requéroient qu'il leur baillast le chastel à garder : laquelle requeste leur feut refusée. Secondement, requirent que la porte du chastel vers les champs feut condamnée, et che pareillement leur feut refusé; et, après che, lui prièrent que il les voulsist excuser, eulx et le commun, devers le roy et le dauphin son filz; auxquels le capitaine respondit qu'il le feroit en temps et lieu. Apprès pluiseurs paroles, le capitaine leur conseilla que ils feissent ouverture au roy et à son filz, s'ils venoient en leur ville, comme bons subjects sont tenus et doivent faire. Il est vrai que, en brief temps, che qu'ils doubtoient advint; car le filz du roy, partant de Paris atout trois mille combattants, alla au Pont-de-l'Arche; duquel lieu il envoya l'archevesque faire savoir à ceulx de la ville sa venue, afin qu'ils luy feissent ouverture ou obéissance ; et, quand l'archevesque feut venu à la porte, il trouva aulcuns chanoines de l'église armés avec les bourgeois de la ville, auxquels il exposa le mandement du daulphin. Et ils répondirent qu'il n'entreroit dans la ville à toute sa puissance; mais s'il y voulloit entrer à petite compagnie, ils en estoient contents, et non aultrement. Adonc (alors) l'archevesque, voyant qu'il ne polvoit rien besogner, retourna vers le dauphin, et luy dit ce qu'il avoit trouvé et ouy. Et lors le dauphin manda Pierre de Bourbon, et parla à luy en luy demandant l'estat de la ville. Apprès pluiseurs paroles, le daulphin s'en alla à loger à Saincte-Catherine du Mont de Rouen. Apprès ce, dit à Pierre de Bourbon, capitaine du chastel de la ville de Rouen : « Allez en votre chas- » tel, et, par la porte des champs, recevez deulx » cents hommes d'armes et autant d'archers que je » vous envoyerai ». Laquelle chose feut ainsi faicte : pourquoi ceulx de la ville feurent en grant doutance. Touttefois, en dedans trois jours ensuivant, le dauphin, par traicté, entra dans la ville atout sa puissance, et feut loger au chastel de Rouen, puis traita à ceulx de la ville, en leur pardonnant tous leurs méfaicts, excepté les occiseurs du bailly.

Tantost après, le dauphin retourna à Paris, et, avant son partement, ordonna bailly de Rouen le seigneur de Gamaches, auquel il commanda prendre punition des homicides, trouvés coupables par bonne information de la mort du bailly : et ainsi en feut faict de la mort des aulcuns. Mais Allain Blanchard se absenta certain espace de temps, et depuis retourna en la ville de Rouen où il eut grant autorité et gouvernement, comme cy après sera déclaré.

CHAPITRE LXXVI.

Le trespas du roy Loys de Cécille.

En cette année le roy Loys mourut, et laissa trois fils; c'est assavoir, Loys, l'aisné, qui feut roy apprès luy; le second eut nom René, et feut duc de Bar; et le tiers eut nom Charles, comte du Maine et de Guise. Il laissa aussi deulx filles, dont la première olt le dauphin, et la seconde, nommée Yolens, n'avoit que deulx ans. Alors estoit en France ung moult meschant gouvernement, car justice n'y estoit en rien obéie; et les estrangiers qui tenoient les champs du parti de Bourgongne, robboient et pilloient tout che qu'ils trouvoient, sans nuls espar-

gner ni d'ung parti ni d'aultre, car les pays du
duc de Bourgongne estoient pillés et robbés comme
les aultres : et de faict, une compaignie d'iceulx
se boutèrent en Picardie, vers la marche de Boullenois ; mais Butor, bastard de Croy, mit sus les
gens du pays ; et s'en alla par nuit effondre sur
leurs logis, et les rua jus; et y feut tué Laurens
Roze, sous-lieutenant de Jehan de Claux, et aulcuns aultres. Mais, pour lui venger de ce bastard,
ledit Jehan de Claux print ung gentilhomme de
Boullenois, nommé Gadifer de Collehaut, et le
fit pendre à ung arbre. Touttefois ils issirent du
pays de Boullenois, et s'en allèrent au pays de
Santers, où ils prirent la ville et forteresse de Da-
venencourt, la pillèrent, et puis y boutèrent le
feu, et de là s'en allèrent mettre le siége devant le
Neufchastel sur Aisne. Et pour lever le siége,
Remonet de la Guerre et le bailly de Vermandois
se mirent sus, de par le roi, et allèrent pour cuider
lever le siége; mais iceulx étrangers se levèrent
de leur siége et les allèrent combattre; et là feurent
déconfits les gens du roy, et feurent morts en la
place plus de huit vingts, et les autres se fuirent
et se sauvèrent au mieux qu'ils peurent ; et, par
che moyen, se rendirent à eulx ceulx du chastel,
et ils entrèrent dedans, et le pillèrent de tout
point, et y boutèrent le feu ; puis se retrahirent
en Cambrésis, là où ils firent tous les maulx du
monde. D'autre part, Jehan de Fosseux, Daviot
de Poix, Ferry de Mailly, et aulcuns aultres Pi-

cards, jusques à douze cents combattants passèrent ung jour la rivière de somme à la Blanche-Tache, et s'en allèrent jusques à Aumarle, prinrent la ville et assaillirent le chastel durement. Donc quand ils virent que ils ne le polrent avoir, ils pillèrent la ville, qui pleine estoit de tous biens, et puis y boutèrent le feu, et de là s'en allèrent à Hornoy et au beau pays de Vimeu tenir les champs, piller et robber che qu'ils y trouvèrent; et puis, tous chargés de proyes et de prisonniers, ils repassèrent l'eau de Somme pour retourner au pays; et Dieu sait comment le pauvre peuple estoit alors foullé et destruit de toutes parts. En ce mesme temps, estoit alors à Péronne, de par le connestable, messire Robert de Loire, à cent hommes d'armes, cent arbalestriers Jennevois, et cent aultres combattants, lesquels couroient souvent au pays d'Arthois; et d'aultre part, convinrent ceulx d'Amiens de bouter hors leur bailly et le procureur du roy, à l'instance du duc de Bourgongne, pour ce qu'ils estoient trop rigoureux à ses gens, ou aultrement il les menaçoient de leur faire guerre; et s'en allèrent le bailly et le procureur faire leur complainte au roy, pourquoi, en persévérant de mal en pis, ne feut pas content du duc de Bourgongne.

CHAPITRE LXXVII.

Comment le duc de Bourgongne envoya ses ambassadeurs aux villes d'Amiens, de Dourlens, Abbeville, Saint-Riquier et Montreuil; et de la promesse que lesdites villes luy feirent.

Le duc de Bourgongne envoya ses ambassadeurs ès villes du roy, assavoir à Amiens, Dourlens, Abbeville, Sainct-Riquier et Montreuil, et leur fist remonstrer que son intention estoit du tout à mettre provision au gouvernement du royaulme, pour le bien du peuple, priant qu'ils se voulsissent joindre avecques luy; et si bien leur fust remonstré qu'ils luy promeirent aide et confort, dont ils baillèrent lettres, contenans en effet qu'ils aideroient le duc de Bourgongne à mettre le roy en sa franchise, et le royaulme en justice, afin que marchandise y pust avoir cours, et que le roy et le royaulme soient bien gouvernés; et mecteront le duc de Bourgongne en leur ville les plus fortes, et ses gens aussi, pour parler et venir parmi eulx, par payant leurs despens, et sans faire injure à personne, sur peine d'estre punis selon le cas, et que les habitants d'icelles villes poiroient aller dehors, ès pays du duc de Bourgongne sauvement.

Item, que le duc de Bourgongne les aidera et supportera contre tous ceulx qui nuire les vouldroient.

Item, que ils ne mecteront en leurs villes garnisons de gens d'armes, ni de l'un des costés ni de l'aultre.

Item, si aucuns desdictes villes vouloient faire contre ledict accord, ils en seroient punis selon toute rigueur de justice : et feut en substance la forme des lettres qui furent faictes à Dourlens, le 7ᵉ jour d'aoust, l'an 1417.

CHAPITRE LXXVIII.

Comment le duc de Bourgongne, avec une grande armée, s'en alla à Corbie et à Amiens, où le seigneur de Chauny vint vers luy de par le roy; de ses instructions, et la réponse du duc de Bourgongne; et comment ledit seigneur de Chauny feut constitué prisonnier en la bastille à son retour.

En ce temps, avoit lors le duc de Bourgongne mis sus une grande armée, atout laquelle il se tira devers Corbie; et adveint la nuict où il arriva à Corbie, que l'abbé de Corbie mourut. Puis s'en alla à Amiens, où ils crièrent Noël! à sa bien venue. Puis fist illec nouveaulx officiers devant son partement, car il fist le seigneur de Belloy capitaine de ladicte ville, et le seigneur de Humbercourt fist-il bailly. En icelle ville d'Amiens veint à luy le seigneur de Chauny, qui luy apporta lettres du roy, signées de sa main, et luy dict qu'il avoit charge du roy de luy enjoindre et deffendre qu'il n'allast plus avant et qu'il mist son armée jus, et retournast en son pays, et qu'il rescripvist au roy pourquoi il avoit faict cette armée et assemblée; auquel le duc de Bourgongne respondit, que obstant qu'il estoit son parent du costé de Flandres, il ne debvoit point prendre telle charge, ains s'excuser. Lors le seigneur de Chauny se jeta à genoux et se excusa le mieux qu'il pust, et ceulx aussi qui estoient entour le duc de Bourgongne le aidèrent à excuser. Si se appaisa le duc de Bourgongne; et jà-soit-ce que le cœur courroucé il eust dict au seigneur de Chauny, que par luy il ne rescriproit point au roy, néantmoins avant qu'il se partist, le duc de Bourgongne fust conseillé de luy bailler response par escript, à toutes les articles qui luy avoient esté apportées par le seigneur de Chauny; et se luy fist jurer qu'il les bailleroit à la personne du roy et non à aultres.

Le premier article de l'instruction dudict seigneur de Chauny estoit et contenoit que le roy et le daulphin estoient moult esbahis des manières que tenoit le duc de Bourgongne devers le roy et sa seigneurie.

Item, pourquoi ses gens faisoient guerre ouverte au roy et à ses subjects, et font pis que ne font les Anglois, qui sont ennemis mortels du royaulme; entendu qu'il estoit cousin-germain du roy, et que toujours dict et confesse qu'il veut le bien du roy; et pourquoi il prend les serments des bonnes villes du roy, et les contraint à sa seigneurie.

Item, qu'il a faict accroire qu'il soit allié aux Anglois, et qu'il consent à déposer le roy de sa couronne; pour lesquelles causes le roy luy faict ces choses remonstrer, afin qu'il voulust faire son armée retourner; car il soit vraisemblable qu'il ne les tient, sinon pour donner faveur, confort et aide aux Anglois, au préjudice du roy et de son royaulme.

Item, que s'il ne laisse sa manière de faire, il retournera reproche à luy et à sa génération, et ne ressemblera son bon père, qui luy exhorta à son derrain et luy pria moult de toujours obéir au roy et à ses commandements.

Item, seront ces choses remonstrées par le seigneur de Chauny aux barons, chevaliers et escuyers estans avec le duc de Bourgongne; et seront instamment requis de par le roy, que en ensuivant les traces de leurs bons et loyaulx prédécesseurs, ils se veullent tenir bons et loyaulx devers le roy, et que par mauvais conseil, ils ne fascent chose qui leur tourne à déshonneur ou reproche.

Item, que si le duc de Bourgogne dict que ceulx qui gouvernent le roy luy font souvent, et luy ont faict aucunes duretés et choses qu'il ne peut ni doit souffrir, le seigneur de Chauny luy respondra que pourtant ne doit-il point porter faveur aux Anglois, ni faire chose qui soit contre son honneur; en cette manière pourroit-il bien procéder par manière plus honneste; et aussi que le roy n'a pas la main close, qu'il ne soit bien enclin à luy faire grâces et courtoisies, et à ceulx qui sont en son service, et que ils fassent envers le roy ainsi comme ils sont tenus. Ces choses ainsi, ou en substance, remonstrées au duc de Bourgongne par messire Aubert de Chauny, il luy fust respondu par ceulx du conseil du duc de Bourgongne, par escript, ainsi, ou en substance, que cy-après s'ensuit. Premièrement, au premier poinct respond : Que voirement est-il parent et vassal du roy, et pour tant obligé au roy à le servir contre tout homme, et à ce a labouré et laboure encore, à celle fin que le roy et le royaulme soient bien gouvernés, et que réparations se fassent de ses maisons et de ses places, et de la justice de son royaulme, et de l'administration de ses finances ; de toutes lesquelles besognes ont esté, au pourchas du duc de Bourgongne, faites par le roy lesdictes ordonnances. De la rompture desdites ordonnances, qui gaires ne durerent, furent cause ceulx qui cy-après seront nommés, lesquels sont des entours le roy, auxquels n'a pas suffi rompre et anéantir lesdictes ordonnances, mais sans cesse persécutent le duc de Bourgongne, et ses subjects, amis et surveillants, en les destruisant de corps et de biens, contre l'honneur de luy et de sa postérité ; jà-soit-ce que au saint concile de Constance eust obtenu une sentence pour soy, par laquelle il appert clairement de son bon droit et de la mauvaiseté de ses haineux.

Item, quant au poinct touchant que les gens du

duc de Bourgongne font guerre ouverte aux gens du roy, respond : Que quand il a veu ceulx qui sont entour le roy persévérer en leur rigueur, et qu'ils n'ont voulu entendre à nul bon régime, ni a bien de paix, il fist ces choses sçavoir en pluiseurs lieux, et la volonté qu'il avoit au bien du royaulme, et la manière qu'il entendoit pour y remédier; et pour celle cause fist-il son mandement de gens d'armes, et que grâces à Dieu, il avoit avecques luy six mille chevaliers et escuyers pour servir le roy pour son grand bien, et trente mille combattants, tous bien veuillants du roy et de son royaulme; et avoit trouvé ceulx des bonnes villes bons et courtois, connoissants sa bonne intention; avoit aussi trouvé aucunes places pleines de pillarts et de larrons, dont il avoit le pays délivré, et en icelles avoit commis preud'hommes, léaulx gens au nom du roy; lesquels, pour nulle quelconque chose, ne voulloient faire faute envers le roy. Si que touttes ces choses ont été faictes au gré des bonnes villes qui sont au roy; et respond qu'il a ce fait, afin que les subjects persévèrent en bonne volonté envers le roy et le royaulme et à la confusion, reproche des empescheurs de paix et destruiseurs du royaulme, qui se trouvent entour le roy. Et ne l'a pas faict pour tollir au roy sa seigneurie et aide, comme dient lesdits haineux, mais trop bien que ces droits ou finances ne soient bailliées aux faux traistres et empescheurs de paix, ains soient confermées et gardées pour employer au bien du roy et de son royaume, en temps et en lieu; et entend le duc avoir bien faict; car tout ce qui vient ès mains de traistres, a toujours mauvaisement et desléalement seté emblé (enlevé) au roy, et départi entre eulx, à l'avantage des ennemis de France, comme chacun sait; et que son intention est que, lui venu devers le roy, procurer que tels aides n'aient plus cours.

Item, que le duc soit allié aulx Anglois: respond que, sauve la révérence du roy, tous ceux qui dient qu'il est sermenté aux Anglois mentent. Et quant au point de rompre son armée, respond qu'il n'en fera rien, et que, en ce faisant, il feroit mal, attendu qu'il est heure de assembler gens pour résister contre ses ennemis qui sont dedans le royaulme.

Item, que quant à ce qui lui a été remontré, que il regarde à son honneur, et aulx parolles que lui dit son père: respond que, voirement, son feu père, voyant les iniquités, manières et règne de la cour de France, lui commanda servir le roy; aussi est son intention d'entendre à la réparation et bonne réformation de ce royaulme. Et n'a pas faict ce soudainement; mais toujours par très grant et mûre délibération de conseil; et partant lui semble que, s'il s'en déportoit, qu'il en seroit blasmé et reproché, et ceulx qui de lui issiroient.

Item, quant est du remonstrer toutes ces choses aux seigneurs de sa compaignie, respond que, par leur bon conseil et pour le bien du royaulme, il a faict et encore faict tout ce qu'il a faict; et partant est bien content que tous le sachent, afin qu'ils connoissent mieux les iniquités de ceulx qui destourbent la paix et la bonne intention du duc de Bourgongne.

Item, quant au point touchant que ces remontrances et deffenses soient faictes au duc de Bourgongne, respond que il sait bien que telles deffenses ne viennent pas du roy ni de sa volonté, et que le roy l'aime et le désire à voir, et les faux traistres font faire couvertement ces remonstrances et deffenses. Aussi, attendu que les ennemis sont en Normandie, il n'est pas heure de rompre les armes, ains au contraire, se doivent tous bons et loyaux subjects mettre sus, et eulx employer à la deffense du royaulme. Et quan ores ils n'y fussent pas descendus, si ne voudroit pas le duc de Bourgongne souffrir les faux traistres qu'ils demeurassent en tel gouvernement.

Item, quant à ce que le duc de Bourgongne voulut dire que ceulx qui gouvernent le roy, c'est assavoir messire Henry de Marle, l'évesque de Paris, messire Tanneguy du Chastel, messire Buredt de Dapmartin, maistre Etienne de Beauregart, maistre Philippe de Corbie, et pluiseurs aultres, ont esté principaux promoteurs et conduiseurs desdittes iniquités, à la perturbation de paix, et ont faict pluiseurs grands excès et crimes cy-après déclarés; pour lesquels enchasser et boutter hors du gouvernement, le duc de Bourgogne s'est mis en armes, et ne cessera, tant qu'il ait la vie au corps, de poursuivre sa bonne intention, et non pas pour favoriser les Anglois, ni pour détruire le royaume.

Item, quant aulx grâces que le roy doilt avoir faict au duc de Bourgongne: respond que l'appointement que fist le duc Guillaume de Bavière avec la royne et le conseil, du vivant du daulphin, fust voirement assez faict à son gré; mais sitost que le daulphin fust mort, les traistres ostèrent dudit appointement ce qui n'estoit pas à leur gré, dont ce ne fust pas de merveilles si le duc n'en tint compte, quand mesmement le duc Guillaume étant au lit de la mort, quand il vit celle mutation ainsi faicte en leur appointement, à la charge et honneur du duc de Bourgongne, en fust si mal content, que il dit tout haut, que les traistres qui estoient autour du roy, estoient pires que nul ne polroit dire ni penser; et promist adonc, et jura au duc de Bourgongne, si Dieu le voulloit aider de celle maladie, qu'il le aideroit de son corps et de ses sujets à prendre punition des traistres: lesquels il réputoit si mauvais et si obstinés en leur dampnable affection contre le duc de Bourgongne, en disant qu'il leur avoit ouy dire que si les Anglois venoient d'un costé à Paris, et le duc de Bourgongne y allast de l'aultre costé, que ainschois (plutôt) mettroient-ils les Anglois dedans Paris, que ne feroient le duc de Bourgongne. Ces paroles ici dit le duc Guillaume, au lit de la mort, présents pluiseurs notables seigneurs.

Item, estoit vrai, que puis un petit de temps, iceulx gouverneurs du roy avoient faict ardoir publicquement au palais de Paris, les lettres-patentes du duc de Bourgongne, par lesquelles il offroit paix à tous ceulx qui le voulloient avoir avec lui. Finablement, lesdittes réponses estoient escriptes, que le duc de Bourgongne voulloit que chacun sceult que son intention estoit de persévérer en son bon propos, et qu'il ne le délaisseroit jusques à ce que il auroit eu conseil grant avec le roy, et faict remonstrer au roy les iniquités, tyrannies, cruautés et inhumanités cy-dessus déclarés, la désolation du royaume et les manières qu'il convenoit tenir pour la réparation d'iceluy, tellement et tant que le roy et tous les bons subjects de son royaulme en delvroient estre contens. Et combien que le duc de Bourgongne ait par lettres-patentes offert paix, ainsi comme dit est, et que ceulx d'entour le roy ne l'eussent pas à ce reçu, ains ayent contre lui persévéré en leur rigueur et toutte vengeance, pour le bien du royaulme, qui tant a besoin de paix et concorde, de confort et aide, il se offre de toujours estre prest et appareillé de vouloir paix à tous, selon la teneur de ses lettres. Ces réponses du duc de Bourgongne furent rapportées au roy et au conseil par le seigneur de Chauny, et, par escript, sur chacun point des remontrances. Quand le seigneur de Chauny fust retourné, il fust accusé en plein conseil, avant qu'il fist son rapport, d'avoir baillé en pluiseurs lieux, à Amiens et à Paris, la copie de ses instructions et des réponses faictes par le duc de Bourgongne; et lui en fust une copie leue et montrée contre l'original, et fust trouvé que c'estoit tout un; dont le seigneur de Chauny fust fortement argué et reproché, attendu qu'il estoit du conseil du roy; mais il s'en excusa sur son clerc. Néanmoins il fust prins et mené en la bastille Sainct-Anthoine, où il fust longuement; c'est assavoir, jusques à la prinse de Paris; car les gouverneurs du roy estoient très déplaisants que les responses du duc de Bourgongne estoient sçues par tant de gens. Néanmoins, en persévérant dans leurs obstinations, eulx advertis par lesdittes responses que le duc de Bourgongne ne se partiroit de son entreprinse, firent rescripre par le roy aulx villes et passages entre Amiens et Paris, qu'il ne fust receu, lui ni ses gens; et, d'autre part, le connestable manda ses gens qui se tenoient en la frontière de Normandie, qu'ils venissent hastivement devers lui entour Paris, et les renvoya ès garnisons sur les frontières de Picardie, pour résister contre le duc de Bourgongne, qu'il ne venist à Paris. Ainsi donc les frontières de Normandie furent abandonnées aulx Anglois, pour contester au duc de Bourgongne; qui sembla à pluiseurs une bien étrange chose.

CHAPITRE LXXIX.

Comment le duc de Bourgongne, en tirant à Paris, entra en plusieurs villes du royaume, qui se rendirent à luy ; comment il alla loger sur le Mont-Rouge, et envoya son héraut avec lettres, pour présenter au roy et au dauphin ; de la réponse du dauphin auxdites lettres ; comment Mont-le-Héry, Etampes, Chartres et pluiseurs autres villes se meirent en son obéissance.

Le duc de Bourgongne, à son partement d'Amiens pour aller devers Paris, laissa son fils le comte de Charolois en Artois, accompagné de notable conseil, et s'en alla à Corbie et à Montdidier ; et estoient avecque luy le jeune comte de Sainct-Pol, messire Jehan de Luxembourg, et pluiseurs aultres notables et grands seigneurs ; et de Montdidier envoya à Beauvais le seigneur de Fosseux, accompaigné de ses trois frères et de pluiseurs notables seigneurs de Picardie, et par certains moyens la ville lui fut ouverte, et lors il fit assembler les gouverneurs et les plus notables de la ville, et leur fit remontrer la bonne affection qu'il avoit toujours eue au bien du royaulme, et les tribulations que il souffroit par le gouvernement d'aulcuns gens de petit estat qui estoient autour du roy. De laquelle proposition ceux de Beauvais furent assez contents, et tant qu'ils conclurent de le recevoir dans leur ville a tout sa puissance. Et il y alla tantost après ; et crièrent Noël, à son entrée. Il y sejourna huit jours, pendant lequel temps, ceux de Gournay en Normandie s'en vinrent offrir à son service, et ils luy jurèrent que ils luy seroient bons et fidèles au roy et à luy, et il leur quitta toutes gabelles et subsides, ainsi qu'il feit aux aultres villes royales, qui vouloient tenir son parti. Hector et Philippe de Saveuse, à grand compaignie de gens d'armes, allèrent à Beaumont-sur-Oise, pour gagner le passage, mais leur fut deffendu par les gens du connestable. Si retournèrent à Chambelly se haubergier; et pillèrent le village et l'Église qui estoit pleine de tous biens. Quand le duc de Bourgongne fut averti que les gens du connestable gardoient le passage de la rivière d'Oise, il se partit de Beauvais atout sa puissance qui estoit grande ; car il avoit, comme on disoit, soixante mille hommes. Et lors, par le moyen de Charles de Moy, le seigneur de l'Ile-Adam se tourna de son parti et lui bailla son passage par la ville de l'Ile-Adam. Mais entre ces choses, messire Jehan de Luxembourg, à grand route de gens, trouva manière de passer la rivière à batteaulx, et s'en alla lendemain courre devant Senlis, dont messire Robert d'Esne estoit capitaine et bailly, lequel saillit sur les Bourguignons, dont le commun de la ville fut si mal content que la nuit ensuivant, le prinrent et mirent en prison, après qu'ils eurent tué huit ou dix de ses soudoyers ; et tantost après le boutèrent hors de la ville et tous ses gens ; et puis mandèrent ledit de Luxembourg, et le mirent dedans leur ville, et jurèrent foi et loyauté au roy et au duc de Bourgongne; et fut Troullart de Maucreux constitué bailli de Senlis, par messire Jehan de Luxembourg.

Quand le duc de Bourgongne eut le passage de la rivière d'Oise, et que il feut à l'Ile-Adam, il se en alla mettre le siège devant Beaumont; lesquels enfin se rendirent à sa volonté; et fut sa vulenté telle que il y en eut neuf qui eurent les testes coppées, et les aultres payèrent par finance. Puis, après ce faict, laissa au chastel bonne garnison, et envoya son avant-garde logier à Mal-Buisson, auprès de Pontoise, du costé devers Paris; et s'en alla atout son ost, de l'aultre costé devers Beauvais, et fit les engins dresser devant les portes de Pontoise. Mais ceux de la garnison se rendirent, saufs corps et biens, et lui promirent qu'ils ne s'armeroient contre lui devant le jour de Noël; dont ils ne tinrent rien; car sitost qu'ils furent à Paris, ils se mirent à la guerre. Le duc de Bourgongne entra à Pontoise, et en fit capitaine le seigneur de l'Ile-Adam. Tantost après, le duc de Bourgongne prit son chemin à Meulan, et quand il eut passé Seine au pont de Meulan; il s'en alla logier outre deux lieues en plein champ. Après fit mettre le siége devant la tour de Sainct-Cloud; puis s'en alla logier sur une belle montagne, qui s'appelle Mont-Rouge; et de là, alloient tous les jours jusques devant Paris, et ceux de Paris sailloient souvent sur eux. Mais les Bourguignons

couroient le plat pays, à sept ou huit lieues arrière de leur ost, et ramenoient tant de vaches, brebis et bestes, que c'estoit pitié à regarder, avec aultres biens portatifs. Et le duc de Bourgongne estant logé sur le Mont-Rouge devant Paris, envoya un hérault, nommé Palis, qui depuis fut roy d'armes de Flandres, porter lettres missives au roy et au daulphin. Lequel hérault fut mené par le comte d'Erminacq au daulphin, car au roy ne peult parler, et lui bailla les lettres du duc de Bourgongne, en lui disant en bref la charge que il avoit de lui. Et le daulphin lui dit, instruit par ceux de son conseil : « Hérault, dict-il, ton seigneur de Bourgongne,
» contre la vullenté de monseigneur le roy et de
» nous, a piéçà gasté le royaulme en pluiseurs lieux,
» en continuant, jusques à maintenant, de mal en
» pis. Il montre mal qu'il soit nostre bienveuillant,
» comme il nous escript. Et s'il veut que monsei-
» gneur le roy et nous le tenons pour nostre parent,
» et léal vassal et subject, qu'il voise (aille) à dé-
» bouter le roy d'Angletterre, ancien ennemi de ce
» royaulme, et après vienne devers monseigneur le
» roy, et il sera reçu. Et ne die plus que monsei-
» gneur le roy et moi soyons en servage de personne
» nulle, car nous sommes en nos libertés et fran-
» chises ; et gardes que tu lui dies ce que te disons
» publiquement devant ses gens. » Après ces paroles le hérault retourna et dit à son seigneur tout ce qu'il avoit ouy, dont le duc de Bourgongne ne fit gaire de semblant, considérant que telles paroles venoient

des gouverneurs du roy et du daulphin. Quand le duc de Bourgongne vit qu'il n'entreroit point dedans Paris, et que ses favorables qui l'avoient mandé pouvoient faire ce qu'ils désiroient, il s'en alla asségier Mont-le-Héry; mais ceux de dedans se composèrent à lui, de rendre la place s'ils n'estoient secourus dedans huit jours. Et pour ce qu'ils n'eurent point de secours, ils rendirent la place. Et tantost après se rendirent à lui les chasteaux de Marcoussy, Dourdan, de Pilscan et autres du pays d'environ. Or advint que aucuns seigneurs de Bourgongne s'en allèrent devant le chastel d'Oursay, et affustèrent canons et engins, pour rompre la place; mais le connestable leur vint courre sus, à un point du jour qu'ils de rien ne se doubtoient; et les rua jus, si qu'il print bien à cinquante gentilshommes, et les aultres se retrayrent en leur ost. Entre ces choses, le duc de Bourgongne envoya seize mille combattants jusques à Chartres, laquelle ville se mit en l'obéissance du duc de Bourgongne; et aussi firent Gallardon, Estampes, et aultres pluiseurs. Une autre compaignie fust envoyée à Anneau; et la dame de la Rivière, qui estoit layens (dedans), leur promist que, en ses places, ne mettroit homme en la nuysance du duc de Bourgongne. Ainsi donc, se mirent pluiseurs bonnes villes et chasteaux, en l'obéissance du duc de Bourgongne, tout volontiers, pour ce qu'il ne leur souffroit payer tailles ni imposition, sinon celle du sel; par quoy il acquit la grâce de pluisieurs bonnes villes, si que tous désiroient qu'il eust le gouvernement du royaulme.

CHAPITRE LXXX.

Comment le duc de Bourgongne escripvit derechief lettres à plusieurs bonnes villes, et envoya une cédule quy contenoit la substance de la proposition que ceulx du concille luy avoient faict faire par un docteur ; comment il s'en alla devers Tours, au mandement de la royne, laquelle il ramena à Chartres.

Le duc de Bourgongne envoya pluiseurs lettres à pluiseurs bonnes villes pour les attraire à son amour. Par lesquelles ses lettres il leur remonstroit le mauvais gouvernement du royaulme par la coulpe de ceulx qui sont entour le roy et le daulphin, et comment, pour remédier à tant de inconvénients qui en viennent, il s'est mis sus en armes ; et jà-soit-ce que il ait faict par pluiseurs fois sommer et advertir les gouverneurs pour mettre remède et réparation au royaulme, néantmoins ils n'y ont oncques voulu entendre ; mesmement, puis un peu de temps, luy estant logé près de Paris, avoit envoyé à Paris pour avoir accès et audience devers le roy, en luy offrant service de corps et de biens, et de toute sa puissance, mais son hérault ne pust parler au roy ; et luy feurent ses lettres rendues ; et luy fut dict qu'il n'y retournast plus. Pourquoi son intention est de poursuivir son entreprise, quelque chose qui luy en puisse advenir, jusques à ce qu'il y ait bonne réformation au royaulme, et que lesdicts inconvénients cesseront, et que la marchandise puisse avoir cours au royaulme, et que justice soit maintenue; et, mesmement, attendu qu'il est déclaré par le saint concille de Rome, que à luy appartient avoir recours ès besognes du royaulme. Et finablement les sommoit par ces lettres, au nom du roy, et leur prioit et requéroit que ils voulsissent avoir advis sur les choses dictes, et prendre avec luy une conclusion honorable pour le roy, si que ses subjects puissent de lors en avant vivre en paix et en justice. La substance de la cédule enclose ès lettres estoit telle que un docteur nommé maistre Lievin Nevelin, veint devers luy et luy présenta lettres de crédence que luy envoyèrent les doyens des évesques, le doyen des prestres, le doyen des diacres-cardinaulx estans audict concille. Lequel docteur, venu vers luy, commença sa proposition : *Domine refugium factus es nobis*, c'est à dire : En ce temps de déluge tu es nostre refuge. Et puis, en déduisant la matière, compara le saint collége au roi David; et luy dict la manière qu'ils tenoient au concille, pour venir à l'union de l'Esglise, et que toute la chrestienté estoit unie, excepté un grain de bled en un boissel, et nomma pour ce grain le comte d'Erminacq, qui tenoit encore la partie de Pierre de La Lune, lequel néantmoins estoit déclaré chismatique et hérétique, et tous ses adhérants et favorisants suspects de chisme et d'hérésie. Dit outre, qu'il estoit envoyé, non pas à luy comme au duc de Bourgongne, mais à luy comme à celui qui représente le royaulme de France, et à qui en appartient le gouvernement, et non pas au roy, attendu son empeschement de maladie, ni à son fils, attendu son jeune asge, ni au comte d'Erminacq, pource qu'il est réputé chismatique. Puis fist, ledict docteur, trois requestes au duc de Bourgongne. La première fust, qu'il voulsist avoir le sainct concille et le pappe pour recommandés; la seconde, que si aucuns avoient escript contre le sainct concille et collége, qu'il n'y voulsist ajouter foi; et la tierce, qu'il voulsist avoir et tenir pour agréable, tout ce qui seroit faict au concile, tant sur élection de pappe comme sur la réformation de l'Esglise. Après ce que le duc de Bourgongne eut esté un espace de temps à Mont-le-Héry, il s'en alla devant Corbeil, et le asségia de l'un des costés, qui fust une grande folie, car toujours alloient gens de Paris en la ville de Corbeil, sans danger. Et s'il y eust esté cent ans, ainsi qu'il y estoit, il ne l'eust point eu. Si leva son siége et s'en alla à Chartres. La cause pourquoi il leva son siége si soudainement, fust principalement pour tant que la royne estant à Tours, si court tenue comme devant est dict, luy envoya prier, par un sien secrétaire, qu'il la voulsist deslivrer du danger où elle estoit, en luy promettant qu'elle s'en iroit avec luy. Pour laquelle cause le duc de Bourgongne s'en alla si hastivement à Chartres, à Bonneval, à Vendosme et à Tours; mais quand il se trouva à deux lieues près, il envoya les seigneurs de Fosseux et de Vergy, à huict cent combattants, mettre embusches à demi-lieue de Tours. Lesquels illec venus, envoyèrent un certain message devers la royne, pour noncer leur venue; et tantost elle dict à ses trois gouverneurs qu'elle vouloit ouyr la messe en l'abbaye de Marmoutier, qui est dehors la ville de Tours. Ceulx luy desconseillèrent; néantmoins elle les pria tant qu'ils la menèrent; et alors, ainsi qu'elle oyoit la messe, veint Hector de Saveuse, à soixante combattants, pour entrer en icelle abbaye. Lors les gouverneurs luy dirent: « Dame, départons d'ici, voici Bourguignons ou Anglois qui sont ici venus. » Et elle leur dict qu'ils se tenissent près d'elle; et entre tant, Hector entra dedans l'Esglise et alla saluer la royne, de par son maistre le duc de Bourgongne. Elle luy demanda où estoit son seigneur, il luy dict qu'il viendroit en brief devers elle. Adonc, luy dit-elle, qu'il prenist ces trois qui auprès d'elle estoient, et qu'il s'en tenist seur. Et tantost l'un de trois, nommé maistre Laurent du Puich, s'enfuit par derrière, et entra en un vaissel pour passer la rivière, mais il eust si grant haste qu'il se noya; et les deux aultres feurent prins, c'est assavoir maistre Jehan Pichard et maistre Guillaume Thorel. Il estoit environ neuf heures au matin, et le duc y veint environ à onze heures; et y fist à la reine grand' revérence, et elle à luy, en luy disant : « Beau-cousin, entre tous les hommes de ce royaulme, je vous dois aimer, quand à mon mandement, vous avez tout laissé, et m'estes venu délivrer de prison. Pourquoi, beau-cousin, jamais ne vous fauldrai, car bien vois que toujours avez aimé monseigneur, sa génération, son royaulme et la chose publique. » Ils disnèrent ensemble en icelle abbaye. La royne manda en la ville, que elle et son cousin de Bourgongne y vouloient entrer. Le capitaine y différa un petit, mais néantmoins il se retrait dedans le chastel, et ils entrèrent dans la ville atout leurs gens : et tantost après, au mandement de la reine, le capitaine ouvrit le chastel. Et puis, quand le duc de Bourgongne y eust séjourné trois jours, il commit à la garde du chastel Charles Labbe, à deux cents combattants, lequel jura et promit au duc de Bourgongne sa foi de bien garder la ville, pour luy et son nom, dont il luy faillit; car, (avant) ainçois que l'an fust passé, il la rendit au daulphin, et luy fist serment contre son seigneur le duc de Bourgongne. La royne et le veinrent à Chartres, le neuviesme jour du mois de novembre.

CHAPITRE LXXXI.

Comment la royne envoya lettres aux bonnes villes de France estants en l'obéissance du duc de Bourgongne; comment le duc de Bourgongne feut derechief frustré de l'entrée de Paris; et comment la royne et luy se tinrent la plus grant part de l'hiver à Troyes.

La royne venue à Chartres, escripvist aux bonnes villes de France, estans en l'obéissance du duc de Bourgongne, sans plus obtempérer à quelques lettres ou mandements du roy son seigneur, ni du daulphin, son fils, et parlant au contraire desdictes lettres; et elle leur promettoit confort et aide contre tous ceulx qui les vouldroient en ceste cause nuire. Ces lettres feurent escriptes à Chartres, le deux de novembre an dessusdict. Encore fust ordonné audict lieu de Chartres, que messire Jehan de Morvilliers s'en iroit à Amiens, et avecque luy un greffier; et auroit illec le scel de la royne, pour sceller tous mandements dont on auroit mestier et besoin, ès baillages d'Amiens, de Tournay, de Vermandois et de Senlis, sans plus aller en parlement à Paris. Et estoit le titre des mandements, tel que cy-après s'ensuit : « Isabel, par la grâce de
» Dieu, royne de France, ayant, pour l'occupation
» de monseigneur le roy, le gouvernement et l'ad-
» ministration de ce royaulme, par l'octroy irrévo-
» cable à nous sur ce fait, par mondict seigneur et

son grand conseil, etc. » Par le moyen desquels mandements de la royne, ledict maistre Jehan assembla une très grande somme de pécune; et pareillement pour les pays outre la Seine, obéissants au duc de Bourgongne, fust ordonné un aultre chancelier. Le duc de Bourgongne, atoute sa puissance, se partist de Chartres pour aller à Paris, espérant entrer dedans par le moyen d'aucuns ses amis. Et quand il approcha Paris, il envoya bien six mille combattants à la porte de Louvel de Chastillon, de costé Sainct-Marcel; mais, ainçois qu'ils y venissent, le connestable en fust adverti. Si envoya de ses gens à icelle porte pour la garder, et par ce moyen fust leur entreprise rompue; et s'en allèrent logier à Sainct-Marcel, attendant la venue du duc de Bourgongne, qui bien cuidoit entrer dedans la ville de Paris, mais son entreprinse fust découverte. Que vous dirai-je? le duc de Bourgongne s'en retourna de devant Paris, et veint logier soubs le Mont-le-Héry, et là donna congié à ses Picards, pour eulx aller hiverner en leur pays. Puis retourna le duc de Bourgongne à Chartres, devers la royne, atout le demeurant de ses gens; et puis prinrent leur chemin, la royne et luy, pour aller à Troyes, et là feurent honnorablement receus. Le duc de Bourgongne s'y tint la plus grand' partie de l'hiver, mais il envoya sur les frontières de Champaigne Jehan d'Anegui et Jehan de Clau, atout leurs gens, lesquels feirent forte guerre.

CHAPITRE LXXXII.

Comment Jehan de Bavière print la ville de Gorcum sur la comtesse de Hollande ; comment ses gens feurent desconfits ; comment le roy d'Angleterre conquestoit villes et chasteaux en Normandie, et le duc de Glocestre, son frère.

En ce temps, Jehan de Bavière, frère du duc Guillaume, faisoit forte guerre en Hollande, contre sa niepce Jacqueline, duchesse en Bavière ; et prit sur elle Gorcum, en Hollande. Mais le chastel ne purent-ils avoir, où ceux de la ville se retrayrent, et le tinrent vaillamment. Et entre temps, icelle duchesse, avec la comtesse de Hainault sa mère, passèrent par navire en Hollande, à grosse compaignie de gens d'armes, et entrèrent dedans le chastel, qui tenoit pour elles ; et quand les gens furent prests pour assaillir leurs ennemis, Madame Jacqueline, héritière du pays, prit la bannière de ses armes, et la laissa à Waleran de Brederode, en lui disant : « Je veux qu'aujourd'hui vous re- » présentiez ma personne ; et vous fais chef de mes » gens. » Lors, les gens d'armes se mirent en belle ordonnance, et issirent du chastel en la ville ; et combattirent les gens de Jehan de Bavière, lesquels furent déconfits. Et là mourut le damoiseau d'Erkles, et bien de cinq à six cents de son parti ; et, du parti des dames, ledit Walleran de Brederode, qui fut fort plaint des dames, et non sans cause. Le comte de Charollois alla en Hollande pour appaiser son oncle et sa cousine, mais rien n'en put faire, et retourna en Flandres. Alors, le roi d'Angleterre estoit en Normandie, et conquestoit villes et chasteaux, car nul ne lui contestoit; et tant qu'il assiégea la ville de Caen, grand' ville et forte, là où il perdit beaucoup de ses gens à pluiteurs assaults qu'il y fit; mais il le prit enfin par force; et y furent tués plus de cinq cents hommes de ceulx de dedans. Le duc de Glocestre, frère au roi d'Angleterre, assiégea Cherbourg, qui estoit la plus forte place de Normandie; et y fut le siége dix mois. Puis lui fut rendue par le capitaine, qui en eut une somme d'argent; et s'en alla retraire à Rouen, là où il se tint jusques à ce qu'elle fût conquise et depuis lui fit, le roy d'Angleterre; trancher la tête, dont pluiseurs seigneurs de France ne furent guaire courroucez.

CHAPITRE LXXXIII.

Comment le roi feit asségier Senlis; comment les Franchois en partirent; du secours que le comte de Charollois leur envoya en l'absence du duc de Bourgongne, son père; et comment ambassades feurent envoyées d'un costé et d'autre, pour union du royaume.

Environ la feste Nostre-Dame Chandelier 1417, le roy se partit de Paris pour aller mettre le siége devant Senlis, que les Bourguignons tenoient; et estoit dedans messire Mauroy de Sainct-Légier, le bastard de Thian, capitaine de la ville, Troullart de Maucreux, et aultres. Le roy, durant le siége, se tenoit au chastel de Creil. La ville fut fort approchée, et battue de canons et autres engins, tellement qu'ils eurent conseil de prendre traicté. Si fut la chose appointée, que les Bourguignons rendroient au roy sa cité, au cas qu'ils ne seroient secourus en dedans le dix-neuvième jour d'avril; et de ce baillèrent otages. Après icelui traicté, envoyèrent iceulx Bourguignons devers le comte de Charollois, en Flandres, pour cause que le duc de Bourgongne, son père, estoit en Bourgongne. Quand le comte de Charollois ouyt les nouvelles, il se tira dedans la ville d'Arras, et là assembla tous les seigneurs du pays, pour sçavoir comment la ville de Senlis seroit secourue. Si fut advisé de faire mandement, au nom du duc de Bourgongne, son père et lui, par tout le pays de Picardie; et fut ainsi fait. Et se trouvèrent les Picards d'un seul pays, une très belle compaignie, c'est à scavoir de huit à neuf cents hommes d'armes, deux mille archiers et aultres compagnons de guerre. Le comte de Charollois, qui grand desir avoit de secourir la ville de Senlis et ceulx qui dedans estoient, se tira jusques à Corbie (Corbeil), en personne, à intention d'estre au jour que la ville se devoit rendre ou combattre, mais à toute force lui fut défendu; mais à grand' peine le peut-on retenir. De l'armée des Picards furent chefs messire Jehan de Luxembourg et le seigneur de Fosseux, lors capitaines-généraux de Picardie, en leur compaignie pluiseurs chevaliers, escuyers et autres du pays de Picardie; et prirent leur chemin droit à Ponthoise, qui se tenoit pour le duc de Bourgongne. Quand le connestable sçut que Picards estoient à Ponthoise pour combattre et secourir ceulx de Senlis, ils envoyèrent quérir le roy, qui estoit à Creil; et le jour que les Picards passèrent la rivière d'Oise, firent les Franchois monter le roy à cheval; et si firent sommer ceux de Senlis qu'ils se rendissent au roy, ou qu'ils feroient trancher les testes à leurs ostages. Les Bourguignons et gens de guerre respondirent que on leur feroit tort, et que le jour n'estoit point passé. Toutefois, ce nonobstant, les ostages eurent les testes coupées, dont il y avoit deux gentilshommes de Picardie, un nommé Guillaume Mauchevalier, et l'autre nommé Baudart de Wingles, deux bourgeois de Senlis et deux hommes d'Église de ladite ville. Quand ceux de la ville sçurent que leurs ostages avoient les testes coppées, ils furent moult desplaisants, et en dépit de ce, firent trancher les testes à quarante-six des gens du comte d'Erminacq, qu'ils tenoient prisonniers. Après ces choses faictes, le roy se tira aux champs, et de tous points leva son siége. Quand il fut aux champs, ordonna la bataille moult honorablement. Après, ils envoyèrent coureurs, pour sçavoir et voir l'état des Piccards. Lesquels coureurs trouvèrent Hector et Philippe de Saveuse; et là y eut maintes lances rompues, et gens morts et prins, d'un costé et d'autre. Toutefois, le roy sceut que les Piccards marchoient en belle ordonnance, en intention de combattre; pour laquelle cause, il envoya deux officiers d'armes devers eux, pour demander quels gens ils estoient, qui voulloient combattre le roy. Auxquels fut respondu que c'estoit messire Jehan de Luxembourg, et le seigneur de Fosseux, serviteur du duc de Bourgongne, prests de faire service au roy, et aussi de leurs secours à la bonne ville de Senlis, ou combattre le comte d'Erminacq, qui naguaire tenoit le siége devant la bonne ville de Senlis. Ces choses faites, le roy prit son chemin droit à Paris, et le connestable et les gens de guerre, voyant la bataille des Piccards, qui bien leur sembloit qu'ils fussent deux fois autant qu'ils estoient, et aussi pour la personne du roy, se partirent en belle ordonnance, et sans combattre, et accompaignèrent le roy, et le remenèrent dedans Paris ; qui fut à la maladventure du comte d'Erminacq, et de la plus grand' partie de ceux qui estoient en sa compaignie, car guaire ne demeura après que les Bourguignons entrèrent dedans Paris, où il fut piteusemeut tué, avec plus de trois mille, qui tenoient son parti, comme cy-après sera dit. Et quant aux Picards, ils retournèrent joyeusement en Picardie, et ceulx de Senlis réparèrent les murs en ce qui faisoit à resparer la ville, au mieux qu'ils purent, laquelle avoit esté fort battue de bombardes et de canons, et d'autres engins et habillements de guerre. En ce temps, la royne estoit avec le duc de Bourgongne, à Troyes ; pour laquelle cause fut advisé que on enverroit ambassades d'un costé et d'autre, afin de tout remettre en bonne paix et union. Pour laquelle cause, la royne et le duc de Bourgongne envoyèrent pareillement gens de pareil état, à Bray-sur-Seine, pour convenir ensemble sur un sauf-conduit pour chacune partie ; et de commun accord, convinrent ensemble par pluiseurs jours en un village nnmmé la Tombe, qui est au milieu de Monstreau et de Bray : et dura le parlement de ces deux ambassades, bien deux mois. Entre ces choses, l'union fut mise en l'Eglise universelle ; et fit le pape Martin, mettre hors de prison le pape Jehan, lequel se mit du tout en sa mercy et obéissance ; et le receut bénignement, et le fit cardinal, mais mourut tantost après. En ce temps aussi, ceulx de Rouen, qui estoient favorisables au duc de Bourgongne, mandèrent secrettement venir en leur ville aucuns de ses capitaines, lesquels; à grand nombre de ses gens, allèrent à Rouen; et à l'aide de ceux de la ville, allèrent assaillir le chastel, que tenoient les gens du roy contre la ville; et tant continuèrent qu'ils se rendirent, saufs corps et biens.

En ce temps, tout le royaulme estoit en division, et par conséquent en grand' désolation, et n'y régnoit justice ni raison, et le peuple estoit dérobé de tous costez.

CHAPITRE LXXXIV.

Comment deux cardinaux feurent envoyés en France, pour la paix qui feut conclue, et empeschée du parfait, par le comte d'Erminacq et pluiseurs aultres.

En ce temps, vinrent en France, de par le Sainct-Père de Rome, deux cardinaulx pour mettre paix entre la royne et le duc de Bourgongne d'une part, et le roy et son fils d'aultre part; et vinrent lesdits cardinaulx à Bray où les ambassades d'une partie et d'aultre estoient, quy y avoient longuement esté, et ne se povoient trouver d'accord. Le cardinal de Sainct-Marc tantost après s'en alla à Paris, remonstrer au roy le bien que povoit venir de paix, et aultres pluiseurs choses touchant cette matière; puis s'en retourna avec les aultres à

Monstreau. Et convenoient ensemble, comme tous les jours, en l'église de la Tombe entre Bray et Monstreau; et tant y besongnèrent que la paix y feut faicte et jurée par lesdits ambassadeurs, et mise par escript pour rapporter chacun à sa partie, assavoir s'ils le vouldroient tenir. Donc, quand le roy et le daulphin virent le traicté, il leur sembla bon, mais le comte d'Erminacq, le chancellier de France, le prévost de Paris et Remonnet de la Guerre, dirent qu'ils ne conseilleroient jà de le passer, et que ce n'estoit pas bon pour le roy; et dit le chancellier au roy, que jà ne le scelleroit, et qu'il le scellast s'il vouloit. Desquelles paroles, l'évesque de Paris et pluiseurs aultres notables gens feurent moult déplaisants, et conseillèrent au daulphin qu'il assemblast le conseil à son hostel au Louvre pour ouyr l'opinion de pluiseurs. Le conseil feut assemblé; mais le connestable n'y voult oncques aller, disant que tous ceulx estoient traistres qui conseilloient au roy de passer un tel traicté. Si que par ces moyens tout feut rompu; et demeurèrent les choses en tel estat où elles estoient par avant, sans paix et sans trèves. Pourquoy pluiseurs notables gens conçurent grand' haisne contre le connestable. Néanmoins, il envoya ses gens d'armes devant le Mont-le-Héry et devant Marcoussy; et lui feurent ces places rendues, par ceulx qui les tenoient au nom du duc de Bourgougne.

CHAPITRE LXXXV.

Comment le seigneur de l'Isle-Adam, à l'aide de aucuns Parisiens, entra avec ses gens tenants la partie du duc de Bourgongne, dedans Paris; des désordres et occisions y perpétrés; comment la bastille feut rendue, et le seigneur de Chauny, qui estoit prisonnier, commis à la garde d'icelle.

Les Parisiens, mal contents du connestable et de ceux quy gouvernoient le roy, pource qu'ils avoient rompu le traicté de la paix, doubtoient estre longuement en grand' tribulation. Toutefois ils ne se osoient assembler ny découvrir à personne, tant estoient guettés de près; sinon que une fois, six ou huit compaignons de petit estat, lesquels s'en allèrent à Ponthoise secrètement devers le seigneur de l'Isle-Adam, et conclurent avec luy, que le dix-neuvième jour de may il viendroit avec plus de gens qu'il polroit à la porte de Sainct-Germain, et ils lui ouvriroient sans nulle faute. Il assembla gens de toutes parts, et fit tant qu'ils feurent bien huit cents combattants, entre lesquels estoient les plus principaulx, le Veau de Bar, le seigneur de Chatellus, le seigneur de Chevreuse, Ferry de Mailly, Loys de Wargnies, Lionnet de Bournonville, Daviot de Gouyet pluiseurs aultres; lesquels par nuict, à l'heure et jour dessusdit, allèrent à la porte Sainct-Germain; et là trouvèrent Périnet Ferron, un des huit dessusdits, quy celle nuict avoit emblé sous le chevet du lit de son père les clefs de cette porte, que son père gardoit. Et estoient avec luy ses complices, lesquels ouvrirent cette porte, parquoi les gens d'armes entrèrent dedans. Donc, quand ils feurent tous dedans, ledit Périnet referma la porte et jetta les clefs par-dessus les murs, puis allèrent tout coyement jusqu'assez près du Chastellet, où ils trouvèrent bien douze cents combattants des Parisiens pour aller avec eux ; puis s'en allèrent par diverses rues, crians que quiconque vouloit avoir la paix allassent en armes avec eux. Auquel cri se mirent en armes avec eulx grand nombre de peuple ; et puis les uns s'en allèrent à l'hostel du roy, où ils rompirent les huis, et firent tant qu'ils parlèrent au roy, lequel feut content d'accorder tout ce qu'ils demandèrent. Et tantost le firent monter à cheval ; avec luy le frère du roy de Chyppre ; et le firent chevaucher avec eux parmi la ville. Aucuns allèrent à l'hostel du connestable, mais il en feut averti et se sauva en habit dissimulé et desguisé, en la maison d'un pauvre homme auprès de son hostel. Aucuns aultres s'en allèrent à l'hostel du chancellier et de Remonnet de la Guerre, lesquels feurent trouvés et saisis. Adonc s'avisa Tanneguy du Chastel, prévost de Paris, quand il ouyt l'effroy, d'aller à l'hostel du daulphin, et l'enveloppa en un linceul hastivement, et en ce point l'emporta en la bastille Sainct-Antoine, là où secrettement pluiseurs notables gens se retirèrent. Ainsi donc cette nuict, le premier et le second jour ensuivant, iceulx gens de guerre et le peuple ne cessèrent de fuster les maisons des gouverneurs du roy et de leurs favorisants, prinrent tous leurs biens et pluiseurs prisonniers et les mirent au Palais, au Louvre et au Chastelet, et en pluiseurs aultres lieux. Entre lesquels feurent les évesques de Senlis, de Bayeux et de Coutance; messire Hector de Chartres, messire Enguerrand de Marcongnet, et autres sans nombre. Le seigneur de l'Isle-Adam, après ces choses faictes, fit établir le Veau de Bar prévost de Paris, au lieu de Tanneguy du Chastel. Et à brief dire, tous les conseillers du roy, et aultres tenants la partie du comte d'Erminacq feurent pillés, prins ou occis cruellement. Et avec ce feut crié de par le roy, à son de trompe, que tout homme ou femme quy sçavoient aucuns tenants la partye du comte d'Erminacq, respons (éloignés ou muchiés) cachés, le nonçassent au prévost, sous peine de confiscation de corps et de biens. Et tantost après le pauvre homme où estoit muchié (caché) le comte d'Erminacq, le alla noncer au prévost; lequel le alla prendre en ladite maison et le mena prisonnier au palais. Entre ces choses, Tanneguy du Chastel trouva manière de envoyer le daulphin par Charenton, à Melun, à Corbeil, et à Montargis. Et si manda gens de son party de toutes parts, pour venir devers luy à la bastille de Sainct-Anthoine. Et d'aultre part, le seigneur de l'Isle-Adam envoya hastivement en Picardie et ailleurs pour tirer gens d'armes à Paris ; et en briefs jours après, y vint grand nombre de gens de Picardie et ailleurs. Le matin, après la prise de Paris, le maréchal de Rieux, le seigneur de Barbazan et Tanneguy du Chastel, accompagnés de quinze cents combattants, entrèrent dedans Paris à étendard déployé, par la porte Sainct-Anthoine, et s'en allèrent par derrière à l'hostel de Sainct-Pol, cuidans trouver le roy pour l'emmener avec eux ; mais ne le trouvèrent pas, car on l'avoit mis au Louvre atout son estat. Si chevauchèrent en icelle grand rue, criant : Vive le roy et le connestable comte d'Erminacq ! Mais ceux de Paris, tout incontinent, avec leur nouveau prévost et le seigneur de l'Isle-Adam, s'encoururent celle part à si grand effort, qu'il convint les Erminacqs retraire en la bastille ; et y perdirent jusques au nombre de trois ou quatre cents des plus aventureux de leurs gens ; et des Parisiens feurent occis environ quarante hommes. Et tantost après iceux, le maréchal de Rieux, le seigneur de Barbasan et Tanneguy, laissèrent bonne garnison dedans la bastille, et s'en allèrent à Corbeil, à Melun et à Meaux. Et d'autre part, le jeudy ensuivant, vinrent à Paris Hector et Philippe de Saveuse à deux cents combattants, et se logèrent du costé de la bastille, aux Tournelles et là entour ; et puis le vendredy, le samedy et les jours ensuivants, vinrent à Paris messire Jehan de Luxembourg, le seigneur de Fosseux et aultres, à grand' compaignie. Ceulx quy feurent occis du party du comte d'Erminacq, feurent par le bourel de Paris portés aux champs et là enfouis; les aultres de Paris feurent enterrés honorablement en terre saincte. Après ces choses faictes, ceulx quy feurent demourés en ladite bastille, traitèrent avec le seigneur de l'Isle-Adam; et s'en allèrent saufs leurs corps et leurs biens; et feut commis à ladite bastille le seigneur de Chauny, quy grand temps avoit esté prisonnier là dedans, et depuis qu'il retourna d'Amiens faire l'ambassade au duc de Bourgongne, dont cy-dessus est touché.

CHAPITRE LXXXVI.

Comment les Parisiens, gens de petit estat, au nombre de quarante mille hommes, allèrent en diverses prisons, et tuèrent bien trois mille hommes, entre lesquels feut occis le comte d'Erminacq, connestable de France, plusieurs évesques et seigneurs; comment la royne et le duc de Bourgongne entrèrent dedans Paris; de pluiseurs aultres choses advenues; et comment la ville de Compiengne feut prinse des Dauphinois.

LE douzième jour ensuivant, ceulx de Paris de petit estat s'assemblèrent bien quarante mille hommes; et doubtant (craignant) que les prisonniers ne feussent mis à délivrance, s'en allèrent, comme bestes enragées, contre le gré de leur prévost et des seigneurs estans adonc à Paris, crians: *Vivent le roy et le duc de Bourgongne!* à grant bruit à toutes

les prisons, et tuèrent cepiers et cepières (geo-
liers) et tout ce qu'ils trouvèrent de prisonniers,
indifféremment, sans nul épargner, jusques au
nombre de trois mille hommes; desquels et les plus
principaux feut le comte d'Erminacq, connestable
de France, le chancellier de France, les évesques
de Coutance, de Bayeux, d'Evreux et de Senlis
et de Saintes, le comte de Grampret, Remonnet
de la Guerre, l'abbé de Sainct-Cornille de Com-
piégne, Hector de Chartres, Charlot Poupart, ar-
gentier du roy, et généralement tous ceulx quy
estoient èsdites prisons, jà-soit que pluiseurs y
feussent pour débats ou pour debtes, mesmement
tenant la partie de Bourgongne. Et outre feurent
occises plusieurs femmes parmi la ville, inhumainement, et laissées ès places où elles estoient
occises. Cette occision commença à quatre heures
après minuit, et dura jusques à dix heures du
matin du jour ensuivant. Icelles occisions et meur-
dres se firent, présents messire Jehan de Luxembourg, le prévost de Paris, le seigneur de Fosseux,
le seigneur de l'Isle-Adam, et pluiseurs aultres,
jusques au nombre de mille combattants, tous en
armes et sur leurs chevaux; et n'y avoit si hardi
quy osast dire d'entre eulx, sinon : « Mes enfants,
» vous faictes bien. » Le corps du connestable, du
chancellier et de Remonnet de la Guerre, feurent dé-
nudés (mis nus) en la cour du Palais, et liés ensemble;
et là demeurèrent trois jours en ce point; et les mauvais enfants se jouoient à les traîner avant la cour du

Palais. Et avoit le connestable osté de son corps une bande de son cuir, de deulx doigts de large, quy estoit une grant dérision. Et, au quatrième jour, feurent mis sur beneaulx (charrettes) basses, et menés dehors Paris, et feurent enfouis avecque les aultres en une fosse nommée la Louvière, auprès du marché aulx pourceaulx. Iceulx communs de Paris, non assouffis de cette occision, ne cessèrent, par plusieurs jours après, d'aller ès maisons de ceulx qui estoient notés avoir tenu le parti du comte d'Erminacq; et prenoient leurs biens, et les occioient sans merci; et, s'ils hayoient un homme, luy faisoient entendre qu'il estoit Erminacq, et le tuoient. Et, si aulcun hayoit un aultre, et il leur dict: Voilà un Erminacq! il estoit occis incontinent, sans que nul en osast parler. Le duc de Bourgongne, ouyes les nouvelles de la prise de Paris, assembla hastivement ce qu'il peut avoir de gens, et s'en alla à Troyes devers la royne, et manda messire Jehan de Luxembourg et le seigneur de Fosseux, lesquels y allèrent à mille combattants. Puis se partirent de Troyes en grant arroy, la royne et le duc de Bourgongne, et s'en allèrent à Paris; et y vinrent le quatorzième jour de juillet; et issirent de Paris plus de six cents hommes à cheval allencontre d'eulx, portant (robes) heucques bleues, et, par-dessus, la croix Saint-Andrieu, en lieu de la bande qu'ils avoient long-temps portée; et offrirent au duc de Bourgongne et à son nepveu, le jeune comte de Sainct-Pol, deulx bleues heucques (robes) de velours, à croix Sainct-Andrieu, comme ils portoient. A entrer en Paris, ils s'en allèrent descendre à l'hostel de Sainct-Pol, où estoit le roy, qui les reçut à grant joie. Aulcuns jours après, se tinrent à Paris pluiseurs consaux sur le faict du gouvernement du royaulme. Le seigneur de l'Isle-Adam et le seigneur de Chastellus feurent faicts maréchaux, et messire Robinet de Mailly feut faict grant panetier de France; messire Charles de Lens feut faict amiral; maistre Eustache de Lattre feut faict chancellier; maistre Philippe de Morvilliers feut faict premier président en parlement, et le duc de Bourgongne feut faict capitaine de Paris, et messire Charles de Lens, son lieutenant; et accordoit le roy tout che qu'on luy demandoit. Entre ces choses, un nommée Jehan de Vertaing, capitaine de Sainct Denis, feut occis par douze compagnons, à la Chapelle, entre Paris et Sainct-Denis; et en feut accusé messire Jehan de Luxembourg, pour che que aulcuns de ses gens le tuèrent, c'est assavoir Lionnel de Wandonne, le bastard de Roubaix, et aulcuns aultres; et en feurent ceulx de Paris si mal contents, qu'ils saillirent aux champs, pour prendre et mettre à mort les facteurs, mais ne les trouvèrent point; et convint ledit Luxembourg désavouer le faict, pour contenter ceulx de Paris. Le duc de Touraine, daulphin de Vienne, feut induit par Tanneguy du Chastel, le vicomte de Narbonne, le président de Péronne, et aulcuns aultres ses gouverneurs, de faire guerre au duc de Bourgongne, et se feit nommer régent de France, nonobstant qu'il feut pluiseurs fois sommé par le roy, la royne et le duc de Bourgongne, de retourner avecque eulx, et on lui feroit tout honneur. Mais il ne voult rien faire, ains au contraire se disposa à faire la guerre; et tant que une fois huit compagnons armés à la couverte, s'en allèrent à la porte de Compiengne, quy va à Pierrefons, et advisèrent leur point d'entrer avecque une charrette de bois; si tuèrent sur le pont ung des chevaux de la charrette; par quoy la charrette demoura sur le pont, et ne put estre levée; puis tuèrent aulcuns des portiers. Et, à ung signe qu'ils firent, saillit de la forest le seigneur des Bosqueaux, à (avec) cinq cents combattants, et entrèrent en la ville, et crièrent « Vive le roy et monseigneur le dauphin ! » et tuèrent pluiseurs gens en leur venir. La ville feut fustée; et feurent pris et pillés tous ceulx quy tenoient la partie de Bourgongne ; le seigneur de Crèvecœur et le seigneur de Chevreuses furent menés à Pierrefons, et eschappèrent par finance. Ainsi feut Compiengne prinse et conquise par les Daulphinois, lesquels se prirent à faire dure guerre ès pays du duc de Bourgongne.

CHAPITRE LXXXVII.

Comment Jehan, duc de Brabant, épousa dame Jacques de Bavière, comtesse de Haynault, de Hollande, sa cousine-germaine.

En ce temps, et durant ces choses, Jehan, duc de Brabant, espousa Jacques de Bavière, sa cousine-germaine, comtesse de Haynault, de Hollande, de Zélande et d'Ostrevant, et si estoit sa maraine; mais ce mariage se fit pour cause de entretenir la paix et amour ensemble, pour le bien de leurs subjects, pour ce que leurs seigneuries tiennent l'un l'autre. Et tantost après, la paix feut faicte entre Jehan de Bavière et sa niepce; et depuis, comme le duc de Brabant et la comtesse sa femme, résidoient à Mons, en Haynault, il feut un jour qu'il alla chasser; et vint à son hostel messire Evrard, bastard de Haynault, frère à la duchesse, et aucuns aultres avec lui; et de fait appensé, tuèrent le gouverneur du duc de Brabant, nommé Guillaume de Berghe, qui lors estoit couché malade sur un lit; dont le duc fut moult courroucé, mais enfin sa femme le rappaisa; et feut adonc commune renommée qu'elle en estoit bien consentante.

CHAPITRE LXXXVIII.

Comment les vicaires de l'évesque de Paris révoquèrent en plein sermon la condamnation qui autrefois avoit esté faicte contre maistre Jehan Petit, en réparant l'honneur du duc de Bourgongne; comment Lagny-sur-Marne feut prinse et reprinse; et de la grand' peste qui régna dans Paris.

En ce temps feut faicte à Paris une procession générale, où estoient ceulx de l'université, et principalement les vicaires de l'évesque de Paris, lors malade à Sainct-Omer. Lesquels vicaires resvoquèrent là, en plein sermon, présents ceulx qui là estoient, la condamnation que ledit évesque avoit faicte autrefois contre la proposition de maistre Jean Petit, contre l'honneur du duc de Bourgongne, en réparant, quant à ce, son honneur et loyauté, comme vrai champion de la couronne de France; et firent apparoir du pouvoir qu'ils avoient de l'évesque en cette partie; et tant que le duc de Bourgongne feut content. En ce temps, prinrent les Daulphinois, qui se tenoient à Meaux, Lagny-sur-Marne, par faute de guette, et y firent beaucoup de maux; mais ceulx de la garnison se sauvèrent en une tour, et envoyèrent prier au duc de Bourgongne qu'il leur envoyast secours. Si y envoya le seigneur de l'Isle-Adam, lequel, par le moyen d'icelle tour, entra dedans la ville, et mit à l'espée la plus grand' partie des Daulphinois; puis laissa bonne garnison en la ville, et s'en retourna à Paris.

Tantost après, vint à Charenton le duc de Bretagne, pour faire la paix entre le daulphin et le duc de Bourgongne, mais ils ne se purent accorder; si s'en retourna le duc en Bretagne. Ils s'assemblèrent à Charenton, comme dit est, pour cause de l'épidémie, qui régnoit adonc à Paris, si grand', que, par le rapport des curés, il mourut cette année, dedans Paris, plus de quarante mille personnes. Et moururent de cette pestilence, le prince d'Orange, le seigneur de Fosseux, messire Jehannet de Poix, le seigneur d'Auxy et autres gentilshommes, serviteurs du duc de Bourgongne.

CHAPITRE LXXXIX.

Comment les Parisiens occirent derechief pluiseurs prisonniers; et comment le daulphin reprint la ville de Tours.

Les communs de Paris s'assemblèrent encore une fois, en grand nombre, et s'en allèrent derechef à touttes les prisons, et y tuèrent plus de trois cents prisonniers qui y avoient esté mis depuis la première tuyson; et puis s'en allèrent à la bastille Sainct-Antoine, pour avoir sept prisonniers qui y estoient, et jurèrent qu'ils abattroient la place, ou qu'ils les auroient. Et de fait, commencèrent à desmaçonner ; dont le duc de Bourgongne, fortement courroucé, vint à eulx, et leur remontra tant d'unes et d'autres, que les chefs lui promirent que les prisonniers seroient menés en Chastelet ; mais enfin, ils les tuèrent tous inhumainement sur le cauchie (chaussée), et là les desvestirent : et estoit, le plus principal d'iceulx tyrans, nommé Capeluche, lequel estoit bourel de Paris. Lors, le duc de Bourgongne voyant les dérisions et inhumanités d'iceulx meschants gens, fit crier qu'ils se cessassent de plus piller ni tuer, sur peine de perdre la vie, et qu'ils se préparassent à aller asségier Mont-le-Héry, où estoient leurs ennemis. Ils respondirent que ce feroient-ils volontiers, mais qu'il eussent capitaines pour eulx conduire. Et lors leur fut ordonné le seigneur de Cohem, et aucuns autres, lesquels emmenèrent bien six mille hors de la ville, jusques à Mont-le-Héry. Mais entre tant qu'ils estoient là, le duc de Bourgongne fit prendre aucuns de leurs complices qui estoient demeurez, et leur fit les testes copper, et aulcuns noyer. Capeluche, entre les autres, eut la teste tranchée dont aussi tost que ceulx du siége eurent nouvelles, ils s'en retournèrent vers Paris, pour faire pis que devant ; mais on leur ferma les portes, et les fit-on retourner à leur siége. Assez tost après, ils furent remandés, pource qu'il y avoit aucuns ambassadeurs qui traitoient leur appointement. Madame la daulphine, du gré et consentement du roy, de la royne et du duc de Bourgongne, fut renvoyée honorablement de Paris à Anjou, afin que le daulphin, pour cette courtoisie, s'inclinast plutost à la paix ; mais ceulx qui gouvernoient ne lui eussent jamais conseillé. Aussi vint devers le dolphin, le jeune comte d'Erminacq, grandement accompagné, qui se complaint de la cruelle mort de son père, et le dauphin lui répondit, que dedans briefs jours il lui en feroit bonne justice. Et tantost après, alla mettre le siesge devant Tours, laquelle ville lui fut assez tost rendue. D'autre part, le duc de Bourgongne, qui faisoit ce qu'il voulloit ès pays du roy, jà-soit-ce qu'il eut mis jus et faict cesser les aides, néanmoins il les fit remettre sus, sous ombre de lever le siége de Rouen. Et si furent les Parisiens requis de prester aucune somme d'argent ; et prestèrent cent mille francs, par condition qu'ils auroient, de chacune queue de vin qu'on vendroit à Paris, douze deniers ; et les recevroient par leurs mains, jusques à ce qu'ils seroient remboursés de leur prest. Ainsi doncque revinrent les aides en feste.

CHAPITRE XC.

Comment le roy d'Angleterre descendit avec son armée en Normandie, accompagné de deulx de ses frères et aultres gros seigneurs d'Angleterre; comment pluiseurs villes et forteresses se rendirent à luy; comment la ville de Caen feut prinse par assault; et comment le duc de Glocestre asségia la ville et chasteau de Cherbourg.

En icelle année 1418, le roi Henry d'Angleterre voyant que temps et heure estoit de poursuivre sa conqueste, après ce qu'il eut tenu un grand parlement en son palais de Vesmontier (Westminster), et conclu sur ces affaires, tant sur le parlement du gouvernement de son royaulme comme de l'armée qu'il avoit intention de mener en France, fit un mandement par tout son royaulme, à tous les princes, barons, chevaliers et gens accoutumés d'eux armer, et leur mist un jour à estre prests au port de Hantonne, où ils se trouveroient; auquel jour vinrent ceux qui y furent mandés. Si estoient avec lui deux de ses frères, les ducs de Clarence et de Glocestre, les comtes de Hostidonne, de Warwick et Salisbury, de Sufolk, de Kine; le grand seigneur de Roos, le seigneur de Cornouailles, les seigneurs de Wileby, d'Escalles et pluiseurs autres barons, chevaliers et escuyers, et avec eux grand nombre de gens d'armes et de trait. Le roy voyant son armée preste, se tourna à Hantonne, où son navire estoit appresté ; et si monta dessus, avec toute son armée ; et tant nagèrent, qu'ils prirent port à Toucques, en Normandie, sur l'intention de mettre en son obéissance toutte la duché de Normandie. Auquel lieu de Toucques, y avoit un fort chastel royal, qui tantost fut asségié. Le roy fit dresser ses engins et habillements de guerre. Finablement, messire Jehan d'Angiennes, capitaine dudit chastel, sçachant qu'il n'auroit point de secours, rendit la place, et se mit en l'obéissance du roy d'Angleterre, moyennant les vies sauves, corps et biens, de lui et de tous ses gens ; et eut trois jours d'induices pour les vuider; (trèves) aussi, le roy leur tint sa promesse. Après celle rendition, et qu'il y eust mis de ses gens pour le garder; se partit dudit chastel en belle ordonnance. Premièrement fit partir son avant-garde, puis sa bataille, après son arrière-garde ; et entre la bataille et son arrière-garde; estoient les charriots, charrettes, ses vivres et artillerie de guerre. Le roy d'Angleterre chevaucha, et tellement exploita, que en peu de temps et espace se rendirent à lui les villes et forteresses de Harcourt, du Bec, Helluyn, Verneuil, Evreux, et pluiseurs autres places, sans faire grands deffenses. Pour lesquelles renditions, les autres bonnes villes et forteresses d'icelui pays de Normandie se commencèrent moult fort à esmerveiller, car ils avoient peu de gens pour eulx deffendre. Ainsi que vous avez ouy, estoit toutte France en desrision et division, qui estoit chose bien propice pour le roi d'Angleterre. Et en icelui temps, fut eslu pape le cardinal de la Colonne; et fut nommé pape Martin; qui, par l'approbation du saint concile de Constance, ordonna ledit concile estre convoqué au cinquième an ensuivant, l'an 1423. Le roy d'Angleterre, qui estoit à grand' puissance au pays de Normandie, conquéroit villes et chasteaux, comme dit est Et durant ces grands divisions qui estoient en France, entre les Franchois et les Bourguignons, et après qu'il eut pris plusieurs villes et chasteaux, il alla mettre son siége devant la bonne ville de Caen, qui estoit moult puissante en bon peuple; et les fit assaillir par divers assauts, où moult perdit de gens; mais enfin tant continua, que ladite ville, par force et d'assault, fut prinse; et fut bien mort six cents des deffendants. Et depuis se tint le chastel environ trois semaines: mais enfin se sendit moyennant que le capitaine et ses gens eurent seureté du roi d'Angleterre, d'eulx partir, saufs leurs corps et biens. Après laquelle conqueste, le roy d'Angleterre fit asségier par son frère, le duc de Glocestre, la forte ville et chastel de Cherbourg, qui estoit la plus forte place de toutte la duché de Normandie, et des mieux pourvues de vivres et de habillements de guerre; et y fut le siége environ dix mois, que oncque ne furent secourus. En la fin, messire Jehan d'Angennes, qui en estoit capitaine, le rendit au duc de Glocestre, pour et au nom du roy d'Angleterre, moyennant qu'il en eut certaine somme d'argent, et sauf-conduit pour aller où bon lui sembla. Et s'en alla depuis en la cité de Rouen, après ce qu'elle fut conquise du roy d'Angleterre. Là séjourna tant que sondit sauf-conduit fust passé, sur la fiance d'aucuns seigneurs Anglois qui lui donnoient à entendre qu'ils lui feroient rallonger. Mais il fut trompé; et lui fit, le roy d'Angleterre, trancher la teste, pour ce qu'il avoit pris argent de la rendition de la place, laquelle estoit encore assez bien garnie de vivres et artillerie; dont aucuns Franchois feurent bien joyeux, pource qu'il avoit rendu la place par convoitise d'argent, au préjudice du roy.

CHAPITRE XCI.

Comment le roy d'Angleterre asségia la ville de Rouen, et comment il fortifia son siége; de pluiseurs choses quy advinrent pendant ledit siége; des ambassades des deulx roys, qui ne se peurent accorder, et partirent sans traictier la paix.

En ce temps feut envoyé en la cité de Rouen, de par le roy et le duc de Bourgongne, pluiseurs capitaines pour aidier les habitants d'icelle à défendre ladite ville et garder contre le roy d'Angleterre, duquel ils attendoient de jour en jour à avoir le siége; c'est assavoir messire Jehan de Neufchastel, seigneur de Montagu, messire Anthoine de Toulonjon, le bastard de Thian et pluiseurs aultres. Avec ce y estoit auparavant, messire Guy le Bouteillier, natif du pays de Normandie, capitaine-général de la ville, et le bastard d'Ally; lesquels capitaines, tous ensemble, povoient avoir quatre mille combattants ou environ, tous gens à l'élite. Et si estoient les citoyens bien seize mille hommes, bien armés et habillés selon leur estat, prests et désirants de eulx défendre contre ceulx quy mal leur voldroient. Après la prise de la bonne ville de Caen, et que le roy d'Angleterre eut faict fournir et réparer la ville de gens et artillerie, et commis capitaine de par lui, print son chemin devers le Pont-de-l'Arche; et pour l'asségier de tous costés, trouva manière de conquester la rivière de Seine. Là feut faict chevalier le fils du seigneur de Cornouaille, quy ce jour acquit grand honneur. Et de faict conquirent les Anglois ladite rivière de Seine, et par conséquent en briefs après, la ville et chastel de Pont-de-l'Arche. Quand le roy d'Angleterre eut prins la plupart des bonne villes et forts chasteaux de la duché de Normandie, et que à chacune des places il eut laissé des garnisons, se partit et print son chemin vers la bonne cité de Rouen; mais au chemin ne demoura place ni fort chastel, que tout ne mist à son obéissance. Tant exploita, qu'il asségia la bonne ville de Rouen, au mois de juin, avant qu'iceulx assiégés pussent avoir nouveaux grains. Son avant-garde se logea devant la ville, à minuit, afin que ceulx de dedans ne fissent aucune envahie sur eulx ; et se logea le roy d'Angleterre à la maison des Chartreux ; le duc de Glocestre feut logé à la porte de Martinville, le comte de Warvick à la porte de Beauvais, le duc d'Exestre et le comte Dorset devant la porte du chastel, le comte Mareschal et le seigneur de Cornouailles à la porte du Pont. De l'aultre costé de Seine feurent mis les comtes de Hantonne, de Salébry, de Kine et le seigneur de Neufville; et devant Saincte-Catherine-sur-le-Mont feurent mis aulcuns aultres barons d'Angleterre. Toutefois, devant que lesdits asségians pussent estre fortifiés, feurent par pluiseurs fois envabis des assiégés; et y eut de grosses escarmouches, tant d'ung costé comme d'aultre. Mais le roy d'Angleterre ordonna, au plutost qu'il pust faire, grands fossés entre la ville et son logis, sur lesquels fossés fit faire grosses hayes d'espine, pourquoy les Anglois ne povoient estre surpris ni travaillés, sinon par canons et par trait. Et en après, fist le roy d'Angleterre, en l'eau de Seine, à ung costé et à l'aultre, au jet d'un canon ou environ, près de la ville, tendre chaînes de fer, dont l'une estoit d'un pied et demi dans l'eau, la seconde en la galite (surface) de l'eau, et la tierce estoit à deulx pieds dessus, afin que par-dessus batteaux les assiégés ne pussent avoir secours, et aussy qu'ils ne pussent vuider par le courant de l'eau. Et avec ce feurent faicts en pluiseurs lieux moult de fossés profonds en terre, pour aller de logis à l'aultre, sans estre atteint du traict des canons ou des aultres engins d'iceulx assiégés. D'aultre part, ceulx quy dedans Saincte-Catherine estoient, rendirent le fort au roy d'Angleterre par faute de vivres, et s'en allèrent, tant seulement sauves leurs vie, sans emporter rien de leurs biens. Si avoit en sa compaignie le roy d'Angleterre, bien huit mille Irlandois dont la plus grand' partie alloit à pied, l'ung estoit chaussé et l'aultre nud; et pauvrement estoient habillés, ayant chacun une targette et gantelets, avec gros couteaux d'étrange façon. Et ceulx quy alloient sur chevaux, n'avoient nulles selles; et chevauchoient sur bon petits chevaulx de montaigne, et estoient leurs peneaux assez de pareille façon que portent les blattiers (marchands de blé) du pays de France. Toutefois ils estoient de petite défense au regard des natifs du pays d'Angleterre. Lesquels Irlandois, souvent durant le siége, avec les Anglois couroient la Normandie, et faisoient maulx innumérables, ramenans en leur ost grands proyes; et mesmement, lesdits Irlandois de pied prendoient petits enfants ès bers (berceau) et autres, et montoient sur vaches portans lesdits petits enfants et bagues devant eulx; et feurent pluiseurs fois trouvés des Franchois en tel estat. Pour lesquels courses, tant d'Anglois, Bourgongnons, comme Daulphinois, le pays de Normandie feut fort oppressé et le peuple destruit. En oultre, le roy d'Angleterre estant dans son siége, fit dresser devant la ville pluiseurs grosses bombardes et aultres engins pour icelle confondre et abattre; et pareillement les assiégés, par toutes voies et manières qu'ils povoient adviser, grévoient ennemis et faisoient aussy pluiseurs saillies, lesquelles seroient trop longues à raconter chacune à plein; mais pour vray iceulx asségiés se gouvernèrent très vaillamment. Durant lequel siége, Laghen, bastard d'Ally, qui estoit l'ung des capitaines de ceulx de dedans en quy ceulx de la ville avoient plus grand' fiance, et avoit la charge et garde de la porte de Caux, devant laquelle vint un jour messire Jehan le Blancq, lors capitaine de Harfleur de par le roy d'Angleterre, qui pour lors estoit le fils du comte Dorset; lequel requit audit bastard de rompre trois lances contre luy, lequel bastard luy accorda libéralement et prestement. Après qu'il feut armé, saillit hors atout trente compaignons de pied; et là, devant la barrière, coururent de grand' volonté l'ung contre l'aultre. Mais ainsy advint que du premier coup le chevalier anglois feut traversé parmy le corps et porté jus de son cheval; et avec ce feut tiré dedans la ville par force, où il mourut tantost après; dont feut dommage; car il estoit chevalier de bonne renommée; et feut le bastard courroucé de sa mort. Toutefois iceluy bastard eut quatre cents nobles des amis du mort pour rendre son corps. Pour laquelle chose, ledit bastard généralement de ceulx de la ville feut fort prisé et honoré; et pour les biens et vaillances quy estoient en lui, car c'estoit celuy que on disoit quy faisoit les plus belles saillies sur les Anglois, et quy plus leur portoit de dommages.

Ceulx de la ville avoient esté asségiés une longue espace, si se voyoient fort oppressés et leurs vivres amoindrir; si trouvèrent manière de faire une sortie, comme sur le soir, et boutèrent dehors un prestre asgé; lequel très subtilement et en grand adventure se partit, bien adverti de ce qu'il devoit dire au roy, de par les asségiés en Rouen. Le prestre moult subtil, eschappa le mieux qu'il pust; et telle diligence fist, que sans nul empeschement il vint à Paris. Lequel fit proposer sa légation devant le roy par ung docteur Augustin : et prit iceluy proposant son thesme, en disant : *Quid faciemus*, lequel il exposa moult sagement et authentiquement. Et après qu'il eut proposé la charge à luy baillée, iceluy prestre dit au roy : « Princes et seigneurs,
» il m'est enjoint par les habitants de la ville de
» Rouen à crier contre vous, et contre vous, sei-
» gneur de Bourgongne, quy avez le gouverne-
» ment du roy et de son royaulme le grand haro ;
» lequel cri signifie l'oppression qu'ils ont des
» Anglois : et vous mandent et font sçavoir de par
» moy, que si par faute de votre secours, il convient
» qu'ils soient subjects au roy d'Angleterre, vous ne
» aurez au monde pires ennemis; et s'ils peuvent,
» ils détruiront vous et votre génération. » Telles et semblables paroles remontra ledit prestre au roy et à son conseil ; et après qu'on luy eut promis de y pourvoir au plus brief que on polroit, il s'en retourna le mieux qu'il put, portant les nouvelles

à iceulx assiégés. Et brief ensuivant, le roy et le duc de Bourgongne envoyèrent leurs ambassades au Pont-de-l'Arche vers le roy d'Angleterre pour traictier de la paix; et alla avec lesdits ambassadeurs le cardinal des Ursins. Allencontre desquels vinrent, de par le roy d'Angleterre, au lieu du Pont-de-l'Arche, le comte de Warvick, le chancelier d'Angleterre, l'archevesque de Cantorbie, et aultres du conseil du roy. Et dura cette ambassade environ quinze jours, durant lequel temps allèrent ambassadeurs devers le roy d'Angleterre à son siége devant Rouen. Si feurent du roy et des princes honorablement reçus; et avoient portés lesdits ambassadeurs la figure de madame Katherine, fille du roy de France, laquelle feut présentée au roy, et luy plust très bien. Toutefois, pource qu'il fit demande, comme il sembla aux Franchois, c'est assavoir que on luy donnast la fille du roy, dix cent mille escus d'or, la duché de Normandie, dont déjà il avoit conquesté la plus grand' partie, la duché d'Aquitaine, et la comté de Poitou avec aultres seigneuries, sans tenir en ressort du roy, rien ne se put accorder. Et aussi les ambassadeurs du roy d'Angleterre firent réponse que le roy n'estoit point en estat; pourquoy ils ne purent traiter avec eulx; et dirent que le daulphin, son fils, n'estoit point emprès du roy; et que au duc de Bourgongne n'appartenoit point traictier de l'héritage du roy. Après lesquelles choses, le cardinal et les ambassadeurs s'en retournèrent devers le roy, qui nouvellement estoit à Ponthoise, avec la royne et le duc de Bourgongne ; et racontèrent l'estat de leur ambassade ; et en brief temps s'en retourna le cardinal en Avignon, devers le pape Martin, pource qu'il sentoit assez que rien ne polroit accorder entre les parties. Et adoncques ceulx de Rouen sçachant assez de la rompture de l'ambassade d'entre les deux rois, voyans que leur secours mettoit longuement à venir, prinrent ensemble conclusion de saillir hors de leur ville à puissance, et combattre ung des siéges du roy d'Angleterre ; mais avant che, boutèrent hors de leur ville plus de vingt mille poures gens, hommes, femmes et enfants quy n'avoient que vivre, dames, damoiselles et hommes vieils, dont il ne se povoient ayder.

Quand ils les eurent mis hors des portes, le roy d'Angleterre, qui de che feut tost adverti, y envoya gens d'armes et archers, quy par force de traicts que lentement tiroient sur icelles gens, force leur feut de eulx retraire dedans les fossés de la ville, où ils feurent l'espace de trois jours ; et tellement se demenoient de pleurer et crier, et aussy que pluiseurs femmes accouchèrent d'enfant dedans les fossés, que c'estoit piteuse chose à le voir ; tant que en la fin, ceux de la garnison et les bourgeois de la ville feurent contraints, par pitié et compassion qu'ils eurent d'eulx, de les remettre dedans la ville. Par quoy mortalité et famine s'y bouta, si grande que bien trente mille personnes, que hommes que femmes, que enfants, y moururent. Ceulx de la garnison appercevant que leurs vivres amoindrissoient, et aussi que leur secours estoit lointain, comme dessus est dict, se mirent dehors la ville dix mille bons combattants, et la ville gardée; et quand tout feut prest pour accomplir leur entreprinse, et que déjà en avoit sailly bien deux mille, cuidans que les aultres les debvoient suivre par la porte devers le chastel, où ils commencèrent à issir, il advint que aulcuns Anglois feurent advertis de leur saillie; tant que par nuict firent soier (scier) atout soieries (scies) sourdes, les estaches (pieux) quy soutenoient le pont; parquoy, tantost qu'ils commencèrent à marcher sur ledit pont, ceulx quy estoient de celle heure dessus cheurent ès fossés; une partie feurent morts et les aultres blessés, et de che feurent esmerveillés, non sans cause. Lors, iceulx voyans cette adventure, se retrairent tantost à une aultre porte, pour secourir et ayder leurs gens qu'ils sçavoient en danger; et les firent retraire et rentrer dedans la ville. Mais avant qu'ils les pussent ravoir, perdirent beaucoup des leurs. Toutefois ce ne feut pas sans porter grant dommaige aux Anglois; et estoient en adventure, si ledit pont n'eust esté soié (scié), de leur faire beaucoup de mal. Après laquelle besongne, on commença à murmurer fort contre l'honneur de messire Guy le Bouteiller, qui feut mescreu d'avoir faict soier ledit pont, et d'en avoir adverti les Anglois; et tost après cette besongne, trespassa par maladie, le bon Laghen, bastard d'Ally; pour la mort duquel ceulx de la communauté feurent fort déconfortés, car, comme dict est, ils se fioient plus en luy que en nul des aultres capitaines, pour la vaillance quy estoit en luy. Or lairons à parler de ceulx de Rouen, et retournerons à parler ung peu du roy et de ceulx de sa partie.

CHAPITRE XCII.

Comment ceulx de Rouen envoyèrent devers le roy et le duc de Bourgongne, pour avoir secours, et leur remontrer la nécessité et misère et poureté qu'ils souffroient par famine et peste; d'une embûche que les Franchois feirent sur les Anglois, qui ne leur porta que dommaiges.

Or, pour parler de l'estat et gouvernement du roy et du duc de Bourgongne, vérité est, que pour pourvoir à la délivrance de ceulx de Rouen, mandèrent gens d'armes en pluiseurs lieux du royaulme, lesquels y veinrent en grand nombre. Et adonc le roy, la royne et le duc de Bourgongne vinrent de Ponthoise à Beauvais, afin d'avoir vivres plus abondamment. Auquel lieu feurent tenus pluiseurs estroits consaulx, pour sçavoir comment on secourroit ceulx de Rouen, mais on ne pouvoit trouver manière raisonnable que faire se pust, pour la division qui estoit entre le daulphin et le duc de Bourgongne; et avec ce, le roy d'Angleterre estoit trop puissamment fortifié. Le temps

durant que le roy estoit à Beauvais, vinrent devers luy, comme j'ai ouy dire, quatre gentilshommes et quatre bourgeois de Rouen, ne sçais comment ils en issirent, pour signifier au roy et à son conseil le misérable estat que c'estoit de veoir la cité; lesquels, en la présence du roy et du duc de Bourgongne, et du grand conseil du roy, dirent comment pluiseurs milliers de gens de ladicte ville estoient jà morts de faim dedans ladicte ville; et que, dès l'entrée du mois d'octobre, ils estoient contraints de manger chevaulx, chiens, chats, rats et souris, choses non appartenans à créature humaine; et avec ce avoient bien jà bouté hors de la ville douze mille poures gens, desquels la plus grant partie estoient morts dedans les fossés, piteusement; et souvent falloit que les bonnes gens tirassent amont, par pitié, les petits enfants nouveaux nés, pour les faire baptiser; et après les rendoient aux mères, et moult en moururent sans estre baptisés; lesquelles choses estoient moult griesves et piteuses, tant seulement à ouyr raconter. Et alors dirent au roy: « Sire, et vous, noble
» duc de Bourgongne, les bonnes gens vous ont jà
» pluiseurs fois signifié et faict sçavoir la grant né-
» cessité et détresse qu'ils souffrent; à quoy n'avez
» encore pourvu, comme promis avez. Et pour tant
» à cette dernière fois sommes envoyés devers vous,
» noncer, de par lesdicts asségiés, que si en dedans
» briefs jours ils ne sont secourus, ils se rendront au
» roy d'Angleterre; et dès maintenant, si ce ne fai-

» tes, ils vous rendent la foi, serment et loyaulté, » et obéissance qu'ils ont à vous. » Auxquels, par le roy et le duc de Bourgongne, bénignement fust respondu, que encore n'estoit pas la puissance du roy si grande que pour lever le siége de Rouen, dont moult leur en desplaisoit; mais au plaisir de Dieu, briesvement seroient secourus. Et iceulx demandèrent dedans quel temps; à quoi le duc Jehan fist response en dedans de Noël. Et sur ce retournèrent en la ville de Rouen, au mieux qu'ils peurent, mais ce ne fust pas sans grant doute (crainte) et peur, et non sans cause. Nonobstant ce, ils rentrèrent dedans la ville, très joyeux de ce qu'ils estoient ainsi eschappés sans péril et fortune. Quand là feurent revenus, ils racontèrent mot à mot ce qu'ils avoient besogné. Oz, pour parler de l'estat de ceulx de Rouen, n'est nul qui sceut raconter la poureté et misère que le poure peuple y souffroit de famine; car, comme il fust sceu véritablement, là moururent dedans ledict siége plus de cinquante mille personnes de famine; et qu'il soit vrai, en un seul cimetière, nommé la Magdeleine, y feurent enterrés, de compte fait, plus de trente-deux mille personnes. La famine y estoit si grande, que les aucuns, quand ils voyoient porter viandes par les rues, comme tous désespérés y accouroient pour le tollir; et souvent souffroient, en ce faisant, que on les battist et bourrast très cruellement; car, par l'espace de trois mois, ne feurent vendus quelques vivres sur le marché. Ce qui par avant le siége estoit vendu un denier, on le vendoit lors vingt, trente ou quarante deniers, et encore par nulle finance ne pouvoit-on recouvrer. Pourquoi, comme dict est, il eust le siége durant, dedans icelle ville, moult de tribulations piteuses à raconter; car, qu'il soit vrai, ladicte famine fust si grande que, pour une piéce de pain, belles jeunes pucelles se abandonnoient. Les males fortunes et adventures seroient fortes à recorder, et trop longues à escrire. Durant ce temps, messire Jacques de Harcourt et le seigneur de Moreul assemblèrent deux mille combattants ou environ, qu'ils menèrent à deux lieues ou environ près du siége, en intention de faire sur les Anglois aucuns destrousses; et de fait, se mirent en embusche en deux lieues du siége, assez près l'un de l'aultre pour voir les ennemis venir. Et après envoyèrent bien six vingt hommes d'armes, lesquels allèrent férir en un village assez près du siége, où il y avoit aucuns Anglois, qui tantost feurent morts ou prins, sinon aucuns qui par bons chevaulx se sauvèrent et fuirent en l'ost, très fort crians allarme, disans qu'ils avoient veu les Franchois en grant nombre. Si ordonna le seigneur de Cornouailles, à six cents combattants, pour sçavoir que c'estoit; et sans s'arrester, s'en alla roidement; et brief trouva les courreurs Franchois, lesquels, voyans les Anglois trop grand nombre, retournèrent par-devers leurs embusches, auxquels ils dirent la venue des Anglois. Les Anglois chevauchèrent très hastivement après eulx ; et lors les Franchois estant en embusches, se meirent les aucuns en ordonnance pour aller par-devers leurs ennemis, et les aultres tournèrent le dos et se meirent en fuite. Pourquoi, ce voyans, les Anglois frappèrent dedans, et les meirent en desroy; et feurent ce jour, que morts que prins, douze vingt hommes d'armes franchois, et les aultres se sauvèrent. Après ce, tourna le seigneur de Cornouaille au siége, très joyeux de sa bonne fortune, de laquelle le roy d'Angleterre et tous ses princes feurent moult joyeux. Si laisse à parler des Anglois, et retourne à parler du roy.

CHAPITRE XCIII.

Du traictié que le roy d'Angleterre et ceux de Rouen feirent, moyennant lequel ils rendirent la ville audit roy, quy avoit esté en l'obéissance des Franchois deux cent et quinze ans.

LE roy, la royne, et le duc de Bourgongne étans à Beauvais, comme dit est, tinrent conseil pour sçavoir quand ceulx de Rouen seroient secourus ; mais, en la conclusion, fust avisé qu'ils n'estoient pas assez puissants pour le présent, pour combattre le roy d'Angleterre, ni lever le siége. Et pour tant on donna congié à la plus grande partie des gens d'armes qui estoient assemblés; et les aulcuns furent mis en garnison sur les frontières, tant sur les Anglois, comme contre les Daulphinois. Après lesquelles conclusions, le roy, la royne et le duc de Bourgongne se partirent de Beauvais, et s'en allèrent à Provins; pour quoy moult de gens furent émerveillés. Si furent tantost icelles nouvelles noncées à ceulx de Rouen; et leur fust mandé secrettement par le duc de Bourgongne, que ils traictassent pour leur salvation avec le roy d'Angleterre, au mieulx qu'ils porroient, et que aultrement n'y pouvoient remédier. Et adonc, quand les nouvelles furent espandues en public en icelle ville, iceulx assiégés furent moult dolents. Si s'assemblèrent en la maison de la ville les plus nottables, pour sçavoir comment ils se auroient à conduire devers le roy d'Angleterre. Et fust conclu, puisqu'ils avoient perdu l'espérance d'estre secourus, et qu'ils n'avoient nuls vivres, convenoit par nécessité qu'ils traictassent avec leurs ennemis. Et envoyèrent un hérault devers le roy d'Angleterre, pour avoir un sauf-conduit pour six hommes aller devers luy, lequel leur fust envoyé. Si ordonnèrent à faire cette ambassade, deux hommes d'église, deux gentilshommes et deux bourgeois; et allèrent tout droit devers la tente du roy, mais ils furent conduits par ses gens au logis de l'archevesque de Cantorbie, qui avoit la charge, avec le comte de Warwick, de par le roy, de traictier avec eulx. Et après qu'ils furent assemblés, il y eust plusieurs matières ouvertes, assavoir à quelle fin ils por-

roient venir. Mais, pour cette fois, ne purent oncques obtenir quelque traicté, sinon que tous les
hommes de la ville se missent en la franche volonté du roy d'Angleterre; et, sur ce, retournèrent dedans la ville, et firent leur rapport : lequel leur sembla moult étrange. Et fust dit par tous
ceulx là étans, que mieulx aimeroient vivre et
mourir tous ensemble combattans leurs ennemis,
que eulx mettre en la subjection du roy d'Angleterre. Si se départirent pour ce jour sans rien conclure ; et lendemain revinrent ensemble en moult
grande multitude ; et après plusieurs parlements,
finalement furent tous d'opinion de mettre sur
estaches de bois, un pan de mur par dedans la
ville ; après, eulx tous ensemble, hommes, femmes
et enfants armer. Quand ils auroient premiers
boutté le feu en pluiseurs lieulx parmi la ville, ils
abbatteroient ledit pan de muraille ès fossés, et
s'en iroient où Dieu les vouldroit conduire. Si se
partirent à intention, le lendemain, par nuict, mettre
à exécution leur entreprise. Mais il advint que le
roy d'Angleterre fust de ce adverty ; et pour tant
que son désir estoit d'avoir la ville entière à son
obéissance, fist fainctement remander les ambassadeurs par l'évesque de Cantorbie, avec lequel, et
aultres à ce commis, fust tant traicté que les parties furent d'accord, par la manière cy-après déclarée. Premièrement fust ordonné que le roy
d'Angleterre auroit de tous les bourgeois et habitants de laditte ville de Rouen, la somme de trois

cents quarante-cinq mille écus d'or du coin de
France, et trois hommes à sa volonté, lesquels
furent dénoncés; c'est assavoir maistre Robert de
Luy, vicaire-général de l'archevesque de Rouen,
lequel, durant le siége, s'estoit gouverné moult
prudentement; le second fust un bourgeois nommé
Jehan Jourdin, qui avoit eu le gouvernement des
canonniers; le tiers fust nommé Allain Blanchard,
qui estoit capitaine du mesme commun. Et avec ce,
tous universellement jurèrent au roy d'Angleterre et à ses successeurs, de tenir foy et loyauté
avec toutte obéissance, moyennant qu'il leur pro-
mettroit de les deffendre allencontre de tous ceulx
qui force ou violence leur vouldroient faire; et
avec ce, leur tiendroit on leurs priviléges, franchises et libertés, desquels ils possédoient du
temps du roy sainct Loys. En outre, fust ordonné
que tous ceulx qui se vouldroient partir, s'en
iroient franchement, tant seulement vestus d'aulcuns de leurs habits, et le surplus demourroit
confisqué au roy d'Angleterre. En après, fust ordonné que tous les gens d'armes mettroient généralement tous leurs biens en certains lieux déclarés; et après qu'ils auroient fait serment au roy
d'Angleterre, d'eux point armer, un an durant,
allencontre de lui, il leur feroit bailler sauf-conduit; et les feroit conduire outre des détroits,
vestus chacun de ses habits accoutumés, tout à
pied, le baston au poing. Après lesquels traictiés
accordés et paraccomplis, et que le roy d'An-

gleterre eust pleiges d'entretenir les choses dessusdittes, ceulx de la ville, en nombre compétent, allèrent quèrir vivres à leur plaisir, en l'ost du roy d'Angleterre. Lequel traictié fust du tout parfourni, le 16ᵉ jour de janvier, l'an 1418, par un lundy; et le jeudy ensuivant, entra le roy d'Angleterre dedans la ville de Rouen, en grant triomphe, accompaignié des seigneurs de son sang et autres. Et avoit un page derrière lui, sur un moult beau coursier, portant une lance à laquelle d'emprès le fer, avoit attaché une queue de renard, en manière de penoncel; puis alla logier dedans le chastel. Ainsi fust la ville et cité de Rouen conquise par les Anglois, laquelle avoit esté en l'obéissance des rois Franchois, depuis l'espace de deux cent quinze ans, que le roy Philippe, père (ayeul) de sainct Loys, l'avoit conquise sur le roy Jehan d'Angleterre, comme confisquée, pour faute de relief, par le jugement des pairs de France. Puis, quand vint le lendemain, le roy fist copper la teste à Alain Blanchart, capitaine du commun; et les deux aultres qui estoient en sa volonté, furent depuis sauvés, en payant certaine somme de pécune. Et après, fist issir la garnison tout à pied, comme dit est.

En icelle mesme saison, le roy fist envoyer grand' garnison ès frontières contre les Anglois; d'autre part, les Anglois gastoient tout le pays par feu et par espée; et d'aultre part, les Daulphinois faisoient le cas pareil. Et quant aux gens du roy et du duc de

Bourgongne ne se feignoient pas; et par ainsi, ce très noble royaulme estoit en divers lieulx travaillé et molesté, et merveilleusement oppressé par les trois parties dessusdites; et n'avoit le poure peuple comme nuls défenseurs, ni aultres recours que de eulx plaindre lamentablement à Dieu leur créateur, en attendant sa grâce.

CHAPITRE XCIV.

Comment l'ambassade du roy d'Angleterre, en allant vers le roy de France, feut assaillie par les Daulphinois, qui feurent déconfits par les Anglois; et du parc qui feut faict vers Meullant, où convinrent ensemble le roy d'Angleterre et ses deux frères, la reine de France, dame Catherine, sa fille, le duc de Bourgongne et leurs consaulx, et retournèrent sans besongner.

En icelui temps, le roy d'Angleterre envoya à Provins, devers le roy, son ambassade, c'est assavoir, les comtes de Warwick et de Kime; et estoient conduits par aucuns gens du duc de Bourgongne. Et en leur chemin furent assaillis par messire Tanneguy du Chastel, et aultres Daulphinois, qui au commencement prinrent et gagnèrent une partie des chevaux et bagages desdits Anglois; mais, en conclusion, les dessusdits Daulphinois furent déconfits. Après, iceux ambassadeurs s'en allèrent à Provins, où ils besognèrent avec le duc de Bourgongne et le conseil du roy; et de là retournèrent à Rouen, devers le roy d'Angleterre, où ils firent leur relation de ce qu'ils avoient besogné, dont le roy fut moult joyeux. Et de rechief, environ la my avril, le roy d'Angleterre renvoya lesdits ambassadeurs devers le roy et le duc de Bourgongne à Troye, en Champagne; auquel lieu fut tant traicté entre les parties, que tresves furent faites entre les deux roys, certaine espace de temps, sur espérance de plus avant besogner au faict de la paix. Et fut assigné jour pour convenir ensemble, assez près de Meulant. Et assez tost après, le roy, la royne, et dame Katherine de France leur fille, et le duc de Bourgogne, à grant puissance, allèrent à Pontoise; et eux là venus, firent préparer assez près de Meulan, un grant parcage où se devoit tenir ladicte convention; lequel estoit très bien clos de bonnes bailles (portes) et archers en aucuns costés, et aussi environné de grands fossés; et aussi y avoit pluiseurs entrées fermans à trois barrières; et par dedans furent tendues pluiseurs tentes et pavillons, pour reposer les seigneurs; et estoient ordonnez aucuns villages, pour loger les gens et chevaux, tant d'un costé comme d'aultre. Et quand la journée fut venue que icelles parties debvoient assembler en conseil, pour tant que le roy estoit mal disposé en santé, se partirent de Pontoise, la royne, dame Katherine sa fille, le duc de Bourgongne et le comte de Sainct-Pol, avec eux tout le conseil, et bien mille combattans; et allèrent audit lieu ordonné emprès Meulan; et assez tôt après arriva le roy d'Angleterre, accompagné des ducs de Clarence et de Glocestre, ses frères et son conseil. La royne, dextrée du duc de Bourgongne, et dame Catherine du comte de Sainct-Pol, atout leur conseil, et aucunes dames et damoiselles, entrèrent dedans le dit parc. Et pareillement le roy d'Angleterre, accompagné de ses deux frères et son conseil, par une autre entrée vinrent dedans le parc; auquel lieu, en lui inclinant révéremment, salua la royne et puis la baisa, et aussi fit-il dame Catherine. Et après le duc de Bourgongne salua le roy d'Angleterre en fléchissant un petit le genouil, en inclinant son chef. Le roi d'Angleterre le prit par la main; et d'un commun consentement entrèrent adonc (alors) dedans la tente du conseil. Et estoient leurs gens d'armes, chacun par ordonnance, au loin du parc. Après ce qu'ils eurent esté en conseil grant espace, prinrent congé l'un de l'aultre, moult honorablement et humblement, et s'en retournèrent les uns à Pontoise et les aultres à Mantes. Lendemain se rassemblèrent au lieu et place dessus-dite. Et dura le parlement bien trois semaines, en pareil estat qu'il avoit esté la première fois, sauf que madame Catherine de France, qui y avoit esté là menée, afin que le roy d'Angleterre la vist, qui fort estoit désirant d'avoir icelle à mariage, n'y retourna point depuis la première fois. Et là, eux ensemble, sans espérance de faire aucun bon traité et paix finale entre les deux parties et roys, furent pluiseurs matières ouvertes; et souvent venoit l'une des parties plus puissamment accompagnée que l'aultre ; et une aultre fois celle qui estoit venue à plus grand compaignie, venoit à moindre. Et jà-soit-ce que Franchois et Anglois là estans fussent toujours, ce temps durant, logiés l'un auprès de l'aultre, toutefois n'y eut rumeurs ni débats entre lesdites parties ; et vendoient l'un à l'aultre pluiseurs denrées. Mais en la fin ne poeurent lesdites parties rien concorder ni pacifier, pourtant que le roy d'Angleterre faisoit demandes moult grandes et extraordinaires, avec madame Catherine de France, comme aultres fois avoit faict. Et aussi, durant le parlement, pour iceluy corrompre, le daulphin envoya avecque son conseil, devers le duc de Bourgongne, messire Taneguy du Chastel, pour lui signifier qu'il estoit prest pour traiter avecque lui, combien que par avant le duc de Bourgongne l'eust pluiseurs fois de ce faict requerre. Finablement, comme dit est, après que ledit parlement fust desparti, et du tout mis au néant, durant les tresves, les tentes furent ostées, et le parc défaict de l'accord des deux parties ; et se retrairent les Franchois à Pontoise, et les Anglois à Mantes. Pour lequel parlement ainsi estre défailli, le roy d'Angleterre fut très courroucé et déplaisant, pour ce que il ne pouvoit venir a son intention ; et prit, pour cette caulse, le duc de Bourgongne en grand' indignation, car il scavoit que, pour lors, il estoit le principal par qui les besognes de France estoient conduites et gouvernées. Sy dict au duc de Bourgongne, comme aulcuns disoient : « Beau cousin, je veux que vous sçachiez que une fois j'aurai, et tout ce que j'ai demandé avec elle, ou je le débouterai, et vous aussi, hors de son royaulme. » Auxquelles paroles le duc respondit : « Sire, vous dictes vostre plaisir; mais devant que vous ayez débouté monseigneur le roy et moy hors de son royaulme, vous serez bien lassé. » En telles paroles et aultres, qui seroient trop longues à escripre, se départirent en prenant congié l'ung de l'aultre, et retournèrent ès lieux dont ils estoient partis.

CHAPITRE XCV.

Comment le duc de Bourgongne se trouva vers monseigneur le daulphin, où la paix feut entre eulx jurée solemnellement, entre les mains du légat envoyé par le Saint-Père; et comment le roy d'Angleterre feit escheler la ville de Ponthoise, où les Anglois trouvèrent et gagnèrent grant finance.

Vous avez ouy comment messire Taneguy du Chastel feut à Ponthoise devers le duc de Bourgongne, de par le daulphin, pour l'appaisement d'eulx deux, dont le duc de Bourgongne feut moult joyeux; et, pour icelle nouvelle, donna à messire Taneguy du Chastel un moult beau coursier, et cinq cents moutons d'or; et par luy feit savoir au daulphin que il estoit prest d'aller devers luy, quelque part qu'il luy plairoit; et manda messire Jehan de Luxembourg, quy lors estoit en Picardie, afin qu'il assemblast gens pour le accompagner. Messire Taneguy retourna devers le daulphin, auquel il feit rapport de che que il avoit besogné, dont le daulphin feut bien content. Apprès, assigna le daulphin jour pour convenir ensemble, et le manda au duc de Bourgongne, lequel en toute diligence se mit sus, et partit de Ponthoise, et s'en alla à Corbeil, la dame de Giacu en sa compagnie, qui avoit esté partie traictresse de cette assemblée; et lendemain, quy feut dixième jour de juin, assemblèrent ensemble, environ à une lieue de Melun, assez près de Poilly-le-Fort, auquel lieu avoit un petit poncel de pierre; et, quand ils vinrent à deulx traits d'arc, ou environ, firent arranger leur bataille, et partirent chacun atout dix hommes de sa compagnie, tels qu'ils les voulurent prendre, et allèrent au milieu des deulx batailles, l'un contre l'autre. Si descendirent à pied; lors le duc de Bourgongne, en approchant le daulphin, s'inclina moult humblement pluiseurs fois; et le daulphin, en ce faisant, le prit par la main, où il estoit à genoux, le baisa, et puis le voult faire lever; mais il ne voult, et luy dict : « Monseigneur, je sais » bien comment je dois parler à vous. » En icelle assemblée estoit ung légat de notre Saint-Père, afin de plus solennellement faire ledict traictié, et pour recevoir le serment des deulx parties et seigneurs quy là estoient assemblés pour ladicte paix, laquelle y feut bien et doucement conclue entre les deux parties; car auparavant avoit esté ladite paix pourparlée tout au long. Or est vrai que, entre les aultres choses et articles dudit traictié, avoit bien fort lien; car les deulx prinches, daulphin et duc de Bourgongne, accordèrent, jurèrent et promirent ès mains dudit légat, en parolles de prinches, sur les saints évangiles et sur la vraie croix, de tenir de point en point ladite paix et traictié; et, avec che, accordèrent, dès lors et pour le temps à venir, que si l'ung d'eulx rompoit ou alloit allencontre d'icelle paix et traictié, que tous ses hommes, vassaux et subjects et serviteurs, se armassent allencontre de luy; et de tous serments de fidélité et aultres les quittoient; et voulloient de faict que ainsi se fist, en montrant tous grans signes d'estre joyeux, et en maudissant tous ceulx quy jamais porteroient armes pour si damnable querelle. Et apprès qu'ils eussent esté un espace de temps ensemble en cet estat, en grant signe de liesse et d'amour l'ung à l'aultre, le daulphin monta à cheval; et luy tint l'estrier le duc de Bourgongne, nonobstant que moult de fois le daulphin lui pria que de le faire ils se déportast. Apprès monta à cheval le duc de Bourgongne; et chevauchèrent un petit ensemble; et puis prirent révéremment congié l'ung de l'aultre; et s'en alla le daulphin à Melun, et le duc de Bourgongne à Corbeil. Et lors apprès cette départie, le daulphin et le duc de Bourgongne feirent faire et ordonner, par leurs conseillers, lettres et chartes, des serments faits ensemble pour la paix et union entretenir entre les parties. Lesquelles promesses et jurements ne feurent en rien nullement tenus, dont peu s'en faillit que tout le royaulme n'en feut perdu et destruict; et de faict, en advinrent tant de maulx, que plus ne si grants ne adveinrent oncque en France, comme cy apprès polrez ouyr. Touttefois je m'en passe en brief, car au long se pourra montrer par les chroniques, qui de che font mention; et feurent icelle paix et traictié, publiés en pluiseurs lieux, en France et Picardie. Or convient retourner à parler du roy d'Angleterre, lequel, quand il ouyt nouvelles de la paix et alliance que avoient faictes ensemble le daulphin et le duc de Bourgongne, ne feut pas joyeux; car bien luy sembla que plus forts seroient les deulx princes ensemble que divisés. Néanmoins, il se délibéra et conclut de poursuivre et mener à fin sa querelle et entreprinse, allencontre de tous ceulx quy nuire le voudroient. Et jeta son imagination et avis, que bonne et profitable luy seroit la ville de Ponthoise, si il la povoit avoir. Et, sur che, manda aulcuns de ses plus féables capitaines, et aussi de ceulx quy avoient esté dedans icelle ville durant les ambassades dont dessus est faicte mention. Si leur déclara sa volonté; et iceux luy respondirent qu'en che et en toutes autres choses qu'il luy plairoit commander, estoient prests de eulx y employer, sans espargner leurs corps, quelque peine ou travail qu'ils y dussent avoir. Et sur che, feut ordonné, de par le roy d'Angleterre, ceulx quy de cette besogne auroient la charge; c'est assavoir le capital de Bœuf (Buch) vaillant chevalier, frère du comte de Foix, quy avoit avecque luy ung des bons eschelleurs du monde, lequel pourjecta la ville. Et qu'il soit vrai, ung peu devant le soleil levant, ayant tout son eschellement prest, à l'heure que le guet feut descendu pour aller à la première messe, pour boire au matin, l'eschelleur feit la diligence de dresser eschelles, par lesquelles les Anglois montèrent si diligemment, que oncques ne feurent perchus qu'ils ne fussent les plus forts dedans la ville; et feut ung lundy, dernier jour de juillet. Quand les Anglois se virent les plus forts, ils commencèrent à crier : Sainct George! Duquel cri feut la ville toute émue; et le seigneur de l'Isle-Adam tout esmerveillé; lequel, sans délai, avecque aulcuns de ses gens, monta à cheval, et alla voir où estoit l'effroy; mais, quand il perchut les Anglois dans la ville en si grant nombre, il s'en retourna, et feit la plus grant diligence qu'il peut de sauver ceulx de la ville de Ponthoise, dont pluiseurs feurent sauvés; et feit ouvrir vers la porte pour aller vers Paris. Puis de la ville issirent bien en sa compaignie six mille personnes, tant hommes que femmes comme enfants, tous désolés. Ainsi feut la ville de Ponthoise prise par les Anglois, en laquelle ils feirent maulx innumérables, comme par coutume se fait en ville ainsi conquise; et gagnèrent si grant finance, que il n'est à croire; car le roy, la royne et le duc de Bourgongne, pluiseurs grants seigneurs et ambassades, y avoient esté grant espace de temps, et estoit la ville remplie de tous biens. Pour laquelle prise, le pays de l'Isle-de-France, et, par espécial, vers Paris, feurent déconfortés. Et, quand les nouvelles vinrent en ce mesme jour à Sainct-Denis, où estoient le roy, le duc de Bourgongne et leurs estats, assez tost se départirent et s'en allèrent à Troyes, ensemble la royne, madame Katherine, et pluiseurs aultres. Le seigneur de l'Isle-Adam assembla gens pour mettre en garnison, et se mit en la ville de Beauvais, pour tenir frontière, et pour résister aulx entreprinses que chacun jour les Anglois faisoient. Touttefois, iceluy seigneur de l'Isle-Adam feut moult blasmé, pource que ainsi négligemment, par faute de guet, avoit laissé prendre la ville de Ponthoise, et, par espécial, les gouverneurs du daulphin en feurent très mal contents; mais aultre chose ne olrent.

CHAPITRE XCVI.

Comment la ville de Gisors se rendit aux Anglois, comme aussi feit le Chasteau-Gaillard, après avoir soutenu et enduré le siége par l'espace de seize mois, et par faute de cordes pour tirer eau.

Après ce que le roy d'Angleterre, qui jour et nuit ne pensoit à aultre chose, fors à venir au-dessus de son entreprise, sceut la prise de Ponthoise, dont il fut moult joyeux, assez tost après manda son frère, le duc de Clarence, auquel il bailla la charge de foison de gens d'armes et de traits, pour aller asségier la ville de Gisors, dedans laquelle ville estoient capitaines Lionnel de Bournonville, et dedans le chastel, David de Goy; lesquels, par les Anglois, en la fin de trois semaines après le siége mis, rendirent la ville et forteresse au duc de Clarence, par deffaut de vivres, moyennant qu'ils s'en iroient avec leurs gens, saufs leurs corps et leurs biens, et les habitants de la ville demeureroient obéissants au roi d'Angleterre, en faisant le serment. Et ainsi se despartirent les dessusdits Lionnel de Bournonville; et ceulx qui aller s'en voulurent. En ce temps, le roy d'Angleterre envoya assiesger le chastel Gaillard, qui estoit une des plus fortes places du pays de Normandie, et le tenoient les gens du daulphin, et y fut le siége seize mois, au bout duquel temps se rendit, par faute que les cordes dont ils tiroient l'eau estoient faillies. Et en estoit capitaine messire Louis de Mauny, qui avoit avec lui six-vingt gentilshommes ou plus; et tenoient le siége, les comtes de Hantonne et de Kent. Et durant les choses dessusdites, avoient plusieurs Daulphinois et Bourguignons, grand' communications les uns avec les aultres, espérants que le traicté fait dust estre pardurable; mais dame fortune y pouveu par telle manière, que dedans briefs jours ensuivant, furent en plus grand' tribulation et peine l'un contre l'autre, que par avant n'avoient esté, comme cy-après sera desclaré. Or, vous lairai un peu à parler des Anglois, et de leurs conquestes, et parlerai des faicts de France.

CHAPITRE XCVII.

Comment le duc Jehan de Bourgongne feut occis à Montereau où faut Yonne, par le commandement et en la présence du daulphin, seul fils du roy de France; des mandemens que le roy feit publier à icelle cause dedans son royaulme; et comment le daulphin assembloit de tous costés gens d'armes.

Assez avez ouy comment le daulphin, seul fils du roy, fist paix au duc de Bourgongne. Après laquelle faicte et publiée par le royaulme, le daulphin se partit pour aller vers le pays de Touraine, avec plusieurs de son conseil, depuis qu'il fut averti et conseillé de trouver la manière comment il pourroit decepvoir et faire mourir le duc de Bourgongne; laquelle chose il avoit intention de faire au parlement de la paix, comme l'on disoit. Laquelle paix fut faicte au lieu dessusdit; mais pource qu'ils virent le duc de Bourgongne avoir grand' puissance, ne l'osèrent lors entreprendre. Si s'en retourna pour l'accomplir; et vint atout dix mille combattants ou environ, à Montereau, où fault l'Yonne. Et tost après sa venue, envoya à Troyes en Champagne, messire Tanneguy du Chastel, et aultres de ses gens, atout certaines lettres signées de sa main, par lesquelles il rescripvoit très affectueusement au duc de Bourgongne, que, pour conclure et adviser à la réparation et affaires du royaulme, et aussi pour aultres choses qui grandement lui touchoient, il voulsist aller devers lui audit lieu de Montereau. Lequel duc de Bourgongne, oyant ces requestes et nouvelles, différa plusieurs jours de y aller, et contendit que le daulphin allast devers le roy, son père; et remontra plusieurs fois à Tanneguy, que plus convenable et expédient seroit qu'il y allast que autrement, afin de tenir leur conseil ensemble. Et sur ce retourna Tanneguy devers le daulphin; mais finablement conclut le daulphin et ceulx de son conseil, de demeurer à Montereau, et non aller ailleurs. Et derechief, retourna messire Tanneguy à Troyes, devers le duc de Bourgongne, avec lequel il traicta tant, que il vint à Bray-sur-Seine; et de là feurent envoyés plusieurs messages de l'une partie à l'autre. Entre lesquels enfin, y envoya le daulphin, l'évesque de Valence, qui estoit frère à l'évesque de Langres, lequel de Langres estoit avec le duc de Bourgongne, et un de ses principaux conseillers, nommé messire Charles de Poitiers. Et quand ycelui évesque feut venu audit lieu de Bray, si parla plusieurs fois au duc de Bourgongne, et l'admonesta et l'induit à certes qu'il voulsist aller vers le daulphin, disant qu'il ne fit nul doute ou soupçon de quelque mauvaiseté; et pareillement en parla féablement à son frère, en lui montrant que féablement il y pouvoit aller, et feroit mal de le refuser. Touttefois, icelui évesque ne savoit pour vrai rien de ce qui advint depuis, et traictoit de bonne foi. Finablement, tant par les remontrances qu'il fit, comme sur les paroles de messire Tanneguy, le duc de Bourgongne conclut, et se disposa avec son conseil, d'aller vers le daulphin, en la compaignie d'icelui évesque; et se partit dudit lieu de Bray, le dixième jour de septembre 1419. Et avoit en sa compaignie cinq cents hommes d'armes, deux cents archiers et pluiseurs seigneurs; c'est assavoir, Charles, fils ainé-né du duc de Bourbon, le seigneur de Navaille, frère au comte de Foix, Jehan, fils au comte de Fribourg, le seigneur de Sainct-Georges, messire Antoine de Vergy, le seigneur de Jonvelle, le seigneur d'Autrec, le seigneur de Montagu, messire Guy de Pontaillier, messire Charles de Lens, et plu-

sieurs aultres, avec lesquels il chevaucha assez
joyeusement jusques à peu près de Montereau; et
estoit environ trois heures après-midi. Et lors vinrent allencontre de lui trois de ses gens, Jehan
d'Ournay, Saubertier, et un aultre que je ne sçai
nommer; lesquels lui dirent que ils venoient de la
ville, où ils avoient vu sur le pont, au lieu mesme
où ils se devoient assembler, plusieurs fortes barrières faites de nouvel, très avantageuses pour le
parti du daulphin, disans qu'il pensast à son faict,
et que s'il se boutoit dedans, il seroit en danger du
daulphin. Sur lesquels paroles, le duc, tout à cheval, assembla son conseil, pour sçavoir qu'il estoit
sur ce de faire; et y eut de diverses opinions; car
les aucuns doutoient moult la journée, attendu les
nouvelles que d'heure en heure à autres ils oyoient.
Les autres, qui ne pensoient qu'à bien, conseilloient pour mieux faire, que laissier qu'il allast
vers le daulphin; et disoient que ils n'oseroient
penser que un tel prince, fils du roy et successeur
de la couronne, voulsist faire aultre chose que
loyaulté. Et lors le duc de Bourgongne, voyant
et oyant les diverses opinions de son conseil, dit
haut et clair. en la présence de tous ceulx qui là
estoient, qu'il iroit, sur intention d'attendre telle
adventure qu'il plairoit à Dieu de lui donner et envoyer; disant oultre, que pour le péril de sa personne, ne lui seroit resprouvé jà, que la paix et
réparation du royaulme fust attargiée; et que bien
sçavoit que si il failloit de y aller, que par adven-

ture, guerre ou division se pourroit esmouvoir entre eulx, et que la charge et déshonneur en retourneroit sur lui. Et adonc, s'en alla descendre au chastel de Montereau, par la porte vers les champs. Ledit chastel lui avoit esté deslivré pour lui logier, par les conseillers du dolphin, afin qu'il feut moins en soupçon que on lui voulsist mal. Et fit descendre avec lui tous les seigneurs et deux cents hommes d'armes, et cent archiers, pour luy accompagner. Si estoit avec lui la dame de Giac, qui par avant, comme dit est, avoit esté plusieurs fois devers le daulphin durant le traicté cy-dessus dit, et moult induisoit le duc d'y aller, en lui admonestant qu'il ne fust point en doute de nulle trahison. Le duc de Bourgongne, comme il monstroit semblant, amoit moult et croyoit de pluiseurs choses icelle dame, laquelle il avoit baillée en garde avec partie de ses joyaux, à Philippe Josquin, comme au plus féable de tous ses serviteurs. Et tost après qu'il feut descendu, ordonna à Jacques de la Balme, qu'il se mist, avec ses gens d'armes, à l'entrée de la porte de la ville, pour la seureté de sa personne, et aussi à garder la convention. Et entre temps, messire Tanneguy vint devers le duc de Bourgongne, et lui dit que le daulphin étoit tout prest, et qu'il attendoit après lui. Il respondit qu'il s'en alloit. Et lors appela ceulx qui estoient commis d'aller avec lui; et deffendit que nul n'y allast, sinon ceulx qui à ce estoient ordonnés, lesquels estoient dix, dont les noms s'ensuivent: c'est assavoir

Charles de Bourbon, le seigneur de Navaille, Jean de Fribourg, le seigneur de Sainct-Georges, le seigneur de Montagu, messire Antoine de Vergy, le seigneur d'Autrec, messire Guy de Pont-Aillier, messire Charles de Lens, messire Pierre de Giac, et un secrétaire nommé maistre Jehan Seguinart. Derechief, allèrent allencontre de lui les gens du daulphin, qui renouvelèrent les serments et promesses par avant faicts et jurés entre lesdicts princes ; et ce faict, lui dirent : *Venez devers Monseigneur, il vous attend cy, devant, sur le pont.* Après lesquelles paroles, se retrayrent devers leur seigneur, et adonc le duc de Bourgongne demanda à ses conseillers si il leur sembloit qu'il peut aller seurement devers le daulphin, sur les seuretez que sçavoient estre entre eulx deux. Lesquels, ayant bonne intention, lui feirent responce que seurement il pouvoit aller, attendu les promesses faictes par tant de notables personnes d'une partie et d'aultre ; et dirent que bien oseroient prendre l'adventure d'aller avec luy. Sur laquelle responce, se mit à chemin, faisant aller devant lui une partie de ses gens ; et entra en la première barrière, où il trouva les gens du daulphin, qui encore lui dirent : *Venez devers Monseigneur, il vous attend.* Et il dit : *Je vais devers luy.* Et passa la seconde barrière, qui tantost fut fermée à la clef, après que luy et ses gens furent dedans entrés, par ceulx qui à ce estoient commis. Et en marchant avant, rencontra messire Tanneguy du Chastel, auquel en grand amour il férit de la main sur l'espaule, disant au seigneur de Sainct-Georges et aux aultres de ses gens : *Veez-cy en qui je me confie.* Et ainsi passa outre, jusques assez près du daulphin, qui estoit tout armé, l'espée ceinte, appuyé sur une barrière. Devant lequel, pour lui faire révesrence, se mit à un genou, en le saluant très honorablement, à quoi le daulphin respondit, sans lui monstrer aucun signe d'amour, en lui remonstrent qu'il lui avoit mal tenu sa promesse, de ce qu'il n'avoit pas fait guerre aux Anglois, ni fait vider ses gens hors des garnisons, ainsi que promit l'avoit. Et adonc, messire Robert de Loire le prit par le bras dextre, et lui dit : *Levez-vous, vous n'estes que trop honorable.* Le duc de Bourgongne, qui estoit à un genou, comme dit est selon laquelle estoit avoit son espée cévite son vouloir, trop demeurée derrière quand il se agenouilla. Il y mit sa main, pour le remettre plus devant. Et lors ledit messire Robert de Loire lui dit : *Mettez-vous la main à votre espée en la présence de Monseigneur le daulphin ?* En ces paroles s'approcha messire Tanneguy, qui, comme on dit, fit un signe, et en disant : *Il est temps*, férit le duc de Bourgongne d'une hache qu'il tenoit en sa main, si rudement, qu'il le fit cheoir à genoulx; Et quand le duc de Bourgongne se sentit frappé, mit la main à son espée pour la tirer, soi cuidant lever pour soi deffendre, mais incontinent d'aucuns aultres feut féru et abattu par terre, comme mort; et prestement un nommé Olivier Laylet,

à l'aide de Pierre Frottier, lui bouta une espée par-
dessous son aubergeon, par dedans le ventre. Et
aucuns dient que le frère du comte de Foix, quand
il vit le duc de Bourgongne abattu par terre, lui
cuidant sauver la vie, se mit sus son corps; mais le
vicomte de Narbonne tenoit une dague en sa main,
dont il le férit et le perça tout oultre le corps.
Aultres ont dit que c'estoit d'une espée, et aultres
d'une hache; touttefois il fut mort avec son maistre
le duc de Bourgongne. Le daulphin, qui estoit appuyé sur la barrière, comme vous avez ouy,
voyant cette merveille, se tira arrière, comme tout
effrayé, puis tantôt, par ses gens fut emmené à
son hostel. Les aulcuns des seigneurs du duc de
Bourgongne se voulurent mettre en deffense, et
en y eut d'aucuns blessés; mais ce leur valut
moult peu; car tous furent pris et menés prisonniers, excepté le seigneur de Montagu, qui estoit
moult appert et vîte; et l'espée au poing, toute nue,
saillit dehors des barrières, et se tira devers le
chastel, où estoient les gens du duc de Bourgongne,
dont aucuns montèrent à cheval, et en très grand'
haste se départirent, démenant grand deuil. Le seigneur de Jonvelle et aultres, qui estoient dedans
le chastel de Montereau, et auxquels le duc de
Bourgongne l'avoit baillé en garde à son partement, furent moult esmerveilles, eux voyants que
nulles provisions de vivres n'y avoit en ladite place,
ni aultres habillements de guerre, fors que ceulx
qu'ils y avoient apportés; car on en avoit osté toute

l'artillerie. Finablement, au mieux qu'ils peurent, trouvèrent leur traité par devers le daulphin, et s'en départirent leur corps et biens saufs; et tirèrent vers Troyes, où ils trouvèrent le roy, la royne et pluiseurs grands seigneurs, auxquels ils racontèrent la piteuse mort du duc de Bourgongne. Si en feut le roy, la royne et toute la cour troublée ; et eurent conseil d'envoyer par les bonnes villes mandements royaulx, par lesquels remontroient la mort et la déloyauté des facteurs ; mandants et défendants aux officiers, que au daulphin ne à ceulx de son party ils ne baillassent aide ne secours, mais se préparassent à toute diligence de résister contre eulx, et que à che faire ils auroient brief bonne aide. Tantost après le faict advenu, les gens du daulphin prirent le corps du duc de Bourgongne; si le dévestirent et ne luy laissèrent que son pourpoint, les housseaux et la barrette en son chef, et le mirent en un moulin quy là au plus près estoit, où il feut toute la nuict; et lendemain matin feut mis en terre, en l'église Notre-Dame, devant l'autel Sainct-Loys, en ce mesme estat où il estoit; et feirent dire aulcunes messe. Charles, fils du duc de Bourbon, demoura avec le daulphin, et aussy feit messire Pierre de Giac, la dame de Giac, et Philippe Josequin, et luy feirent le serment ; mais les autres ne le voulurent oncques faire, pour bien ny pour promesses que on leur feit, disans toujours, que mieux aimeroient mourir que faire chose qui tournast à reproche à eux et à leurs hoirs; et finablement ils feurent tous mis à finance, sinon messire Charles de Lens, amiral de France, qu'ils firent mourir. Et, à ceste heure, pluiseurs hommes nottables estoient avec le daulphin, qui rien ne sçavoient du secret de ceste matière; et en y eust d'aulcuns auxquels il desplust grandement, considérans les tribulations, ou reproches, ou meschefs qui en polroient sourdre au temps advenir, tant au royaulme de France, comme à la personne de leur seigneur et maistre, le daulphin. Après ce que le daulphin eust tenu pluiseurs consaulx sur ses affaires, soi excusant de non avoir rompu la paix, fist rescripre pluiseurs lettres à ceulx des bonnes villes tenants son party, et en pluiseurs aultres lieulx : mais quelque rescription que il fist, ne fust pas cru; car tous ceulx qui en oyoient parler, et que sous ombre de bonne paix avoit esté faict tel murdre (meurtre), en estoient desplaisants, car il estoit moult aymé en France. Le dauphin se partist de Montereau, et s'en alla à Bourges, et manda gens d'armes de touttes parts; et de là s'en alla en Anjou, où il eust parlement avec le duc de Bretaigne. Et lui accorda le duc une partie des nobles hommes de son pays pour lui servir : et adonc lui vindrent une moult grand' compaignie d'Escochois qu'il envoya sur la rivière de Loire; puis s'en alla en Poitou, en Auvergne et en Languedoc, pour y lever gens d'armes, et y avoir leur aide. Et par touttes les bonnes villes où il passoit, il faisoit prononcer que ce qu'il avoit faict contre le duc de Bourgongne, avoit esté faict sur bonne et suite querelle, en soy justifiant le plus qu'il polvoit. Quand la chose vint à la congnoissance des Parisiens, ils en furent moult dollens (chagrins); et pour tant, lendemain, au plus matin qu'ils peurent, assemblèrent le comte de Sainct-Pol, nepveu du duc, lieutenant du roy à Paris, le chancellier de France, les prévosts de Paris et des marchands, et généralement tous les officiers du roy. En laquelle assemblée fust remontré la mort du duc, et la manière comment icelle avoit esté faicte. Pour laquelle cause, les dessus nommés firent serment au comte de Sainct-Pol de le servir, obéir, et, de toutte leur puissance, entendre à la garde et défense de la bonne ville de Paris, et de résister de corps et de biens à la dampnable intention des crimineux, séditieux, rompeurs de paix et union du royaulme, et de poursuivre, de tout leur povoir, vengeance des coupables et consentants de la mort et homicide du duc de Bourgongne; et firent serment d'entretenir leurs promesses; et, de ce, baillèrent lettres scellées du scel de Paris; et pareillement firent les aultres bonnes villes de France qui alors tenoient le parti du roy et du duc de Bourgongne.

CHAPITRE XCVIII.

Comment la mort du duc Jehan de Bourgongne feut annoncée à son fils unique, Philippe, comte de Charrolois, qui en feut moult desplaisant, et tout le pays du roy de France; de l'allience qu'il feit, par conseil et licence dudit roy, avecques le roy d'Angleterre; et du traictié faict à Troyes entre les deux roys, par lequel le roy de France donna sa fille à femme au roy d'Angleterre, et le feit héritier du royaume.

La piteuse mort du duc de Bourgongne feut dicte à Philippe, comte de Charolois, son seul fils et héritier; luy estant à Gand, dont il eust si grant tristesse et desplaisir, que à peine par aucuns jours ne pouvoient ses conseils et ses gouverneurs le conforter, ni faire boire ni manger. Et quand madame Michelle de France, sa femme et sœur du daulphin, sceut ces nouvelles, elle fust moult troublée et en grant esmoy, doutant, entre les aultres choses, que son seigneur et mari ne l'euist pour ce moins agréable, et qu'elle n'en fust élongiée de son amour; ce que pas n'advient, car en brief terme ensuivant, par les exhortations et amiables remonstrances que luy feirent ses gens, il feut très content d'elle, et luy montra aussi grant signe d'amour que par avant avoit faict. Après ce faict, tint son conseil avec ceulx de Flandres et d'Arthois, et fist serment partout, comme il est de coutume aux nouveaulx seigneurs; puis après s'en alla à Malines, où il eut parlement avec le duc de Brabant, son cousin, Jehan de Bavière, son oncle et sa tante, la comtesse de Hainault. Duquel lieu s'en retourna à Lille; et de ce jour en avant se nomma duc de Bourgongne en ses lettres, et print tous les titres de son père. Maintenant ne sera plus nommé en mon livre, le nouveau duc de Bourgongne, fors tant seulement le duc, ainsi que je vous ai dict au commencement du livre. A Lille, veinrent pluiseurs seigneurs pour luy offrir service; si en retint une partie; aux aultres promit grands biens à faire. D'aultre part, veinrent aussi de Paris vers luy, Philippe de Morvilliers, premier président en parlement, et aussi pluiseurs aultres notables gens, avec lesquels conclud d'escripre aux bonnes villes qui tenoient le parti du roy et le sien, certaines lettres contenants que, comme ils avoient tenu le parti de son père, ils voulsissent tenir le sien, mandant à iceulx qu'il leur feroit impétrer trève aux Anglois bien brief; et leur fist sçavoir qu'ils envoyassent de leurs gens vers luy, à Arras, le 17ᵉ jour d'octobre; et que ceulx qui y seroient envoyés, eussent toute puissance de besogner. Alors le duc, par grand délibération de conseil, pour soi fortifier allencontre de ses adversaires, envoya de ses ambassades à Rouen, devers le roy d'Angleterre, afin de impétrer unes trèves, certaine espace de temps, pour tous les pays estants en l'obéissance du roy et de luy. Quand eurent venus à Rouen, trouvèrent les ambassadeurs du daulphin qui desjà estoient venus pour avoir traictié et alliance au roy d'Angleterre, en luy offrant les pays du duc, et les luy aidier à conquester, et avec ce, le duché de Normandie. Mais quand le roy sceut les ambassadeurs du duc estre venus par-devers luy, feut moult joyeux, et laissa les Dauphinois, qui moult dollens se despartirent, de ce que ainsi avoient failli de parvenir à leur entente. Les ambassadeurs du duc besognèrent telement qu'ils obtindrent unes trèves, en l'espérance de plus outre procéder avec luy. Durant lequel temps, les Dauphinois estans à Compiengne et sur les marches, et ceulx tenans la partie du duc, recommencèrent comme devant à mener très forte guerre les uns contre les aultres. Après une espace de temps, le duc tint conseil; auquel conseil finalement feut conclu que, pour le mieux, par la licence et congié du roy, il s'alliast au roy d'Angleterre le mieux qu'il pourroit. Et sur ce, envoya derechief ambassadeurs à Rouen, devers le roy d'Angleterre; car moult désiroit d'avoir alliance avec le duc, pource que il sçavoit que par son moyen il pourroit avoir madame Catherine de France, mieux que par nuls aultres. Quand les ambassadeurs du duc eurent monstré les causes et articles pourquoi ils estoient venus, le roy feit response que, dedans briefs jours, il enverroit devers le duc, de ses gens, qui seroient chargés de l'intention qu'il avoit de faire. Après lesquelles responses, retournèrent lesdicts ambassadeurs à Arras, devers le duc; lequel feit là faire le service de son père, en l'église de Sainct-Vaast, moult solemnellement. Et brief ensuivant veinrent devers le duc, les ambassadeurs du roy d'Angleterre; et montrèrent au duc aucuns articles contenant le traictié tel que le roy le vouloit avoir avec le duc; sur lequel feurent baillés pareillement, auxdicts ambassadeurs, certains aultres articles de par le duc. Finablement, tant envoyèrent le roy d'Angleterre et le duc l'un devers l'aultre, qu'ils veinrent à conclusion d'avoir bon appointement, au cas que le roy et son conseil en seroient bien contents. Pour iceluy temps, le roy, la royne et dame Katherine estoient à Troyes en Champagne. Sur lesquels traictiés dessusdits, et appointement ainsi encommencé, feut ordonné que leurs gens ne feroient point guerre l'un à l'aultre; et feurent les trèves derechief confirmées. Et si feut appointé que le roy d'Angleterre enverroit ses ambassadeurs, en la compaignie du duc, audict lieu de Troyes, pour au surplus conclure des appointements et conventions, et pour venir à toute bonne conclusion. Et avoit le duc intention de y aller brief ensuivant.

Le duc se partist de la ville d'Arras environ le mois de mars, où il laissa la duchesse sa femme, et print son chemin à Sainct-Quentin; et là séjourna certaine espace de temps, en attendant son armée. Et là veinrent devers luy les ambassadeurs du roy d'Angleterre, tous en armes, jusques au nombre de cinq cents combattans; desquels estoient les principaulx, les comtes de Warwick et de Kine, et pluiseurs aultres, qui tous ensemble s'en allèrent avec le duc jusques à Troyes en Champaigne. Si luy veinrent au-devant pluiseurs grands seigneurs de Bourgongne, et aultres notables bourgeois de la ville de Troyes, qui luy feirent grant honneur et réverence; et feut convoyé d'iceulx jusques à son hostel; et estoit le peuple en grant multitude par où il passoit, criant Noël à haute voix. En aucuns briefs jours ensuivant, feurent assemblés pluiseurs consaulx en la présence du roy, de la royne et du duc, pour avoir advis sur la paix finale que vouloit avoir le roy d'Angleterre avecque le roy. Finalement, après pluiseurs parlements tenus avecque les ambassadeurs d'Angleterre, feut conclu et accordé en la faveur du duc, que le roy donneroit à Henry, roy d'Angleterre, madame Catherine, sa fille, en mariage, et après ce, le feroit vrai héritier après sa mort, et successeur de tout son royaulme, luy et ses hoirs, en déboutant son propre filz et héritier le daulphin, et aussi en annulant la constitution jadis faicte par les roys de France et les pairs, en grant délibération; c'est assavoir que le noble royaulme de France ne devoit succéder à femme et appartenir; et mesme, s'il advenoit que iceluy roy Henry, ne eust hoirs venant d'iceluy mariage, par le moyen d'iceluy traicté et accord, si demeureroit-il héritier de la couronne de France, au préjudice de tous les royaulx qui en temps à venir y pourroient et devroient succéder de droite ligne. Et feut tout ce faict et accordé par le roy, en la présence du duc. Et avec ce, le roy d'Angleterre se devoit nommer régent et héritier de France, comme il feit. Ce traité faict en la forme dicte, s'en retournèrent les ambassadeurs d'Angleterre à Rouen, portants avec eulx la copie dudict traité, qui moult feut agréable au roy d'Angleterre. Et pour ce, au plus brief qu'il peut, prépara ses besognes en Normandie, et assembla ses gens pour aller à Troyes, pour confirmer iceluy traité. A Troyes estoit demeuré, de par le roy d'Angleterre, messire Loys de Robersart, pour accompaigner et visiter madame Catherine de France. Je lairai à parler du roy, et parlerai du daulphin.

CHAPITRE XCIX.

Comment le daulphin se fortifia contre ses ennemis; et comment le comte de Conversan, messire Jehan de Luxembourg, son frère, et autres, asségièrent la forteresse de Alibaudière, qui leur feut rendue; et de pluiseurs places au pays de l'Auxerrois, qui se rendirent au roy.

Durant les traictiés, le daulphin et ceulx de son conseil, qui estoit à Bourges, ouyrent certaines nouvelles des alliances qui se faisoient contre luy, dont il feut en grant souci, comment il pourroit résister contre, et aux emprises du roy d'Angleterre et du duc, sçachant que par le moyen desdictes alliances, il estoit en péril de perdre la seigneurie et attente qu'il avoit à la couronne de France. Néantmoins il eut conseil de pourvoir à son faict; et feit garnir pluiseurs villes sur les frontières de ses adversaires, et y constitua capitaines des plus féables à ceulx de son parti; entre lesquels meit à Melun le seigneur de Barbasan; à Montereau, le seigneur de Guitry; à Montargis, messire Robert de Loire; à Meaux-en-Brie, le seigneur de Gamaches; à Compiengne et à pluiseurs aultres villes et forteresses, feit pareillement. Avec ce, se pourvist de grands nombres de gens pour estre toujours auprès de sa personne, en attendant les adventures qui de jour en jour pouvoient luy advenir. En ce temps, 1420, le duc envoya le comte de Conversan, messire Jehan de Luxembourg son frère, le seigneur de Croy et pluiseurs aultres, mettre le siége devant une forteresse nommée Alibaudière, séant à trois lieues de Troyes. Or adveint que le vaillant chevalier messire Jehan de Luxembourg, au mettre le siége à une saillie que ceulx de la place avoient faicte, combattirent main à main, tellement que ledict de Luxembourg feut féru au-dessus de l'œil, d'un coup de lance, si grand que on cuidoit qu'il en dust mourir; et de ce coup en perdit l'œil, et demeura borgne; et tinrent le siége, le comte de Conversan, le vidame d'Amiens, le seigneur de Croy et pluiseurs aultres; et feut la place merveilleusement battue de canons. Et qu'il soit vrai, adveint une fois, durant ledict siége, que aucuns compaignons de ceulx du siége, à une heure après disner et avoir bien bu, commencèrent une escarmouche, par telle façon qu'ils saillirent dedans les fossés, en criant : A l'assault! Lors incontinent, sans ordonnance nulle, toute la pluspart de ceulx du siége coururent atout fers de charriots en lieu d'eschelles. Là vissiez étendarts apporter; et ceulx qui les portoient mettoient grant peine de les porter sur les tours qui abattues estoient. Or est vrai que ceulx de dedans feurent surpris, et ne se doutoient de l'assault. Or, pour cette cause, n'eurent loisir d'eulx armer; pourquoi grant partie d'eulx feurent morts et navrés; et n'eust esté dix ou douze charriots de bardes de fer que ils avoient en leur place, dont ils grevoient fort les assaillants, ils eussent esté prins d'assault. Lequel assault dura jusques à la minuit; toutesfois la place, pour cette fois, ne feut prinse; mais lendemain, sans plus attendre, se rendirent et s'en allèrent en pourpoints, sans rien aultre chose emporter. Toutesfois y eust des gentilshommes navrés, à qui on donna de petits chevaulx pour eulx en aller. Icelle place rendue, les biens feurent habandonnés à ceulx du siége. Après la place rendue, retournèrent les gens du duc à Troyes, excepté le vidame d'Amiens et aucuns aultres qui retournèrent en Picardie; et estoient bien six cents chevaulx; lesquels feurent chassés de quatorze mille Daulphinois, dont Barbazan et Taneguy estoient chefs, lesquels estoient assemblés pour lever le siége de Alibaudière; mais le vidame et ses gens se gouvernèrent si bien qu'ils ne perdirent rien, et s'en retournèrent les Daulphinois sans rien faire. En ce mesme temps le duc envoya aucuns de ses gens au pays d'Auxerrois, pour mettre en l'obéissance du roy et de luy aucunes forteresses que tenoient les gens du daulphin, lesquelles, ou la pluspart, feurent rendues, et pluiseurs abattues et démolies à la grant déplaisance du daulphin.

CHAPITRE C.

Comment le roy Henry d'Angleterre espousa madame Katherine de France, en la ville de Troyes, en Champaigne,

En l'an 1420, se partit de Rouen le roy Henry d'Angleterre, pour aller à Troyes, et alla au-devant de luy, pour luy faire honneur et révérence, le duc et pluiseurs aultres grands seigneurs, lesquels le convoyèrent jusques en son hostel où il se logea; et tantost après sa venue, alla veoir le roy, la royne, et dame Catherine leur fille, qui feirent très grant honneur l'un à l'aultre; et après ce faict, s'assemblèrent et tinrent de grands consaulx pour conclure la paix finale et alliance, dont devant est faict mention. Et enfin feurent d'accord, et ce qui par avant n'estoit agréable au roy d'Angleterre feut lors corrigé, la pluspart à sa volonté. Finalement, après l'avoir faict, il fiança, selon la coutume de France; et lendemain, jour de la Trinité, 1420, le trentième jour de mai, l'épousa en l'esglise paroichiale. Si feurent faicts ce jour, par luy et ceulx de son sang, grands estats et boeubans, et tant richement vestus et parés de drap d'or et de soie de riche couleur, et chargés de pierres, que Franchois et Bourguignons s'esmerveilloient où telle richesse pouvoit avoir esté prinse. Et là estoit du parti du roy, le duc, par le moyen duquel les traités et alliances se faisoient. Si estoient avec le duc pour le accompagner, le prince d'Orange, le seigneur de Joinvelle, le Veau-de-Bar, le seigneur de Montagu, messire Jehan de Cotte-Brune, mareschal de Bourgongne et de Picardie, le comte de Conversan, messire Jehan de Luxembourg, le seigneur de Croy, le seigneur de Haubercourt, le seigneur de Longueval, le seigneur de Roubaix, messire Huë de Launoy, et pluiseurs aultres, qui ensemble, ou la pluspart, procurèrent, avecque le duc, d'entretenir pardurablement iceluy traité, duquel la copie s'ensuit:

CHAPITRE CI.

Le traictié faict entre les roys de France et d'Angleterre.

« CHARLES, par la grâce de Dieu, roy de France, à tous nos nos baillifs, séneschaux, prévosts ou aultres chefs de nos justices, ou à leurs lieutenants, salut :

» Comme par accordance finale, et paix perpétuelle, soient huy faictes et jurées, en cette nostre ville de Troyes, par nous et nostre très cher et amé fils, Henry, roy d'Angleterre, héritier et régent de France, pour nous et luy, les royalletés de France et d'Angleterre, tant par le moyen du mariage de luy et de nostre très chère et très amée fille Catherine, comme de pluiseurs points et articles, faicts, passés et accordés par chacune, pour le bien et utilité de nous et nos subjects, et ceulx de nostredit fils, et pour la seureté d'iceulx pays : par le moyen de laquelle paix, chacun de nosdits subjects et ceulx de nostredit fils, désormais en avant, pourront converser, marchander et besougner les ungs avec les aultres, tant de là la mer comme deçà.

» *Item*, est accordé que nostredit fils Henry, roy d'Angleterre, nous honorera dorénavant comme son père, et nostre compaigne la royne comme sa mère, et avec che, ne nous empeschers, nostre vie durant, que nous jouissions et possédions paisiblement de notredit royaulme et de la couronne, dignité et royaleté de France, et les revenus et profits, à la soutenance de nous, de nostre estat et des charges du royaulme, avec partie desdites rentes et revenus à elle convenables.

» *Item*, est accordé, que nostredite fille Catherine aura et prendra au royaulme d'Angleterre douaire, ainsy que les roynes ont au temps passé accoutumée d'avoir, c'est assavoir pour chacun an, quarante mille escus, les deux vallant toujours ung noble d'Angleterre.

» *Item*, est ordonné, que s'il arrivoit que nostredite survéquît nostredit fils le roy Henry, elle prendra et aura au royaulme de France, tantost après le trespas de notredit fils, douaire de la somme de vingt mille francs par an, dessus les terres et seigneuries que tint et eut en douaire nostre très chère dame de bonne mémoire, Blanche, jadis femme de Philippe, en son temps roy de France, nostre très redoublé seigneur et grand ayeul.

» *Item*, est ordonné, que tantost après notre trespas, et dès lors en avant, la couronne et royaulme de France, avec tous les droits et appartenances, demoureront et seront perpétuellement à nostredit fils le roy Henry d'Angleterre et à ses hoirs.

» *Item*, que nostredit fils le roi Henry labourera de son pouvoir, et le plutost que faire se polra à mettre en notre obéissance toutes villes et cités, chasteaux, lieux, pays et personnes dedans nostre royaulme désobéissants à nous, et tenants la partie vulgairement appelée du daulphin et Erminacq.

» *Item*, que toutes choses quy sont et seront appoinctées et accordées entre nous et nostre compaigne la royne, et notredit fils le roy Henry, avec nostre conseil à che commis, les grands seigneurs, barons et estat de notredit royaulme, tant spirituels comme temporels, et aussy les cités, communautés, citoyens et bourgeois des villes dudit royaulme, en tant que à eulx et à chacun d'eulx polra toucher, en tout bien et léalement, garderont et feront leur povoir de bien garder contre tous aultres.

» *Item*, que continuellement et incontinent après nostre trépas advenu, ils seront féaulx homme et lieges de nostredit fils le roy Henry et de ses hoirs, et iceluy notredit fils Henry tiendront pour leur seigneur souverain, liege, et vray roy de France, sans aulcune opposition, contradiction, ou difficulté, le recevront, et comme à tel obéiront; et après ces choses, jamais ne obéiront à aultre que à nous, comme à roy ou à régent du royaulme de France.

» *Item*, est accordé, que nous, durant notre vie, nommerons et appellerons iceluy nostre fils le roy Henry, en langue franchoise, en cette manière: *Nostre très cher fils roy d'Angleterre, héritier de France;* et en langaige latin, en cette manière: *Noster præclarissimus filius Henricus, rex Angliæ, hæres Franciæ.*

» *Item*, est ordonné, que nous, sur les choses déclarées et chacune d'icelle, outre nos lettres scellées de nostre grand scel, donnerons et ferons donner et faire à nostredit fils Henry, lettres patentes, approbatoires et confirmatoires de nostre compaigne la royne, de nostre cousin le duc de Bourgongne et des aultres de nostre sang royal, des grands seigneurs, barons et cités à nous obéissants, desquels en cette partie, nostredit fils le roy Henry, vouldra avoir lettres de nous.

» *Item*, que semblablement nostredit fils le roy Henry, pour sa partie, oultre ses lettres patentes, pour ces mesmes choses scellées de son grand scel, nous fera donner et faire lettres patentes, approbatoires et confirmatoires de ses très chers frères et des aultres de son sang royal, des grands seigneurs, barons et cités à luy obéissants, desquelles en cette partie, nous vouldrons avoir lettre de notredit fils le roy Henry. Toutes lesquelles choses dessus escriptes, nous Charles, roy de France, pour nous et nos hoirs, en tant que polra toucher, sans deuil, fraude et mal engin, avons promis et promettons, juré et jurons, en parole de roy, aulx sainctes évangiles de Dieu par nous corporellement touchées, faire, accomplir et observer, et que iceluy ferons par nos subjects observer et accomplir, et aussy que nous ou nos héritiers ne viendront jamais au contraire des choses dessus-dites, en quelque manière ou jugement, au dehors, directement ou par oblique, ou par quelconque couleur exquise. Et afin que ces choses soient fermes et stables, perpétuèllement et à toujours, nous avons faict mettre notre scel à ces présentes lettres, données à Troyes, le vingt-un jour de may l'an 1420, et de nostre règne le quarantième; scellées à Paris, sous notre scel ordonné, en l'absence du grand. Ainsy signées, par le roy et son grand conseil. J. MILLET. »

CHAPITRE CII.

Comment les roys de France et d'Angleterre asségièrent Sens, en Bourgongne, qui leur feut rendue, et la ville de Montereau où faut Yonne, prinse d'assault, et le chasteau rendu par composition; comment le corps de feu le duc Jehan feut porté et enterré aux Chartreux, à Dijon, en Bourgongne; et comment le daulphin print la ville de Saint-Esprit, sur le Rhône, et pluiseurs autres forteresses, en Languèdoc.

Vous avez ouy comment le roy de France et d'Angleterre, et le duc de Bourgongne, avoient juré paix finale, et aussy l'avoient juré les princes, gens d'église, chevaliers et escuyers, et aultres quy là estoient; et avec che feut ordonné d'envoyer gens notables par les bonnes villes, pour faire jurer icelle paix, dont pluiseurs des terres et seigneuries du duc feurent moult déplaisants. Et de faict, fallust que le duc le commandast à pluiseurs de ses subjects.

et amis, quy le serment ne vouloient faire. Entre lesquels Loys de Luxembourg, quy depuis feut cardinal de Rouen, et messire Jehan de Luxembourg son frère, ne le vouloient faire; mais le duc leur commanda qu'ils le fissent; auquel ils répondirent que, puisque c'estoit son plaisir, ils le feroient, mais ils le tenroient jusques à la mort; et aussy firent-ils, comme cy-après sera dit. Après tous les traictiés dessus déclarés et accomplis, aussy la solemnité des nopces parfaicte, comme dict est, se partirent les roys, les roynes et le duc, avec toute leur puissance, de Troyes. Si tirèrent vers Sens en Bourgongne, que occupoient les gens du daulphin; et là eulx venus, feut icelle ville asségiée, où ils feurent environ douze jours. Mais ceulx de la ville, quy n'avoient espérance nulle de secours, se rendirent en l'obéissance du roy, par condition que les gens d'armes s'en iroient saufs corps et biens, réservés ceulx quy seroient coupables de la mort du duc Jehan de Bourgongne, sy aulcuns en y avoit. Après icelle ville rendue, prise et mise en l'obéissance du roy, se partirent les roys et duc pour aller vers Montereau, et à l'entrée du mois de juin mirent le siége tout à l'environ de la ville et chasteau de Montereau, où il feurent bonne espace de temps. Dedans laquelle estoit capitaine, pour le daulphin, le seigneur de Guitry, accompagné de quatre à cinq cents de ses habitants, lesquels bien et vaillamment se défendirent, mais peu leur profita; car le jour sainct Jehan-Baptiste ensuivant, aulcuns Anglois et Bourgongnons, sans ordonnance ny commandement, s'esmurent soudainement; et tous ensemble allèrent assaillir icelle ville; et tant continuèrent que ils entrèrent dedans; et eulx venus dedans allèrent devers le chastel, où se retrairent la plus grand' partie des Daulphinois, quy moult vigoureusement feurent poursuivis et reboutés dedans le chastel, dont les aulcuns feurent sy près hastés, qu'ils cheurent en l'eau, et là feurent noyés. Après, se logèrent Anglois et Bourgongnons dedans la ville, devant le pont du chastel; et allèrent les gens du duc, par l'avertissement d'aulcunes femmes, au lieu où estoit enterré le duc Jehan de Bourgongne; et présentement mirent sur la tombe un drap d'église, et allumèrent à chacun bout de ladite tombe un cierge; et lendemain par le duc, fils d'iceluy trépassé, feurent envoyés pluiseurs notables chevaliers et escuyers de son hostel, pour le faire déterrer; lesquels le firent mettre hors de terre. Mais à la vérité, c'estoit piteuse chose à le voir, et avoit encore son pourpoint, ses housseaux, la barette en son chef; et ainsy avoit esté mis en terre; et en vérité là n'avoit homme qui se pust tenir de plourer. Et en tel estat feut mis en un cercueil de plomb, garny de sel et épices, et de là porté en Bourgongne enterrer en l'église des Chartreux de Dijon, laquelle avoit faict fonder le duc Philippe son père : et là feut auprès de lui enterré, par l'ordonnance du duc son fils. En icelle fosse, dont il feut tiré, feut mis dedans messire Butord, bastard de Croy, quy à l'assaut et prise de la ville feut tué. Après la prise de Montereau, le roy d'Angleterre et le duc deslogèrent d'où ils estoient, et par un pont que ils avoient faict faire nouvellement sur la rivière de Seine, allèrent loger entre deux rivières, c'est assavoir entre Seine et Yonne ; et de tous costés approchèrent ladite forteresse ; et firent dresser pluiseurs engins, pour icelle abbattre. Or est vray que le roy d'Angleterre avoit pluiseurs prisonniers, lesquels avoient esté prins à l'assaut de ladite ville, aulxquels il fit dire que il les feroit tous pendre sy ils ne trouvoient la manière que le chastel se rendît à luy. Sy feut advisé que iceulx prisonniers, à seureté, on les feroit parler à leur capitaine et à leurs amis quy dedans le chastel estoient, pour sçavoir sy ils le rendroient au roy d'Angleterre, disans que ils estoient tous morts sy ils ne rendoient la place : mais, pour prières ou remontrances qu'ils sçussent faire, le capitaine ne le voult faire. Alors iceulx prisonniers se mirent à genoux en priant à leur capitaine qu'il eût pitié d'eulx, ou ils estoient morts, ou en rendant la place, il leur sauveroit leur vie. Aulxquels il répondit qu'ils fissent le mieulx qu'ils polroient, et qu'il ne le rendroit pas ; et lors feurent remenés lesdits prisonniers en l'ost, auquel lieu le roy d'Angleterre fit dresser un gibet, où lesdits prisonniers feurent tous pendus, véants ceulx du chastel. Et après ces choses faictes, ceulx du chastel se tinrent environ huit jours; et puis firent traictié avec le roy d'Angleterre de rendre le chastel, pour sy qu'ils s'en iroient saufs corps et vies, réservés ceulx quy seroient coupables de la mort du duc Jehan de Bourgongne, lesquels demoureroient en la volonté du roy d'Angleterre et du duc; et ainsy s'en allèrent les Daulphinois. Pour laquelle rendition le seigneur de Guitry feut fort blasmé, pour tant qu'il avoit ainsy laissé mourir ses gens, pour si peu après tenir; et avec ce luy feut imposé que il estoit coupable de la mort du duc Jehan; et sur che offrit combattre un gentilhomme de l'hostel du duc, nommé Guillaume de Brie; mais en conclusion, le seigneur de Guitry se excusa, et plus n'y feut plus avant procédé. Tantost après, le roy d'Angleterre mit bonne garnison dedans la ville et chasteau de Montereau; et fit préparer son ost, pour brief ensuivant mettre le siége devant la ville de Melun. Et entre tant que ces choses se faisoient, le roy, la royne et le roy d'Angleterre se tenoient à Bray-sur-Seine, avec tout leur estat. Alors vint devers le roy d'Angleterre, le duc de Bethfort, son frère, atout huit cents hommes d'armes, et deux mille archers. Sy feut receu en grand' liesse. Pour la venue duquel la puissance du roy d'Angleterre feut grandement efforcée. Le daulphin et sa puissance estoient lors ès parties de Languedoc. Et alla mettre le siége devant la ville du Saint-Esprit sur le Rhône, dedans laquelle estoient les gens du prince d'Orange, tenant le parti

Bourgongne, laquelle luy feut rendue, et pluiseurs aultres forteresses au pays de Languedoc, lesquelles avoient tenu le party du duc par le moyen du prince d'Orange; et che faict, s'en retourna le daulphin à Bourges, en Berry, et assembla de toutes parts grand' puissance de gens, pour résister allencontre des puissances du roy d'Angleterre et du duc, lesquelles il sçavoit estre prests pour conquerre et subjuguer les villes et pays quy se tenoient à luy.

CHAPITRE CIII.

De la croisie contre les Bohémois et Pragois, laquelle ne profita gaires ou rien.

En che temps, nostre Sainct-Père le pape ordonna une croisie pour aller sur les Pragois, duquel estoient conducteur, avec grant foison princes d'Allemaigne, l'évesque de Coulongne (Cologne), l'évesque de Liége, l'archevesque de Trèves, l'ésque de Mayence, le duc Loys en Bavière, le marquis de Misse (Misnie), et pluiseurs aultres princes; lesquels tous ensemble estoient quarante-deux, que ducs, que comtes, que marquis, sans les Savoyens, dont estoient chefs le seigneur d'Ais, le seigneur de Varembon, et le seigneur de Grolée, avec pluiseurs aultres, qui estoient sous eulx, et en la compaignie du duc de Heidelberch, qui print son chemin par Neurembourg, au pays et royaulme de Behaigne, qui est moult bel et plantureux de tous biens, plein de villes, villages et chasteaux, lesquels on mettoit en destruction, par feux et espées, hommes, femmes et enfants. Et, à la vérité, ainsi que pluiseurs hommes racontoient dignes de foy, quand les puissances se trouvèrent en la plaine, assez près de Souch, devant laquelle on meist le siége, ceulx qui estoient de cheval, furent estimés cent cinquante mille personnes; cette armée, sans les gens de pied, chartons et marchands menants vivres, que on disoit estre plus de soixante mille. Laquelle armée dessusdite fust devant icelle ville environ un mois. Mais une envie et convoitise se mist entre les princes, parquoy l'armée, qui tant estoit grande, profita bien peu; et s'en partirent subitement sans rien faire; et, à la vérité, à les voir partir de leur siége, il sembloit qu'ils fussent chassés de leurs ennemis. Et en icelle armée estoit le cardinal d'Exestre, qui estoit d'Angleterre, lequel disoit, par grande desplaisance, voyant le desroy, que si y eust eu ce jour, dix mille archers d'Angleterre, il eust rué jus touttes les compaignies qui là estoient, laquelle chose est véritable; car l'un n'attendoit l'aultre; et ainsi se despartit l'armée sans rien profiter. Atant vous layerai à parler de telle matière, car le peu parler en est bon, et parleray du roy d'Angleterre et du duc.

CHAPITRE CIV.

Du siége de Melun, quy feut environnée de tous costés; comment le roy d'Angleterre y amena la royne sa femme; et comment, par traictié, elle feut rendue, et de plusieurs incidens; et comment les roys et roynes entrèrent à Paris, et à grant joie feurent reçus.

Or nous convient parler du roy d'Angleterre et du duc, lesquels, après qu'ils eurent conquis Montereau, si partirent pour aller à Melun, que tenoient les gens du daulphin, laquelle fust asségiée tout à l'environ. Et le roy avec les roynes allèrent tenir leur estat à Corbeil. En la compaignie du roy d'Angleterre, avoit un duc en Bavière, lequel avoit espousé sa sœur[1]. Iceulx Bourguignons et Anglois mirent leur intention de vouloir approcher leurs adversaires, et firent dresser leurs engins, pour desrompre les murs de la ville, dedans laquelle estoit capitaine-général et principal, le seigneur de Barbasan, avec de six à sept cents combattants, lesquels vaillamment se deffendirent. Touttefois, nonobstant leurs deffenses, furent approchés en pluiseurs lieulx jusques à leurs fossés, tant par mines que par bolvers. En outre, fust faict sur la rivière de Seine, un pont sur bateaux, par lequel les assiégeants pouvoient tout autour de la ville

---

[1] Blanche sa sœur avait épousé Louis de Bavière, comte palatin du Rhin.

secourir l'ung l'aultre pleinement. Et dura le siége
dix-huit sepmaines. La ville fust fort battue;
mais tantost que les murs estoient rompus par les
engins, iceulx asségiés les refaisoient soigneusement de queues (tonneaux) pleines de terre, et
d'aultres besognes à ce compétentes.

Après certaine espace de temps que le siége de
Melun fust fermé, comme dit est, y fust mené le
roy, afin que plus seurement on peuist sommer
ceulx de la ville qu'ils se rendissent au roy leur
souverain seigneur; mais à ce firent response, que
à son état privé très volontiers lui feroient ouverture, disants que au roy d'Angleterre, ancien ennemi du royaulme, point ne obéiroient. Néanmoins,
le roy fust grande espace au siége, sous le gouvernement du roy d'Angleterre, son beau-filz; et,
en ce mesme siége, fist, le roy d'Angleterre, amener sa femme, la royne, grandement accompaigniée de dames et damoiselles; et y séjourna environ un mois, estant logée en une maison que le
roy son mari avoit faict faire emprès ses tentes,
qui estoient loin de la ville, afin que de canons
ne pussent estre travaillées. En ce temps, la royne
de Sezille (Sicile), veuve du roy Loys de bonne
mémoire, donna congié à son filz aisné pour aller
à Rome, afin que de la main de nostre Sainct-Père
le pappe il fust couronné roy de Naples; et le
bailla aulx Florentins et Genevois (Génois), sur
leur loyauté; lesquels estoient ancrés atout (avec)
quinze galées d'armes au port de Marseille, qui es-

toit de la terre de ladite royne ; mais elle retint en ostage pour son fils, huict des plus nottables barons du royaulme de Naples et de ses pays environ, qui le estoient venu quérir de par les cités et bonnes villes du royaulme de Naples ; et ce firent, par la hayne qu'ils avoient à leur royne, femme de messire Jacques de Bourbon, comte de La Marche, laquelle tenoit pour lors son mari prisonnier, par discorde qu'elle avoit eu à lui et à ses gouverneurs. Or s'en va le josne prince Loys, nageant par mer, ès galées dessusdites ; et entra à Rome ; et là receut solemnellement sondit royaulme, par la main du pappe, jà-soit-ce que lors ne fust pas couronné, et fust, de ce jour en avant, nommé roy Loys, comme avoit esté par avant son père. Or retournerons à nostre matière.

Durant le siége de Melun, comme dessus est dit, furent mises en la main du roy d'Angleterre, par le commandement du roy et consentement du duc et des Parisiens, les forteresses cy-après déclarées ; c'est assavoir, la bastille Sainct-Anthoine, le Louvre, la maison de Nelle et le bois de Vincennes. Pour lesquelles recevoir fust envoyé le duc de Clarence, lequel fust constitué capitaine de Paris. En cette mesme année, et durant le siége de Melun, pluisoeurs courses se faisoient, tant d'un costé comme d'aultre, qui trop longues seroient à racompter, car tant de tribulations estoient lors par le royaulme de France, que piteuse chose estoit à voir et ouyr racompter. En icelle année, tres-

passa en la ville de Blois, Philippe, comte de
Vertus, frère de Charles, duc d'Orléans, prisonnier pour lors en Angleterre; lequel comte de
Vertus gouvernoit en France toutes les terres de
ses frères dessusdits. Pour lequel trespas, le daulphin fust fort affoibli d'aide et de conseil; et aussi
ses deux frères, qui estoient prisonniers en Angleterre, eurent au cœur grant tristesse, comme
raison estoit; car, en leur absence, eulx estants
prisonniers, tant qu'il vesquy gourverna léalment
et sagement leurs dominations et seignouries. Or
convient retourner à l'estat du siége de Melun,
durant lequel se férit en l'ost du roy d'Angleterre,
grant mortalité de épidémie; pour quoy il perdit
grant nombre de ses gens. Et, de l'autre costé,
se partit de l'ost du duc, le prince d'Orange et pluiseurs autres. Pour lequel partement, le duc envoya
hastivement devers messire Jehan de Luxembourg,
lors capitaine de Picardie, et lui manda qu'il assemblast le plus de gens et grant nombre qu'ils
polroit, et le menast devers lui au siége de Melun.
Lequel y vint tost après. Et quand il vint au-dessus
de Melun, ayant ses gens en bataille, ceulx de la
ville, ce voyants cuidèrent avoir secours, et firent
sonner les cloches, et monter sur les tours, criants
hautement à ceulx de l'ost, que ils missent leurs
selles, et que ils seroient deslogiés. Mais tantost
perçurent que c'estoient leurs ennemis: pour quoy
testes baissées, touttes joies cessants, descendirent
de leurs murs, sans espérance de ce jour en avant

de plus avoir secours du daulphin; car ils lui avoient pluiseurs fois noncé la pestilence où ils estoient contraints : car, par famine, mangèrent chevaux et aultres vivres non appartenants à créature humaine; et, finalement, commencèrent à parlementer aux Anglois; et tellement fust appointé que ils rendroient la ville et le chasteau de Melun au roy d'Angleterre, et se mettroient tous généralement, tant hommes d'armes, bourgeois et habitants, comme touttes aultres personnes, en la grâce des deux roys, lesquels les recevroient par telle manière, que s'il y en avoit aulcuns qui fussent trouvés coupables ou consentants de la mort du duc Jehan de Bourgongne, on leur feroit justice et raison, et ceulx qui ne seroient trouvés coupables, n'auront garde de mort, mais demeureront prisonniers jusques à tant qu'ils auront baillé bonne caution, de jamais eulx armer avec les ennemis desdits roys.

Item, que tous les dessusdits, tant bourgeois comme gens d'armes, mettroient tous leurs biens et armures dedans le chastel, et se rendroient tous prisonniers à cause de la guerre, et leur quitteront leur foi et rançon; et, pour seureté de ce, bailleront douze des plus notables en hostaiges, de ceux de la ville. Che traictié lors accordé et parfourni, fut tantost la ville et chastel mis en l'obéissance des roys. Et après l'accomplissement d'icelles besognes, tous les gens d'armes Daulphinois, desquels estoient principaux messire Pierre de Bourbon, seigneur de Préaux, le seigneur de Barbazan, et cinq ou six notables hommes et aulcunes gentilles-femmes, et grant partie des bourgeois de la ville, furent menez par les commans des deux roys, à force de gens d'armes, à Paris, et là emprisonnés au Chastelet, en la maison du Temple, et en la Bastille, et aultres places.

Item, fut défendu, par les deux roys, que nul n'entrast dedans la ville et chastel capital, sinon ceux qui à ce commis seroient.

Or, est vrai que pendant le temps que traictés dessusdicts se faisoient, un gentilhomme de l'hostel du roy d'Angleterre, nommé Bertrand de Caumont, qui, à la bataille d'Azincourt, le propre jour, estant Franchois se rendit Anglois, pour cause que en Guyenne il tenoit du roy d'Angleterre, pour sa vaillance estoit de lui moult aimé; mais, comme dit est, icelui Bertrand, comme mal conseillé, par convoitise de pécune qu'il en eut, aida à sauver et mettre hors de la ville Aymerion du Lau, qui avoit esté, comme l'on disoit, coupable de la mort du duc Jehan de Bourgongne. Laquelle chose alors vint à la connoissance du roy d'Angleterre. Donc pour ce méfaict, lui fict copper la teste, jà-soit-ce que le duc de Clarence, son frère, le duc et aultres, lui priassent que il lui voulsist pardonner: auxquels il respondit que plus n'en parlassent, et qu'il ne voulloit avoir nul traistre en son ost; et en fict faire justice pour monstrer exemple aux aultres. Toutefois, aulcuns disoient qu'il eust bien voulu racheter ledit Bertrand de dix mille nobles. Icelles besognes accomplies, le roy d'Angleterre et le duc donnèrent congé à aulcuns de leurs gens, et se partirent de devant Melun pour aller à Corbeil, où estoient le roy et les deux roynes de France et d'Angleterre; et puis tous ensemble se partirent de Corbeil pour aller à Paris. Et allèrent les bourgeois de Paris au-devant desdits roys, en belle ordonnance; à l'entrée desquels fut par le peuple crié Noël! partout où ils passoient. Et chevaulchoient les deux roys, moult richement vestus, de front, l'ung d'emprès l'aultre, le roy à dextre, et le roy d'Angleterre à senestre. Après eux estoient les ducs de Clarence et de Bethfort, frères du roy d'Angleterre. Et, comme j'ai entendu, le duc tint son rang à part, c'est assavoir au senestre du roy d'Angleterre, sans soi mettre avecque les ducs de Clarence et de Bethfort; et estoit vestu de noir. Après lui estoient les chevaliers de son hostel; et les aultres princes et chevaliers suivoient les deux roys d'assez près. En pluiseurs lieux encontrèrent les gens d'église, à pied, en procession, arrestés par les carrefours, où ils présentoient aux roys à baiser les sainctes reliques; et chevaulchèrent ensemble jusques à l'église Notre-Dame, où ils feirent leurs oraisons. Après, remontèrent à cheval, et s'en alla chacun en son logis; c'est assavoir, le roy en son hostel de Sainct-Pol, et le duc avec lui; puis après que le duc eut convoyé le roy, il s'en alla logier en son hostel d'Arthois, et le roy d'Angleterre et ses deux frères, au chastel du Louvre; et le lendemain entrèrent dedans Paris, les deux roynes de France et d'Angleterre. Allencontre desquelles allèrent le duc et pluiseurs seigneurs d'Angleterre, et aussi les bourgeois de Paris, en pareille ordonnance qu'ils avoient été le jour devant; et fut de rechief faict toute joie à la venue des deux roys et roynes. Quant est à parler des dons et présens qui feurent faicts dedans Paris, au roy d'Angleterre et à la royne sa femme, il seroit trop long à réciter. Tout ce jour et la nuit, couroit vin par les carrefours abondamment, par robinets d'airain et aultres conduits faicts par artifice. Par toute la ville fut faicte grand liesse pour la paix finale des deux roys, plus qu'on ne vous sçauroit dire.

CHAPITRE CV.

Comment le duc de Bourgongne feit faire sa complainte au roy séant en justice, pour la mort du duc Jehan, son père, et demanda réparation; de la response du roy; et comment René d'Anjou, frère du roy de Cécille, épousa la fille héritière du duc de Lorraine.

En briefs jours après la venue des roys et princes à Paris, fut faicte grand complainte par le duc et le procureur de la duchesse de Bourgongne. Et pour icelle complainte, séy le roy, comme juge, en l'hostel Sainct-Pol, en la basse salle. Et là estoit assis sur le mesme banc ou séoit le roy, le roy d'Angleterre auprès du roy; ès lieux ordonnés pour eux. Estoient assis le chancellier de France, et maistre Philippe de Morvilliers, premier président en parlement, et pluiseurs aultres notables hommes du conseil du roy; et d'aultre costé, vers le milieu de la salle, séoit sur un banc, le duc; avec lui, pour l'accompagner, les ducs de Clarence et de Bethford, les évesques de Terrouanne, de Tournay, de Beauvais et d'Amiens, messire Jehan de Luxembourg, et pluiseurs aultres chevaliers et escuyers du conseil du duc. Maistre Nicolas Rollin, lors avocat en parlement, pour le duc et la duchesse sa mère, demanda audience aux deux roys de parler, comme il est de coutume de faire. Puis après proposa le félon et détestable hommicide fait en la personne du duc Jehan de Bourgongne, dont il accusoit Charles soy disant daulphin de Vienne, le vicomte de Narbonne, le seigneur de Barbazan, Tanneguy du Chastel, Guillaume Battilier, Jehan Louvet, président de Provence, messire Robert de Loire, Olivier Layet, Frottier, et tous les coupables dudit homicide; contre lesquels et chacun d'eux, ledict avocat conclut, afin que ils fussent mis en tombereaux, et menés par tous les carrefours de Paris, nues têtes, par trois jours de samedy ou de feste, et tenir chacun un cierge en sa main, en disant à haute voix qu'ils avoient occis mauvaisement, faussement, damnablement et par envie, le duc de Bourgongne, sans cause raisonnable quelconque; et ce fait, ils fussent menés là où ils perpétrèrent ledict homicide ; c'est assavoir Montereau ; et là dissent et répétassent les paroles. En oultre, où ils occirent fust faicte et édifiée une église ; et feurent ordonnés douze chanoines, six chapelains et six clercs, pour y perdurablement faire le divin service ; et feussent pourvus de tous vestemens de table, de livres, de calices, de nappes, et de toutes aultres choses nécessaires ; et feussent les chanoines fondés chacun de deux cents livres parisis, et les chapelains de cent, et les clercs de cinquante, monnoye dicte, au dépens du daulphin et de ses complices ; et aussi que la cause pourquoi seroit faicte ladicte église, feut escrite de grosses lettres entaillées en pierre, au portail d'icelle ; et pareillement en chacune des villes qui s'ensuivent, fust faicte une pareille église ; c'est assavoir à Rome, à Paris, à Gand, à Dijon, à Sainct-Jacques-de-Compostelle et en Jérusalem où Nostre-Seigneur souffrit mort. Après laquelle proposition feut proposé de rechief, par maistre Pierre de Marigny, avocat du roy en parlement, en prenant conclusion criminelle, contre les dessusdicts homicides. En oultre, Jehan Larchier, docteur en théologie dénommé, par le recteur de l'université de Paris, proposa aussi moult bien authentiquement, devant les deux roys, en eux enhortant par moult de manières, qu'ils feissent justice, et punissent les coupables des crimes. Et là déclara moult de termes et de dignités de justice, et que ils entendissent et écoutassent bénignement aux requestes et prières du duc, afin que icelles requestes voulsissent mettre à effet. Après lesquelles propositions fut respondu de par le roy, par la bouche de son chancellier, que de la mort du duc de Bourgongne, de ceux qui si cruellement l'avoient occis, et des requestes contre eux présentement faictes de par le duc, il leur feroit, par la grace de Dieu, et bon advis et aide de son fils Henry, roy d'Angleterre, régent, héritier de France, là estant, bon accomplissement de justice de toutes les choses dictes et proposées, sans faillir. Et ce faict, les deux rois et tous les aultres retournèrent chacun en son hostel.

En ce temps, après les besongnes dessusdictes, fut faict le mariage de René d'Anjou, frère au roy de Sécile, marquis du Pont, par le don du cardinal de Barre, son oncle, et la fille héritière du duc de Lorraine; et d'autre part, durant ces choses, messire Jacques de Harcourt, qui encore feignoit tenir la partie du duc, et tenoit grosse garnison au Crotoy, faisoit guerre moult forte par terre et par mer allencontre des Anglois, dont le roy d'Angleterre de ce averty n'estoit pas bien content. En ces mesmes jours vinrent pluiseurs ambassadeurs et commis de par les trois estats du royaulme de France, par avant mandés, avec lesquels furent tenùs pluiseurs consaux; en la fin desquels feurent les gabelles et impositions, quatriesmes et aultres subsides, remises sus, réservé les grains.

CHAPITRE CVI.

Comment les roys de France et d'Angleterre tinrent leurs estats à Paris, le jour de Noël; et comment le roy d'Angleterre commença de régner en France.

Le jour de Noël tinrent les deux roys leurs estats dedans Paris; assavoir, le roy à son hostel de Sainct-Pol, et le roy d'Angleterre au Louvre, lesquels estats feurent bien différents les uns aux aultres; car le roy estoit petitement et pauvrement servi, dont il desplaisoit moult à aulcuns Franchois qui le servoient. Et quant est à parler de l'estat du roy d'Angleterre, et de la royne sa femme, et des grants estats et habillements, dont luy, sa femme la royne, et les princes de son sang estoient adornés ce jour, seroit trop fort à raconter. Et de touttes parts venoient les subjects en humilité grande, pour luy faire révérence et honneur; et dès lors commença le roy d'Angleterre du tout à gouverner et administrer les besongnes du royaulme, et faire officiers à son plaisir, en démettant ceux qui par le roy et le duc de Bourgnogne mort, et celuy lors présent, y avoient esté long-temps. Il constitua le comte de Kint, capitaine de Melun, à toute garnison de gens d'armes, et le comte de Hostidonne, son cousin, capitaine du bois de Vincennes. Et à

Paris fust ordonné à demeurer avec le roy le duc d'Exestre, atout cinq cents combattants. Après lesquelles ordonnances, et que la feste de la Nativité de Nostre-Seigneur fust passée, le roy d'Angleterre partit de Paris, et la royne sa femme, les ducs de Clarence et de Bethford, et aultres de ses princes et grants seigneurs, et s'en alla à Rouen, où il séjourna longue espace devant qu'il retournast en Angleterre. Et pareillement le duc partant de Paris, s'en alla à Beauvais, à la feste et entrée de maistre Pierre Cauchon, docteur en théologie, nouvel évesque de cette ville de Beauvais : puis, delà, s'en alla à Lille, à Bruges et à Gand, où estoit sa femme, la duchesse Michelle, où il séjourna environ trois semaines. Le rouge duc en Bavière, lequel estoit venu servir le roy d'Angleterre, son beau-frère, s'en retourna en son pays d'Allemagne, pource que il avoit eu nouvelles que les Bohémiens, instruits et ensaigniés par un clerc de leur pays, quy estoit hérétique, sy estoient dressés et confusément esmues du venin d'hérésie, non pas seulement contre nostre foy catholique, mais avec ce contre le roy d'Allemagne, de Hongrie, de Bohesme ; et en grant multitude luy faisoient guerre mortelle.

CHAPITRE CVII.

Comment le roy d'Angleterre retourna en Angleterre avec sa femme, qu'il feit couronner royne en la ville de Londres, en Angleterre, où il tint moult grant feste; de l'aide qu'il requit à ses subjects, qui libéralement luy accordèrent.

Après ce que le roy d'Angleterre eust ordonné ses besognes à Rouen, et commis capitaine-général de toute Normandie son frère le duc de Clarence, quy estoit moult renommé en armes, il se partit de là pour aller en Angleterre; avec lui la la royne sa femme, son frère le duc de Bethfort, et bien six mille combattants, prit son chemin à Amiens. Si feust honorablement receu; et luy fit-on, et à la royne sa femme, plusieurs présents. Et de là par Sainct-Pol, Dourlans et Thérouanne, alla à Calais, où il séjourna aulcuns jours; et puis passa la mer, et alla en Angleterre, où il feut reçu comme à luy appartenoit. Et luy venu en Angleterre fist ordonner qu'il appartenoit à couronner la royne sa femme; laquelle couronnation feut faite en la cité royale de Londres, chef-ville du royaulme; et là feut faite telle et sy grant feste, que depuis le du très noble roy Arthur, ne feut vue la pareille en Angleterre. Après laquelle feste, le roy s'en alla en personne par les cités et bonnes villes de son royaulme, et leur fit exposer et déclarer toutes les bonnes adventures, qui, par son grand labeur et peine, luy estoient advenues en France, et les besognes quy luy restoient et demeuroient encore à faire audict royaulme, et à subjuguer son adversaire, le Dauphin de Vienne, quy se disoit régent et héritier de France, et qui tenoit et occupoit la plus grant partie de France; et que pour ce faire, et conquerre ledict royaulme, deux choses luy estoient nécessaires, c'est assavoir, finances et gens d'armes; pour laquelle cause requéroit tous ses subjects qu'ils lui fissent ayde. Lesquelles requestes feurent accordées libéralement de tout son peuple et cités du royaulme d'Angleterre. Et pour vray, il assembla tantost si grant finance en or, argent et joyaux, qu'à peine le pouvoit-on nombrer. Et, de fait, il eslut en son royaulme une grant compaignie de la josnesse du pays, les plus forts et habiles à la guerre; et en brief, rassembla bien trente mille combattants pour retourner en France. Et luy estant en Angleterre, pour tenir le royaulme plus seur, prit trèves à ses ennemis de Galles et d'Écosse, quy par long-temps avoient esté prisonniers en son royaulme, moyennant que le roy d'Ecosse prist à femme sa cousine germaine, sœur du comte de Somberset, et nièce du cardinal de Wincestre, lequel feut le principal de traictier icelui mariage.

CHAPITRE CVIII.

Comment la duchesse de Brabant se partit du duc son mari, par jalousie, et s'en alla avec le seigneur de Robersart, en Angleterre, où elle se maria avec le duc de Gloecstre.

En ce mesme temps, madame Jacques de Bavière, duchesse de Brabant, laquelle, outre sa volonté, avoit esté mariée au duc de Brabant, par la douairière de Haynault sa mère, pource que on disoit que le duc de Brabant, son mary, tenoit une gentille femme, fille d'ung chevalier brabanchon, de fait, se partit la duchesse de l'hostel de son mary, et s'en alla loger en une hostellerie, en la ville nommée le Miroir; et là feit tant, qu'elle feut envoyée devers la duchesse mère, la comtesse douairière de Haynault, laquelle l'envoya quérir, et s'en alla en Haynault devers sa mère. Quand le duc de Bourgongne sceut le partement de la duchesse de Brabant, sa cousine germaine, il en feut moult déplaisant, et envoya devers elle; et luy il s'en alla à Bruxelles devers le duc de Brabant, et besogna tellement, que jour feut pris que la duchesse de Brabant retourneroit à Bruxelles devers son mary. Auquel jour feurent criées unes joûtes, pour à icelle rassemblée du duc de Brabant et de la duchesse sa femme, faire une grant et noble feste; mais le diable, empescheur de tous biens, ne le poeult souffrir, comme vous oyrez cy après. Vray est que, durant le temps que le duc de Bourgongne et ses gens pratiquoient icelle réconciliation, le seigneur de Robertsart, Haynuyer, de tous temps tenant le parti des Anglois, et aussy faisoient deulx de ses frères, ses enfants, et la plupart de son lignage, s'estoit party d'Angleterre, et se trouva en la ville de Valenciennes, où lesdites dames estoient; et là feut pratiqué le mariage du duc de Glocestre et de la duchesse de Brabant, nonobstant qu'elle feut mariée au duc de Brabant, comme dict est. Et tant y feut besogné, que la duchesse de Brabant laissa icelle belle assemblée quy se faisoit à Bruxelle; et, de fait, s'accorda, du consentement de sa mère, de s'en aller, avec le seigneur de Robertsart, en Angleterre, feignant que elle vouloit aller en Ponthieu, dont elle estoit dame douairière, à cause du daulphin que elle avoit espousé. Si se partit la duchesse de Brabant de Valenciennes, prenant congé de sa mère; et s'en alla au giste de Bouchain, où, icelle nuict, elle ordonna ceulx et celles que elle vouloit avoir pour mener avecque elle. Et n'est mie à doubter que elle et le seigneur de Robertsart avoient ordonné l'heure que elle devoit partir de ladite ville de Bouchain. Comme vous avez ouy, la duchesse coucha une nuict à Bouchain, et, lendemain devant le jour, elle feut à cheval, elle cinquième de femme, et ung petit nombre de gens; mais elle ne feut gaire éloignée de Bouchain, que elle trouva le seigneur de Robertsart, en sa compaignie environ quarante chevaulx, dont la plupart estoient archiers. En che point alla la duchesse de Brabant en Angleterre; dont en advint depuis de grants guerres et aultres maulx ès pays de Haynault, de Hollande et Zélande, dont elle estoit héritière, comme cy après sera dict.

CHAPITRE CIX.

Comment le daulphin feut banni du royaume et jugé indigne de la succession du royaume de France; et comment le seigneur de l'Isle-Adam feut fait prisonnier du duc d'Exester, capitaine de Paris.

Devant que le roy d'Angleterre se partist de Paris pour passer la mer, feut appelé le daulphin à la table de marbre; et là feurent faictes en ce cas toutes les sollemnités accoutumées contre luy et ses complices, pour le crime faict en la personne de Jehan, duc de Bourgougne. Et pourtant que aulxdicts appeaulx ne alla ni envoya, feut par le conseil royal et par le parlement banni du royaulme, et jugé indigne de succéder à toutes seigneuries venues ou à venir, mesmement de la succession et attente qu'il avoit à la couronne de France, nonobstant que de icelle fust vray héritier après le trépas du roy son père, selon les coustumes anciennes de che noble royaulme. En après, le duc d'Exestre, qui estoit capitaine de

Paris, pour certaines causes quy à che le murent, feit prendre le seigneur de l'Isle-Adam par aulcuns de ses Anglois; pour laquelle cause s'assemblèrent jusques à deulx mille hommes du commun de Paris, pour le rescourre de ceulx quy le menoient à la bastille Sainct-Anthoine; mais tantost le duc d'Exestre, à cinq cents combattants ou environ, la plus grant partie archiers, se férirent dedans eulx; et feit tirer les archiers au travers des communes; pourquoi, tant pour la paour du trait comme par le commandement qu'il leur feit de par le roy, se retrayrent assez brief en leurs maisons; et le seigneur de l'Ile-Adam feut mis prisonnier, et y demoura durant la vie du roy d'Angleterre, lequel l'eust faict mourir, si n'eust esté la requeste que le duc luy en feit.

CHAPITRE CX.

Comment le duc de Clarence feut occis des Daulphinois, avec la fleur de la cavalerie d'Angleterre, à la bataille de Baugé, au pays d'Anjou; et du mariage du duc d'Alençhon à la seule fille du duc d'Orléans.

Le jour de Pasques 1421, le duc de Clarence, capitaine général de toute Normandie, apprès le partement du roy d'Angleterre son frère, avoit mené son ost devers le pays d'Anjou, où estoient

assemblés en très grant nombre les Daulphinois;
c'est assavoir le comte de Boken, connestable des
Daulphinois, et le seigneur de la Fayette, capitaine, avec pluiseurs aultres capitaines, pour iceulx
combattre et subjuguer. Advint que che jour, le
duc de Clarence ouyt certaines nouvelles, que ses
ennemis estoient assez près, en une ville nommée
Baugé, en Anjou. Et pour tant ledict duc de Clarence, quy moult estoit renommé en armes, print
sans délay une partie de ses gens, et à peu près tous
les capitaines; et moult asprement alla envahir ses
ennemis, et commencèrent aspre et dure bataille,
où moult y eut de gens morts et navrés. Et entre
tant, la grant troupe de son ost suivoit de loin à
très grant peine et danger, pour le mauvais pas
d'une rivière qu'ils avoient à passer. Les Daulphinois, quy estoient avertis de la venue de leurs
ennemis, commencèrent à combattre moult asprement; et d'aultre part, les Anglois, quy pas n'estoient si grant nombre, se défendirent vigoureusement, espérans estre secourus par leurs gens quy à
force venoient; mais le pas qu'ils avoient à passer
estoit moult difficile, quy le retarda; et ne purent
venir à temps; car les Daulphinois sachants leur
venue, pour secourir les Anglois, se hastèrent de
combattre le duc de Clarence; et commença la bataille des deulx parties moult aspre et dure; mais
les Daulphinois estoient deux contre ung Anglois;
et eurent les Daulphinois la victoire. Et feurent
morts sur la place le duc de Clarence, le duc de

Kint, le seigneur de Roos, maréchal d'Angleterre, et généralement la fleur de la chevalerie d'Angleterre, et de deux à trois mille combattants, que morts que prins, et pluiseurs aultres ; et feut nommée icelle bataille de Baugé. Pour la mort et déconfiture desquels Anglois, les aultres Anglois quy estoient en France feurent moult desplaisants, et, par espécial de la mort du duc de Clarence ; car moult estoit aimé pour sa prudence et vaillance. Et mesmement, aulcuns Daulphinois, ses ennemis, feurent courroucés de sa mort ; car la bonté et humilité de luy contraignoient ceulx quy l'avoient vu à iceluy aimer. Et, pour parler de ceulx quy suivoient le duc de Clarence à grant force, cuidants venir à temps, dont estoit chef le comte de Sallebry, lequel feit tant par sa vaillance, qu'il demoura le maistre sur la place ; et prit le corps du duc de Clarence et de pluiseurs aultres quy là estoient, et aussy rescoult-il pluiseurs prisonniers. Et qu'il soit vrai, l'on diroit que si le duc de Clarence eust attendu ses gens, que il n'avoit garde des Daulphinois ; mais désiroit la bataille, pource qu'il n'avoit point esté à celle d'Azincourt, que jamais n'y cuidoit venir à temps. Son corps feut très noblement porté en Angleterre ; et n'est point à croire les regrets que, pour sa mort, le roy d'Angleterre et les princes du pays feirent pour luy, et aussy le commun de Londres et aultres quy le connoissoient. Pour laquelle mort, le roy d'Angleterre hasta son armée pour aller en France. En ce temps

feut traictié et parfait le mariage du duc d'Alenchon et de la seule fille de Charles, duc d'Orléans,
lors prisonnier en Angleterre; et se feirent les
nopces moult grants et solennelles en la ville de
Blois; duquel mariage, faire et traicter, feurent
les principaulx, le daulphin, à quy elle estoit
niepce, et le duc de Bretagne, oncle du duc d'Alenchon.

CHAPITRE CXI.

Comment le roy d'Angleterre descendit à Calais à grosse armée, et tira vers Chartres, cuidant combattre le daulphin, qui l'avoit asségiée; et de la grant famine quy estoit à Paris, et entre Seine et Loire, Brie et Champaigne.

Le roy d'Angleterre, qui en ce temps estoit en
Angleterre, et quy avoit ouy les nouvelles de la
mort de son frère, et de la grande perte que il avoit
faicte, feut grandement troublé; et pourtant que
déjà avoit faict ces préparations pour retourner en
France, quand son armée feut preste et payée pour
huict mois, luy et tous ses gens entrèrent sur mer,
et arrivèrent à Calais le jour Sainct-Barnabé. Et
tantost après les vaisseaux deschargés feurent en-
vóyés en Angleterre; et comme l'on disoit, estoient descendus trois à quatre mille hommes
d'armes, et bien vingt-quatre mille archiers; et
lendemain envoya le comte Dorset et le seigneur

de Cliffort, pour aller à Paris devers son oncle, le duc d'Exestre, quy pour lors estoit moult court tenu de vivres par les Daulphinois quy tenoient garnisons en pluiseurs lieux autour de Paris. Les deux seigneurs estoient accompaignés de douze cents combattants, quy grand' diligence firent de chevaucher jusques à Paris où ils feurent joyeusement reçus, tant pour leur vivres que pour la descente du roy d'Angleterre, auquel les Parisiens avoient grand' fiance. Or advint que le roy, après qu'il eut ordonné ses besongnes à Calais, se partit à grand' diligence, et tira vers la ville de Chartres, laquelle estoit asségiée de Daulphinois, et print son chemin par Monstrœul; et trouva le duc quy estoit allé allencontre de luy; puis partirent ensemble en tirant leur droit chemin à Abbeville, où ils se logèrent. Et lendemain print congé le duc de luy, et retourna en son pays d'Artois; et le roy d'Angleterre tira son chemin à Beauvais, à Gisors; et là luy feut dict que le daulphin tenoit son siége devant la ville de Chartres, à grand' puissance, et avoit volonté de luy livrer bataille, et que devant la ville de Chartres il l'attendroit. Quand le roy d'Angleterre sceut ces nouvelles, il envoya en très grand' diligence quérir le duc, afin que il feut à la bataille avec luy. Le duc, quy moult désiroit à estre à la bataille contre celuy quy avoit faict occire son père, comme l'on disoit, se partit diligemment de la ville d'Arras; et manda gens de toutes parts pour aller après le roy d'Angleterre; mais sans attendre ses gens, continua toujours son chemin envers Gisors. Le roy d'Angleterre estoit passé oultre et estoit logé à Melun, et là attendoit le duc. Or est vray que le roy d'Angleterre et le duc feurent conclus et délibérés d'aller combattre le daulphin, et de aller lever le siége de Chartres; nais ils ouyrent dire que le daulphin avoit levé son siége, et s'en tiroit vers la cité d'Orléans. Les vraies nouvelles sçues, le duc print congé du roy d'Angleterre et retourna en Picardie, et le roy d'Angleterre passa oultre en tirant après le daulphin. En ce voyage que le roy d'Angleterre feit, il eut, luy et ses gens, sy grand' faute de vivres, que la famine totale se mist en son ost, et avecche une grand' maladie, dont il perdit beaucoup de ses gens. Après que le roy d'Angleterre eut poursuivi le daulphin, il s'en retourna à Paris, où il feut grandement receu; mais à la vérité, la famine estoit si grande ès pays entre Seine et Loire, Champaigne et Brie, et mesmement dedans Paris, qu'il feut trouvé femme morte de faim, son enfant vif, tenant encore la mamelle de sa mère, y cuidant trouver substance; et autres poures sy très oppressés de faim, que quand aulcun leur donnoit quelque peu à manger, ils disoient: Donnez à un autre, car je n'en mangerai jamais. Et grand' pitié estoit d'icelle famine.

CHAPITRE CXII.

Comment le duc Philippe de Bourgongne combattit les Daulphinois, et gaigna la bataille qui feut nommée la bataille de Mons en Vimeux.

Or faut parler du duc. Vrai est, que luy estant en la ville de Mante et Gisors, le seigneur d'Offemont et Poton de Saincte-Trailles, assemblèrent de mille à douze cents chevaux; et par le moyen de sire Jacques de Harcourt, capitaine de la ville et chasteau du Crotoy, entrèrent dedans la ville de Sainct-Ricquier. Et lors commencèrent courre le pays et faire maulx innumérables, et prirent la forteresse de Douvrières, par laquelle ils couroient devant Monstroeul et par tout le pays. Quand le duc sceut ces nouvelles, il feut délibéré d'aller mettre le siége devant Sainct-Ricquier, laquelle chose il feit. Le duc polvoit avoir en sa compaignie de cinq à six mille combattants, lesquels faisoient maintes belles escarmouches devant la ville. Le seigneur d'Offemont, qui dedans ladite ville estoit asségié, avoit un frère nommé Loys de Neelle, lequel sçachant son frère estre asségié du duc, feit une grand' assemblée pour secourir et ayder son frère quy asségié estoit. Le duc sçachant que les Daulphinois le venoient combattre, eut conseil de lever son siége et aller au-devant d'eulx, et se partit de devant Sainct-Ricquier le pénultième jour d'aoust, et print son chemin droit à Abbeville; et là burent et mangèrent aulcuns de ses gens tout à cheval, afin d'estre plustost prests, sy aulcunes nouvelles leur venoient de ses gens qu'il avoit envoyés chevauchants le pays de Vimeu, en tirant devers Oisemont. Or est vray que entre le point du jour et le soleil levant, virent et aperçurent les Daulphinois, qui en belle ordonnance s'en alloient moult rudements en tirant vers le passage de la Blanche-Tache, où passe la rivière de Somme. Aulcuns de leurs gens feurent prins, par lesquels la vérité de leur intention feut sçue et tantost signifiée au duc, quy de nouvel estoit arrivé à Abbeville. Ces nouvelles ouyes, le duc partit en grand' haste, afin qu'il pust trouver ses ennemis avant qu'ils feussent passés la Blanche-Tache à la rivière de Somme. Les Daulphinois, quy bien avoient perçu les Bourgongnons quy les poursuivoient, feirent grand' diligence d'estre devant audit passage de la Blanche-Tache, pour la passer et eulx joindre avec messire Jacques de Harcourt, quy de l'autre costé de la rivière estoit atout une belle compaignie, tant de ses gens que de ceulx quy dedans Sainct-Ricquier estoient, quand avoit esté asségié. Mais quand les Daulphinois vinrent au passage, la mer venoit et estoit déjà sy haute que ils ne purent passer oultre ladite rivière, excepté le vaillant escuyer Poton de Sainct-Trailles, quy depuis feut maréchal de France, quy print l'adventure de passer ladite rivière de Somme, et se joignit avec la puissance quy du costé de Vimeu estoit. Quand les Daulphinois veirent que impossible estoit de passer la rivière, ils se tindrent arrière et sy conclurent de combattre le duc. Leur bataille feut ordonnée par telle façon, qu'ils mirent tous les mieux armés et montés au milieu de la bataille; et se polvoient trouver de quinze à seize cents lances. Après leurs ordonnances faictes, et qu'ils perchurent le duc et ses enseignes, ils feirent des chevaliers nouveaux. Or faut parler du duc, lequel, quand vist ses ennemis en ordonnance, il ordonna sa bataille; en laquelle bataille estoit le vaillant chevalier messire Jehan de Luxembourg, les seigneurs d'Anthoing, de Croy, et grand' noblesse des pays de Flandres, d'Arthois, Picardie et Haynault. Il feit deux ailes de environ six vingt lances, dont de l'une estoit conducteur le seigneur de Saveuse, et de l'autre le bastard de Coussy. Icelles ordonnances faictes, et véant ses ennemis approchier et prests pour combattre, requist à messire Jehan de Luxembourg ordre de la chevalerie: et après qu'il feut faict chevalier, il en feit plusieurs de sa main. Ne demoura gaires que les Daulphinois et Bourgongnons assemblèrent et abordèrent ensemble. Les Daulphinois, comme dict est, avoient mis les mieux montés et armés au milieu de leur bataille et en poincte. Si se frappèrent en la bataille du duc, et rompirent sa bataille en passant oultre; mais les deux ailes que gouvernoient les seigneurs de Saveuse et le bastard de Coussy, se rejongnèrent avec la bataille du duc, et depuis la bataille et les ailes se gouvernèrent si sagement et vaillamment, que de tous poincts ils défirent les Daulphinois; et promptement que les aulcuns des Daulphinois tomboient à terre, les archiers les tuoient. Lors se prinrent les Daulphinois à fuir, et les Bourgongnons très vaillamment les chassoient et prenoient prisonniers; et mesmement le duc très chevaleureusement se gouverna; et de faict print de sa main deux nobles hommes; et messire Jehan de Luxembourg chassa tant et si longuement ses ennemis, qu'il feut prins et décruppé de ses ennemis; mais enfin il feut rescous. Que tant dirois-je? La bataille feut bien combattue, mais l'honneur et victoire en demoura au duc; et là feurent prins des Daulphinois pluiseurs nobles hommes; assavoir Loys d'Offemont, le seigneur de Conflans, messire Gilles de Gamaches et son frère, Pothon de Sainct-Trailles, le marquis de Sève et son frère, le seigneur de Thiembronne et pluiseurs autres gentilshommes, jusqu'au nombre de six vingt. Et si feurent morts sur la place de six à sept cents hommes, tant d'un costé que d'autre, dont on disoit que de la partie de Bourgongne n'estoient morts que vingt à trente hommes, entre lesquels estoit le seigneur de la Viefville. Après ces choses achevées par le duc, il s'en ralla au giste à Abbeville, où il feut très honorablement receu, et toute sa compaignie, après qu'il olt séjourné cinq ou six jours à Abbeville.

Après icelle bataille, qui feut nommée la bataille de Mons, pour ce que icelle avoit esté faicte assez près d'un village nommé Mons en Vimeu, le duc délivra les deux nobles hommes que il avoit prins de sa main, et leur quitta leur foi, et leur donna cheval et harnas : et avec che leur donna à chacun cinq cents pièces d'or que à ce temps on nommoit Montonceaulx. Et au regard des autres nobles, seigneurs et capitaines daulphinois qui avoient esté prins à ladite bataille, se fist un traictié tel, que moyennant la rendition de la ville de Sainct-Ricquier, quy léallement fut remise en la main du duc, iceulx nobles hommes et capitaines furent tous délivrés sans payer finance. Et en fut ordonné capitaine, messire Philippe de Fosseux, dict le Borgne ; et le seigneur d'Offemont s'en alla de ladite ville, luy et tous ses gens, ainsy que ledit traictié le portoit.

CHAPITRE CXIII.

Comment le roy d'Angleterre asségia la ville de Meaux, en Brie; des saillies que les asségiés feirent; de la monnoye quy feut abbaissée, et les salus forgiés pour 25 sols.

Assez avez oy comment par cy-devant le roy d'Angleterre et le duc de leur puissance se tindrent vers Chartres, cuidants'y trouver le daulphin, et comment le roy d'Angleterre donna congié au duc de retourner en ses pays de Flandres et Picardie, aussi, comment le roy d'Angleterre retourna à Paris, où il trouva le roy et la royne au bois de Vincennes, où il fust d'eulx receu à grand' joie. Et là, avant qu'il partist de Paris, fist pluiseurs ordonnnances, tant sur les monnoyes comme autrement. Et qu'il soit vrai, couroit une monnoye, nommée flourettes, qui se allouoit pour seize deniers, que le roy d'Angleterre fist mettre à quatre deniers, pource qu'ils estoient de mauvais alloy. Ces choses faictes, le roy d'Angleterre assembla grant puissance de gens, pour aller mettre le siége devant la ville de Meaux en Brie, assise sur la rivière de Marne, et ordonna le duc d'Exestre, son oncle, atout quatre mille combattants, et l'envoya prendre les faubourgs de ladicte ville de Meaux en Brie, afin que ceulx qui dedans la ville estoient, n'y bouttassent le feu. Et tantost après que le roy eust appresté touttes ses besognes, il se partist à toutte sa puissance, nombrée à vingt mille combattants; et, le sixième jour d'octobre, se logea tout à l'environ de la ville et marché de Meaux; et, en briefs jours, fist fermer son ost de hayes et de fossés, afin que de ses ennemis ne fust surpris, ne aussi que ceulx de dedans la ville ne pussent issir. Le roy d'Angleterre fist dresser canons et engins pour battre portes et murailles, et, avec ce, fist faire de belles approches; et belle chose estoit à voir le siége. De par le daulphin estoient dedans la ville, le bastard de Vaurus, son frère, Pierron de Luppesé, messire Philippe Mallet, messire Loys Gast, et le Borgne de Coussy, jusques à mille combattants, vaillants hommes et esprouvés en armes, sans les bourgeois et communauté de la ville. Maintes belles saillies furent faictes devant le siége, qui assez longuement dura, comme vous orrez. Pendant iceluy siége, fust ordonné, à Paris, par le conseil du roy, que la monnoye, nommée flourettes, qui, de seize deniers, avoit esté mise à quatre deniers, seroit derechief diminuée et mise à deux deniers, et l'escu d'or qui avoit couru à neuf francs, fust mis à dix-huit sols parisis. Pour lesquelles mutations de monnoyes furent pluiseurs gens fort troublés; et, pour avoir provision d'autres monnoyes nouvelles qui fust de valeurs, furent forgiés salus d'or, qui eurent cours pour vingt-cinq sols tournois la pièce En icelles monnoie, avoit deulx escus de France et un d'Angleterre. Et, au regard de la blanche monnoye, on forgea doubles, qui eurent cours pour deux deniers tournois; et depuis furent nommés nicques; et régnèrent environ trois ans seulement. Je lairai à parler des choses dessusdictes, et parlerai d'une rencontre qui fust faicte entre messire Jacques de Harcourt, et aulcuns Anglois. En ce mesme temps, messire Jacques de Harcourt, capitaine du Crotoy, chevauchoit parmi le pays de Vimeu, en la compaignie de six à sept cents combattants. Il fust rencontré d'Anglois qui d'aventure s'estoient rassemblés des villes de Neufchastel, d'Argies et d'aultres lieulx, pour aller querre leurs adventures sur leurs ennemis; auxquels il eust très aspre rencontre; et vaillamment se combattoient ces deulx parties. Mais, en conclusion, les Anglois obtinrent la victoire; et perdist ledict messire Jacques de Harcourt, de trois à quatre cents de ses hommes, tant morts que prins. Après cette besogne, les Anglois, très joyeux de leur bonne fortune, retournèrent en leurs propres lieulx, et si emmenèrent avec eulx grand' planté de prisonniers, qui depuis furent délivrés par grands raenchons et finances, comme en tel cas il est accoutumé à faire.

CHAPITRE CXIV.

Comment le duc partist de Flandres pour aller en son pays de Bourgongne, en passant par Paris au bois de Vincesnes, où estoient le roy et la royne, et de là au siége de Meaux ; et comment il alla visiter le duc et la duchesse de Savoye, son bel oncle et sa tante ; et comment le comte de Couversan fut délivré de prison; et aussi fut Arthus, comte de Richemont, frère au duc de Bretaigne.

EN ce temps mesme, après la feste de la Nativité de Nostre-Seigneur, le duc se partist de la ville d'Arras, où il laissa la duchesse, sa femme, fille du roy. Là, prindrent congié l'ung de l'aultre, mais oncques depuis ne se virent, car elle mourut en brief temps, après le partement de son mari, et s'en partist le duc, en sa compaignie le comte de Sainct-Pol et pluiseurs aultres. Il chevaucha; et tant exploita, qu'il se trouva en la ville de Paris; puis alla vers le roy et la royne, qui au bois de Vincennes estoient. Le duc ne séjourna gaires à Paris, et s'en alla devers le roy d'Angleterre, qui tenoit le siége devant Meaux, ainsi que devant est dict. Le roy d'Angleterre le receut moult honorablement, et moult joyeux fust de sa venue; et là tindrent grands consaulx ensemble, pour les affaires du royaulme. Le duc ne séjourna gaires avec le roy d'Angleterre, et s'en alla en son pays de Bourgongne, où il n'avoit point esté depuis la mort de son feu père, voir la duchesse sa mère et ses sœurs, desquelles il fust receu à grand' liesse. Ses hommes et vassaux lui firent les serments accoutumés de faire. Le duc fust fort festoyé de ses subjects, de joustes et esbattements pluiseurs à sa venue. Après s'en alla le duc en pays de Savoye, voir son bel oncle et sa tante, les duc et duchesse de Savoye, et ce fait retourna en Bourgongne. Or est vray, que durant le temps que le roy d'Angleterre tenoit son siége devant la ville de Meaux, vinst devers lui, à privée maisgnie (suite), messire Jehan de Luxembourg, pour traictier de la délivrance du comte de Conversan, son frère, lequel, jà par long-temps, avoit esté prisonnier, et encore estoit dedans icelle ville de Luppes; et, lui venu là, fist et traicta tant, par l'aide et moyen du roy d'Angleterre, que son frère fust délivré de prison, moyennant certaine grant somme de pécune qui fust promise à payer et délivrer à Pierron de Luppes, à jour assigné. Et, depuis sa délivrance, demoura iceluy comte au service du roy d'Angleterre durant le siége de Meaux, et messire Jehan de Luxembourg retourna en Picardie, dont il estoit capitaine général, et, en sa compaignie messire Hue de Lannoy, qui nouvellement avoit esté constitué maistre des arbalestriers de France, de par les deulx roys de France et d'Angleterre. Auquel an, la royne d'Angleterre accoucha en Angleterre d'un filz, qui, par l'ordonnance de son père, fust nommé Henry sur les fonts, et avec les aultres qui à ce commis estoient, le leva la duchesse de Brabant, qui alors estoit en Angleterre. Pour laquelle nativité duquel filz, fust menée très grand' liesse en Angleterre.

En cette mesme année et saison, par certain traictié, fust délivré des prisons du roy d'Angleterre, Arthus, comte de Richemont, frère au duc de Bretaigne; et, après sa délivrance, alla atout gens d'armes au siége de Meaux, servir le roy d'Angleterre; auquel service il demoura la vie d'iceluy roy d'Angleterre.

CHAPITRE CXV.

De l'emprinse du seigneur d'Offemont pour entrer en la ville de Meaux, en laquelle feut prins; et comment ceulx de la ville se retirèrent au marché, en abandonnant la ville qui des Anglois feut prinse.

Devant iceluy siége, le seigneur d'Offemont assembla environ quarante combattants des plus renommés et experts en faict de guerre que il pust finer, et les mena devers Meaux, sur intention de les mener audict Meaux, et d'entrer secrettement dedans icelle ville, pour aider et conforter les assiégés, qui pluiseurs fois l'avoient mandé pour estre capitaine de la ville. Lesquels, sçachants sa venue, estoient préparés à le recevoir; et avoient sur un soir mis une eschelle sur leurs murs, par dehors, par où il devoit monter : et lors, au jour assigné, vinst ledict seigneur d'Offemont pour accomplir son entreprinse ; et, de faict, vinst jusques aulx fossés de ladicte ville ; et commencèrent ses gens à monter à mont dedans la ville, par l'eschelle dessusdicte. Mais lui alloit tout derrière pour les boutter avant ; et en passant sur une vieille planche, cheyt, armé de plein harnas, ès fossés, et ne pust de là estre tiré de ses gens, nonobstant que ils lui baillèrent deux lances, lesquelles lui demourèrent ès mains. Et, entre temps, ceulx de l'ost qui ouyrent murmures, vindrent sur eulx à grant puissance, et le prindrent. Sy fust ledict seigneur d'Offemont, mené devers le roy d'Angleterre ; et l'examina sur pluiseurs propos, et le fist mettre en bonne garde. De cette adventure, furent ceulx de la ville moult troublés ; et doubtants que au loin aller ne peussent garder la ville et le marché, firent retraire aulcuns des biens de ladicte ville au marché. Laquelle chose apperçue par ceulx de siége, se esmurent soudainement, et allèrent assaillir ladicte ville ; et, de tous costés, commença l'assaut si dur et si estoré (combattu), que, en brief, fust la ville gaignée, sans ce que lesdicts assaillants y fissent grant perte. Et se retrairent les assiégés atout partie de leurs biens, dedans le marché. Dedans la ville, se logea le roy d'Angleterre ; et, brief ensuivant, gaigna une petite isle d'emprès le marché, en laquelle il fist asseoir pluiseurs gros engins, qui moult terriblement battoient les maisons et murs du marché. Et, par ces moyens, furent les asségiés contraints et mis en fuite; et si n'avoient nulles espérances d'estre secourus du daulphin leur seigneur, à cause que les jours estoient passés que ils devoient avoir secours. Et, derechief, en continuant de mal en pis, furent prins par les Anglois, les moulins dudit marché : pourquoy ils furent en grant nécessité de avoir leurs blés moulus.

CHAPITRE CXVI.

Comment le roy d'Angleterre feit sommer ceux quy estoient à Meaux, lesquels se rendirent audit roy par traictié; et comment plusieurs villes et forteresses feurent rendues par les Daulphinois au roy d'Angleterre.

En ce temps se faisoient plusieurs maux au royaulme de France, tant de la partie des Daulphinois comme des Anglois, qui ne cessoient de prendre villes et forteresses, et icelles démollir et abattre. Que vous dirois-je? Plusieurs villes et forteresses, durant le siége de Meaux, en brief furent prinses et abattues d'un costé et d'autre au royaulme de France. Et qui tout voudroit et sauroit bien mettre au long par écrit, il auroit trop à faire; et pourtant je me passe, et retournerai à parler du siége de Meaux. Vous avez ouy comment le roy d'Angleterre avoit mis son siége devant le marché de Meaux, et les constraint, par telle manière, que grand' partie de leurs murs estoient abattus et desrompus en divers lieux. Si les fit un jour sommer que ils se rendissent, à quoi ils ne voulurent obéir; et dirent qu'il n'estoit pas encore heure de eux rendre. Et quand le roy d'Angleterre eut ouy leur response, sans à eux plus parler, fit commencer l'assaut très puissamment, lequel dura de sept à huit heures; et se deffendirent les asségiés moult vaillament, et combattirent tant qu'ils n'avoient plus nulles lances, qui toutes ne fussent rompues à eux deffendre; mais au lieu de lances, combattirent longue espace de bastier (manches) de fer; et tant continuèrent, que pour cette fois, ils reboutterent les Anglois hors de leurs fossés. Pluiseurs injures, tant de nuict comme de jour, durant ledit siége, dirent ceulx de dedans, et paroles vilaines aux Anglois. Entre aultres choses, mirent sur les murs un asne, lequel ils couronnèrent, en eux moquants des Anglois, en disant que c'estoit leur roi, et que ils le allassent rescourre; pourquoi le roy d'Angleterre, et pluiseurs aultres choses, fut moult indigné sur eulx. Et aussi devant icelle ville fut tué d'un canon, ung josne chevalier, fils du seigneur de Cornouaille, qui estoit cousin prochain du roy d'Angleterre; laquelle mort lui vint à grand desplaisir.

En la fin d'avril, ceulx de Meaux commencèrent à parlementer, et pour avoir traictié; et furent, de par le roy d'Angleterre, commis son oncle le duc d'Exestre, les comtes de Warwick et de Conversan, et messire Gauthier de Hongreffault; et de par les asségiés, messire Philippe Mallet, Pierron de Luppes, Jehan d'Aunay, Sinador de Jerames, le Borgne de Coussy et pluiseurs aultres; lesquelles parties convinrent ensemble, par pluiseurs fois ; et enfin vinrent en conclusion en la manière cy-après déclarée.

« Premièrement, fut ordonné que le marché de Meaux seroit, le dixième jour de may, rendu et délivré ès mains des rois de France et d'Angleterre.

» *Item*, seroient rendus en leurs voulontés, messire Loys Gast, le bastard de Vaurus, Denys de Vaurus, Jehan de Rambarcs, Tromègon, Bernard de Meureville, et un qui avoit bucciné d'un cornet durant le siége, nommé Orasses ; et seroient mis en justice, laquelle leur seroit faicte et administrée.

» *Item*, Guérart de Cissé, Pierron de Luppes, Philippe de Gamaches, Jehan d'Aunoy, demoureront en la voulonté des deux rois, jusques à tant qu'ils auront rendus ou faict rendre touttes les forteresses que eux et leurs commis tenoient au royaulme; et après ce que ils les averont rendues, ils auront les vies sauves.

» *Item*, tous les aultres, tant gens d'armes comme habitants et bourgeois, demoureront en la voulonté des deux rois, sauves leur vie.

» *Item*, que le comte de Conversan demourera

quitte envers Pierron de Luppes, ou autre, à qui il peut toucher, de sa finance; et lui promettront de l'en tenir quitte toujours, sans fraude ni malengin.

» *Item*, en dedans les huit jours que la rendition se doit faire, ceulx de dedans la ville mettront tous leurs biens généralement, en certain lieu où ils puissent venir à plein à la connoissance des commis des dessusdits rois.

» *Item*, rendront quittes tous les prisonniers qu'ils tiennent, tant audit marché comme ès forteresses et lieux à eulx obéissants, et les quitteront de leur foy.

» *Item*, après tous les articles dessusdits accordés et accomplis, et pluiseurs aultres, par les deux parties, demoureront en estat jusqu'au dixième de may, que les Daulphinois feront ouverture aux commis des rois de France et d'Angleterre, et leur délivreront, par la manière qui a esté traictié. »

Lesquels commis envoyèrent tantost tous les prisonniers sous bonne garde où ordonné leur estoit; dont les plus principaux furent menés par eau à Rouen, et de là en Angleterre. Et si en y eut une partie menée à Paris, emprisonnés en pluiseurs lieux; et polvoient les gens de guerre estre de sept à huit cents. Le bastard de Vaurus, leur capitaine-général, fut décollé par le commandement du roy d'Angleterre, et son corps pendu à un arbre, au dehors, que on nommoit l'orme Vaurus, pource que le bastard y avoit en son temps fait pendre pluiseurs Anglois et Bourguignons, quand il les pouvoit tenir, en disant : *Menez-les à mon arbre.* Et pour ce estoit ledit arbre ainsi nommé. Et avec ce, fut sa teste mise sur le bout de son étendard, et attachée à l'arbre dessusdit. Messire Loys Gast, Denys de Vaurus, maistre Jean de Rombères, et celui qui avoit sonné le cornet, en soi truffant des Anglois, furent décapittés à Paris, leurs testes mises sur lances, et leurs corps pendus au gibet. Et tous les biens qui estoient audit marché de Meaux furent distribués du tout au plaisir du roy d'Angleterre; puis en noble arroy entra audit marché, et y séjourna aulcuns jours; et là ordonna de réédifier les portes, tours et murailles de ladite ville de Meaux.

Après la rendition de Meaux, furent mises en l'obéissance du roy d'Angleterre, pluiseurs villes et forteresses, tant en la comté de Valois comme ès pays à l'environ, par le moyen du seigneur d'Offemont, dessous lequel elles estoient obéissants; et avec ce, fut son corps mis à délivrance, par condition qu'il jureroit la paix finale dernièrement faicte à Troyes entre les deux rois. Et pour ce entretenir, bailla pleiges suffisants, c'est assavoir l'évesque de Noyon et le seigneur de Chauny, lesquels, pour seureté, obligèrent corps et biens. Quand les capitaines tenants le parti du daulphin ès marches de Beauvoisis, virent et ouyrent comment le roy d'Angleterre prenoit et gagnoit villes et forteresses imprenables, eurent si grand doubte, que brief ensuivant envoyèrent devers le roy d'Angleterre leurs ambassades, pour traictier avec lui en dedans certain temps et jour, au cas que le daulphin ne les secourroit au jour que dit seroit. Entre lesquels traicta le seigneur de Gamaches, pour la ville de Compiengne, dont il estoit capitaine; et bailla ostages à le rendre, le dix-huitième jour de juin, en la main du roy. Et en ce cas pareil, traictèrent messire Loys de Thienbronne, pour la ville de Gamaches et pluiseurs aultres villes et forteresses. Avec ce, par le pourchas de Pierron de Luppes, fut rendue la forteresse de Montagu, laquelle tenoit grant pays en subjection par sa force, et avoit fait grans maux et dommages aux villes de Reims et Laon, et ès pays environ. D'autre part, ceulx qui tenoient le chastel de Moy, en Laonois, doutant que messire Jehan de Luxembourg et les Anglois ne les allassent asségier soudainement, boutèrent le feu dedans le chastel, et s'en allèrent à Guise; et pareillement ardirent, et brulèrent, et détruisirent les chasteaux de Montescourt et de Brassy.

CHAPITRE CXVII.

Comment la royne d'Angleterre arriva à Harfleur, et de là s'en alla au bois de Vincennes, vers le roy et royne, ses père et mère, où le roy d'Angleterre vint vers elle; comment lesdits roy et royne tirèrent à Paris et à Senlis; de la femme de l'armoyeur du roy quy fut exécutée avec aucuns de ses complices.

En l'an 1422, le jour de may, la royne d'Angleterre arriva à Harfleur en noble appareil et grant compaignie de gens d'armes, et avec elle le duc de Bethfort, son beau-frère, quy estoit chef de l'armée. Et, après qu'ils eurent pris terre, allèrent à Rouen, et de là au bois de Vincennes devers le roy son père et la royne sa mère. Le roy d'Angleterre, son mary, qui estoit à Meaux avecques ses princes, adverti de sa venue, se partit et alla au bois de Vincennes devers le roy et la royne sa femme, où il fust moult honorablement receu; et le pénultième jour de may, les deux roys de France et d'Angleterre, et les roynes, se partirent de là, et entrèrent à Paris en moult noble estat. Et feurent logés le roy et la royne en leur hostel de Sainct-Pol, et le roy d'Angleterre et sa compaignie feurent logés au chastel du Louvre; et là célébrèrent, chascun en son hostel, la feste de Pentecoste. Après les festes passées, le roy d'Angleterre fist en icelle ville de Paris cueillir et lever la taille de marcs d'argent pour forger la nouvelle monnoye, ainsy et par la manière que on l'avoit cueillie ailleurs. Si s'en esmurent pluiseurs rumeurs ; mais finablement les Parisiens, pour la crémeur du roy d'Angleterre, ne osoient montrer semblant de nulle désobéissance ou rébellion. Après un petit de temps, les deux roys et les roynes allèrent à Senlis, où ils séjournèrent aulcuns jours. Ne demoura gaires après, que le roy d'Angleterre envoya son frère le duc de Bethfort à Compiengne, pour icelle recevoir du seigneur de Gamaches ; lequel, comme paravant est dict, avoit promis le rendre en la main du duc de Bethfort ; et se départirent environ douze chevaulx, eulx ayant bons saufs-conduits du roy d'Angleterre; et feurent menés et convoyés jusqu'à ce qu'ils feussent passés outre la rivière de Seine, et de là s'en allèrent devers le Daulphin. Et en pareil cas, rendit le seigneur de Gamaches les forteresses que ses gens tenoient, comme dessus est faite mention; et par ainsy toutes les places que les Daulphinois tenoient, de Paris jusques à Boulogne sur la mer, feurent mises en l'obéissance des deux roys de France et d'Angleterre, excepté le Crotoy. En ce mesme temps, feurent envoyés de par les deux roys ambassades au Crotoy, devers messire Jacques de Harcourt ; mais finablement pour diligence qu'ils sçussent faire, ne purent venir à quelque tractié ; et pour ce, s'en retournèrent arrière.

En ce mesme temps, alla le roy d'Angleterre à

Compiengne, pour voir la ville. Auquel lieu lui feurent apportées nouvelles que on avoit voulu prendre la ville de Paris par aulcuns moyens de lettres apportées dans ladicte ville par la femme de l'armoyeur du roy; laquelle, par un certain jour bien matin, fut apperçue d'un prestre qui estoit allé en un sien jardin; et sur ce tout effrayé, retourna dedans la ville, et dit aux gardes qu'ils advisassent ce qu'ils avoient à faire, et qu'il avoit vu gens armés, et une femme parler à eulx. Et adonc les gardes de ce avertis, prinrent la femme et la menèrent en prison, laquelle tantost après congnut son fait. Pour lesquelles nouvelles, le roy d'Angleterre retourna avec tous ses gens à Paris, et fit noyer la femme pour ses démérites, et avecques ce aulcuns de ses complices, et puis retourna à Senlis devers le roy. Auquel temps, messire Jehan de Vergy prit la ville de Sainct-Dizier; mais les Daulphinois qui estoient dedans se retrayrent au chastel, auquel ils feurent bientost asségiés; et entretemps La Hire et aulcuns capitaines s'assemblèrent pour aller secourir ceux dudict chastel. De laquelle assemblée feurent advertis les deux seigneurs dessusdicts. Et, pour y résister, se mirent ensemble le plus grant nombre que ils purent, et allèrent au-devant de leurs adversaires, lesquels ils assaillirent vigoureusement, et enfin les déconfirent. Si en y eut de morts environ quarante, et les aultres se sauvèrent par fuite. Après laquelle besogne, retournèrent audict lieu de Sainct-Dizier, et brief ensuivant, se rendit à eulx le chastel, lequel ils garnirent de leurs gens. Je laisrai à parler des Anglois et des Bourguignons, et vous parlerai du Daulphin.

CHAPITRE CXVIII.

De la puissance que le duc de Bourgongne mena devant la ville de Cosne-sur-Loire, pour combattre le daulphin qui l'avoit faict asségier, lequel n'y comparut pas; du trespas du roy Henry d'Angleterre, et des remontrances qu'il feit aux princes d'Angleterre.

En ce temps, le Daulphin assembla environ vingt mille combattants, et se tira atout iceulx vers Auxerre; et là se tinst assez longue espace, durant lequel temps fist assiéger la ville de Cosne-sur-Loire, qui, enfin, feut contrainte de traictier, par condition qu'ils lui rendroient au cas que le duc ne les secourust en dans le quinzième d'aoust ensuivant; et, pour ce entretenir, baillèrent hostagiers. Et disoient les aulcuns que audict jour que la ville se debvoit rendre ou combattre, le Daulphin y seroit en personne. Pour laquelle cause le duc fit ung très grant mandement par tous ses pays de Bourgongne, de Picardie, de Flandres et d'Arthois; et sy envoya devers le roy d'Angleterre, luy requérant qu'il luy envoyast certain nombre de ses gens. Le roy d'Angleterre moult désirant de complaire au duc, respondit que ce ne feroit-il pas, mais qu'il iroit en propre personne, avecques toute sa puissance. Le roy d'Angleterre, quy estoit en la cité de Senlis, non pas bien disposé de sa personne, fist partir son ost sous la conduite du duc de Bethfort, pour estre en la compaignie du duc en cette journée; et lui-mesme, assez aggrévé de maladie, partist de Senlis, après ce que il eut pris congé au roy, à la royne, et aussy à la royne sa femme, qui oncques puis ne le vit; et alla à Melun, où il se fit mettre en une litière, en intention de aller à la journée dont dessus est faict mention. Mais pourtant que il se sentit trop affoibli, et que il empiroit de jour en jour, retourna et se fit amener au bois de Vincennes, où il finit sa vie, comme cy-après sera dict. Et le duc de Bethfort, atout son ost, se tirèrent par pluiseurs journées au pays de Bourgongne; et aussy firent tous les seigneurs de Picardie, lesquels le duc avoit mandés. Et tant cheminèrent qu'ils se trouvèrent en la ville de Vezelay, où ils trouvèrent le duc quy les attendoit atout (avec) grant puissance de gens d'armes. En après, tous les princes et capitaines joints ensemble, chevauchèrent tant qu'ils se trouvèrent devant la ville de Cosne, devant laquelle ils se logèrent la nuict dont lendemain ils devoient estre combattus, comme l'on disoit. Mais le Daulphin sachant la puissance des princes dessus nommés, se retrayt devers Bourges en Berry, atout son armée, et de par luy, ne comparut homme à ladicte journée; et ainsy demoura à la ville de Cosne en l'obéissance du duc. Et après cette journée passée, le duc remercia les princes et aultres quy ainsy l'avoient accompagné ; et bien y estoit tenu ; car, de mémoire d'homme, ne feut vu une telle puissance, ni plus à redouter, pour combattre à pied que estoit celle-là. Le duc fit de grants dons, puis se retira en Bourgongne, les Anglois en France, et les Picards en Picardie. Auquel retour, vinrent certaines nouvelles au duc de Bethfort sur le chemin, que le roy d'Angleterre estoit moult oppressé de maladie, et en grant péril de sa vie. Et pour ce incontinent, avecques lui aulcuns de ses plus féables et privés, à privée maisgnie (suite), chevaucha en haste jusques au bois de Vincennes, où ils trouvèrent le roy d'Angleterre moult grief de sa personne. Et vint aussy à la connoissance du duc; pourquoy il y envoya messire Huë de Lannoy, pour le visiter et pour sçavoir en quel point il estoit. Aucuns disoient que le roy d'Angleterre, sentant soy estre moult oppressé de maladie, fist venir devant luy son frère le duc de Bethfort, son oncle le duc d'Exestre, le comte de Warvick, messire Loys de Robersart, et aulcuns aultres, jusques au nombre de sept ou huit, où il avoit la plus grant fiance. Si leur remontra et leur dit assez piteusement les paroles cy-dessous escrittes, disant comment il voyoit bien que c'estoit le plaisir de son créateur qu'il finast sa vie, et qu'il délaissast le monde. Et après dit au duc de Bethford : « Beau-

» frère, je vous prie que sur toute la loyauté et amour
» que vous avez eus à moi, que soyez tousjours bon
» et léal à mon fils votre nepveu ; et au cas que
» beau-frère de Bourgongne voudroit emprendre le
» régime du royaulme de France, je vous conseille
» que luy bailliez; mais sy il le refuse, vous le pren-
» derez. Et à vous beaux-oncle d'Exestre je vous
» laisse seul et pour le tout le régime d'Angleterre;
» car je sçais bien que moult bien le sçaurez gou-
» verner. Et vous prie que pour quelque affaire
» que vous ayiez, ne retournez plus en France. Et
» avec ce, vous ordonne à estre du tout gouver-
» neur de beau-fils votre nepveu, et vous requiers
» que sur tant que vous me aimez, que le véez et
» visitez très-souvent en votre personne. Et vous,
» beau cousin de Warvick, je veux que soyez
» son maistre, et que demourez du tout avecques luy
» pour le conduire et apprendre selon l'estat que il
» appartient; car je n'y sçaurois mieux parvenir. Et
» derechief vous prie à tous, que gardez sur tant que
» pouvez mesprendre, que n'ayez aulcune dissen-
» sion avec beau-frère de Bourgongne; car si il ad-
» venoit, que Dieu ne veuille! que il y euist entre luy
» et vous aulcune malivolence, les besongnes de ce
» royaulme, quy sont moult avancées pour notre
» party, en pourroient grandement empirer. Si ne
» délivrez pas de prison beau-cousin d'Orléans, les
» comtes d'Eu et d'Angoulesme, jusques à tant que
» beau-fils Henry aura son asge compétent ; et des
» aultres, faites comme bon vous semblera. »

Après lesquelles paroles ou semblables, les seigneurs là estants lui respondirent moult humblement, chacun en droit soi, ayant au cœur grant tristesse, que tout ce qu'il leur ordonneroit et sçauroient son plaisir estre faict, ils le accompliroient à leur pouvoir, sans en rien aller au contraire. Après ces choses, se partirent de la chambre aucuns d'eulx. Messire Huë de Lannoy, qui avoit esté envoyé devers luy de par le duc, après qu'il eust allégué et accompli sa légation, et eu aucunes paroles avec le roy d'Angleterre, s'en retourna en Bourgongne, devers le duc son maistre. Le roy d'Angleterre, tant oppressé de maladie que plus ne pouvoit, feit venir devant luy ses médecins, et leur requit bien instamment qu'ils voulsissent dire, selon ce qu'ils pouvoient voir de luy, quel terme de vie il pourroit encore bien avoir. A laquelle chose feurent grant espace sans luy faire response, sinon de luy bailler espérance, en disant que il estoit bien en Dieu de le faire retourner en santé. Si ne fust pas de ce content, et les requist, commedessus, qu'ils luy dissent la vérité. Et adonc parlèrent ensemble, et par la bouche de l'un d'iceulx, qui se mit à genoux devant luy, luy feut dit: « Sire, pensez à votre faict, car il nous semble, si » n'est la grâce de Dieu, que il est impossible que vi- » viez plus de quatre heures. » Et lors manda son confesseur, et aucuns gens d'esglise de sa famille, et ordonna à dire les sept psalmes; et quand ce vint à *benigne fac Domine*, où il y a en iceluy vers: *muri Jeru-*

salem, il les feit arrester et dict tout hault que, sur la mort qu'il attendoit, il avoit intention, après ce que il auroit mis le royaulme de France en paix, de aller conquerre Jérusalem, si ce eust esté le plaisir de Dieu, son créateur, de le laisser vivre son asge; et après qu'il eust ce dict, il les feit parfaire; et assez brief ensuivant, selon le terme que avoient dict iceulx médecins, alla de vie à trespas le derrain jour d'aoust. Pour la mort duquel, son frère, le duc de Bethfort, et tous les aultres princes, et généralement ceulx de son royaulme d'Angleterre firent grants lamentations, et demeurèrent en grant tristesse; et tantost après feurent enterrées ses entrailles en l'église et monastère de Sainct-Maur-des-Fossés, et son corps mirent en un cercueil de plomb. Le duc de Bourgongne se partit de son pays de Bourgongne, et exploita tant que il se trouva au bois de Vincennes, et alla voir et visiter le duc de Bethfort et les aultres princes là estant, puis se partit de là et alla à Paris. Le corps du roy d'Angleterre fut mené en grant triomphe de gens à Paris, et mis dedans l'église Nostre-Dame; et luy fut faict service solennel; et de là fut mené en la cité de Rouen; et là demeura assez longue espace de temps.

Pour la mort du roy d'Angleterre, et pour avoir advis au gouvernement du royaulme, s'assemblèrent pluiseurs princes en conseil, en la ville de Paris; et là fust conclu et promis par eulx de rechief, en la forme et manière qu'il avoit esté traicté autrefois, entre les deux roys, à Troyes, que ils entretiendroient la paix finable que promise et jurée avoient. Après que les princes, assavoir les ducs de Bethfort, de Bourgogne et d'Exestre, avec pluiseurs grants seigneurs, eurent prins leurs conclusions sur le régime du royaulme, se partit de Paris brief ensuivant le duc, et retourna en Arthois et en Flandres; et le duc de Bethfort, avec les princes anglois, s'en alla à Rouen pour gouverner, appointer et ordonner des affaires de la duché de Normandie. Et là feut menée, en noble appareil, la reine d'Angleterre, qui de la mort de son feu mari rien ne sçavoit.

CHAPITRE CXIX.

Comment le corps du roy Henry d'Angleterre, dict le conquérant, fut porté en Angleterre et enterré à Westmontier, auprès de ses prédécesseurs; de la pompe funèbre quy fut faicte, tant en chemin qu'en Angleterre.

En la ville de Rouen fut ordonné comment on mèneroit le corps du roy d'Angleterre en son pays. Si ordonnèrent un charriot que menoient quatre grands chevaulx; et avoient sa semblance en présentation, et en le représentant de cuir bouilli, peint moult richement, portant en son chef couronne d'or moult précieuse; et tenoit en sa main dextre le sceptre royal, et en sa senestre avoit une pomme d'or, comme l'empereur; et gisoit en un lit dedans le charriot, le visage vers le ciel. Duquel lit la couverture estoit de drap d'or de cramoisi; et avec ce on portoit, à passer parmi les bonnes villes, par-dessus le charriot, un moult riche drap de soie à quatre bastons, en la manière que on l'a accoutumé à porter sur le corps de Jésus-Christ, au jour du Sainct-Sacrement. Et ainsi allant, accompaigné de ses princes et de la chevalerie de son hostel, fut mené le droit chemin de Rouen à Abbeville, et mis en l'église Sainct-Wulfran; et si avoit moult de gens d'église à la dextre et sénestre partie du trespassé, qui nuict et jour, les uns à pied les aultres chevauchants, cheminants ou estants, chantoient sans cesse l'office des morts, et célébroient tous les jours messes pour luy, depuis le poinct du jour, ès églises où ils se logeoient, jusques à tant que il estoit l'heure de partir. Et d'Abbeville s'en alla à Hesdin, à Monstroeul, à Boulogne, à Calais. Et toujours sur le chemin y avoit autour du charriot pluiseurs hommes vestus de blanc, qui portoient en leurs mains torches allumées; et derrière, estoient vestus de noir, ceulx de la famille du roy d'Angleterre; et après suivoient ceulx de la lignée, vestus de vestements de pleurs et de deuil; et en ensuivant tout alloit la royne en grant compaignie, environ de une lieue loin. De Calais passèrent par mer à Douvres en Angleterre, et puis par Cantorbie à Rocestre et à

Londres, où ils arrivèrent la nuict Sainct-Martin d'hiver. Allencontre duquel issirent de Londres quinze évesques, vestus de chasubles pontificaulx, et pluiseurs abbés mitrés, et les aultres hommes d'église, et grant multitude de bourgeois et aultres du commun, les gens d'église, tous ensemble chantants l'office des morts; et le menèrent par le pont de Londres et par la rue des Lombards, jusques à l'église Sainct-Pol; et au plus près du charriot estoient pleurants les princes de son sang; et avec ce, le premier cheval des quatre qui menoit ledict charriot, avoit un collier qui estoit peint des anciennes armes d'Angleterre. Au collier du second cheval estoient peintes les armes de France et d'Angleterre écartelées, lesquelles luy-mesme portoit en son vivant. Au collier du tiers cheval estoit peint pleinement, sans différence, les armes de France; et au collier du quart estoient peintes les armes que portoit, quand il vivoit, le roy Arthus. Et après que le service du roy eust esté faict royalement, ils le portèrent en terre, en l'église de Westmoustier, auprès de ses prédécesseurs roys d'Angleterre. Auquel enterrement fust faict en toutes choses généralement, plus grant estat et bobant que depuis deux cents ans par avant n'avoit esté faict de nuls roys d'Angleterre. Ainsi et par cette manière fina le roy Henry, en la fleur d'eage, car quand il alla de vie à trespas, il ne pouvoit avoir que environ de quarante ans. Il estoit moult sage et expert en toute besogne dont il se vouloit entremettre, et de très hault vouloir ; et avoit, en sept ou huict ans que son règne dura au royaulme de France, faict en iceluy de très grands conquests, plus que nuls de ses prédécesseurs roys d'Angleterre ne avoient faict long-temps par avant; et pour vrai, il estoit si cremu et douté de ses princes et capitaines, qu'il n'y en avoit nul, tant luy fust prochain, qui osast trangresser ses ordonnances, par espécial ceulx d'Angleterre. Et pareillement estoient à ce réduits tous ceulx du royaulme de France, de quelque estat qu'ils fussent, estants en son obéissance et domination; et la cause principale si estoit, pource que ceulx qui faisoient le contraire en enfreignant ses commandements et ordonnances, faisoit punir très cruellement, sans en avoir miséricorde; et bien entretenoit la discipline de chevalerie, comme jadis faisoient les Romains. Et après toutes besognes accomplies, s'assemblèrent les trois estats d'Angleterre, pour avoir advis sur le régime d'Angleterre, et pour bailler gouverneur à leur petit roy Henry, qui pour lors n'avoit que dix-huit mois d'eage ou environ. Les trois estats d'Angleterre ordonnèrent premièrement au gouvernement de la personne de leur roy, un sage et vaillant comte, nommé Richart de Beaucamp, comte de Warwick, dont devant est pluiseurs fois parlé; puis luy baillèrent estat bel et suffisant, et après aux affaires du royaulme eurent advis, selon leur sage et pourveue discrétion. Cy laisse à parler de la mort du roy d'Angleterre, et parlerai de la mort de la duchesse de Bourgogne, et de celle du roy son père.

CHAPITRE CXX.

Du trespas de la duchesse de Bourgongne, madame Michelle de France, en la ville de Gand; et du trespas du roy Charles de France, VIe de ce nom, nommé le Bien-Aimé, en la ville de Paris.

En ce temps que les assemblées se feirent pour le voyage de Cosne, mourut en la ville de Gand, madame Michelle, fille du roy et femme du duc, et sœur au daulphin. Pour laquelle mort feurent troublés tous ses serviteurs, et généralement ceulx de Gand, et tous ceulx du pays du duc. Et assez tost après s'accoucha en son hostel de Sainct-Pol, à Paris, le roy; et le vingt et uniesme jour d'octobre, rendit son esprit à Dieu; et feurent à son trespas, tant seulement son chancellier, son premier chambellan, son confesseur et aumosnier, avec aulcuns de ses officiers et serviteurs, en petit nombre. Puis fut son corps apporté à Sainct-Denys. Et n'y avoit lors nul des princes de son sang, excepté le duc de Bethford, frère au roy d'Angleterre défunct; et mis en sépulture avec les aultres roys ses prédécesseurs. Après lequel enterrement et service accomplis, s'en retournèrent à Paris tous ceulx qui accompagné l'avoient.

CHAPITRE CXXI.

Comment le duc de Bethfort fut régent du royaume de France, pour son nepveu, le roy Henry d'Angleterre, VIe de ce nom.

En oultre, le duc de Bethford, seul et pour le tout, demoura régent et gouverneur du royaulme de France, et au nom de son neveu le roy Henry le Josne, quant à ce qui estoit en son obéissance. Ainsi comme vous avez ouy, fina ses jours le très noble roy Charles, le quarante-deuxiesme an de son règne ; lequel la plus grant partie de son temps eut de moult grandes tribulations à cause des tribulations et divisions qui lors estoient et avoient esté en son royaulme, par les prochains de son sang, et par espécial, par une maladie que on dict qu'il print en la ville du Mans, laquelle lui dura la plus part de son vivant ; dont ce fut dommage, car il estoit si bon prince, que à toujours sera nommé Charles-le-Bien-Aimé, et plus de lui en ce livre ne sera parlé : Dieu en ait l'ame, *amen*. Et pareillement en cestui livre finent les grands faits et conquestes que fist en son temps le roy Henry d'Angleterre, cinquiesme de ce nom, depuis le trespas du roy Henry son père, qui piteusement fist mourir le roy Richard son cousin ; et prist et usurpa son royaulme d'Angleterre, et se fist couronner roy, avant la mort d'iceluy roy Richard, nonobstant qu'il eust esté roy vingt-deux ans. Le jour de sainct Martin d'hiver, l'an dessusdict, iceulx de la ville et chastel de Ruë se rendirent à messire Jacques de Harcourt, lequel y fist venir un nombre de gens d'armes de la garnison de Guise ; et se continrent illec sans piller ni rober, à cause des trèves qui estoient lors entre les deux parties, jusques à lendemain de la feste saint Andrieu. Lesquelles trèves passées, la guerre se renouvella si cruelle et si terrible, que nul ne sçauroit dire les maux et dommages qui en advinrent par tout le pays. Pourquoi ceux du grand conseil de France et ceux de Paris envoyèrent ambassades notables devers la royne d'Angleterre, pour avoir ayde et secours pour résister aux entreprises des Daulphinois ; et lors leur fut promy d'envoyer secours d'Angleterre.

CHAPITRE CXXII.

Comment ceulx de Meullent se rendirent aux Daulphinois, mais incontinent furent contraints de eulx rendre au duc de Bethfort, régent de France, à leurs grans perte et dhommaige.

Le quatorsiesme jour de février, audit an, ceux de Meullent, désirants estre Daulphinois, se rendirent au seigneur de Granville, lequel y mena hastivement cinq cents combattants pour y tenir la place pour le daulphin ; mais si tost que le régent en fut adverty, il y alla hastivement, atout grant-planté (quantité) d'Anglois et des communes de Paris, et les asségia. Lesquels, non garnis de vivres ni de artillerie pour tenir la place contre les Anglois, se mirent en composition ; c'est assavoir qu'ils rendroient ledit pont et chastel, ainsi garni comme il estoit, sans y riens démolir.

Item, que tous ceulx de là dedans se rendroient de la pure voulonté du régent, sauf leur vie seulement, excepté ceulx, si aulcuns y avoit, qui aultrefois eussent faict serment au roy d'Angleterre, ou qui eussent esté consentants de la mort de feu le duc Jehan de Bourgongne, excepté aussi ceulx d'Irlande, de Galles ou d'Ecosse, si aulcuns en y avoit, et ceulx aussi qui furent à la première embusche pour prendre le pont et la forteresse, et les canons de layens.

Item, tous les biens de layens lairont à la volonté et connoissance du régent.

Et se fist la reddition de ladite place, le samedy premier jour de mars, an dessusdit.

CHAPITRE CXXIII.

Comment les Daulphinois prinrent le chasteau de Dommart.

LE dimanche vingtiesme jour de mars ensuivant, prinrent d'eschelle et de nuict, les Daulphinois de Rue, le chastel de Dommart, en Ponthieu, et prinrent layens messire Simon de Boullenvillier; le chevallier Jehan de Doucquerre, et pluiseurs aultres gentilshommes estants layens. Le Borgne de Fosseux, seigneur dudit lieu, de par sa femme, se eschappa, et Jacques de Craon, son beau-fils, avec lui, et pluiseurs aultres hommes et femmes estants tant audit chastel comme en la ville. Et là trouvèrent tant de biens les Daulphinois, assavoir d'or et d'argent, de vaisselle et d'aultres biens, que eux-mesmes en eurent grant merveille. Sy que, depuis lors jusques à ce qu'ils abandonnèrent ladite place, ils ne cessèrent de mener et transporter à Ruë tant de biens que sans nombre; et si en laissèrent assez des mendres biens; puis abandonnèrent ladicte place, doutants que là ne feussent asségiés; et s'en retournèrent à Ruë. Et lors, incontinent que ils furent issus, le seigneur de Croy s'en alla bouter dedans; et si ramena lesdits de Fosseux et de Craon; mais ne la trouva point si bien garnie comme estoit devant ladicte prise.

CHAPITRE CXXIV.

Des alliances que le régent de France, les ducs de Bourgongne et de Bretaigne feirent ensemble; et des mariages de deux sœurs du duc de Bourgongne, Anne et Margueritte, qui feurent traictiés avecques le régent et duc de Bretaigne; et de pluiseurs places prinses par ledit régent.

Environ Quasimodo, l'an 1423, s'assemblèrent, en la ville d'Amiens, le régent de France, les ducs de Bourgongne et de Bretaigne, et feirent alliances ensemble, dont lettres feurent faictes et scellées de leurs seaulx et signées de leurs mains. En outre, furent traictiés les mariages d'icelluy régent et de madame Anne de Bourgongne, seur du duc, et de Artus de Bretaigne et de madame Marguerite de Bourgongne, seur du duc. Lesdites lettres contenoient que, pour le bien du royaulme de France et d'Angleterre, de leurs pays et subjects, ils ont promis et juré l'ung à l'aultre de vivre en bonne amour, comme frères, parents et bons amis, et de garder et défendre l'honneur d'eulx deux, chacun l'ung pour l'aultre, sans fiction ne couverture, et de advertir l'ung l'aultre de che quy leur viendra à congnoissance contre l'honneur ou le dhommaige l'ung de l'aultre. Et contre ceulx quy vouldroient l'ung d'eulx nuyre ou grèver, faire ayde hommes d'armes de chascun d'eulx, ou de gens de traict à l'advenant, et par telle manière, que celuy qui fera ladite ayde de gens d'armes sera tenu de payer ses gens pour le premier mois et non plus. Puis promirent tous ensamble d'eulx employer au reliefvement du povre peuple par toutes les meilleures voyes que on polra regarder, et de boutter la guerre hors du royaulme, et le mettre en bonne paix. Ces choses furent promises et jurées par eulx à tenir et maintenir sans enfraindre tout le cours de leurs vies et de chascun d'eulx; et lesdites lettres sur che faictes le dix-septiesme jour d'apvril, l'an 1423, scellées et signées dudict régent, ducs de Bourgongne et de Bretaigne. Ledict duc de Bretaigne receut à Amiens ce que le régent luy fist délivrer pour ses dépens, six mille écus pour s'en retourner en son pays de Bretaigne, et le duc avec luy. Artus, comte de Richemont, s'en alla en son pays, et le régent s'en alla à Troyes, où luy feut amené Anne de Bourgongne; et là luy amena la duchesse sa mère et le seigneur de Sainct Georges, et aultres pluiseurs grants seigneurs de Bourgongne; et y feurent faictes moult solempnelles nopces et moult riches et plantureuses. Quand le régent olt achevé sa solempnité de ses nopces, et qu'il feut retourné à Paris, il assembla ses gens d'armes hastivement, et s'en alla asségier la ville de Pont-sur-Seine, et la print d'assault, et aultres trois ou quatre forteresses d'illec entour; et puis s'en alla à Coursy, et la print aussy d'assault; et là feit mener à Paris quelques hommes d'armes, en leurs pourpoints, testes nues, dont les aulcuns avoient cordes noées autour leurs cols, traisnantes jusques en terre, et des cordes noées entour leurs corps. Aultres tenoient espées nues par le milieu, les pointes contre leurs ventre, et chevauchoient ainssy parmy Paris jusques à l'hostel de Tournelles. En ce point furent présentés au régent, quy estoit léans avec sa femme; laquelle, ayant pitié des malheureux, fist tant devers son mary, que ils eurent rémission; car aultrement ils euissent estez tous morts. Entre ces choses, une compaignie d'Anglois, yssant de Normandie, prinrent le chastel de Noielle sur la mer. Adonc manda messire Jacques de Harcourt ceulx quy tenoient le chastel de Ruë, pour aydier à deffendre le Crotoy, lesquels habandonnèrent Ruë. Et les Anglois tantost après entrèrent dedans, dont furent ceulx du Crotoy fierment traveilliez des Anglois quy se tenoient à Sainct-Vallery, à Noielle et à Ruë. Et oultre plus, les Anglois, en grant puissance, vindrent par mer, la veille Sainct-Jean-Baptiste, et par terre; et puis asségièrent le chastel du Crotoy, où estoient messire Jacques de Harcourt et ses gens, quy se deffendirent moult vaillamment.

CHAPITRE CXXV.

Comment les daulphinois perdirent la bataille contre les Bourguignons et Anglois, devant la ville de Crevant, qu'ils avoient asségiée.

En ce temps, le daulphin, quy avoit assemblé ung grant ost de touttes gens privés et estranges, car en son ost estoient Franchois, Lombards, Arragonnois, Escochois et Espaignols, envoya partie de ses gens asségier la ville de Crevant, séante sur la rivière de Cure auprès la rivière d'Yonne. Quand la dame douagère, en Bourgongne, en feut avertie, elle le signifia au régent et au mareschal de Bourgongne, quy se mist sus hastivement, et à grant dilligence feit tant que, à Auxerre s'assemblèrent grant nombre de Bourguignons et Anglois pour lever le siége et combattre les Daulphinois. Tous lesquels, ainsy assemblés, conclurent que ils yroient combattre leurs ennemis. Et si firent publier que Bourguignons et Anglois fuissent en armes, en union et sans noize, sur peine de mort.

Item, fut ordonné que sy tost que ils viendroient au lieu de la bataille, que chacun descendist à pied et que les chevaulx fussent menez demy-lieue loing arrière de la bataille.

Item, que chacun euist ung peuchon de huit

pieds de long, pour ficher devant eulx en terre, contre l'effort des chevaulx de leurs ennemis.

Item, que nul ne prist prisonniers jusques à che que la bataille seroit gaigniée.

Item, que chacun se pourveist de vivres pour deulx jours; et si ordonnèrent à ceulx d'Auxerre de pourveoir leur ost de vivres à toute diligence.

Item, que tous se meissent cette nuyct en oroison et prières, le plus dévotement que ils pourroient, attendants lendemain la grasce de Dieu de vie ou de mort.

Quand che vint lendemain, environ deulx heures après midy, Anglois et Bourguignons se partirent d'Auxerre, en grant fraternité et unyon, et se logèrent celle nuyct à une lieue près de leurs ennemis; et lendemain se mirent à chemin tous ensamble pour trouver leurs ennemis, lesquels s'estoient tenus trois jours et trois nuycts sur une montaigne, en bonne ordonnance et en grant nombre, et avoient laissé partie de leurs gens en leur siége devant Crevant. Anglois et Bourguignons s'en allèrent mettre en ordonnance devant eulx, sy que entre ces deulx ostz n'y avoit que la rivière d'Yonne. Les Daulphinois descendirent de leur montaigne en ordonnance de bataille, et furent en che point les ungs devant les aultres bien trois heures, sans aultre chose faire, la rivière entre les deulx ostz. Et entre tant aulcuns Anglois gaingnèrent le pont de Crevant, et s'en allèrent envahir leur ennemis sans barguigner, et les aultres passèrent la rivière le mieulx qu'ils peurent; et ceulx de dedans saillirent aussy sur les Daulphinois, sy que ils feurent envahis de toutes parts; et tellement feurent combattus que ils perdirent la bataille, et se meirent en fuite et en déconfiture. En celle bataille feurent occis plus de trois mille Escochois, quy estoient au front devant; et se rendit prisonnier leur connestable au seigneur de Chastellus. Le bastard de la Baulue, et aultres pluiseurs Daulphinois feurent occhis en cette bataille. Les Espaignols, Lombards et Gascons s'enfuyrent; et furent occhis en celle bataille plus de quatre mille Daulphinois, et de prins environ deux mille. Et lors tantost après feut faict un mectre quy s'enssieult:

Fine Julii cecidit Delphini turma Crevanti.

Après celle bataille de Crevant, les comtes de Salbry et de Suffortz, avecque leurs Anglois, se tindrent au siége de Mont-Aguillon, en Champaigne, que tenoient aucuns aultres Anglois; mais les Daulphinois ne tindrent guaires la place depuis la venue des comtes dessusdits, et se rendirent.

CHAPITRE CXXVI.

Comment le Crotoy fut rendu au régent de France; et de la mort de messire Jacques de Harcourt.

Or convient parler du siége de Crotoy, où messire Jacques de Harcourt estoit asségié. Vray est, que les Anglois de la frontière de Calais tenoient siége devant le Crotoy; c'est assavoir messire Raoul le Bouteillier et aultres, de l'ordonnance du régent. Durant lequel siége, ils firent fossés en terre pour leur seurté, contre le traictié et contre la tempeste du temps, qui moult estoit divers. Durant lesdicts siéges, ceulx de dedans firent pluiseurs saillies et escarmouches; mais lorsque ils virent que leurs vivres pourrissoient, et que n'avoient plus de bois à faire feu, ils se prindrent à parlementer pour venir à aulcun bon traictié; à quoy ceulx de dehors entendirent légièrement et vollentiers, pour cause des grants pluies qui ne cessoient cette saison, depuis la fin d'aoust, qui leur faisoit trop grant destourbier (mal); et finablement, traictié y fust trouvé par la manière qu'il s'ensuit; c'est assavoir que s'il n'estoient secourus du daulphin, et dedans le premier jour, ils rendroient ladicte place au régent ou à ses commis.

Item, que messire Jacques de Harcourt et

les aultres hommes de guerre, s'en polroient aller où ils vouldroient saufs et réservez ceulx qui auroient esté coupables de la mort du duc Jehan de Bourgongne.

Item, qu'ils laisseront leurs prisonniers bretons.

Item, que ceulx de Crotoy pourront aller ledict temps durant en marchandises à Sainct-Wallery, à Ruë et à Abbeville, par mer, acheter vivres et aultres denrées, par si qu'ils ayent congié de leurs capitaines; et pareillement ceulx du parti des Anglois pourront aller au Crotoy, si qu'ils ayent congié du capitaine.

Item, que ceulx du Crotoy ne mettront en leur ville et forteresse aultres gens de guerre que ceulx qui y sont durant lesdits traictiés.

Pour touttes les présentes conditions, tenir et assurer, ledict messire Jacques bailla certains plesges. Après lequel traictié ainsi faict et accordé par les parties dessusdictes, ledict messire Jacques de Harcourt, envoya ses deux frères, c'est assavoir l'évesque d'Amiens, et messire Christophe de Harcourt, quérir ses enfants à Haverech, en Haynault, lesquels il eust de la seule fille et héritière du comte de Tancarville, vicomte de Melun, et seigneur de Montreuil Bellay; et, par sesdicts deulx frères, les envoya audict Monstroeul-Bellay. Et puis, quand il eust touttes ces choses achevées, il recommanda la ville et le chastel du Crotoy, à messire Cocquart de Cambronne, chevallier, et à aulcuns aultres gens, et entra en mer garni de infinies pécunes et joyaulx, et aultres rapines que il eust acquises durant cette guerre; et mena avec lui le seigneur de Herselaer, et aulcuns aultres gentilshommes ses plus privés, et s'en alla armer au Mont-Sainct-Michel; et de là s'en alla par les rivages, tant que finablement il arriva à Monstroeul-Bellay, là où il trouva ses enfants; et de la s'en alla devers le daulphin; puis alla à Pertenay, voir le seigneur de Pertenay, prochain parent de ses enfants, lequel seigneur néantmoins tenoit le party de Bourgongne; et le voulloit, ledict messire Jacques, tourner Daulphinois, ou par amour ou par force. Et advint, eulx estants audict chastel de Pertenay, que ledict messire Jacques lui entama la matière pour le faire tourner Daulphinois. Adonc, quand il veit qu'il ne le polvoit muer, il le fist prisonnier du daulphin, en mettant main sur lui; et entre tant ceux qui furent entrés dedans le chastel avec luy, se prindrent à tuer les portiers et aulcuns aultres de léans, et cloyrent les portes; mais ne les cloyrent pas bien, car ceulx de la ville, si tost qu'il surent celle besongne, se armèrent, et s'en coururent au chastel, et entrèrent dedans. En leur venir, tuèrent Jehan de Franchières et Gillot Cornet, et mesmement ledit messire Jacques de Harcourt, et aulcuns aultres, jusques au nombre de vingt-sept personnes. Quant ceulx que messire Jacques olt mis en embusche auprès du chastel, sceurent le meschief à eulx advenu, ils se sauvèrent le mieulx qu'ils purent. Ainsi fina messire Jacques de Harcourt, chevallier, seigneur de Mont-Gomey, et de Noyelle sur la mer; et perdit sa vie meschamment, cuidant decepvoir le seigneur de Pertenay, dont ses enfants devoient estre héritiers.

Le régent de France alla à Amiens à grant compaignie de ses gens d'armes et de traict, tant pour tenir les journées devant le Crotoy, qui estoit traictié, comme pour avoir parlement avec le duc de Bourgongne et le duc de Glocestre, qui lors avoit espousée Jacques de Bavière, comtesse de Haynault, laquelle avoit laissé son mary, le duc de Brabant et d'Amiens. S'en alla le régent à Abbeville, et envoya tenir les journées au Crotoy, par messire Raoul Bouteillier, chevallier anglois, auquel il bailla touttes ses gens d'armes pour combattre ses ennemis, se ils y venoient; et pourche que nul n'y comparust, fust la place rendue aulx Anglois. Ces choses ainsi faictes, le régent s'en retourna de Abbeville à Amiens, où estoient venus les ambassadeurs du duc de Brabant; et, tantost après, y vint le duc, et furent en conseil par pluiseurs journées; mais ils ne purent ceste fois rien conclure; et, pour ceste cause, assignèrent aultre jour à iceulx ambassadeurs, pour estre à Paris à la feste de la Trinité; puis se partirent d'Amiens.

CHAPITRE CXXVII.

Comment messire Jehan de Luxembourg asségia la ville de Guyse; et comment la ville de Yvrey-la-Cauchie feut rendue aux Anglois par faute de secours.

Messire Jehan de Luxembourg, capitaine de Picardie et gouverneur d'Arthois, se mist en peine de conquerre la comté de Guyse, qui lui ot esté donnée par le roy d'Angleterre et le régent de France; et, par le congié du duc, assembla grand nombre de gens de guerre; et eulx en ladicte comté entrée, et y print pluiseurs forteresses; puis s'en alla, par l'ordonnance du duc, asségier puissamment la ville de Guyse. Donc quant ceulx de dedans sceurent sa venue, ils ardirent leurs faubourgs, et bien quatre cents maisons, et puis ils mirent leurs murs à deffense; et, en estoit capitaine, Jehan, seigneur de Proissy. Lesquels envoyèrent signifier leur estat au duc de Bar, leur seigneur, et au duc de Lorraine son beau-père, pour avoir secours. En ce mesme temps, fust Yvrey-la-Cauchye, asségiée par les Anglois; devant laquelle fust prins jour à rendre ou de combattre; et jour assigné à la veille de l'Assomption Nostre-Dame, l'an mil quatre cent vingt-quatre. Auquel jour le régent comparut accompaignié des comtes de Salbry et de Sufforth, des barons de Willeby et Deséalles, et bien deulx mille huit cents hommes d'armes, et huit mille archers bien habillés et estoffés. Et si y estoient du party de Bourgongne, le seigneur de l'Isle-Adam, et le baron de Moy, auxquels le régent bailla pour le jour à porter la bannière de France; et il leur bailla cent chevalliers et escuyers, tant de l'hostel du duc, comme d'aultres, pour les accompaigner. Le régent se tinst en la place ordonnée tout le jour, jusques à lendemain à onze heures, attendant illec ses ennemis, qui estoient à trois lieues près de lui, en nombre, comme l'on disoit, de vingt-quatre mille combattants; desquels estoit capitaine, le duc d'Allenchon, messire Jehan de Harcourt, Cousin d'Aumarle, le viscomte de Nerbonne, le comte de Douglas et le comte de Boguehen (Buchard) Escochois, et moult d'aultres grant seigneurs; lesquels n'approchèrent point plus près pour combattre. Ceulx d'Yvrey, véants le jour passé de rendre ou combattre, se partirent à touttes leurs bagues, et rendirent la ville et chastel et tous leurs prisonniers, ainsi que traictié estoit. La reddition faicte, le régent y mist un vaillant chevallier de Galles, pour garder ladicte ville et chastel. Ce mesme jour de l'Assomption de Nostre-Dame, se partist le régent pour trouver ses ennemis, lesquels s'estoient partits et retraits en la comté de Perche. Et trouva manière d'entrer par fraude en la ville et chastel de Verneul avec ses Anglois : car les Bourguignons l'avoient laissé par son congié, et estoient retournés devers le duc.

CHAPITRE CXXVIII.

Comment les Daulphinois feurent desconfits en bataille par le régent de France, près de Verneuil, où le duc d'Allenchon feut prisonnier, et pluiseurs aultres.

Il est vray que le régent, assez près de Verneuil, trouva ses ennemis rengiés en une bataille seulement; et lors qui les veit en che point, fist de ses gens une bataille, et puis les fist tous descendre à pied, et loyer (lier) partie de leurs chevaulx, et attachier ensemble derrière la bataille, en manière de haie, par celle manière qu'ils ne se povoient aller avant; et furent ordonnez cinq cents archiers, armez légièrement, pour garder les chevaux et bagaiges. Ces choses ainsy faictes, les Anglois approchèrent leurs ennemis pour combattre; et à l'approchier, jectèrent archiers un cry, commenchants à tirer sur les Daulphinois. Si commencha la bataille dure et cruelle, d'une partie et d'aultre, mais trop plus les Daulphinois que les Anglois; car comme une grand' route de Daulphinois entendirent à gagner les chevaulx et bagages des Anglois, et les archiers ordonnez pour garder iceulx chevaulx et bagages, se prindrent à tirer contre eulx, par telle vertu, qu'ils les mirent en desroy, par l'effroy de leurs chevaux qui craignoient le traict des Anglois. Entre temps, se combattoient à la bataille, Daulphinois et Anglois, par si grand vertu, que la chose fut en bransle; mais finablement, les Anglois obtinrent la victoire. Et là furent les Escochois loez de bien combattre; mais enfin furent desconfiz, néantmoins ne fut point sans grand' perte pour les Anglois. Et en icelle bataille, furent morts les comtes de Douglas et de Bosquehen (Buchan), Escochois, et messire Jacques de Bosquehen, fils dudit comte, le comte d'Aumarle, le comte de Mari, Lombard, le comte de Tonnoire, le visconte de Nerbonne et le comte de Vantadour, l'ancien seigneur de Granville, messire Jehan de Montenay, le seigneur de Bellay, messire Gilles de Gamaches et le seigneur de Tionville; le seigneur de la Fayette fut trouvé vif entre les morts et fut détenu prisonnier; le seigneur de Crenville, messire Anthoine de Beauseault, et pluiseurs aultres, jusques au nombre de cinq mille hommes, mais plus d'Escochois que d'aultres gens; et sy furent prins le duc d'Allenchon, le seigneur de Hommet, messire Loys de Moyecourt, et pluiseurs aultres. Après celle desconfiture, le régent se logea auprès des murs de la ville de Verneul, jusques ès lendemain que la ville et chastel se rendirent à luy. Cette bataille fut en ung jeudy vingt-cinquiesme jour d'avril, l'an mil quatre cent vingt-quatre.

CHAPITRE CXXIX.

Comment la ville de Guyse se rendit à messire Jehan de Luxembourg quy de là en avant se nomma comte de Guyse.

On faut revenir à parler de messire Jehan de Luxembourg, qui tenoit siége devant la ville de Guise. Ceulx de layens, véants que ils n'avoient plus d'espérance d'avoir secours, et que le siége avoit longuement duré, ils eurent advis de prendre appoinctement avec messire Jehan de Luxembourg : c'est assavoir que ils rendroient la ville au premier jour de mars prochain en suivant au cas qu'ils n'auroient secours en ce jour sy puissant que pour combattre; et se partiroient, saufs leurs corps et leurs biens; et auroient un mois de induces (trèves) à vuidier leurs biens après le jour de ladite rendition; et se aulcuns voulloient demourer et faire serment à messire Jehan de Luxembourg, ils demoureroient paisibles. Ces choses ainsi traictées, ledit messire Jehan retourna atout ses gens de guerre, chascun en leurs places; et fut iceluy traicté faict en octobre. Et pour abrégier, quand ce vint le premier jour de mars en suivant ceulx de Guise n'eurent point de secours, et se rendirent à messire Jehan de Luxembourg, quy de là en avant se nomma comte de Guyse.

CHAPITRE CXXX.

Comment les ducs de Brabant et de Glocestre se submirent touchant leur procès à l'occasion de dame Jacques de Bavière, que chacun disoit estre sa femme, sur les ducs de Bethfort et de Bourgongne; et comment le duc de Glocestre refusa l'appoinctement par iceulx faict.

Vous avez ouy comment la duchesse de Brabant laissa le duc de Brabant, son mary, et s'en alla en Angleterre avec le seigneur de Robersart. Or est vray que jà-soit-ce qu'elle fust mariée au duc de Brabant, si fut le mariage faict d'elle et du duc de Glocestre, oncle du josne roy d'Angleterre et frère du duc de Bethfort, lors régent de France. Auquel mariage sourdirent pluiseurs procès, divisions et guerres, car le duc de Brabant maintenoit qu'elle estoit sa femme, et à cette cause se disoit seigneur de Hainault, de Hollande, de Zélande et de Frise; et pareillement se disoit le duc de Glocestre; dont de prime face s'esmeult procès en cour de Rome. Et disoit, le duc de Glocestre, que le mariage du duc de Brabant et de la dame ne pourroit riens valloir pour pluiseurs raisons; et première, que la mère de ladite duchesse avoit tenu sur les saints fonts de baptesme le duc de Brabant, et avec che, ladicte dame estoit sa cousine-germaine. Le duc de Brabant, jà-soit-ce qu'il fut ainsy, sy l'avoit-il, par dispensacion, espousée en face de saincte Église. Aulcuns de leurs amis, véants que le procès estoit taillié de longuement durer en cour de Rome, trouvèrent manière, et firent tant, que les deulx ducs de Glocestre et de Brabant se submirent sur les deulx ducs de Bethfort et de Bourgongne, et jour fut prins de déclarer l'appoinctement quy faict en seroit par les princes dessusdicts.

Or est vray que pour avoir advis et besognier en ladicte matière, le duc se trouva à Paris, devers le duc de Bethfort; et furent assemblés leurs conseillers en grand nombre; et par grand' et meure délibération fut l'appoinctement faict et mis par escript, et envoyé aux ducs de Glocestre et de Brabant, qui tous deulx se disoient marys de ladite dame. Or est vray que le duc de Brabant fut très content dudit appoinctement; mais le duc de Glocestre le refusa du tout, et dit que son intention estoit d'avoir les pays de sa femme, et que brief il se y trouveroit bien accompaigné. Quand le duc fut adverty de la response du duc de Glocestre, il dist au régent, que il ayderoit son cousin, le duc de Brabant, à garder son droit, à l'encontre du duc de Glocestre.

CHAPITRE CXXXI.

Comment le duc de Bourgongne espousa madame Bonne d'Arthois, sœur du comte d'Eu, sa belle tante; du mariage de monseigneur Charles de Bourbon à la sœur dudict duc de Bourgongne, nommée Agnès; du trespas de Jehan de Bavière, oncle du duc et duchesse de Brabant, qui délaissa le duc de Bourgongne son héritier.

Après que le duc eult besongnié à Paris pour le faict du duc de Glocestre, il se party pour aller en Bourgongne, où il espousa madame Bonne d'Arthois, sœur du comte d'Eu, vefve de feu le comte de Nevers, son oncle, par dispensacion du pappe; laquelle dame n'estoit pas nommée Bonne sans cause, car de mieulx renommée de bonté n'avoit point ou royaulme.

Après que le duc eult espousé ladicte dame, et besongné en ses affaires en Bourgongne, il s'en alla en la ville de Mascon, où il trouva le duc de Savoye son cousin-germain, et les ambassadeurs du duc de Bretaigne. Et là vindrent aussy devers luy les ambassadeurs du Daulphin, dont estoit le principal monseigneur Charles de Bourbon; après, l'archevesque de Rheims, l'évesque du Puy, et pluiseurs aultres. Et là fust faict le mariage de monseigneur Charles de Bourbon, et d'une des sœurs du duc, qui furent fianchés et les promesses faictes ès mains de l'archevesque de Rheims, quy là estoit, comme dict est. En ce temps, trespassa Jehan de Bavière, oncle du duc et de la duchesse qui lors avoit espousé le duc de Glocestre; et pour ce qu'il n'avoit nulz enfants, ordonna le duc son héritier, et délaissa du tout sa niepce, que on nomma duchesse de Glocestre. En ce mesme temps, Arthur de Bretaigne, comte de Richemont, quy avoit espousé la sœur du duc, comme devant est dict, s'en alla devers le daulphin, et demoura de son party; et le fist le daulphin connestable de France.

CHAPITRE CXXXII.

Comment le duc de Glocestre et la duchesse descendirent à Calais et tirèrent à Valenciennes, où ilz ne peurent entrer, et de là à Mons, où elle feit ses remontrances, et feut le duc de Glocestre receu pour seigneur.

Le duc de Glocestre et la duchesse descendirent à Calais atout grant armée, et prindrent le chemin pour aller en Haynault; et tant exploitèrent chemin, que ils se trouvèrent auprès de Valenciennes, espérants entrer dedans; mais ceulx de la ville ne les vouldrent laisser entrer dedans; pourquoy se party et tira droict en la ville de Mons, où il fut receu moult honorablement. Et là estoit la contesse douagière de Haynault, mère de la duchesse de Glocestre. En cette ville furent mandez les trois estats, pers et hommes de la comté de Haynault, où la pluspart de ceulx du pays y furent, et non pas tous; et là leur fist remoustrer la duchesse comment elle avoit eu espousé le duc de Brabant contre sa volonté, entendu qu'il avoit esté tenu sur fonts de par madame sa mère, et aussy qu'il estoit son cousin-germain; et comme bonne catholicque, pensant aux choses dessusdictes touttes et quantefois qu'elle alloit coucher avec luy, trembloit comme la feuille en l'arbre, sçachant le grant péché qu'elle commettoit. Ces choses considérées, du consentement de la comtesse sa mère, s'en estoit allée en Angleterre, où elle s'estoit mariée à très hault et très puissant prince Honfroy, fils, frère et oncle du roy d'Angleterre, lequel elle avoit espousé en face de saincte Église, requéant à ceulx du pays de Haynault qu'ils le receussent à seigneur, et lui feissent le serment de fidélité, laquelle chose fut faicte.

CHAPITRE CXXXIII.

Comment la ville de Brayne, en Haynault, fut rendue au duc de Brabant; et comment les Brabançons retournèrent en leur pays.

Quant le duc ouyt dire que le duc de Glocestre estoit entré dedans le pays pour icelluy pays conquester, il se prépara en toute diligence pour retourner en son pays d'Arthois, pour conforter et ayder le duc de Brabant, son cousin. Or, est vray que la pluspart des gens de guerre du pays de Picardie se mirent sus pour aller au duc de Brabant. Quant le duc de Brabant sceult la venue du duc de Glocestre en Haynault, il assembla grant nombre de gens de guerre, et tant que son armée fust estimée à plus de vingt mille combattants, sans les aultres du pays du duc. De l'armée du duc de Brabant estoit chief le comte de Sainct-Pol, frère du duc de Brabant. Des aultres pays avoit pluiseurs capitaines; c'est assavoir le comte de Conversan, frère de monseigneur Jehan de Luxembourg, le seigneur de Croy, monseigneur Englebert d'Enghien, le bastard de Sainct-Pol seigneur d'Haubourdin, le seigneur de l'Isle-Adam, le seigneur de Humières, Potton de Sainct-Trailles, et plusieurs aultres. Quant icelle armée fust mise ensemble, ils entrèrent au pays de Haynault, et mirent le siége

devant la ville de Brayne, dedans laquelle avoit
pluiseurs Anglois. Quant le duc de Glocestre sceult
que ses gens estoient asségiés, il assembla le plus
grant nombre de gens que il put finer, tant Anglois comme Hainuyers, et s'en alla logier en la
ville de Soingnies, à une lieue près du siége des
Brabanchons; mais touttefois il ne fust point conseillié de les combattre. Et se tinst en icelle
ville durant le siége qui gaires ne dura; car
ceulx de la ville prindrent traictié, qui fut tel,
que les Anglois s'en iroient en Angleterre, sans
retourner devers le duc de Glocestre, ung baston
en leur main, et ceulx de la ville prisonniers, leurs
vies saulves. Après la reddition de la ville, fut
conclue, par le comte de Sainct-Pol et les nobles
de sa compaignie, de aller mettre le siége devant
Soingnies, et de fait fust tout ledit appareil pour
y aller à lendemain matin. Touttefois il ne fut
rien faict, pour che que, devant le jour, les Brabanchons, assistés des gens et communaultés du
Brabant, quy là estoient en la compaignie dudict
comte de Sainct-Pol, se deslogèrent et chargèrent
tentes et pavillons, et s'en retournèrent en leur
pays de Brabant, après ce qu'ils eurent arse et
destruicte la ville de Brayne; dont le comte de
Sainct-Pol et ses nobles furent moult desplaisants; et furent contraincts de laisser leur entreprinse, et prendre chemin avec les aultres. Quant
le duc de Glocestre sceult le parlement des Brabanchons, il issit hors de la ville de Soingnies, en

sa compaignie environ six mille combattants, et se trouva aux champs ung peu oultrela ville de Brayne, assez près de une petite vallée où passe un petit ruissel d'eau, là où estoit le comte de Sainct-Pol et les capitaines et nobles dont dessus est faict mention, lesquels estoient en belle ordonnance, attendants la bataille du duc de Glocestre; et ceulx du Brabant s'en alloient le grant chemin à Bruxelles. Et quant le duc de Glocestre veit ses adversaires pres23 pour combattre, il s'arresta en la plache où il estoit, et se mit en bataille; et là furent ces deulx battailles l'une devant l'autre, la petite eaue entre eulx deulx, depuis le matin jusques à vespres, sans combattre, synon pluiseurs escarmouches quy se firent entre deulx battailles. Et quant vinst sur les vespres, le duc de Glocestre retourna à Soingnies, et le comte de Sainct-Pol et ses gens vers Bruxelles. Vous avez ouy comment le duc, luy estant en Bourgogne, manda à ses gens de Picardie et d'Arthois qu'ils se armassent pour aller au service de son cousin le duc de Brabant, comme ils firent. Or, est vray que icelles choses faictes, le duc se partist de son pays de Bourgongne, et retourna en son pays d'Arthois pour faire toute assistance à son cousin de Brabant, à l'encontre du duc de Glocestre. Quant le duc de Glocestre sceult que le duc estoit arrivé en Arthois, et qu'il assembloit gens, et avecques che, que il avoit veu la copie des mandements que le duc avoit envoyés en son pays de Picardie, et ailleurs, par lesquels il mandoit à tous ses subjects qu'ils allassent ayder et conforter son cousin de Brabant, le duc de Glocestre en prit sy grant despit, qu'il en rescripvit au duc bien merveilleuses et poignantes imaginatives lettres, telles et dont la teneur s'ensuit.

CHAPITRE CXXXIV.

Des lettres poignantes que le duc de Glocestre envoya au duc de Bourgongne.

Le duc de Glocestre adverty que le duc avoit escript ses lettres à ses subjects et vassaulx, qu'ils se missent sus en armes, pour aidier le duc de Brabant contre luy, lui escripvist unes lettres dures et poignants, dont la teneur s'ensieult :

« Hault et puissant prince, très chier et très amé cousin, nouvelles me sont venues, que en vos terres et seigneuries on a crié et faict cris, de par vous, que toutes gens disposés aux armes soient prests pour aller en la compaignie de messire Jehan de Luxembourg et d'aultres, au service de mon cousin le duc de Brabant, allencontre de moy, mes gens et subjects, en donnant contre vérité pluiseurs choses à entendre. Et autant ou plus en ai apperchu par une coppie de certaines lettres qui se dient de votre part escriptes, en votre ville de Dijon, le vingt-deuxième jour de décembre, lesquelles publications et lettres viennent de votre sceu et ordonnance. Et pour tant que assez que le temps passé ay faict à votre prière, contemplacion et requeste, et aultrefois sur mon biau-frère le régent et vous me suis submis pour aidier à appaiser le différent et discord dont en icelles est faicte mencion, d'estre mondit cousin de Brabant et moy, quantes journées en ay acceptées, et quelles offres à mon préjudice y ay faict faire, auxquelles choses vous sçavez que ceulx du duc de Brabant ne vouldrent oncques entendre ne prendre aulcun traictié ne appoinctement, supposé que icelles lettres soient contournées en contraire, ainsy que par la coppie d'icelles, se le vollez visiter, apparoir vous polra, car je sçay aussy que ce que faict en ay n'est eslongné de vostre bonne mémoire. Et se prochainneté de lignaige vous voulloit mouvoir d'aucune chose faire, plutost debveriez estre enclin de aidier à ma partie que à l'autre, car ma compaigne et espouse est deulx fois votre cousine germaine, et mondit cousin de Brabant de tant ne vous approche; et encores plus y estes obligé par le traictié de la paix, par vous et moy sy solempnellement jurée, ce que jura oncques le duc de Brabant; mais, comme vous sçavez, a faict alliance contraire, quy vous debveroit molester. Lequel traictié n'a de par moy esté enfrainct, ne jà ne sera; ains de l'avoir pensé me seroit moult grief, car il me semble, se faict l'avoys, que depuis ne me polroit bien venir, ainsy qu'il ne feroit. Aussy tiens-je de certain que de vostre vie ne ferez le contraire. Et d'aultre part, n'avez encore peu apperchevoir que, avant ne depuis que je suis par-deça, n'ai-je toujours esté désirant à vous et aux vostres complaire, ne oncques aye faict, procuré, ne porté, ne souffert procurer ou faire à vous ne à vos subjects aulcuns griefs ou dommages. Mais vos subjects ay traictiés eulx aussy pour recommandez comme les miens propres, comme de che vosdits subjects peulvent donner congnoissance. Avec che sçavez comment pièça vous ay escript, que vray est que par-deça ne suis venu pour aulcune chose d'aultruy quérir ou demander. Ainçois suis content d'avoir ce qui m'appartient, à cause de madite compaigne vostre cousine, et que à l'aide de Dieu je garderai tant qu'elle vivra, que bien me souffist. Et se aulcune chose m'a convenu ou convient faire à mondit cousin de Brabant, comme avez sceu, ne suis en coulpe. Mais, par contraincte de ses entreprinses, pour mon honneur garder et mon pays deffendre, je m'a convenu faire, selon que sçavoir le polrez tout en la vérité; laquelle chose, comme je tiens, desjà en sçavez quy sont assez notifs, pour lesquelles je ne puis croire que oncques lesdictes publications et lettres procédants de che, soient venues de vous ne à vostre congnoissance. Et pour che, hault et puissant prince, très chier et très amé cousin, je vous prie très à certes que ce que dessus est dict veulliez bien considérer, et je crois que, supposé que ainsy soit que on m'a donné à entendre, que je ne puis encore croire; se bien y pensez, prendrez aultre conseil et serez d'oppinion contraire. Quant aultrement le vouldriez faire, Dieu à quy on ne peult rien céler, mon bon droit et le serment que avez faict, hault et puissant prince, très chier et très amé cousin, pour che que me faictes sçavoir vostre intention, avec que s'il est chose que pour vous faire puisse, et je m'y employerai de bon cœur; Nostre-Seigneur le scet, quy soit gardien de vous. Escript en ma ville de Mons en Haynault, sous mon signet, le vingt-deuxième jour de janvier. Hault et puissant prince, je vous envoye en ceste enclose la pareille coppie que dessus est dict. » Dessous estoit escript: « Votre cousin le duc de Glocestre, comte de Haynault, de Hollande, de Zélande et de Pennebroke, et seigneur de Frize. »

CHAPITRE CXXXV.

De la response du duc de Bourgongne aux lettres envoyées par le duc de Glocestre, par laquelle il luy présente de le combattre corps à corps.

Quant le duc de Bourgongne ot veu les lettres du duc de Glocestre, il ne fut pas content; et brief après luy escripvit unes respondantes lettres dont la teneur s'ensuilt:

« Hault et puissant prince Honffroy, duc de

Glocestre, je, Philippe, duc de Bourgongne, ay receu vos lettres à moy adressants, escriptes à Mons en Haynault, sous votre signet, le vingt-deuxième jour de janvier dernier passé, contenants pluiseurs choses, en oultre les aultres, que advez eu nouvelles que en mes terres et seigneuries, par deçà on avoit publié et faict crier, de par moy que toutes gens d'armes et ceulx quy estoient disposés aulx armes fussent prests pour aller, en la compaignié de mon très chier et très amé cousin le duc de Brabant, allencontre de vous et vos veullants et alliés, en donnant pluiseurs choses à entendre contre vérité, sy comme portoient vosdits lettres; et que tant ou plus en avez percheus par une coppie que envoyée m'avez, de certaines lettres quy se dient de ma part en la ville de Dijon. Sur quoy, hault et puissant prince, de la greigneur (majeure) partie d'icelles de vos lettres, je me passe faire récitation et response, car gaire ou rien ne m'est, fors de ce quy me touche à mon honneur, que je ne voeul ne doy souffrir blasmer ou chargier contre droict ou raisons. Et pour tant vous escripts et signifie que les lettres et publications d'icelles, semblables à la substance de ladite coppie que envoyé m'avez, procèdent de mon sceu, et les ay donné, mandé et commandé estre faictes; à quoy ay esté meu de faire pour le reffus par vous faict de obtempérer aux articles et points derrenièrement par beau-frère le régent et par moy, à grant délibération de conseil, advisées à Paris, et depuis à vous présentées pour l'appaisement du discord et content de mon très chier et très amé cousin le duc de Brabant et de vous. Mais, nonobstant che, après vostredit refus, estes entré à puissance de gens de guerre au pays de Haynault, vous efforçant de débouter mondit cousin de Brabant et luy oster sa possession ; et de ces choses sont mes lettres causées qui sont certaines et véritables, sy comme vous debvez sçavoir, et ignorer ne le polvez. Sy n'ay en rien donné à entendre contre la vérité, comme mensongièrement et à tort me mectez sus et vollez chargier, comme il me semble par vosdites lettres, que je garde devers moy pour esaignier quant le temps sera venu. Assez voire, trop estoit du déshonneur que faict avez et vous efforchiez de faire à mondit cousin de Brabant, sans oultre voulloir che chargier mon honneur et renommée ; que endurer ne vouldroye, ne veul, de vous ne d'aultre. Et pour che est-il que je vous somme et requiers par ces lettres que vous rappellez, et desdites che que m'avez escripts, que j'ay donné chose à entendre contre vérité, comme dict est, et selon que contiennent vos lettres-patentes ; et se faire ne le voullez, se voullez maintenir la devant dite parole ou chose quy puisse chargier mon honneur ou renommée, je suis prest et seray de me deffendre de mon corps contre le vostre, et de vous combattre, en l'ayde de Dieu et de Nostre-Dame, en prenant jour compétent et raisonnable tel que bon vous semblera, et devant très hault et très excellent, et très puissant prince l'empereur, mon très chier sire et cousin, afin que vous et tout le monde voye que je voeul abrégier ceste matière, et garder mon honneur estroictement. Se mieulx vous plaist, je suis content que prenez à juge mon très chier et très amé frère le duc de Bethfort dessusdit, lequel, par raison, ne debvez refuser, car il est tel prince que je sçay que à vous et à moy, et à tout aultre, il vouldroit estre droicturier juge. Et pour honneur et révérence de Dieu, et eschiever (éviter) effusion de sang chrétien et la destruction du peuple, dont en mon cœur ay grant compassion, il doit à vous et à moy, quy sommes josnes chevaliers, estre plus convenable, ou cas que les paroles dessusdites vouldriez maintenir, que par nos corps, sans plus, ceste querelle soit menée, afin que d'y aller par voie de guerre, dont il convenroit maint vaillant homme, gentil et aultre, tant de votre costé comme du mien, finer leurs jours piteusement; laquelle chose me desplairoit, se ainsy le me falloit faire; et aussy debveroit-il à vous, veu que la guerre des chrestiens l'un à l'aultre doibt desplaire à tous bons catholiques; et à moy a-t-elle despleu et desplaist, se aultrement se polvoit faire. Hault et puissant prince, sur le contenu d'icelles veuillez faire responce par vos lettres patentes, et par le porteur de ceste ou aultre, le plus brief que faire se pourra, sans prolongier ces choses par escriptures ou aultrement, car j'ai désir que ceste chose prende briefment conclusion; pour mon honneur ne doy laissier ne laisseray que elle demoure en che point et sur cette matière. Après la rescription de vosdites lettres, vous eusse plutost rescript et faict response, se n'eussent esté pluiseurs grandes occupations, quy depuis me sont survenues et me ont retardé. Et afin que vous apperre que ce vient de mon sceu et propre mouvement, j'ay escript mon nom à ces présentes, et à icelles ay faict mettre mon signet. Escript le douzième jour de mars, l'an mil quatre cent vingt-quatre. » Dessous estoit escript : de par le duc de Bourgongne, comte de Flandres, d'Arthois et de Bourgongne.

CHAPITRE CXXXVI.

De la response du duc de Glocestre aux lettres du duc de Bourgongne, par laquelle il lui accepta le combat et assigna jour.

Quand le duc de Glocestre ot veu les lettres du duc de Bourgongne, il n'en feut pas content; et, incontinent après, lui en rescripvist unes respondants, dont la teneur s'enssieult :

« Hault et puissant prince, Philippe, duc de Bourgongne, je, Honfroy, par la grâce de Dieu, filz, frère et oncle de roy, duc de Glocestre, comte de Hainnault, de Hollande et de Zélande, povre seigneur de Frize, et grand chambellan d'Angleterre, j'ai receu vos lettres en forme de placquart, à moi adressants; desquelles, afin qu'ils me apperre que le contenu vient de votre sceu et propre mouvement, avez signé et y escript vostre nom, et à icelles faict mettre vostre signet. Desquelles, pour la greigneur partie réciter m'est aussi peu ou moins comme il estoit à vous des miennes à vous adressées, escriptes à Mons en Hainnault, sinon en tant qu'elles font mencion du refus par moi estre faict, pour non vouloir ce discord appaisier, qui est entre mon cousin de Brabant et moi; qui est meindre que vérité; car mon très chier et très amé frère le régent, duc de Bethfort, et tout le conseil de France, sçavent bien ce que j'en ai faict; et aussi faictes-vous, si ignorer ne le voulez; et encore si le voulez, ne le pouvez. Ce que dictes que mensongièrement, par mesdictes lettres, vous ai mis sus aulcunes choses, pourquoi me sommez et requérez par vosdictes lettres de rappeler et de dire ce que par les miennes dessusdictes escript vous ai, si vous laisse sçavoir que le contenu de mesdictes lettres je dis et tiens estre vray, et d'encoste icelles voeul demeurer, et desja est approuvé par ce que vos gens, et à vostre mandement, ont perpétré en madicte comté; ni pour vous ni pour aultre, ne sera par moi rappelé; ains, à l'aide de Dieu, Nostre-Dame et monseigneur Sainct-Georges, le contenu de mesdictes lettres, vous ferai de mon corps contre le vostre, connoistre et gehir (avouer) estre vérité, par-devant quelque des juges que vous eslirez, car tous deux me sont indifférents. Et pour tant que desirez la chose estre briefve, comme je fais pareillement, et que mondict frère est le plus près, je suis content de faire la chose par-devant luy, et le accepte pour juge. Et du jour que mettez en mon election, je vous assigne ce jour sainct Georges prochain venant ou aultre, à la discrétion de mondict frère, auquel, au plaisir de Dieu, je serai prest et n'y fauldrai. Et au cas que mondict frère ne voulsist sur luy emprendre la chose, je suis content qu'elle soit devant très hault et très puissant prince l'empereur ; et pareillement, si l'empereur ne le veult prendre, par-devant beau-frère, Hondfroy ou aultre juge indifférent. Mais pource que je ne sçai si vous voulez demeurer de près votre signet, je vous somme et requiers que, par le porteur de cestes, m'envoyez vos lettres telles que par icelle m'avez envoyé, qui soient scellées sous votre scel, pareillement que du mien par ces présentes. Et quant audict duc de Brabant, se voulez ou osez dire qu'il ait meilleur droit que moi en nostre présente querelle, je suis prest de vous faire jehir (avouer) de mon corps, au jour et devant ceulx que dessus, que j'ai le meilleur droit, par la grâce de Dieu. Escript en ma ville de Soingnies, le seizieme jour de mars, l'an mil quatre cent vingt-quatre. »

Quand le duc de Bourgongne ot receu les deuxièmes lettres du duc de Glocestre, par lesquelles donnoit à cognoistre qu'il ne demandoit aultre chose que la bataille estre faicte de corps à corps, et de eulx deux ensemble, il en fut moult joyeux, car aussi il ne demandoit aultre chose. Et de faict accepta et accorda le jour et le juge tel que le duc de Glocestre désiroit et vouloit, et adfin qu'il apparust de son vouloir, tous tels scellés que le duc de Glocestre demandoit touchant ladicte matière le duc lui accorda et envoya.

CHAPITRE CXXXVII.

Comment le duc de Glocestre se partit, et comment le duc de Brabant asségia la ville de Mons, en Haynault; du traictié faict audict siége, par lequel dame Jeanne de Bavière fut baillée en garde au duc de Bourgongne.

On est vrai que le duc de Glocestre, véant qu'il estoit venu à gaige de bataille, il tint un grand conseil en la ville de Mons, auquel estoit la comtesse de Haynault, mère de la duchesse sa femme, et pluiseurs gentilshommes et seigneurs du pays, auxquels il recommanda la duchesse sa femme, et leur pria qu'ils en feissent bonne garde; et aucun pou d'Anglois laissa avec elle. Et depuis, par le moyen des scellés et promesses qui estoient entre le duc et luy, touchant le gaige de la bataille, il se partit de Mons; et franchement s'en alla, luy et les Anglois qui avec luy estoient, et print son chemin droit à Calais, et là monta en mer pour aller en Angleterre. Après qu'il fut arrivé en la cour du roy d'Angleterre, il fist requeste, par laquelle il remonstra comment il estoit obligé par son scellé d'estre à droit devant le duc de Bethfort, régent de France à l'encontre du duc de Bourgongne, pour combattre de sa personne contre la sienne. De laquelle chose le roy d'Angleterre et ceulx de son conseil furent fort desplaisants; et fut grandement blasmé, par le conseil, du voyage qu'il avoit entreprins, et des termes et débats qu'il avoit prins avec le duc de Bourgongne; et au surplus luy fut dict que touchant son faict, le roy d'Angleterre et son conseil y auroient advis. Or, faut parler du duc de Bourgongne, qui grant désir avoit de essayer son corps allencontre du duc de Glocestre; et à la vérité c'estoit le plus grand désir que il eust en ce monde. Et adfin d'estre prest au jour sainct Georges, il se tira en la ville de Hesdin où là fist venir pluiseurs armoiers, pour forgier le harnas et habillement qui pour son corps lui estoient nécessaires; et en ce beau parc de Hesdin, qui est l'un des beaux du royaulme, se trouvoient tous les matins pour prendre alaine; et, avec che, avoit pluiseurs certains lieux et places secrettes où il exercitoit son corps à combattre et faire ses essais. Et là avoit pluiseurs nobles hommes qui luy monstroient la science de combattre et sçavoir deffendre, et si y avoit aucuns nobles hommes aussi qui journellement faisoient leurs essais, qui de tout leur cœur désiroient estre avec le duc, ou cas que le duc de Glocestre voudroit avoir compagnie d'un ou de deux à combattre le duc; et quant aux habillements que le duc fit faire pour estre paré au jour de la bataille, je crois que il ne sera point trouvé que oncques prince eust tel ne si riches. C'est assavoir en pavillon couvert de bannières de chevaux, et cottes d'armes. Et qu'il soit vrai, je appelle à témoignaige ceulx qui les véirent au chastel de Lille-en-Flandre, où ils estoient encore l'an 1460. Que vous dirai-je? Oncques prince n'eust plus grand désir de soi trouver en champ clos et gaige de bataille, que avoit le duc. Pendant lequel temps que icelles choses se faisoient, et tantost après que le duc de Glocestre se fust parti du pays de Haynault pour aller en Angleterre, le duc de Brabant assembla grand' armée, et entra au pays de Haynault; et tant fist qu'il assiéga la ville de Mons, où la duchesse estoit. Icelle ville fut fort oppressée de toutes parts; et de faict, une belle fontaine, qui sert la ville, venant de bien loing, fut rompue, et le cours de l'eau du tout osté. Ne demoura gaires de temps après que le siége avoit esté mis, que une journée se tint en la ville de Douay, où le duc estoit. Et là veinrent devers luy le duc de Brabant son frère, le comte de Sainct-Pol et la comtesse de Haynault, douaigière, mère de la duchesse de Glocestre; et aussi y furent des eschevins et depputés de la ville de Mons; et là fut, par grande et meure délibération, faict un appointement : c'est assavoir que ceulx de la ville de Mons bailleroient la duchesse de Glocestre en la main du duc, qui la devoit garder et faire garder en son pays de Flandres, moyennant une somme d'argent que elle devoit avoir de son pays de Haynault, de Hollande et Zellande, pour son estat tenir. Et devoit ladicte dame estre et demourer audict pays de Flandres, tant que le procès d'entre les deux ducs de Glocestre et de Brabant estant à court de Romme avoir prins fin; et, moyennant icelluy traictié, le duc de Brabant renvoyeroit ses gens, qui devant Mons estoient, en son pays de Brabant, par si que il joyroit des terres et seigneuries de Haynault, Hollande et Zellande. Quant la duchesse de Glocestre sceut l'appointement, bien cuida mourir de doeul, requérant à ceulx de Mons, qu'ils la voulsissent garder, ainsi que promis l'avoient; à quoi ceulx de Mons respondirent qu'ils n'estoient point assez forts; et finablement luy dirent qu'il convenoit qu'elle fut menée en la ville de Gand, comme elle fut; et par tant feut paix pour ceste heure au pays de Haynault.

CHAPITRE CXXXVIII.

Des remonstrances que le duc de Bethfort, frère du duc de Glocestre, feit faire au duc de Bourgongne, pour empescher le combat, à quoi ledit duc ne se volt consentir; touttefois rien ne ensuivit, et ne retourna oncques puis en France le duc de Glocestre, fors que autour de Calais..

Après ce que le duc de Bethfort eust esté bien au long adverty des escriptures et débats d'entre le duc et le duc de Glocestre, et du jour que ils avoient prins pour combattre, envoya nottable ambassade de ses gens devers le duc, pour le remercier de l'honneur qu'il lui avoit faict de le prendre son juge à l'encontre de son propre frère, le duc de Glocestre; et avec ce, lesdits ambassadeurs feirent de grandes et honnorables remonstrances au duc, affin de l'esmouvoir, et qu'il fust content d'appoinctier avec le duc de Glocestre sans combattre; de laquelle chose, le duc ne voulut rien faire. Et bien s'attendoit que le duc de Glocestre se trouvasse devant le duc de Bethfort, au jour que promis estoit. Mais il en fut autrement, car oncques puis en France n'entra, au moins plus avant que environ la ville de Calais. Et, pour appaisier et mettre au néant icelui débat, et affin que le jour ne fust entretenu, et aussi pour garder l'honneur des parties, aussi avant que faire se povoit, le duc de

Bethfort, alors régent de France, assembla le conseil de Paris, et des plus nottables, et qui mieulx se debvoient congnoistre en telles matières. Auquel conseil furent leues lettres que les deulx ducs avoient escriptes l'un à l'autre. Et icelles veues, bien digérées et esbattues, et le tout veu, furent de advis, tous ensemble, que pour telles et semblables parolles, n'y chéoit gaige de bataille. Et là estoient les ambassadeurs des deulx ducs de Bourgogne et de Glocestre, présents; mais les ambassadeurs du duc, en rien ne se voulloient contenter, ne eulx chargier de rien reporter au duc leur maistre de chose qui là euist esté faicte, touchant ladicte matière. Et ceux du duc de Glocestre furent contents, et leur sembloit que le duc de Glocestre, leur maistre, estoit bien déchargiez. Et depuis icelle journée, n'ai point sceu que aultre chose en ait esté; mais on disoit, bien que en termes généraulx, que oncques puis ne amèrent l'ung l'aultre.

CHAPITRE CXXXIX.

Comment le souldan d'Egypte et de Syrie envahist le royaulme de Cyppre, où il feist de gros dommaiges.

Il est vrai que, combien que paix eust esté, par l'espace de treize ans, entre le soudan, roy de Syrie et d'Égypte, et le roy de Cippre, advint que aulcuns maulvais félons et envieulx firent entendre au soudan que le roy de Cippre n'avoit pas bien entretenu le traictié de la paix; dont le soudan s'esmeult en yre, sy fort et sy légièrement, sans soy plus informer, que il manda six gallées armées, et, sans tarder, les envoya en Cippre; et vinrent arriver et descendre au port de Limesson, laquelle ville, par les guerres precédentes, eust esté détruite; et se prirent les Sarrazins à entrer au pays, et faire grosse guerre de feu et de sang. Ils prirent gens et ardirent ladite ville de Limesson; mais la tour se tint tant que le roi Janus, de Cippre, l'eut faict faire bonne et forte; et se retrayrent layans (dedans) les chrestiens de ladite ville. Quand le roy de Cippre fut adverty de ces choses, il mist sus ung chevalier de Cippre, nommé messire Philippe Prévost, et lances, et aulcuns archiers; lesquels se allèrent à Limesson (Limisol); et fist une escarmouche aux Sarrazins. Or estoit au mois de juillet, que l'air estoit tant chault que merveilles; dont advint que durant ceste escarmouche, messire Philippe leva sa visière pour soi ung peu esventer; et lors soudainement il fut féru d'une flesche en l'œul, qui lui monta au cherveau, et chut là roide mort; et les Sarrazins, tout incontinent, lui coppèrent la teste, et prindrent les esperons; puis se retrayrent en leurs gallées, pour le chault, et se retournèrent en Syrie, à peu de perte, et firent présent au soudan de la teste et des esperons du capitaine de Cippre, sur une lance, criant parmi la ville du Caire, que ils avoient occis le frère du roy de Cippre, que l'on nommoit Henry, prince de Galilée, dont néanmoins ils mentoient. Pour cette petite victoire, le soudan et les siens, en grand orgoeul, se délibérèrent de faire si grosse armée en la saison prochaine, que pour destruire le royaulme de Cippre. Or estoit, en ce temps, en la ville de Damas ung homme moult renommé en prud'hommie et de saincteté; que le soubdan tenoit en grant révérence; et estoit cet homme bon amy au roy de Cippre, secrettement, comme il le montra depuis; car il s'en alla devers le soudan, et le blasma de ce qu'il eust les gallées envoyées en Cippre; et tant, que le soubdan se repentist, et eust bien voullu que bonne paix y eust esté trouvée. Mais, doubtant que le roy de Cippre ne s'y voulsist point incliner, il n'envoya point devers lui pour cette cause. Dont print le sainct homme sur luy, de envoyer ambassade de son fils mesme en Cyppre, pour traictier icelle paix; et arriva à Famagoste, que les Genevois (Génois) tenoient. Le roy de Cippre, adverty de cette ambassade, ne voult souffrir que il venissent devers luy, mais y envoya de ses gens pour sçavoir quel chose ils voulloient dire. Auxquels les ambassadeurs ne vouldrent rien dire, disant que se icellui fils du sainct homme povoit parler au roy de Cippre, que bonne paix seroit trouvée au profit du roy, grandement. Lors lui dirent les députés du roy, que le soudan avoit faict grant follie de commenchier la guerre contre le roy de Cippre, et non-seulement contre le roy de Cippre, mais contre toutte la chrestienté. Et il respondist que le soubdan estoit bien adverty du gouvernement de la chrestienté, et que le roy de France, qui tousjours avoit esté le chien au grant collier, dormoit pour le temps, et que peu ou néant doubtoit les chrestiens. Ainsi donc se retourna à Damas le fils du sainct homme, et récita à son père comment le roy de Cippre ne le voullut ouyr; dont le bon homme devint si mal content, qu'il devint mortel ennemy du roy de Cippre, et conforta tousjours le soubdan, en lui affermant qu'il auroit victoire du roy de Cippre.

Au mois d'aoust 1425, le soudan fist son amas de Sarrazins, et à grand planté (quantité) de galliottes, de gallées et de navires, touttes chargiés de gens et d'artillerie, se party de Syrie, et vint arriver dalez (près) Famagoste. Et lors estoit griefment malade le roy de Cippre; lequel néantmoins ordonna son frère, messire Henry de Luisegnem (Luzignan), prince de Galilée, capitaine général du roy de Cippre, lequel se mist en ordonnance en approchant ses ennemis, lesquels couroient toutte la rivière de Cippre, à l'endroit de Syrie, en mettant en feu et en ruynes tout le pays où ils passèrent. Messire Henry, qui les poursuivoit toujours, les rataint ung jour en ung lieu nommé Salines; et lorsque il se fut disposé de leur livrer bataille par terre et par mer, il se trouva habandonné de ses gens, tellement que à peu lui demoura le quart de ses hommes. Pourquoi le convint, par nécessité, retourner en la cité de Nicosie; dont se les Sarrazins en eussent esté advertis, ils eussent pu aller seurement jusques à ladite cité; mais ils poursuivirent tousjours la rivière jusques à Limesson, là où ils prinrent le capitaine et pluiseurs aultres hommes et femmes, et menèrent tout en Syrie. Et eulx venus devers le soubdan, lui présentèrent le capitaine, nommé Ragonnet de Flioul, duquel le soudan pria moult que il voulsist laissier sa chrestienté, et soi tourner Sarrazin, lui promettant que il le feroit grant seigneur, riche et puissant; et il lui répondit que la loy des Sarrazins estoit faulse, et que il estoit content de morir en la foy chrestienne. Et lors, le soudan incontinent le fit scier par le milieu, dont il morut à grief martyre; et fut depuis commune renommée, que pluiseurs eulrent vu une couronne de feu descendre du ciel, en lieu où le corps du capitaine avoit esté martyrisié et ars après sa mort.

CHAPITRE CXL.

Des ambassadeurs par lesquels le daulphin envoya faire obéissance au pappe Martin; et des lettres du pappe, publiées au pays de Brabant, pour le faict de la duchesse dame Jacques.

Aux Pasques, l'an 1425, entrèrent à Rome les ambassadeurs du daulphin, à onze cents chevaulx, pour rendre au pape Martin toutte son obéissance, car par avant ils s'estoient tenus à Benedic, avec les Espaignols, les Arragonnois et les aultres. En ce temps aussi, de la partie du duc de Brabant, furent publyés par le pays les lettres du pape, contenants que comme le pape eust esté adverty, que, en Brabant et en l'éveschié d'Utrecht, eussent esté publiées certaines lettres, au nom du pape, à l'esclandre et contre l'honneur du duc de Brabant, comme si le pape approuvast le mariage du duc de Glocestre et de dame Jacques de Bavière, et que aulcuns maulvais et félons eussent faint ces choses estre vraies, le pape, par ses dernières lettres, donnoit à entendre que oncques les aultres lettres ne procédèrent de luy ni de son sceu, ains procédoient de hommes pleins d'esclandre, non ayants Dieu devant leurs yeulx, qui quièrent nouvelletez, et esmeuvent discussions et esclandres, voeullants que les coulpables trouvez de telles faulsetez fussent pugnisetexcommuniés; et pour icelle cause en escripvoit-il aux évesques d'Utrecht, de Liége et de Cambray, pour donner à entendre que telles nouvelles ne venoient de luy, comme dict est.

CHAPITRE CXLI.

Comment le duc de Bethfort, régent de France, gaigna la cité et comté du Mans par traictié.

Le régent, luy estant à Rouen, fist ung grand mandement d'Anglois, et les bailla au comte de Sallebry, lequel tout incontinent s'en alla à Raimboillet, une forte place où estoit une forte garnison de Daulphinois, quy gastoient tout le pays d'environ, mesmement jusques à Paris. Néantmoins ils se rendirent en habandon, et les Anglois y mirent grosse garnison, puis le comte de Sallebry s'en alla asségier la cité du Mans. Et n'y eurent gaires sis, quant en la cité eurent grand' disette de vivres; et s'en issy l'évesque pour trouver aulcun traictié avec le comte de Sallebry, et que la cité ne fust poinct destruite. Lors le comte se prist à traictier. Ce traictié fut faict en la maison des frères prescheurs d'emprès la cité du Mans, le second jour d'aoust, l'an mil quatre cent vingt-cinq. Ainsy doncques le roy Loys, duc d'Anjou, estant à Naples, perdit la comté du Mans, quy tourna grand déplaisir au duc de Bretaigne, père de la femme du roy Loys; et lors que ce vint à la cognoissance du régent, il envoya nottables ambassadeurs devers le duc de Bretaigne, afin que par yre ne se tournast Daulphinois.

CHAPITRE CLXII.

Comment la duchesse Jacques de Bavière trouva façon d'eschapper de Gand, et s'en alla en Zellande et Hollande, où elle feut receue comme dame; du secours que le duc de Glocestre luy envoya d'Angleterre; et comment le duc de Bourgongne les combattist et gaigna la bataille; et d'aultres emprinses faictes audict pays; et le trespas de la duchesse de Bourgongne, madame Bonne d'Arthois.

Bien advez ouy comment la duchesse de Glocestre fut menée de la ville de Mons à Gand, où elle estoit gardée de par le duc, et peu de ses gens avoit avec elle. Toutefois elle trouva manière de soi embler et issir de la ville de Gand, sans le sceu de ceulx qui la gardoient de par le duc; et s'en alla en Zellande, en la compaignie de deux hommes; et la receurent les Hollandois comme leur dame, dont les ungs se joignirent avec elle tout appertement, et les aultres n'ozoient faire semblant pour cryme (crainte) du duc, lequel la feit quérir en maint lieu. Et en ce temps, assavoir en septembre, furent les nopces et sollempnitez faictes en la ville d'Athun, de monseigneur Charles de Bourbon, fils et héritier du duc de Bourbon, lors prisonnier en Angleterre, et de madame Agnès, sœur du duc; et y fut la duchesse de Bourgongne en personne, laquelle, sitost qu'elle fut retournée à Dijon trespassa de flux de ventre, et fut moult plainte des Bourgongnons, car moult l'aimoient. En ce temps, furent envoyés devers le Sainct-Père à Rome, notables ambassadeurs de France et d'Angleterre, pour lui sommer et convocquier concille général, ainsi que promis avoit esté ou dernier concille de Constance, pour achever les besongnes qui demourèrent à achever audit concille. Et d'aultre part, le régent envoya nouvelles ambassades en Bretaigne, devers le duc de Bretaigne, pour tenir et entretenir le serment qu'il avoit faict à Amiens; car on se doubtoit de lui, et il respondit que voirement il avoit envoiez devers le roy Charles, mais ce avoit esté pour trouver paix finale s'il eult pu. Et comme il fut argué que ses gens portoient la croix droicte blance, comme les Daulphinois, il dict que il n'estoit pas si grant seigneur, ni tel que il peust à ses gens défendre ni constraindre qu'ils ne suivissent la guerre là où bon leur sembloit hors de son pays. Pour lesquelles responses rapportées au régent et au conseil du roy Henry d'Angleterre, ils délibérèrent de faire guerre au duc de Bretaigne; mais il convenoit, premièrement, le régent aller en Angleterre pour appaiser le discort qui estoit entre le duc de Glocestre son frère, et le cardinal de Vincestre leur oncle, et frère au duc d'Excestre. Et estoit leur débat pour ce que le duc de Glocestre voulloit avoir le gouvernement du roy Henry, et aussi fist le cardinal; et pour ceste matière se tindrent pluiseurs consaux; et feut icelui roy Henry, josne enfant, apporté pluiseurs fois en plein conseil, assiz au siége royal; et ordonna illec, entre aultres choses le comte Mareschal, estre duc. Le parlement se tint à Londres. Le régent avoit avec lui entre aultres conseillers, maistre Philippe de Morvilliers, premier président en parlement à Paris.

Comme devant est dit, la duchesse de Glocestre trouva manière d'eschapper de la ville de Gand, elle troisième, et s'en alla en Zellande; et n'est pas à doubter que en grand diligence elle le fist sçavoir au duc de Glocestre qui lors estoit en Angleterre, qui moult en fut joyeulx; et pour la conforter et aidier, mist sus une armée de mille cinq cents combattants ou plus; et estoient la plus part archiers; et en estoit capitaine ung chevalier d'Angleterre; lesquels promptement que ils fuerent prests et adoubés (armés), se mirent en mer pour descendre en Zellande, où il y avoit pluiseurs chevalliers, escuyers et aultres gens du pays, tenants le party de la duchesse. Or est vrai que lesdits Anglois montèrent en mer et vindrent descendre en Zellande. Pour laquelle cause le duc, atout quatre mille combattants environ, monta sur mer, cuidant trouver ses ennemis; mais ils avoient déjà pris terre en Zellande, où ils trouvèrent de trois à quatre mille

Zellandois qui se joignèrent avec eulx, dont le seigneur de Hamestede, son frère et aultres, estoient chiefs. Quand le duc sceust de vrai que les Anglois estoient descendus, et les Zellandois joints avec eulx, il se conclud de descendre de son navire pour les combattre, comme il feit. Mais sa descente estoit moult périlleuse, car la mer se commençoit à retraire.

Parquoy les gros navires ne polvoient approcher de la terre; et falloit descendre dedans les battelerins; et les aultres s'alloient en l'eau jusques au col, laquelle chose estoit moult dangereuse, attendu que les Anglois et Hollandois véoient icelle descente près de combattre et rangiés en belle ordonnance et battaille, au long d'une dicque, laquelle ils cuidoient bien garder contre le duc; et se fortune ne leur eust esté contraire, ils avoient grand avantage, attendu qu'ils estoient hault, et le duc et ses gens estoient sur la grève de la mer. Touttefois, par la grâce de Dieu et la vaillance du duc, ladicte dicque fust conquestée. A icelle entrée, y ot pluiseurs hommes morts et navrés, tant d'ung costé que d'aultre. Anglois et Zélandois furent de tous points assaillis, et tant que la déconfiture tourna de tous points sur eulx, et commenchèrent à fuir; mais la plupart d'eulx furent morts ou prins, tant sur la place comme en fuyant. De la part des Bourguignons, n'eult pas grant perte, sinon du seigneur de Vallins, Robert de Brimeu, et cinq ou six aultres hommes nobles. Après icelle bataille, le duc mist ses garnisons en pluiseurs places, tant de Hollande que de Zélande, et s'en retourna en son pays de Flandres, pour assembler gens pour retourner ès dessusdit pays de Hollande et de Zélande, comme il fist. Après le partement que le duc fist de Zélande, la duchesse de Glocestre, atout grosse puissance, assiégea le chastel de Hiellant, auquel estoit, de par le duc, le damoisel de Halzembergue, messire Rollant Dutquerque, et aulcuns aultres gentilhommes et archers. Quant messire Philippe Dutquerque, fils de messire Rollant, en fust adverti, doubtant que son père n'eust disette en ceste place, il assembla de ses amis en Flandres, tant que il eust bien six cents combattants; et les mena en Hollande pour lever le siége ou entrer en ladicte place; et, de ce avoit adverti son père, et de l'heure qu'il y viendroit, afin que ceulx de dedans saillissent sur leurs ennemis, et que ils combattissent tous ensemble. Mais la duchesse, qui fust advertie de leur venue, et envoya partie de ses gens allencontre d'eulx les trouvèrent en un destroit près de la mer, et les ruèrent jus et en occirent pluiseurs. Mais messire Jehan, et aulcuns de ses amis, qui estoient derrière, se sauvèrent par fuite. Quant les Hollandois furent retournés devers leur dame, elle fist occire tous les Flamands, puis leva son siége, donna congié à ses gens, et se retraict en la cité d'Utraicht. Entre ces choses, le duc eust grants consaulx en Flandres avec le duc de Brabant sur cette guerre, puis s'en alla à Boullongne, en pélerinage, et retourna en Arthois, là où il leva grant aide d'argent, puis retourna en Flandre. Lors vindrent à lui pluiseurs capitaines de Bourgongne que il avoit mandés; entre lesquels estoit le prince d'Orange. Si s'en alla en Hollande à peu de chevaux, et commencha à mener dure guerre contre ceulx qui estoient tournés du parti de la duchesse; et mist grant partie du pays en son obéissance. Je layray à parler ici de cette matière, et parleray de la prise du roy de Cippre.

CHAPITRE CXLIII.

Comment le roy de Cippre fut prins à la bataille des Sarrazins, et mené prisonnier au souldan Baldador; et comment, par finance, il fut eslargi de prison et s'en retourna en Cippre.

En l'an 1426, Janus, roy de Cippre, sentant son royaulme durement dommagiez du soudan, manda trois gentilshommes, leur bailla sa couronne et aultres pluiseurs joyaux vaillissants cent mille ducats, pour vendre ou emprunter pour soudoyer gens d'armes; et si envoya devers le grant maistre de Roddes pour avoir son aide; puis, en après, envoya aulx Vénissiens pour requerre leur aide : lesquels lui refusèrent, disants qu'ils avoient en Surie leurs frères, leurs parents, leurs amis et finances infinies qu'ils polroient perdre. Et pour tant quérist aide autre part; et, qui plus est, firent crier en touttes leurs seigneuries, que nul ne allast en l'aide du roy de Cippre, sur peine de mort. Il envoya aussi à Rome. Le pappe Martin lui fist délivrer dix mille ducats; puis allèrent partie des ambassadeurs devers le roy d'Arragon, qui tenoit lors près de Pise vingt-cinq gallées; et fust près d'aller en l'aide du roy de Cippre, se les messagers eussent esté en finances pour payer les gens d'armes. Mais, à leur requeste, il leur bailla partie de ses gens, environ cinq cents combattants, tant Castillans comme Espagnols; lesquels furent menés en Cippre, sur la navire. Anthoine Engarin, Vénizien, banni de Venise, et aultres pluiseurs gentilshommes allèrent en l'aide du roy de Cippre, à leurs dépens, audict an 1426. Quant les aides du roy de Cippre lui furent venues, il en fust moult joyeux; et lors ordonna par bonne manière, attendant tous les jours ses ennemis. Il mist d'une partie les Lombards, les Italiens et les Franchois, et les Allemands d'autre part, et puis les Espagnols et les Castillans d'une aultre part : mais ne se vouldrent-ils oncques tenir en paix; et estoit le roy bien embesognié d'appaiser les noizes et débats. Durant lesquels débats, les Sarrazins vindrent arriver à grosse puissance à Limesson, et assaillirent la tour, et le prindrent par une fausse poterne que leur enseigna un faux chrestien baptisé, qui eust esté Sarrazin, et estoit canonnier de celle tour; mais il fust occis, et furent prins le et capitaine de léans, tous ceulx qui y furent trouvés. Quant le roy de Cippre en fust adverti, il eust conseil avec ses gens; et lui fust dict, par la plus saine partie, que mieulx valloit pays gasté que pays perdu, et qu'il se tenist clos en sa ville sans se mectre aulx champs. Mais les estrangiers furent d'opinion contraire, et conseillèrent d'aller combattre les ennemis, qui si cruellement occioient le peuple chrestien. Ceulx-ci obtinrent leur opinion, si que lendemain, le roy se mist à cheval pour aller sur ses ennemis. Mais au premier pas que son cheval se prist à aller, il se agenouilla jusques en terre. Et lors encore quand son frère, le prince de Galilée, monta à cheval, son espée lui chut hors du fourel, dont pluiseurs conchurent grand mal advenir, le tinrent pour prodige. Et nonobstant le roy, s'en alla de Nicosie le jour à Beaulieu qui est beau lieu et délictable, à quatre lieues près de Nicosie. Le dimenche, sixième jour de juillet, par le roy de Cippre, furent veus les feux et feumées que les Sarrazins faisoient au pays, dont requirent les seigneurs Franchois, Allemands et Savoyens, le congier pour aller découvrir leurs ennemis; et y allèrent si avant que ils trouvèrent les Sarrazins, et les escarmouchèrent durement. Mais touttefois retraire leur convint; et y laissèrent vingt-neuf de leurs hommes morts; car les Sarrazins estoient en trop grand nombre. Donc, quant le roy les vist retourner, il se prist à chevaucher hastivement, sans ordonnance, accompaignié du prince de Galilée, son frère, le connestable de Jérusalem, son cousin germain, et de tous les barons de son royaulme; et, tantost après, encontra ses ennemis sur ung tertre près d'Ournay, et les assaillit si vigoureusement, que, en peu d'heures, il rua jus leur avant-garde; mais il advint que le coursier chut acoup si rudement, que les chaingles de sa selle rompirent; et, comme il cuida remonter pour combattre comme dessus, la selle tourna tellement que le roy chut à terre tout plat, et s'enfuit son coursier; si que par nécessité convint le roy monter sur ung petit cheval, car tous ses pages se estoient fis atout ses aultres coursiers à icelle choipte (chute) du roy. Ses gens cuidant qu'ils fussent morts, se commenchèrent à esbahir; et lors les Sarrazins reprindrent cœur, et rechargèrent sur eulx; et si s'avanchèrent ceux de la seconde bataille, tellement que il convint le roy retraire sur une petite montaigne assez avantageuse, et son frère de costé lui, et tous ses gens se prinrent à fuir pour lui sauver. Dont lui conseilla son frère qu'il regardast à lui sauver, afin que son royaulme ne fust perdu, et il demourroit illec atout leurs bannières, attendant la fortune telle comme Dieu la lui vouldroit envoyer. Le roy lui dict que ce ne seroit-il pas, mais plutost allast rassembler leurs gens le mieux que il polroit et le plus tost. Et son frère y alla. Mais, tout incontinent, il fust si oppressé de Sarrazins, que nonobstant sa vaillance et deffense, il fust occis. Dont quant le roy vist qu'il estoit du tout abandonné de ses gens, il descendist de la montaigne pour soi sauver en une vallée là près ; mais ne fust gaires esllongié, quant il fust tout avironné de Sarrazins. Et fust abbattu de son cheval, et l'eussent occis sans remède, se n'eust esté ung chevallier de Chastelongne, nommé messire Gassera (Gasselle) de Sonnaris, qui se jecta sur lui, criant en langage sirois : c'est le roy ! c'est le roy ! Dont s'avança le capitaine des Sarrazins ; et, au signe de la main, fist à tous ses gens mectre leurs espées sur la terre : puis print le roy par la main, et lui dit en grec qu'il avoit pleust à Dieu qu'il fust venu en la puissance du souldan ; qu'il se reconfortast, et qu'il le menoit devers lui, espérant qu'il lui feroit bonne compaignie. Ledict messire Gassera estoit forment navré en la teste, et fust prins avec le roy ; et lui respitèrent la vie pour ce qu'il s'estoit chevalleureusement combattu. Le roy ainsi prins, ils lui mirent une chaisne au col, et le menèrent en ce poinct, là où estoient leurs gens de pré, qui le voeulloient tuer sans merchi. Quant les nouvelles vindrent à Nicosie, environ minuict après la bataille, messire Hue de Rosghon (Lusignan), frère du roy, esleu archevesque de Nicosie, et, avec lui, messire Jacques de Trassain (Caffrano), mareschal de Cippre, se partirent incontinent de la cité, et emmenèrent avec eulx dame Agnès, fille du roy, et se allèrent boutter en la forteresse de Chermes, séant sur la mer, à cinq lieues près de Nicosie. Quant ceulx de Nicosie sceurent lendemain ces nouvelles, ils abandonnèrent la cité, et s'en allèrent hommes et femmes et enfants; et ne demourèrent en la cité que polvres gens et impotents. Entre ces choses, le roy fust mené à Salines, au navire des Sarrazins. Et estoit adonc au pays de Baffle, en ung portancré, le navire du roy de Cippre, dont estoit capitaine messire Jehan, bastard de Lusignan, et le navire du grand maistre de Roddes, où estoient grand planté de bonnes gens d'armes; mais ne polvoient avoir vent pour approchier Sarrazins, qui fust ung meschief; car s'ils fussent venus avant, jamais les Sarrazins ne fussent descendus à terre. Mesmement estoit venu et arrivé à Baffle, le bastard de Bourgongne, le seigneur de Roubaix, le Barbe de Nedoncel, à grant compaignie de gentilshommes pelerins, lesquels estoient tous désirants d'estre à ladicte bataille; et leur avoit le roy envoyé des chevaux. Mais tout estoit faict avant que ils partissent de Baffle; et fust une grant faute au roy, de soi tant haster qu'il ne les attendist point. Quant monseigneur le bastard de Bourgongne fust adverti de la desconfiture, il s'avancha de soi remectre en la mer, pour rencontrer l'armée des Sarrazins à Salines. Le capitaine des Sarrazins, par terre s'en alla à Nicosie, trouva la ville abandonnée, entra dedans, sans contredit, et se logea an palais du roi, puis fist crier que tout homme revenist sur le sien paisiblement. Si revindrent là tost en cette cité plus de douze mille personnes. En ce point, revint le vent bon pour les Franchois chrestiens, à aller par mer sur les Sarrazins ; et se avancèrent tellement, que ils virent l'un l'aultre. Mais le capitaine par mer des Sarrazins, avoit jà mandé au capitaine par terre, à Nicosie, qu'il le venist secourir sur peine de trahison, incontinent sans tarder ; et si avoit contraint le roy escripre au capitaine-général de son rayaulme, et porta les lettres messire Gassera dessus nommé, contenants qu'il ne fist quelque entreprise sur les Sarrazins, si chier comme il avoit la vie du roy ; car voirement, les Sarrazins eussent le roy tué, se ceulx de Cippre les eussent envahis ; et pour tant le capitaine ne se mut, dont néantmoins pluiseurs furent mal contents. Or estoit en celle armée des chrestiens, une nove de pélerins, lesquels, désirants acquerre los et honneur, entendants aussi que l'armée des chrestiens assauldroit celle des Sarrazins, se avancèrent si tost et si avant, qu'ils ne peulrent retourner, et furent prins en la présence du roy de Cippre, et furent près tous decoppez par pièces, comme l'on décoppe chair à la boucherie, car l'armée se fut retournée à Chermes, d'aultre part, le capitaine des Sarrazins par terre, ouy le mandement de ses compagnons, pilla toutte la cité de Nicosie, et y prist et emmena en captivité, jusqu'à huit mille personnes ; et fit bouter le feu dedans le palais royal, puis se alla à Salines, prenant les petits enfants des mamelles des mères ; et les gectoient par les champs sur les espées moult inhumainement ; et quand leurs prisonniers ne pouvoient aller, ils leur coppoient les testes. Quant tous furent rassemblez à Salines, ils montèrent en leurs vaissaulx, et remontèrent en Syrie et en Égypte, et estoient les povres prisonniers liez deulx ensemble, et faisoient traisner la bannière Nostre-Dame, le chief contre terre ; et le roy mesme estoit sur ung petit mulet, sans selle, loyé de chaisnes de fer, et aux jambes grands fers et pesants ; et en tel point le menèrent devant le soubdan Baldador, et le firent agenouillier devant lui plus bas, par neuf fois, et baiser la terre à chaque fois. Lequel soubdan estoit moult pompeusement habillé sur une hault, le feist estre plus d'une heure en sa présence, en ce point ; puis le feist mener en une tour, où il le feist tenir, et lui fist administrer tous vivres, excepté vin ; mais les marchands chrestiens lui envoyèrent du vin secrettement. En ce mesme temps, un marchand génevois (génois), meu de pitié, requist à ceulx de Cippre qu'ils voulsissent envoyer au Kaire, et que il avoit espérance que le roy retourneroit brief, par finances, à deulx cent mille ducats, par telle condition qu'il paieroit les ans pour tribu, à perpétuité, au soubdan, cinq tous mille ducats. En icellui temps, envoya le grand maistre de Roddes, devers le soubdan, pour faire mettre le roy à finances ; mais c'estoit jà fait. Ainssi donques fut mis hors de fers le roy de Cippre ; et le mandoit souvent le soubdan, pour deviser avec lui, et moult lui exhortoit à laissier la foi chrestienne. Mais le roy lui fist tousjours si convenable response, que le soubdan fut si content de lui, que souvent lui fesoit prendre collation avec lui. Finallement, le jour de la conversion saint Pol, Janus, roy de Cyppre, fut mis hors de prison, et le fist le soubdan logier en la ville, et lui envoyoit souvent des beaulx chevaulx, pour aller en esbat hors de la ville, où il alloit souvent bien accompaignié de Sarrazins. Et puis quant la finance fut payée, il fut du tout délivré, et le jour de Pasques fleurie, ce seigneur monta sur une gallée au port d'Alexandre, que son frère Esleu de Nicosie lui eult envoyée avec la finance, en la compaignie de la gallée de Roddes, sur laquelle estoit l'admiral de Roddes; et s'en allèrent tout droict descendre à Chermes, là où le roy trouva tous les seigneurs et dames de son sang, avec la baronnie et noblesse de son royaulme; lesquels les receurent moult révéremment, en louant Dieu de ce que il estoit retourné de si grant péril; et puis s'en alla à Nicosie. Et après qu'il eust esté à l'église Nostre-Dame rendre grâce à Dieu, il s'en alla logier à l'hostel du connestable de Jhérusalem, auquel il demoura toutte sa vie; et depuis le trespas de la royne Charlotte ne congnust femme. Je layray à parler du roy de Cippre, et parleray de la duchesse de Glocestre.

CHAPITRE CLXIV.

Comment les Hollandois furent desconfits des Bourguignons, quy tenoient garnison à Hornes; et comment pluiseurs villes quy tenoient de la partie de la duchesse se rendirent.

En ce temps mesme, les gens de la duchesse de Glocestre s'en allèrent à Hornes, à l'entrée de Frize, où estoient en garnison le seigneur de l'Isle-Adam, le bastard de Sainct-Pol, le seigneur de Humières et aultres, jusqu'à sept cents combattants; et bien les cuidoient mectre à déconfiture; mais les Bourgongnons saillirent sur eulx si vaillamment, qu'ils les meirent en tel desroy, qu'il y en eut, que morts que prins, bien cinq cents, et les aultres fuirent; et, du costé des Bourgongnons, n'y feurent morts que le batard de la Viefville et dix archiers. Le seigneur de l'Isle-Adam fut navré au visaige, et si olt la jambe perchiée d'une hache. Et, pour celle adventure fut l'effroy si grant du pays, que touttes les villes d'illec entour, du party de la duchesse, se rendirent en l'obéissance du duc; et, pource que celles quy se furent rebellées apprès le serment faict au duc, et qu'ils eurent esté au siége de Herle avecque la duchesse, icelles feurent constraintes de baillier plesges des plus souffissants du pays, pour tenir tout che en quoy par le duc ils seroient condempnés pour leurs fourfaits.

CHAPITRE CLXV.

Comment Anglois furent desconfits au siége de Montargis.

Le régent de France fist par les Anglois asségier la ville et forteresse de Montargis, séant sur la rivière de Loing; et furent à ce siége pluiseurs grants seigneurs. Si se mis sus le comte de Richemont, connestable de France, et chevaucha toutte une nuict bien vingt lieues; avecque luy messeigneurs Charles de Bourbon, le bastard d'Alenchon, et pluiseurs aultres; et vindrent soubdainement envahir le moindre siége, et le desconfirent incontinent, et puis l'aultre siége; et furent occhis desdits deulx siéges plus de sept mille hommes. Le comte de Warwick et de Sufforcq et pluiseurs aultres se saulvèrent.

CHAPITRE CXLVI.

Comment la ville de Zenenberghe et le seigneur quy tenoit le party de la duchesse Jacques de Bavière, se rendirent au duc de Bourgongne; et du trespas du duc Jehan de Brabant, fils d'Anthoine, duquel Philippe, son frère, fut héritier, quy estoit comte de Saint-Pol et de Ligny, seigneur de Fiennes et chastelain de Lille.

En ce temps, furent les ennemis au duc de Bourgongne, qui se tenoient à la Goude, en Hollande, destroussés et rués jus en trois lieux; c'est assavoir à la Brille, à Delft, et en ung aultre lieu; et puis y mist le duc garnison de ses gens, et s'en retourna en Flandres, où il assembla plus grant ost que devant, et les mena devant Zenenberghe, forte ville à merveilles, et l'assiégea puissamment. Et estoit léans le seigneur du lieu à grant nombre de gens du parti de la duchesse Jacquelinne. Cette ville, pour sa force, tenoit en subjection tous les aultres ports de mer de Hollande, de Zélande et de Flandres; car icelle avoit grant deffense par mer; et souffrirent les gens du duc maintes peines durant le siége par les tempestes de la mer et aultrement. Mais, finallement, quand ils eurent sis tout l'hiver, et que la famine vint en la ville, ils se rendirent par le traictié que cy-après s'ensuit; c'est assavoir que le seigneur de Zenenberghe, luy, ses subjects, sa ville et forteresse, et toultes ses terres et seigneuries, mist touttes ès mains du duc en sa propre voullenté, leur vie saulve; et tenroient prison à Lille tous les gentils hommes de léans, là où le duc leur ordonna.

Item, qu'ils rendroient tous les prisonniers, en quelque place qu'ils aient, quictes et délivrés.

Item, que les bourgeois et habitants de Zenenberghe feront serment au duc comme à leur droicturier seigneur; et le duc leur pardonnera tout che qu'ils ont meffaict contre luy et ès pays de Hollande et de Zélande. Ces choses ainssy traictiées, seigneur de Zenenberghe le et tous les gentilshommes de léans s'en issirent, en leurs pourpoints, sans rien emporter, une corde au col; et les bourgeois et les habitants demourèrent en l'obéissance du duc; puis retourna le duc en Flandres, pour l'impédimie quy couroit au pays, et mesmement en son ost, dont estoient jà morts le seigneur de Humbercourt, son maistre d'hostel, messire Mauroi de Saint-Légier, et aulcuns aultres.

En ce temps trespassa le duc Jehan de Brabant, en son chastel de Lierre, le jeudy absolut, en disant *Miserere meî, Deus; etc.*, et fut enterré en sa chapelle de la Vence, où il eult fondé trois messes par sepmaine. Son père aussy y estoit enterré. Philippe son frère, quy se feist surnommer de Vallois, comte de Saint-Pol et de Ligny, seigneur de Frenne et chastelain de Lille, fut son hoir. Par le moyen du duc de Bourgongne, son cousin, fut ordonné duc de Brabant et constitué.

CHAPITRE CLXVII.

Comment le régent de France vint vers le duc de Bourgongne à Lille, pour l'appoincter avecques le duc de Glocestre.

Environ Pasques, l'an 1427, vindrent nouvelles au duc, estant en Flandres, que les Hollandois se rebelloient. Si se prépara tout incontinent pour retourner au pays à puissance. Mesmement disoit-on communément que le duc de Glocestre debvoit venir en Hollande à dix mille combattants. Dont quant le régent fut adverti de touttes ces choses, ils s'en allèrent luy et sa femme pour trouver le duc de Bourgongne, et pour trouver en celle guerre aulcun bon appointement. Quant le duc sceut qu'ils venoient, il les alla attendre à Lille, et là les receut honorablement. Ils tindrent aulcuns parlements ensemble sans rien conclure. Mais quand ils furent retournés à Paris, le régent et le conseil de France envoyèrent nottables ambassadeurs devers le duc et devers le duc de Glocestre, pour trouver moyen de appaiser leurs discors. Et advint que le duc de Glocestre se déporta de venir en Hollande, et de tous points laissa la duchesse en Bavière, dame de Hollande, de Zélande et de Frize, et print à femme une très belle damoiselle angloise, fille du seigneur de Cobam. Ainssi fut laissiée la duchesse, quy, en son temps, avoit eu espousé le daulphin, fils et héritier de la couronne de France, et depuis, le duc de Brabant et le duc de Glocestre, et après eut espousé messire Franck de Borsel, Zélandois, auquel le duc donna, pour l'honneur d'elle, titre de comte; et feut nommé comte d'Ostrevant, comme il sera dict cy-après. Or furent unes courtes trèves tenues entre eulx, pour veoir che temps pendant se on ne les pourroit mettre d'accord. Mais comme les Hollandois se entretenissent en leur voullenté de rebeller, le duc passa en Hollande atout son armée.

CHAPITRE CXLVIII.

Du débat pour l'éveschié d'Utrecht; et de la paix finalle quy feut faicte entre le duc de Bourgongne et dame Jacques de Bavière, quy se maria à messire Frank de Borsel, comte de Ostrevant.

En ce temps estoient deulx clercqs au pays, quy se débattoient pour l'éveschié d'Utrecht, desquels l'ung estoit de la partie de la duchesse, et estoit au gré de ceulx de la cité, et l'aultre estoit du parti de Bourgongne, et se tenoit avecque le duc. Le duc et son évesque s'en allèrent au pays de Gueldres, contre la duchesse et son évesque. En ce voyage, le duc fist assaillir la ville de Amersfort, laquelle est de la seigneurie d'Utrecht; mais ceulx de dedans se deffendirent bien et vaillamment, et occirent le seigneur de Ros; et aultres pluiseurs y furent bleschiés. Et convint le duc laissier l'assault. Et mist entour, ès villes de son parti garnison de ses gens, et commist illec Lionnel de Bournonville, et s'en retourna en Flandres. Mais, peu de temps apprès, il s'en ralla en Hollande, pource que la duchesse et ses gens ne cessoient de traveillier les gens de son parti; et, finablement, lui venu par de là, se trouvèrent moyens entre luy et la duchesse, tellement que la paix fut faicte; et fut la duchesse menée honorablement et paisiblement devers sa mère, en Haynault, pour demourer avecque elle; et l'accompaigna le duc mesme. Et fut leur traictié faict par l'advis des trois estats du pays de Haynault, Hollande, Zélande et Frize; c'est assavoir que le duc tiendroit et congnoistroit la duchesse, en Bavière, comtesse de Haynault, Hollande, Zélande, et dame de Frize; et elle, de sa part, véant que elle n'estoit point femme pour garder et deffendre de touttes oppressions, envers et contre tous, les dessusdits pays, veu les partialités quy grants estoient ès dessusdits pays de Haynault, Hollande, Zélande et Frize, congnut le duc son cousin pour son vrai héritier, gouverneur de touttes ses terres et seigneuries; et, de faict, l'en mist en possession. Duquel traictié pluiseurs gens des dessusdits pays furent moult joieulx; et Dieu sait la joie que iceulx duc et duchesse faisoient ensemble; et ne sembloit pas que oncque eussent eu guerre ensemble. Icelle dame, au voulloir du duc, fut mariée à messire Frank Borsel, duquel ne d'aultres elle n'eust nuls enffants. Et tantost apprès alla de vie à trespas; et, par ainssi, le duc fut seigneur de touttes les terres dessusdites.

CHAPITRE CLXIX.

De pluiseurs crollements de terre que advinrent en Castelogne, Espaigne et Languedoc; et coppie de la lettre que le souldan de Babylone envoya aux seigneurs de la chrestienté.

L'an 1427, par tout le pays de Castelogne feut grant tremblement de terre; et commença deulx jours devant le quaresme; et dura jusques au merquedi après Pasques. Emprès la ville de Gironde, devers les monts, en une ville nommée Amer, jadis fondée de par le roy Charles le Grant, advint que un homme vint au curé, et luy dict que un homme estoit là près au bois gisant, qui se vouloit confesser. Dont quand le curé vint près du bois, il véit grant plenté de noirs moines qui lui sembloient maulvais esprits. Si regarda derrière luy pour demander à l'homme qui le menoit qui estoient ces moines, mais ne le véit oncques depuis. Si retourna le curé tout paoureux en la ville, et dict à l'abbé, qui estoit seigneur de la ville, ce qu'il avoit veu. Lequel abbé ordonna tout incontinent faire une noble procession au dehors de la ville; et y allèrent hommes et femmes et enfants deschaulx, et les chefs nuds moult dévotement; et ne demourèrent en la ville, sinon un boullenghier et son varlet. Mais tandis que la procession se faisoit autour de la ville, advinrent en la ville si grands crollements de terres, que quant la procession retourna, ils trouvèrent l'abbaye et tous les édifices de la ville trebuchiés par terre. Aucuns jours après, entre ladicte ville de Gironde et Brachimonne, trebuchièrent de dix-huict à vingt villages que villes et pluiseurs chasteaulx. En une ville nommée Besodo, à deux lieues près de celle ville d'Amer, la terre fondit en pluiseurs lieux, et y effonssèrent quarante-neuf grosses maisons si parfond que l'on n'y sçavoit trouver fond. Encoires d'emprès celle ville fendist un grant camp semé de froument, qui est devenu un grant lac d'eaue, et une partie de celle eaue est chaude. En celle eaue avallèrent les voisins une corde, et au bout d'icelle une pierre de ploncq; mais ils n'y trouvèrent ni polrent trouver fonds. En la sepmaine peneuse, entre la ville d'Amer et le bois, fondist la terre si parfond que on n'y véoit point de fond; et y furent péries maintes bestes saulvaiges. En une grande abbaye, à sept lieues près de Brachimonne, feut amené ung démoniaque pour estre conjuré selon la coutume du lieu; lequel, contraint par les conjuracions congnut qu'il eust esté avec les mauvais esprits qui eurent destruit la ville d'Amer dist oultre qu'ils eurent en octroy de Nostre-Seigneur, de faire pluiseurs maulx au monde, si aucuns chrestiens ne les eussent empeschés par leurs pénitences et oraisons, et par leurs processions. En ce mesme temps, en Espaigne, advinrent grands crollements de terre, si que pluiseurs villes tresbuchèrent. En Gallice, issirent d'un bois grands serpents, lesquels, par le conduit d'un loup, entrèrent en une ville de six cents maisons, et y engloutirent moult cruellement, hommes, femmes et enfants, et aultres bestes semblables. Crollements adveinrent en Languedocq, en pluiseurs lieux; et encoires plus grand advint ès pays d'outre mer.

S'ensuit la copie d'unes lettres que le soudan de Babylone envoya audict an aux seigneurs de la chrestienté. « Baldadori, filz d'Aire, connestable de Jérico, prévost de Paradis terrestre, nepveux des dieux, roy des roys, prince des princes, soudan de Babylone, de Baldarch (Bagdad), de Perse, de Jérusalem, de Caldée, de Barbarie, prince d'Affrique et d'Ircanie, seigneur des Scythes, Anucs, des Payens et des Martains, maistre Antipolet, advoué d'Amozone, gardien des isles, doyen des abbayes, commandeur des temples, frisseur de Heaulmes, perseur des haulbers, rompeur des harnois, fendeur d'escus, briseur de lances, lanceur de glaives, effondreur de destriers, trespercheur de presses, destruiseur de chasteaulx et de forteresses, fleur de chevalerie, sengler de hardiesse, ange de largesse, cremeur des ennemis, espérance d'amis, recouvreur des desconfiz, conserveur des Juifs, occiseur des chrestiens, gardien des Sarrazins, estendart de Mahomet, seigneur de tout le monde: aux roys d'Allemaigne, de France et d'Angleterre, à tous ducs, comtes, et généralement à tous ceulx auxquels nostre débonnaireté est advenir, salut en notre grâce. Comme il soit loisible de relenquir erreur par saigesse qui veoult, vous mandons que ne tardez de venir vers nous, et relever vos fiefs et terres, en reniant vostre Dieu et la foi chrestienne, délaissant vos erreurs, en quoi vous et vos devanchiers avez estés enveloppés trop longuement; ou aultrement notre indignation et puissance tournera sur vous briefvement vos testes à renchon, sans espargnier homme. Donné la vegile des bassady, par la main Ebas Baptites, léal barbarin, l'an dix de nostre couronnement, en la seconde année de la victoire de Cippre. »

Atant je metais de parler du soudan, et parlerai du siége des Anglois devant Orléans.

CHAPITRE CL.

Comment les Anglois asségièrent la ville d'Orléans, où le comte de Salbery fut occis d'un coup de canon.

Au mois de juin 1428, se partirent d'Angleterre et descendirent à Calais une grande armée, nombrée de six mille combattants, dont le comte de Salbery estoit chief; et tant exploita qu'il se trouva à Paris. Là fut grandement receu et n'y demoura gaires; il fut par le régent ordonné d'aller mettre le siége devant Orléans, laquelle chose fut faicte. Mais auparavant qu'il y mist le siége, il conquesta villes et chasteaulx pluiseurs. Ces choses faictes, il mist le siége devant Orléans, du costé devers la Solongne; et en venue prist la tour du bout du pont; et trois ou quatre jours après ce qu'il eust prins ladicte tour, il s'assist hault aux fenestres, par lesquelles il véoit bien à plain en ladicte ville; et belle et puissante luy sembloit, espérant la mettre en l'obéissance du roy et régent d'Angleterre. Or advint que en soy devisant à ses gens d'icelle ville d'Orléans, un homme, comme l'on disoit, qui pas n'estoit canonnier, se trouva auprès d'un canon chargié de poudre et de pierre, auquel canon il bouta le feu. Or est ainsi que la pierre férit contre la fenestre où le vaillant comte de Salbery estoit appuyé; duquel cop il fut si grevé, que en moins de huict jours après, alla de vie à trépas ; qui fut grand' perte pour les Anglois, car plus vaillant de luy ne fut en Angleterre, ne poeult estre sous le soleil. Quand le régent sceut celle mort, il ordonna estre en son lieu le comte de Suffort et le seigneur de Tallebot. Or est vrai que dedans la ville d'Orléans estoient de quinze à seize cents combattants, gens de guerre, sans ceulx de la ville, dont estoit capitaine le bastard d'Orléans, qui puis fut comte de Dunois, le seigneur de Gaucourt, Poton de Saintrailles, La Hire, le seigneur de Villars, et pluiseurs aultres, lesquels faisoient pluiseurs belles saillies sur les Anglois. Les Anglois firent pont sur la rivière de Loire ; et avec ce feirent pluiseurs boulverts pour clore la ville de toutes parts. Toutefois je n'ai point sceu que la ville fust si asségiée que ceulx de dedans n'en ississent tellement quellement. Icellui siége dura très longuement; et pour la puissance des Daulphinois, failloit que les vivres, pour avitailler ceulx du siége, fussent conduits à puissance de gens de guerre. Or est ainsi, que le régent, qui lors estoit à Paris, ordonna grant foison de charriots et charrettes chargiés de vivres, et, pour les mener seurement, furent ordonnés pluiseurs capitaines, accompagnés de quinze à seize cents hommes de guerre, et deux mille communes ; lesquels exploitèrent chemin tant, qu'ils se trouvèrent emprès d'Henville, en Beauce ; et là, en plain champ, furent assaillis des Daulphinois, qui pouvoient bien estre six mille combattants, dont estoit chief messire Charles de Bourbon, le bastard d'Orléans, messire Jehan Stuart, connestable d'Escoche, son filz et son frère, Poton, La Hire et pluiseurs aultres. Quant les Anglois véirent si grand' compaignie de gens de guerre devant eulx, ils se mirent tous à pied et se fermèrent de leur charroi; et en belle ordonnance attendirent leurs ennemis. Là commencha la bataille dure et aspre en venue, mais enfin les Daulphinois se mirent en rompture et en fuicte; c'est assavoir ceulx de cheval; ceulx de pied y moururent la pluspart. Là furent tués le connestable d'Escoche, son frère, son filz, et près tous les Escochois, et pluiseurs aultres chevaliers et escuyers; et se appela celle bataille la bataille des herens. Après celle déconfiture, les Anglois menèrent leurs charriots et charrettes au siége que leurs gens tenoient devant ladicte ville d'Orléans, et y feurent à grant chière recheus.

CHAPITRE CLI.

Comment la Pucelle Jehanne vint en bruit, et feut amenée au siége d'Orléans; comment elle saillist avec les Franchois sur les Anglois, et le siége abandoé.

Or, convient-il parler de une adventure qui advint en France, la nompareille que comme je crois y advint oncques. Vrai est qu'en un villaige sur les marches de Lorraine, avoit un homme et une femme, mariés ensemble, qui eurent pluiseurs enfants, entre lesquels eurent une fille qui, de l'eage de sept à huict ans, fut mise à garder les brebis aux champs, et long-temps fit ce mestier. Or est vray qu'elle peut dire, du temps qu'elle avoit ou pouvoit avoir dix-huict ou vingt ans, qu'elle avoit souvent révélation de Dieu, et que devers elle venoit la glorieuse vierge Marie, accompaignée de pluiseurs anges, saincts et sainctes, entre lesquels elle nommoit madame saincte Katherine et David le prophète, atout sa harpe, laquelle il sonnoit mélodieusement; et enfin elle disoit que entre les aultres choses elle eut révélation de Dieu, par la bouche de la vierge Marie, qu'elle se mist sus en armes, et que par elle, Charles, daulphin de Vienne, seroit remis en sa terre et seigneurie, et qu'elle le meneroit sacrer et couronner à Reims [1]. Icelles nouvelles advinrent à un gentilhomme de la marche, lequel la arma et monta, et la mena au siége d'Orléans, allencontre des Anglois qui tenoient le siége.

Si fist assembler le bastard d'Orléans et aultres pluiseurs capitaines, auxquels il conta ce que icelle fille, nommée Jehanne la Pucelle, disoit. Et de faict fut interrogiée de pluiseurs sages et vaillants hommes, lesquels se boutèrent en foi de le croire, et adjoutèrent en icelle si grand' foi, qu'ils habandonnèrent et mirent leurs corps en toute adventure avec elle. Et est vray que un jour elle leur dict qu'elle vouloit combattre les Anglois; et assembla ses gens, et se print de assaillir les Anglois par la plus forte bastille qu'ils tenoient, que gardoit un chevalier d'Angleterre nommé Cassedag. Icelle bastille fut, par ladicte Pucelle et les vaillants hommes, assaillie et prinse de bel assault, et là feut Cassedag mort, qui sembla chose miraculeuse, veue la force de la bastille et les gens qui le gardoient. Le bruit courut par l'ost des Anglois de la prinse de ladicte bastille; et finablement, quant ils ouyrent dire que ladicte Pucelle avoit faict cette emprinse, ils en furent moult espouventés; et disoient entre eulx qu'ils avoient une prophétie qui contenoit que une pucelle les devoit débouter hors de France, et de tous points les deffaire. Si

---

1. Le volume XI contiendra l'histoire détaillée de cette héroïne d'après un manuscrit du temps.

levèrent leur siége et se retrayrent en aucunes places de leur obéissance, environ ladicte ville d'Orléans. Entre lesquels Anglois le comte de Suffort et le seigneur de la Poulle, son frère, se tinrent à Gergeau, mais gaires ne y feurent que icelle ville fust prinse d'assaut, et là fut ledict seigneur de la Poulle mort et pluiseurs Anglois. La puissance des dessusdicts Anglois s'assemblèrent pour retourner à Paris devers le régent; mais ils furent de si près suivis des Daulphinois, qu'ils se trouvèrent en bataille l'un devant l'aultre, auprès d'un village en Beauce, qui se nomme Patte. Or advint qu'ils cuidèrent prendre place plus advantageuse que celle où ils estoient, et partirent de leur place. Mais les Daulphinois frappèrent dedans tellement, qu'ils les deffirent, et de tous points les déconfirent. Là furent prins le comte de Suffort, le seigneur de Tallebot et tous les capitaines, excepté messire Jehan Bastol, lequel s'en alla, dont il eut depuis grands reproches, pource qu'il estoit chevalier de la jarretière. Toutefois il s'excusa fort, disant que si on l'eust voulu croire, la chose ne fut pas ainsi advenue de leur part. Ainsi furent Anglois desconfits, et se nomma icelle bataille la bataille de Patte.

CHAPITRE CLII.

Comment le daulphin fut couronné roy de France à Rains ; de pluiseurs villes quy se rendirent à luy ; comment le duc de Bethfort luy alla allencontre, et présenta la bataille ; des faicts de la Pucelle, quy mena le roy devant Paris.

Vous advez ouy comment Jehanne la Pucelle fut tellement en bruit entre les gens de guerre, que réalement ils créoient que c'estoit une femme envoyée de par Dieu, par laquelle les Anglois seroient reboutez hors du royaulme. Icelle Pucelle fut menée vers le daulphin, qui vollentiers la véit, et qui, comme les aultres, ajousta en elle grant foi, et feist ung grant mandement où furent grant nombre des princes de son sang ; c'est assavoir les ducs de Bourbon, d'Alençon et de Bar, Artus, connestable de France, les comtes d'Erminacq (Armagnac,) de Patriac et de Venosme, le seigneur de Labret (Albret,) le bastard d'Orléans, le seigneur de la Trimoulle, et pluiseurs grans seigneurs de France et d'Escoche. Et fut moult grande la puissance du daulphin, atout laquelle s'en tira droit à Troyes en Champaigne, et lui feut promptement la ville rendue, et lui firent obéissance ; aussi firent ceulx de Chaslons et de Rains. En laquelle ville de Rains il fut sacré, oingt, et couronné roy de France. Ainsi fut Charles VIIe. de ce nom, sacré à Rains, comme vous avez ouy. Après que le roy eust séjourné ung petit de temps en la ville de Rains, il s'en alla en une abbaye où on aoure (adore) sainct Marcoul, Nostre-Corps-Bény. Là on dist qu'il print la dignité et privilesge de garir les escroelles. Ces choses faictes, il passa la rivière de Marne, et se trouva à Crespy en Vallois. Quand le régent sceut que le roy avoit esté sacré à Rains, et qu'il marchoit en pays pour tirer droit à Paris, il assembla une grande compaignie d'Anglois et de Picards, entre lesquels estoient messeigneurs Jehan de Crequi, messeigneurs Jehan de Croï, le bastard de Sainct-Pol, messire Hue de Lannoy, saige et vaillant chevallier, Jehan de Brimeu et aultres, lesquels se trouvèrent en grant puissance en un village nommé Mittri en France, et les Franchois et leur puissance estoient en ung aultre village nommé ...... [1] à deux lieues près de Crespi en Vallois, et là estoit le duc d'Alençhon, ladicte Pucelle, et pluiseurs aultres capitaines. Le régent, qui désiroit la bataille contre les Franchois, approcha d'eulx jusques à une abbaye qui s'appelle la Victoire, laquelle n'est point loing d'une tour qui s'appelle Mont Espilloy; et là arriva environ my-aoust, l'an mil quatre cent vingt-neuf, ouyt messe à Crespy, puis monta à che-

---

[1]. Le nom de ce village manque dans le manuscrit du roi 9869 [9].

val, armé d'une brigandine, et se tira aux champs, là où il trouva une belle compaignie et grande qui l'attendoit. Toutefois le duc d'Alenchon et la Pucelle estoient désà devant; et se trouvèrent bien près des Anglois avant que le roy venist. Et quand le roy fut arrivé, lui et ses gens ordonnèrent une belle grande battaille à cheval, et avec che deulx aultres compaignies à manière de deux ailes; et avec che avoit ung grand nombre de gens de pied. Et quant aux Anglois, ils ne firent qu'une bataille, et tout à pied, excepté le bastard de Sainct-Pol, messire Jehan de Croy et aulcuns aultres en petit nombre, lesquels, quant ils veirent les Franchois, quant aux hommes d'armes, ne descendoient point à pied, montèrent à cheval, comme dit est. Ce jour, faisoit grand chaleur et merveilleusement grant poussière. Or advint qu'à l'ung des bouts de la bataille des Anglois, les Franchois firent tirer la pluspart de leurs gens de traits, avec une compaignie de gens de cheval, et assaillirent les Anglois; et là y eust maintes flesches tirées, tant d'un costé comme d'aultre. Et pour renforchier les gens où la bataille s'estoit commenchiée, le régent y envoya une compaignie, sans ce que les battailles laissassent oncques leur ordonnance, ne Franchois ne Anglois; et quand les Franchois véirent que Anglois et Piccards tindrent pied et vaillamment combattirent, ils se retrayrent, et oncques puis n'abordèrent ensemble l'ung contre l'aultre, sinon par escarmouches. Et, comme je oys

dire, celui de tous qui mieulx se monstra ce jour
là plus homme d'armes, et qui plus y rompit de
lances, ce fut le bastard de Sainct-Pol. Messire
Jehan de Croy y fut affolé d'un pied, tellement que
toute sa vie demoura affolé. Icelle journée se passa
ainsi comme vous avez ouï, sans aultre chose faire;
et quant ce vind vers soleil couchant, le roy se
tira en la ville de Crespy, et les aultres se tirèrent
ès villaiges là entour. Or, faut parler des Anglois.
Vrai est que aulcuns véirent bien la retraicte des
Franchois; si les volloient aulcuns poursuivir,
mais le régent ne le volt pas souffrir, pour le doubte
des embusches; car, comme oy nombrer les Franchois, ils estoient de cinq à six mille harnois de
jambes. Quand les Franchois furent ainsi partis,
les Anglois logèrent en une abbaye, et envoyèrent
quérir des vivres à Senlis. Le lendemain, le roy et
toute sa puissance se mirent en belle ordonnance
auprès de la ville de Crespy, avec eux tous charriots et bagaiges; et ces choses faictes, tourna le
dos aux Anglois et s'en alla en la ville de Compiengne, laquelle lors tenoit le parti des Anglois. Mais
sans contredict, nuls firent ouverture au roy, et
le receurent à grant joie; et là séjourna le roy cinq
jours, et y tint conseil de ce qu'il avoit affaire.
Et quant le régent sceut que le roy estoit entré à
Compiengne sans contredict, il se doubta fort que
pluiseurs villes, qui lors estoient en leur obéissance,
ne se tournassent du parti du roy. Pour laquelle
cause, avec sa puissance, retourna à Paris; et là

laissa Louis de Luxembourg, évesque de Thérouene et chancellier de France pour les Anglois, le seigneur de l'Ile-Adam, lors mareschal de France, et aussi pluiseurs seigneurs d'Angleterre, aulxquels il bailla en garde ladite ville de Paris; et s'en alla en Normandie pour pourvoir aux gardes des bonnes villes et forteresses. Quand le roy eult séjourné à Compiengne, comme dict est, il prist son chemin avec toute sa puissance pour venir droit à Paris; car la Pucelle lui avoit promis de le mectre dedans, et que de ce ne se debvoit poinct doubter. Toutefois, elle y failli comme vous orrez. Au partir de Compiengne, le roy tira droict à Senlis, laquelle ville luy fit obéissance, puis à Sainct-Denis, et entra dedans. Et après fut ordonné par les remonstrances que la Pucelle faisoit, que la ville de Paris fust assaillie. Quand ce vint au tour de l'assaut, la Pucelle, armée et habillée, avec son estendart, fut des premiers assaillants, et alla si près qu'elle fut navrée du traict. Mais les Anglois deffendirent si bien la ville que les Franchois n'y purent rien faire, et se retrayrent en la ville de Sainct-Denis. Après que le roy eut esté en la ville de Saint-Denis pluiseurs jours, véants que la ville de Paris estoit trop fort gardée, se retira oultre la rivière de Saine, et donna congié à la pluspart de ses gens, lesquels se mirent en garnison dans pluiseurs villes, tant à Beauvais, Senlis, Compiengne, Soissons, Crespy, et en pluiseurs aultres villes deçà Saine; lesquels firent forte guerre, tant sur les Anglois que sur les gens du duc. Et ainsi se passa icelle adventure, comme vous avez ouï, avec pluiseurs autres choses, qui trop longues seroient à raconter.

CHAPITRE CLIII.

De l'ambassade que le duc de Bourgongne envoya en Portingal, pour avoir madame Ysabel, fille du roy, en mariage.

En l'an 1428, dont devant est faicte mention, le duc envoya son ambassade devers le roy de Portingal, pour avoir en mariage madame Isabelle, sa fille, dont cy-après sera parlé en maintes manières, car en son temps elle fut comme saige et pleine de belles vertus. Iceulx ambassadeurs furent les seigneurs de Roubaix, Andrieu de Toulonjon, Baulduin d'Oignies et aultres. Or est vray que quant iceulx ambassadeurs furent arrivés devers le roy de Portingal, pour aulcunes difficultés quy se trouvèrent touchant le mariage du duc, il leur failly retourner en Flandres devers le duc où il estoit, et où il y a bien grand voyage, soit par mer ou par terre. Et pendant le temps que iceulx ambassadeurs renvoyèrent devers le duc, le roy de Portingal maria son aisné filz, nommé Édouard, à la sœur du roy Alphonse d'Arragon, duquel mariage se fist une grand' feste et solempnité, dont ung peu sera faicte mention.

CHAPITRE CLIV.

Du mariage de l'Infant don Edouard, fils du roy de Portingal, aisné, à la sœur du roy Alphouse d'Arragon; de leurs accoustremens et pompe nuptiale, et nopces célébrées dans la ville d'Estremoux (Estremoz).

La nuict de Noël, le roy de Portingal envoya son second fils l'infant don Piettre, duc de Cuimbre, l'archevesque de Lisbonne, et pluiseurs autres chevaliers et escuyers, au-devant de l'infante, sœur du roy d'Arragon, laquelle estoit en une ville nommée Euvre (Evora). Et de là se party pour venir en la ville d'Estremoux (Estremoz), où le roy de Portingal l'attendoit pour estre épouse de son filz aisné, nommé l'infant Édouard, qui depuis fut roy de Portingal, et icelle royne, laquelle estoit grandement accompaignée de dames et damoiselles, habillées à la mode d'Arragon. Or fault parler des habillements que avoient l'infant don Piettre et l'évesque de Lisbonne. Vray est que l'infant don Piettre avoit six coursiers richement habillés, et dessus six gentilshommes paiges, lesquels estoient chargiés d'orphaivrerie, robbes, chapperons et chausses. Et, avec che, avoit trois coursiers, et jennetz en main, couvert des velous cramoisi brandé de sa devise de la balance. L'archevesque de Lisbonne estoit accompaignié du clergié, et devant, lui quatre paiges montés sur quatre coursiers richement ha-

billiés, et les paiges vestus de robbes moitié de velous
noir et de bevres (castor) le poil dehors, et sur les
bevres avoit brodures d'orphaivrerie de sa devise.
De aultres grands seigneurs, y avoit bien habilliés de
riches tissus de drap d'or et d'orphaivrerie ; et polvoient estre mil chevaulx ou environ. Le roy de
Portingal ordonna aussy son maisné fils pour aller au
devant de ladite dame, pour la rechepvoir, à un pont
où passoit une petite rivière; et là iceluy infant don
Fernand estoit accompaignié des comtes d'Orin,
Courem et de Roiolles (Acrayollos), et avoit iceluy
infant trois chevaulx couverts de drap damas de trois
couleurs, vermeil, blanc et bleu; et après avoit sept
jennetz de main habillés à la moresque et puis richement habillés d'orphaivreries, et les paiges des comtes d'Orin et de Roiolles richement habillés d'orphaivreries, et polvoient estre mil chevaulx ou environ.
La troisième compaignie, quy alla au-devant de ladite infante d'Arragon, fut l'infante de Portingal,
quy depuis fut duchesse de Bourgongne, accompaignée de son frère l'infant Henry, et pluiseurs
dames et damoiselles ; touttes icelles compaignies
richement habillées, tant hommes que femmes.
Ladite infante de Portingal avoit par-dessus sa vesture un riche manteau fendu à deulx costés, ung
chapperon en gorge de velous bleu, et dessus ung
chappel de Brabant broché d'or ; et cuidoient aulcuns que ce fut ung chevalier. Et quant à l'infant
don Henry, quy accompaignoit sa sœur, ce jour se
trouva habillé en fils de roy ; et avoit après luy

trente-ung paiges montés sur chevaulx richement couverts et vestus d'orphaivrerie, de drap d'or et de soie; et poivoient estre environ sept. Or est vray, que environ demie lieue de ladite ville d'Estremoux, ladite infante de Portugal rencontra l'infante d'Arragon; et là se feirent de grands honneurs à rechepvoir ladite infante d'Arragon. La quarte compaignie quy alla au-devant de ladite infante d'Arragon, fut le roy de Portingal, accompaigné de l'ung de ses fils, nommé l'infant don Jehan, du comte de Varcelles (Barcellos), de pluiseurs archevesques et évesques, prélatz, gens de conseil et de noble chevalerie. Le roy estoit monté sur ung moult beau coursier gris; après luy quatre compaignons, montés sur chevaulx royaulx, vestus de drap damas, vermeil et blanc; et poivoit bien avoir en sa compaignie mil chevaulx; et très gracieusement receut sa belle-fille, ladite infante, laquelle luy voult baiser la main, mais le roy de Portingal ne le volt point souffrir. Là avoit un chevalier quy fist attacher ung cordon d'orphaivrerie et de soie au fraing de la monture de ladite infante; et, ce faict, le roy de Portingal prist le cordon; mais tantost saillirent à terre dix, que barrons que grands seigneurs, pour tenir iceluy cordon et pour accompaigner ladite dame. Et auprès de ladite ville d'Estremoux, les seigneurs du sang royal de Portingal descendirent de leurs chevaulx, et tout à pied accompaignèrent ladite infante. A l'entrée de la porte de ladite ville, se firent pluiseurs esbattements de mistères. Ladite ville estoit tendue de draps des couleurs du roy de Portingal ; c'est assavoir, ciel en haut, les parois (murs), la cauchie (chaussée), tellement que tout estoit couvert, haut et bas. Après les oraisons faictes en l'église, le roy de Portingal mena ladite infante en son hostel, quy moult richement estoit aournée de touttes choses. Là avoit ung riche dressoir, en la salle où le souper se fist, chargié de vaisselle dorée et blanche; et au regard des mets et entremets, que belle chose estoit à le veoir et regarder ! Et le jour de Noël l'infante fut menée en la grande église; et la menoit le roy de Portingal ; et là avoit grand' seigneurie de ducs, de comtes, et de barons, gens d'église, dames et damoiselles. Et là estoient officiers d'armes, trompettes et clarons, et aultres ménestreulx ; et après le divin service faict, fut ramenée en sa chambre ; et tost après le roy l'alla querrir, et l'amena en la salle moult richement parée. Le roy s'assist à table, et au-dessous de luy ladite infante, et à sa sénestre, sa fille, infante de Portingal. Le roy fut servy de ses quatre enfants ; c'est assavoir l'infant don Piettre, l'infant don Henry, l'infant don Jehan et l'infant don Ferrand, quy moult humblement servirent. Et quant au regard des mets et entremets, pavons et aultres oiseaulx revestus et armoiez, entre lesquels y eult cinq banières de cinq royaulmes, premier d'Angleterre, de Castille, de Portingal, d'Arragon et de Navarre ; puis sonnèrent pluiseurs trompettes et ménestreulx ; et che faict, fut amené ung coursier couvert des devises du roy de Portingal, et dessus icelui coursier avoit ung sacq, et dedans ce sacq quarante mille royaulx; et avec che avoit ung cheval houchié (houssé) de velous bleu, sur quoy le roy d'armes de Portingal monta et alla devant la grand' table; et là descendit et merchia le roy de Portingal bien honnourablement des quarante mille royaulx qu'il avoit donnés aulx officiers d'armes, trompettes et ménestreulx; puis remonta sur son cheval et cria largesse par trois fois au roy de Portingal. En ce mesme jour, le roy de Portingal mena sa belle-fille, infante d'Arragon, au logis de Sainct-François, où estoit son aisné fils Édouard, dont encore cy n'a esté faicte mencion. Chevaulx feurent amenés. Pour ladite infante, estoit ordonnée une blanche haquenée moult richement garnie de riche tissu d'or cramoisi; et avec che, drechié brodures de perles pour le monter à cheval. Et feurent auprès d'elle les infants Piettre, duc de Cuimbre, et l'infant don Henry, duc de Vislu, quy tenoient une tablette d'argent, bien dorée et richement ouvrée, sur laquelle ladite infante monta sur sa haquenée; et elle montée, les dessusdits infants don Piettre et don Henry, prindrent au destre et senestre la bride de ladite haquenée; et ainsy à pied la menèrent. Et derrière iceulx deux estoient, tant à destre comme à senestre, les infants don Jehan et don Fernand, les comtes d'Orin, et de Reolles, et de Vasconselles, don Allephons, don Sanche, don Henry de Castille, et pluiseurs aultres grands seigneurs, chevaliers et escuyers. Après estoient les dames et damoiselles, et tout à pied, excepté le roy et ladite infante. Et pour che que il estoit nuict, y avoit de cent à six vingts torches. Et est vray que dame Isabel, fille du roy de Portingal, estoit devant au lieu des Cordeliers, accompaignié du comte de Barselles, et de pluiseurs prélats et seigneurs, pour rechepvoir sa belle-sœur l'infante d'Arragon. A l'entrée du monastère, le roy descendit de son cheval, et l'infante fut descendue par les quatre infants don Piettre, don Henry, don Jehan et don Fernand, par eulx mesmes, en sa chambre quy moult richement estoit parée; et le roy de Portingal et ses enfants se retirèrent en une salle; et fust là apporté le vin par manière de collacion; et fut le roy servy par son maisné fils l'infant don Fernand; après fut servy l'infant don Piettre, après, l'infant don Henry et l'infant don Jehan par grands seigneurs de leur lignaige, tant de dragioire, de vin que de la serviette.

Et che faict, le roy retourna en son chastel, accompaignié de ses enfants et seigneurs de son sang; et après que le roy fut en sa chambre, les enfants du roy et tous les chevaliers et escuyers du sang royal retournèrent devers ladite infante d'Arragon. Et en une belle grand' salle s'assemblèrent, où là furent dansses de pluiseurs instrumens, et aussy de chansons, et après les dansses s'apportèrent vin et espices, et les enfants don Piettre, don Henry, don Jehan et don Fernand servirent leur aisné frère don Edouard, et leur belle sœur l'infante d'Arragon; et che faict se retourna honourablement en son logis. A lendemain se fist grand disner, que l'infant don Édouard seigneur de nopces fist, où le roy de Portingal son père fut, moult bel et sollempnel de tous services, tel et sy grand que chacun peut pensier; et ainsy se passa la noble feste du dessusdit infant Édouard et de ladite infante d'Arragon; lequel infant Edouard fut depuis roy de Portingal; et de celle dame eust de beaulx enfants, dont l'aisné fut roy de Portingal, quy en l'an mil quatre cent soixante-cinq, estoit tenu l'ung des vaillants princes de la chrétienté, et quy fist de belles conquestes sur les Sarrazins, ès pays d'Affrique, comme icelles sont bien ad plain déclarées ès cronicques quy en font mencion. Atant en lairay à parler, et parleray du duc et de madame Isabel de Portingal.

CHAPITRE CLV.

Comment madame Ysabel de Portingal arriva à l'Escluse, en Flandres, où elle fut honorablement receue; de la solemnité et feste des nopces du duc et d'elle, quy se tint à Bruges; et des joustes et esbattemens quy se y feirent; et des seigneurs et dames quy se trouvèrent à ladite feste.

Après icelle belle feste accomplie, et la responce faicte aux ambassadeurs du duc, le roy Jehan de Portingal fut content du mariage, et envoya sadite fille, dame Isabel, grandement et honourablement accompaigniée de l'infant don Ferrand, frère de ladite dame, le comte d'Orin et pluiseurs aultres grands seigneurs, dames et damoiselles, devers le duc. Laquelle dame arriva au port de l'Escluse, en décembre mil quatre cents vingt-neuf, où elle fut bien et honourablement receue; et là elle fut environ huict jours pour elle et ses gens ung peu refaire de la mer, car ils y eulrent tourment merveilleulx, et tant que pluiseurs des navires laissèrent l'ung l'aultre, dont les ungs arrivèrent en Angleterre, les aultres en Bretagne; mais, par la grâce de Dieu, tost retourna à l'Escluse. Après que ladite dame eut séjourné à l'Escluse, elle entra à Bruges, le huitième jour du mois de janvier, l'an mil quatre cents vingt-neuf; mais avant son entrée, il fault parler de l'hostel du duc à Bruges, où les nopces se feirent.

Il estoit ordonné, il est vrai, que pluiseurs et notables édifices audit hostel, dont les aulcuns estoient à estre mis sur les aultres à durer. Et pour engrandir ledit hostel, y fut appliquée une rue tenant audit hostel pour y applicquier et ordonner plusieurs esdifices; laquelle rue fut murée aulx deulx bouts. Or fault parler dudit hostel. Il est vrai que dedans la machonnerie dudit hostel, sur la grant rue fut ung moult bel et grant lyon de fust (bois), très richement peint, et ordonnez pour toujours durer accroupi; et tenoit en l'une de ses pattes de devant ung fusil, et en l'autre une pierre, et de celle pierre sourdoit vin blanc et vermeil, par certain artifice, et chéoit devant lui en ung grant bachin assez hault, habandonnez à prendre à tous ceulx et celles qui y vouldroient venir; et y fut celle course de vin durant jour et nuict de la feste. Dedans ledict hostel, emmi la cour, y avoit faict ung cerf pareillement encaissé en ung mur, pour y laissier tousjours, lequel tenoit une fiolle dans sa patte, et rendoit son ypocras à tous venanz, qui chéoit devant lui en ung grant bassin; et estoit richement ordonné dedans une grant salle faicte de fust (bois) toute neufve, dont on parlera ci-après. Il y avoit pareillement faicte une licorne bien grande et richement aournrée, qui portoit en son front devant une licorne fine toute entière d'une pièce, laquelle avoit de longueur entre sept et huit peiz, qui par une petite ampoullette, qu'elle tenoit en sa patte devant elle, rendoit son eau rose chéant devant lui, comme dict est, en ung bachin, là où se povoient tous ceulx et celles rafraîchir, qui là dansèrent ou se virent. Dedans l'hostel furent faicts pluiseurs beaux édifices, lesquels ont esté abattus; c'est à savoir, trois grandes cuisines, trois rotisseries, grandes et plantureuses, six drescheoirs pour les viandes rechepvoir, les uns pour potaiges, les autres pour boullis, autres pour gellées, autres pour rostz, autres pour paticheries, autres pour fruis et entremetz; et surtout ung grant et principal, auquel tous les autres rendoient. Et avec ce fut faicte neupve, pour abattre une grande salle de fust, qui avoit cent et quarante-six pieds de long, et de largeur soixante-treize; et à l'un des bouts y avoit une belle et grande cheminée, et à l'autre desbouts estoient les portes et entrées; laquelle salle estoit moult bien et richement parée; et à chascun costé de la salle ung drescheoir, dont chascun portoit vingt pieds de long; et si estoit sur deulx pas de hault, et au costé ung petit huis pour y entrer et yssir, et portoit chascun drescheoir, estages de haulteur chascun de deulx pieds et demi de hault. Dedans ladicte salle avoit dessure une chambre de parement, faicte pareillement pour abattre; dedans laquelle chambre avoit ung lit qui portoit dix-huit pieds de long et douze de lées. Par icelle chambre entroit-on dedans le grand hostel anchien. Dedans ladicte salle y avoit faict un moult bel hourdis (échaffaud) et hault, sur un des costés, là où les héraults se tenoient pour regarder les estats, et pour crier les festes; et là sonnoient les trompettes et ménestreulx pour danser. En icelui eschauffault, povoient bien entrer soixante hommes. Le comble tout de la salle estoit tendu par dedans, depuis les pens jusqu'à la festissure, de drap neuf de trois coulleurs, c'est asçavoir vermeil, bleu et blancq, et tous semés de la devise du duc; c'estoit ung fusil à pierres enflambées; et au montant de la salle, au milieu, y avoit attachié ung arbre bien branchu, doré moult richement, en ung moult bel et riche préau; auquel arbre doré pendoient grans escus armoyez des armes des seigneurs et pays du duc; et sur le comble de ladicte salle, par dehors, y avoit assises grandes banières des armes des pays du duc. Sur les drescheoirs, les trois estages estoient couvers et chargiez de vaisselles fines d'or, et les deux estages d'en bas de moult riche vaisselle d'argent doré, par grans vaisseaulx; et au milieu de la salle y avoit chandeliers croisiez de fust pendanz, emplis de torchins de chire, que fesoit moult bel veoir ardeoir par nuict. La chapelle, la grant salle anchienne, et toutes les chambres, celle de madame de Bethfort, et toutes les autres, connues et non connues, furent tant richement tendues de tapisseries que c'estoit une grant merveille à penser; et en aulcunes chambres et salles, là où il appartenoit, grans drescheoirs chargiez de vaisselle d'or et d'argent, par grant habondance, et partout l'hostel servis à toutes les heures disners et souppers tous en vaisselle d'argent; et tousjours demouroient les susdits drescheoirs fournis, tant que c'estoit grant noblesse.

Or, fault parler de ceulx qui vindrent en ladicte ville de Bruges pour estre à celle noble feste. Vray est que il y vint pluiseurs grans seigneurs et barons, nobles chevaliers et escuyers, dames et damoiselles dont je me passe en brief, car on peult assez sçavoir leur grant puissance et estat, telz que le comte de Conversan, qui depuis fut comte de Sainct-Pol, et ses deulx enffans; l'évesque de Liége, le comte de Blanquenehem, messire Jehan de Luxembourg, qui depuis fut comte de Ligny et de Guise; le seigneur d'Anthoing, le seigneur de Préaulx, le vidame d'Amiens, le seigneur de Montagu, et pluiseurs autres, tant de Bourgongne, de Picardie, de Flandres, de Hollande, de Zellande, que de ailleurs.

Après, fault parler des dames; et première, madame Anne de Bourgongne, duchesse de Bethfort, femme et espouse du régent de France; pour lors laquelle dame estoit tenue l'une des gracieuses du monde. Si fault croire que en grant estat de chevaliers et escuyers, dames et damoiselles, et tous habillements, tels que à princesses appartenoient, elle estoit aournée (ornée) et furnie. La comtesse de Namur, douagière, y vinst à moult bel estat, grandement accompaignée de chevaliers et escuyers, tous vestus de sa livrée de drap de sathin noir, ouvrée d'orphaivrerie, ou nombre de cent chevaulx ou plus, moult bien accompaigniez aussy de dames et damoiselles, vestues pareillement, chascune selon son estat; et l'accompagnoit la dame de Santes, atout ung chariot et seize chevaulx, ses gens parés de la livrée du seigneur de Santes. La dame de Beaurevoir, femme de messire Jehan de Luxembourg, y entra le vendredy sixiesme jour de janvier, moult noblement accompaigniée de chevaliers et escuyers, au nombre de six vingts chevaulx. Elle estoit en ung chariot moult riche, tout garny et couvert de drap d'or, et ensuivant après, six gentilz hommes sur haquenées moult bien parées, et deulx varletz sur deulx chevaulx, menants deulx haquenées en main. La dame d'Antoing vinst grandement accompaigniée à quatre cents chevaux, menant deulx haquenées en main par deulx varletz. Si estoit en sa compaignie la dame de Croisilles, sa niepce; et estoit ladicte dame de Croisilles à cheval, accompaignié de cinq dames et damoiselles moult richement habillées, et grant foison de chevaliers, escuyers et aultres portants la livrée du seigneur d'Antoing, robbes vermeilles bien brodées. La séneschale de Hainault vinst ledict jour, bien accompaigniée de quatre-vingts chevaulx ou environ, où il y avoit pluiseurs nottables chevaliers, escuyers, dames et damoiselles, parés de sa livrée moult honourablement. Après, vindrent pluiseurs dames et damoiselles du pays de Flandres, en grants estats, dont je ne ferai icy mémoire; car de tout leur estat racompter la matière seroit trop longue. Le samedi septiesme jour de janvier, le duc espousa en la ville de l'Escluze madame Elisabeth de Portingal; et n'y eult pas grants estats ne serimonies faictes aux espousages, fors que il y eult aulcuns de ses princes, seigneurs et barons; et de par la dame pareillement y estoient son frère l'infant don Ferrand, le comte d'Orin (Ourem), nepveu de ladicte dame, l'évesque d'Euvre (Evora) en Portingal. Si y avoit dames, seigneurs et barons: assavoir, don Sansse, don Ferrand de Menesse, don Ferrand de Castro, don Jean de Castro, et pluiseurs aultres nobles et grants seigneurs et escuyers. Si y avoit pluiseurs dames et damoiselles venants du pays de Portingal, au nombre de vingt ou vingt-quatre; somme toutte, tant seigneurs qu'aultres gens, deux mille ou environ, et la plus grande partie vestus de la livrée de ladicte dame, robbes bleues, brodées bien richement de sa devise. Le dimanche au matin ensuivant, huitiesme jour dudict mois, ledict duc se mit sur l'eaue, accompaignié de ses gens, et six vaisseaulx bien ordonnés et habillés, et armoyés dudict pays de Portingal; et arriva au dehors de Bruges, joindant la porte, à dix heures du matin. Si allèrent au-devant les collèges par processions; peuple y estoit grand. Ceulx de Bruges, de Gand et d'aultres bonnes villes de Flandres y estoient en moult grant estat et magnificence; et allèrent au-devant de ladicte dame tous les nobles seigneurs du pays de dehors, qui estoient venus à ladicte feste. Mais ce ne povoit durer longuement en ordonnance qu'il les convenoit retrayre, pour la grant presse qui y estoit. Là il y avoit ung chariot pendant, moult richement doré, couvert de drap d'or, que la régente de France sœur du duc avoit envoyé et fait présent à madicte dame; dont on disoit pour vray que ès pommeaulx dudict chariot avoit plus de six marcs d'argent doré et esmaillé moult richement. Il y avoit aussy une moult riche littière faicte neuve, tant richement que il n'estoit point à penser; sur quoy ladicte dame monta seule, adournée à l'usaige de France, accompaignée de toute gentillesse, allant à pied d'un costé et d'aultre, tenant ladicte dame, et les deulx destriers qui portoient la litière, sans nul gent de cheval, sinon deulx, dont l'ung fut don Ferrant son frère, et le seigneur de Roubaix, pour ce qu'il ne povoit aller à pied; car aultrement ne fut-il pas de cheval; et puis derrière grand foison chevaliers et escuyers. Et tous les barons, chevaliers et escuyers de Portingal, alloient à pied; pareillement roy d'armes, trompettes, héraulx et manestreulx, qui aussy la conduirent jusques à l'hostel du duc. Et fut sur le chemin parmi la ville près de deulx heures avant qu'elle fust descendue dedans l'hostel du duc, pour cause de la grant presse de peuple qui lors estoit dedans la ville. Tout au long de la ville, les rues estoient parées de drap vermeil, sans nulles aultres couleurs, et tous les mestiers mis en ordonnance de degré en degré, moult nottablement, et à grant nombre de gens; et avoient leurs trompettes d'argent, comme il est accoutumé de carrefour en carrefour. Et à chascune compai-

gnie, les grans pots d'argent emplis de vin pour
eulx raffraischir, qui sont trois mestiers, auxquels
y avoit par nombre cent et cinquante trompettes
d'argent, sans les aultres instruments, qui faisoient
moult grant esbaudissements par la ville. Et par dedans le marchié, depuis ung bout jusques à l'aultre,
y avoit faicte une nœufve rue de haut bourdis (échaffaud), tout chargié de peuple; et tout au long d'icelle rue, et de là, jusques à l'hostel du duc, estoient en ordonnance archiers et arbalestriers; et,
auprès de la porte, y avoit, tout en une compagnie
soixante-seize trompettes, qui touttes bondissoient
en une fois. Et ainsi entra madicte dame en l'hostel du duc, son seigneur et mari. Ladicte dame
entra dedans la cour, et alla jusques au pied des
degrés, en l'anchienne salle, et là descendit, là
où la vinst bienvegnier la duchesse de Bethfort,
régente de France, accompaigniée moult grandement des nobles dames et damoiselles, tant de
celles de son hostel comme de celles qui estoient
venues à ladicte feste. Si entrèrent en la chappelle,
où le service divin fust nottablement et révéremment faict. Apprès, les dames se rafraischirent, et
prindrent nouveaux habits et ahornements de plus
nobles en plus nobles; et puis, par ladicte grant
chambre nœufve, la dame entra dedans ladicte salle.
Si l'admenoient son frère et son nepveu dessusdit;
et puis la suivoient touttes les dames amenées de
son pays. Et fust ainsi une espace dedans ladicte
salle; et puis y vinst un petit de temps la duchesse

de Bethfort, accompaigniée moult grandement. Une petite espace apprès, vinst le duc accompaignié des seigneurs, barons et chevalliers moult richement aornés et habilliés de tant riches habits et joyaulx, que merveilles seroit à raccouter; et n'y arresta gaires, depuis qu'il eust les dames bienveignées, qu'il ne se partist, et mangea en sa chambre privément. Apprès que le duc fust parti, s'assirent les dames par la manière qu'il s'ensuit : première s'assist ladicte dame; et auprès de lui au-dessous, la duchesse de Bethfort; au dextre de ladicte dame, son frère; et puis, tout au-dessus, deulx évesques, celui d'Evre (Evora), en Portingal, et celui de Tournay; au-dessous, la douagière de Namur; et puis, tout au-dessous, la dame de Beaurevoir. Et sur ladicte table, avoit trois riches nefs d'or et d'argent, pour mectre aumosne. L'une servoit devant ladicte dame, l'autre devant la régente, et la tierce devant l'infant don Ferrand. Quant à la seconde table où séoient les dames, il n'y eust point parfaicte ordonnance, pour la presse de la gent qui y vindrent trop abondamment; et se y remurent pluiseurs dames que on sist où on poeult trouver place. Si séoient, première, madame de Bauseguy, puis la séneschale de Hainault, puis la dame d'Antoing, la dame de Beauvergier, la dame femme de monseigneur Philippe de Montmorenci, la dame de Santes; et touttes celles venants de Portingal, furent touttes à une table ensemble. Au service, devant les mets de la grant table, alloient pluiseurs grants seigneurs, tels que l'évesque de Liége, le seigneur d'Enghien, messire Jehan de Luxembourg, le seigneur d'Antoing, le comte de Bosquenehen, et bien vingt chevalliers de l'hostel du duc. Et créez que c'estoit bel à veoir celle noble compaignie et ordonnance. A chacun mests, avoit entremests, et à chacun plat ung; dont le premier fust une dame et ung préau large, plus que n'est ung grant plat, en tenoit icelle dame, une banière en sa main, armoyée des armes du duc; et, à l'aultre main, menoit une licorne vestue d'un mantel ainsi armoyé. A chacun plat du second mests, y avoient dames qui tenoient en l'une des mains, petits penoncheaux, armoyés des armes dessusdictes; et, à l'aultre main, menoient chièvres enmantelés desdictes armes; pareillement au tiers mests, y avoit hommes saulvaiges à cheval sur pourchelets rostis, aussi armoyés des armes dessusdictes. Au quart mests, haults chasteaux quarrés à quatre tours, et au milieu une grosse tour, là où il avoit sur la terraisse un homme saulvaige, tenant une banière des armes du duc; et à chascune des quatre tours sur la terraisse, une dame tenant ung penon armoyé des armes de ses pays. En la fin y eust ung grant entremests d'ung grant pasté, où il y avoit ung mouton tout vif, teint en bleu, et les cornes dorées de fin or. En icelle pasté, avoit ung homme nommé Hansse, le plus appert que on sceut, vestu en habit de beste saulvaige; et quant le pasté fust ouvert, le mouton saillit en bas, et l'homme, sur le bout de la table, et alla au long de l'appuye du banc, lutter et riber (folâtrer) à madame d'Or, une moult gracieuse folle, et qui bien sçavoit estre, qui estoit assise au milieu des deulx grants dames, aussi haut que l'appuye du banc. Et en lutter et en riber, firent moult d'esbattements; et d'aultre part penssez que assez y eust d'esbattements aultres, tant de trompettes, menestreux et de moult divers instruments; et estoit près de vespre, avant que on eust disné. Apprès le disner et les grâces dictes, les dames se retrayrent et prindrent nouveaux habits. Aussi se mirent tous les seigneurs et chevalliers, d'abits pareillement, deulx ou trois fois. Sy y eust vingt-un chevalliers qui estoient de la compaignie du duc, vestus paraux de robbes et heucques (robes) chargiées d'orphaivreries riches et pesantes; et danssèrent jusques apprès mie nuict, que on fist crier, qui estoit près du jour, unes joustes pour lendemain; puis se fist le banquet.

Le lendemain, joustèrent moult radement sur le marchié de Bruges, où on joustoit à trois rangs; et durèrent les joustes, le lundy, mardy, mercredy et jeudy; sy se reposèrent le vendredy; et toujours y eust prix d'armes pour la jouste aulx chevalliers et escuyers du dehors et du dedans. Sy y eust de moult grants dansseries et de moult grants estats faicts, tant d'habits changiés comme autrement. Mesmement paiges et officiers du duc, tous iceulx jours, muèrent d'habits, tous chargiés d'orphaivrerie, cors et manches de drap de soie et de fourrures, tant richement que on ne polvoit penser. Pour le premier jour à la jouste, le comte de Bosquenehem forjousta de dehors; et eust pour le prix un frémail d'or; comme chevallier, et comme escuyer du dehors, fust Vaincque de Mol; sy eust pour son prix ung rubis. Le chevallier qui forjousta dedans, fust monseigneur de Créquy. Sy eust une chaisne d'or; et l'escuyer de dedans fust Andrieu de Toulonjon; si eust ung diamant. Au second jour, pour le chevallier de dehors, le duc eust ung riche diamant; et l'escuyer de dehors fust Pierre de Vendre, et eust ung frémail d'or; et, pour le chevallier de dedans, le comte de Blanquenehem, et eust ung diamant; et l'escuyer parlant, ung frémail d'or. Le tiers jours, pour le chevallier de dehors, monseigneur de Créquy, ung rubis; l'escuyer, Henry d'Oxen, ung frémail d'or; le chevallier de dedans, le seigneur de Croy, ung rubis; l'escuyer, Anthoine de Villers, ung frémail d'or. Le quatrième jour n'y eust que deulx prix, dont le mieulx faisant de dehors, fust messire Jehan Vasques, chevallier de Portingal; sy eust ung rubis; et dedans, le seigneur de Bussy, sy eust ung diamant. Le sabmedy se fist unes joustes à l'usaige de Portingal, que les Portingallois firent sans donner prix; et furent abbattues touttes les listhes qui estoient sur la place. Sy firent une seule listhe à travers de fort merrien, haute jusques aux espaules des chevaux; et furent tendues de drap bleu tout au long; et, en la fin de la jouste, demoura iceluy drap aulx cocquins, par pièches et bandeaux. Et joustoient aussi au loing de la listhe, l'un d'ung costé, et l'aultre de l'aultre, à escus comme de fin acier, et les heaulmes à la fachon, en selles de guerre; et n'y eust que deulx ou trois estrangiers contre eulx; et dura la jouste assez longuement, à peu rompre de bois; car les roches ne polvoient prendre sur les escus et harnois, nonobstant qu'ils y mettoient grant peine. Et furent assez richement habilliés à l'usage de leur pays. Le merquedy, troisième jour des espousailles, au vespre, que encoires joustoit-on, vinst la duchesse de Clèves; et amenoit avec elle deulx de ses filz. Le damoiseau de Clèves, son filz, estoit avec le duc, lequel alla au-devant de ladicte dame, en la compaignie du duc, lequel y alla au-devant à grant foison de baronnie. Sy entra aussi noblement accompaigniée, sur le vespre, à cheval, moult honorablement et à grant foison de torches. Le dimanche, seiziesme jour du mois, se firent joustes pareilles à celles du sabmedy, et y eust six jousteurs, des pays du duc, avec ceulx de Portingal. Et ainsi se conclud ladicte feste et solempnité, qui fust tant riche et honorable, que mémoire en doit estre à toujours; car je crois que oncques ne furent veues tant de riches robbes de drap d'or et orphaivrerie, que en icelle feste. Et qu'il soit vray, il y eust tant de seigneurs que dames qui firent faire tant de robbes de riches draps d'or tissus, sans celles d'orphaivreries, que les ungs en avoient pour leur corps vingt, les aultres seize, douze, dix, et le moyen estoit de cinq et de six, voire si riches que nul ne le polroit croire, qui ne l'auroit veu. Et quant au duc, sans les draps d'or, il y alloua, tant pour son corps que pour ceulx qu'il vestist pareil de lui, pour les paiges et ceulx de l'escuyrie, qui tous les jours eurent nouveaux marcs d'argent; et furent, tous ses serviteurs, vestus de drap de damas et de satin. Et, comme je ouy dire, que icelle année que le duc espousa ladicte dame Elisabeth, fille du roy de Portingal, il despendit plus de six cent mille salus.

CHAPITRE CLVI.

Comment le duc de Bourgongne, durant la feste de ses nopces, institua et meit sus la noble ordre de la Toison d'or.

Et pour venir à parler de l'ordre de la Toison d'or, vray est que le duc, par grant magnificence, fist, durant cette noble feste assemblée, publier la prise de ladicte noble ordre de la Toison d'or, par son roy d'armes de Flandres, accompagnié moult honorablement de pluiseurs officiers d'armes, et de l'un de ses secrétaires, prononchant les paroles par la manière que s'ensuit :

« Or, oyez, princes et princesses, seigneurs, dames et damoiselles, chevaliers et escuyers. Très hault, très excellent et très puissant prince, monseigneur le duc de Bourgongne, comte de Flandres, d'Arthois et de Bourgongne, palatin de Namur, ce faict sçavoir à tous, que pour la révérence de Dieu et soutenement de notre foi chrestienne, et pour honorer et exaucer la noble ordre de chevalerie, et aussi pour trois causes cy-après déclarées : la première, pour faire honneur aux anchiens chevaliers, qui par leurs nobles et haults faicts sont dignes d'estre recommandés ; la seconde, afin que ceulx qui de présent sont puissants et de force de corps, et exercent tous les jours les faicts appartenants à chevalerie, aient cause de les continuer de bien en mieulx ; et la tierce, afin que les chevaliers et gentilshommes qui verront porter l'ordre, dont cy-après sera toutte honneur ceulx qui le porteront, soient meus de eulx employer en nobles faicts, et eulx nourrir en telles mœurs, que par leurs vaillances ils puissent acquérir bonne renommée et desservir en leur temps d'estre esleus à porter ladicte ordre : mondict seigneur le duc a empreint et mis sus une ordre qui est appelée la Toison-d'Or. Auquel, avec et en oultre la personne d'icelui monseigneur le duc, a vingt-quatre chevaliers, gentilshommes de nom et d'armes, et sans reproches, nés et procréés en léal mariage ; desquels la déclaration des noms et surnoms se ensuivent : c'est assavoir nos très chiers et féaulx, messire Guille de Vienne, seigneur de Sainct-Georges et de Saincte-Croix ; nostre cousin, messire Renier Pot, seigneur de la Prugne et de la Roche de Noulay; messire Jehan, seigneur de Roubaix et de Herzeilles; messire Rollant d'Utequerque, seigneur de Hemsfrode et de Henstruut; messire Anthoine de Vergy, comte de Dampmartin, seigneur de Champlite et Rigney, nostre cousin; messire David de Brimeu, seigneur de Ligny; messire Hues de Lannoy, seigneur de Santes; messire Jehan de Commines; messire Jehan de Toulonjon, seigneur de Traves et de la Bastie, mareschal de Bourgongne; messire Pierre de Luxembourg, comte de Sainct-Pol, de Conversan et Brienne, seigneur d'Enghien, nostre cousin; messire Jehan de La Trimouille, seigneur de Jonvelle, aussi nostre cousin; messire Guilbert de Lannoy, seigneur de Villerval et Tronchiennes; messire Jehan de Luxembourg, comte de Ligny, seigneur de Beaurevoir et de Bohain, nostre cousin; messire Jehan de Villers, seigneur de l'Isle-Adam; messire Anthoine, seigneur de Croy et de Renty, nostre cousin; messire Florimont de Brimeu; messire Robert, seigneur de Mamisnes; messire Jacques de Brimen; messire Baulduin de Lannoy, dit le Beghue, seigneur de Molembaix; messire Pierre de Beffremont, seigneur de Charni; messire Philippe, seigneur de Ternant et de La Motte; messire Jehan de Croy, seigneur de Tours-sur-Marne, nostre cousin; et messire Jehan, seigneur de Créqui et de Canaples. Auxquelz chevaliers dessus nommés, mondict seigneur donne à chacun d'eulx ung collier faict de fusilz, auquel pend la Thoison d'Or; et est l'intention de mondict seigneur le duc de faire briefvement les ordonnances appartenants à ladicte ordre. »

CHAPITRE CLVII.

Des armes quy se firent en la ville d'Arras, entre Franchois et Bourguingnons, dont le duc estoit juge.

Ici laisse à parler des nopces du duc, et parlerai que auparavant dudict mariage; et aussi devant que l'ordre de la Thoison fut mise sus, ainssi que le duc alloit à Paris à grant armée pour ses affaires, en passant devant la cité de Senlis, pour lors tenant le parti contraire du duc, en laquelle cité avoit grant foison de ses ennemis, furent certaines armes emprinses à cheval, de fust (bois) et de fer de lances, de trois chevaliers et ung escuyer des pays du duc, allencontre de trois chevaliers et ung escuyer de la partie adverse, desquelz les noms s'enssuivent : Premiers, le seigneur de Charny, messire Simon de Lalaing, messire Nicolle de Menton et Jehan de Baudrey; et ceulx de la partie adverse estoient messire Théaude de Wallepercque, messire Philibert de Bresy, messire Guillaulme de Bès, et Poton de Saintrailles, lesquelz estoient pour lors en ladicte cité de Senlis. Et mirent les dessus nomméz si longuement à faire leurs armes,

que les espousailles et nopces furent faictes, et
ladicte ordre de la Thoison d'or ordonnée, comme
dessusdict est; et furent les susdictes armes faictes
en la ville d'Arras, au mois de mars enssuivant,
devant le duc, qui estoit juge des dessusdictes armes. Et comme dict est, le premier fut messire
Pierre, seigneur de Charny, allencontre de messire
Philibert de Bresy; lequel de Charny fist ses armes
bien et vaillamment ; et fut ledict Philibert navré
au visaige très durement, et en grant dangier de
mort; et les aultres six firent très bien, sans y avoir
nul ny navré ne bleschié. Toutteffois ledict messire Théode fut porté par terre, luy et son cheval,
par messire Simon de Lalaing, qui depuis fut faict
chevallier dudict ordre de la Thoison d'or. En après
icelles armes, s'en firent unes aultres en ladicte
ville d'Arras, de rencontres de lances, d'ung gentilhomme de Savoye tenant la partie au duc, allencontre de l'Estendart de Milly, bien vaillant
escuyer, qui fut fort bleschié au visaige, pareillement que ledict messire Philibert de Bresy.

CHAPITRE CLVIII.

Comment le duc de Bourgongne asségia la ville de Compiengne, où la Pucelle Jehanne fut prinse par une saillie qu'elle fit; et de pluiseurs aultres faits de guerre.

En l'an 1430, fut le seigneur de l'Isle-Adam, chevalier de ladite ordre de la Thoison-d'Or, ordonné mareschal de France et capitaine de Paris, là où il s'est grandement et notablement gouverné en la garde de ladicte ville de Paris, et en sondict office de mareschal. Environ le vingt-deuxième jour d'avril, an dessusdict, fut envoyé de par le duc une très belle compaignie de chevaliers, escuyers et gens de guerre, de Picardie à Paris; et estoient cinq cents chevaulx ou environ; et estoit leur capitaine le seigneur de Ternant, chevalier dudict ordre de la Thoison-d'Or; et avoit l'estandart les devises du duc; et prinrent Sainct-Mor-des-Fossez, forteresse pour lors adverse, et aultres menues places entour Paris. Et avec ce estoit ledict seigneur de Ternant capitaine-général du pays de Brie; et prinrent ses gens la ville de Coulleuvres-en-Brie, d'eschielles; et fist le seigneur de Ternant de belles besongnes audict pays de France et de Brie en fait de guerre. Ou mois de may ensuivant, fist le duc une très belle et grande armée

pour aller au siége de Compiengne où estoient ses
ennemis. En laquelle compaignie estoient de ladicte ordre haulx et puissants seigneurs; c'est
assavoir messire Philippe de Luxembourg, comte
de Ligny, le seigneur de Créquy, messire Hue
de Lannoy, le seigneur de Commines, messire
Jacques, messire David, messire Florimond de
Brimeu, et le Bégue de Lannoy, tous chevaliers
dudict ordre de la Thoison-d'Or, accompaigniés
grandement et notablement; et y eult pluiseurs
places et forteresses qui se rendirent en allant audict siége. Au mois de may, an dessusdict, le
duc mist le siége devant une forteresse séant sur
la rivière d'Enne, près de la ville de Compiengne,
nommée le Pont-à-Choisy; et falloit passer une
grosse rivière, nommée Oize; et la passoit-on à
ung villaige nommé le Pont-l'Evesque, assez près
de la cité de Noyon; et estoit ledict passage gardé
de deulx vaillants chevalliers d'Angleterre, et en
iceluy s'estoient les adversaires du duc assemblés
en grant nombre pour combattre le duc. Et là estoit Jehanne la Pucelle, laquelle estoit comme
chief de la guerre du roy, adversaire pour lors du
duc; et créoient les adversaires qu'elle mettroit
les guerres à fin, car elle disoit qu'il luy estoit
révélé par la bouche de Dieu et d'aulcuns saincts.
Si conclurent lesdicts adversaires d'aller ruer jus
ceulx qui gardoient ledict pont; et de faict les allèrent assaillir très rudement; mais les chevalliers
dessusdicts se défendirent si vaillamment, que les

ennemis ne les peulrent grever; et aussy le seigneur de Saveuses, et aultres des gens du duc, les vindrent aydier et secourir en toute diligence; et y eult grant foison de navrés d'ung costé et d'aultre; et ne firent lesdicts adversaires aultre chose pour l'eure, ains retournèrent chascun en leurs villes et forteresses, et les chevalliers demourèrent, gardants le pont tant que le duc fust devant ledict Pont-à-Choisy, où il fust dix jours; et s'enfuirent ceulx de ladicte place. Et tantost après que le duc eust prins ledict Pont-à-Choisy, repassa ledict pont et rivière, et se logea à une lieue près de Compiengne, et son ost ès villaiges près de ladicte ville. Et ainsi le duc ordonnoit ses gens pour mettre son siége devant ladicte ville de Compiengne, qui est grosse et grande ville, de grant tour, et enclose en partie de deulx rivières d'Oize et d'Enne, qui assemblent devant ladicte ville, ou assez près; et estoit capitaine de ladicte ville de Compiengne un escuyer nommé Guille de Flain, lequel faisoit de grants maulx ès pays du duc. Adont vinst en la ville de Compiengne la Pucelle par nuit, et y fust deulx nuits et ung jour; et au deuxiesme jour dist qu'elle avoit eu révélation de Dieu qu'elle mettroit à desconfiture les Bourgongnons. Si fist fermer les portes de ladicte ville, et assembla ses gens et ceulx de la ville, et leur dit la révélation, laquelle luy estoit faicte comme elle disoit; c'est assavoir que Dieu lui avoit faict dire par saincte Catherine qu'elle issist ce jour allencontre de ses ennemis, et qu'elle desconfiroit le duc, et seroit prins de sa personne, et tous ses gens prins, morts et mis en fuite, et que de ce ne faisoit nul doubte. Or est vray que par la créance que les gens de son party avoient en elle, la crurent. Et furent ce jour les portes fermées jusques environ deulx heures après midy, que la Pucelle issit, montée sur ung moult bel coursier, très bien armée de plain harnois, et par-dessus une riche heucque (robe) de drap d'or vermeil; et après elle son estendart, et tous les gens de guerre estant en la ville de Compiengne; et s'en allèrent en très belle ordonnance assaillir les gens des premiers logis du duc. Là estoit un vaillant chevallier nommé Bauldot de Noyelle, qui depuis fust chevalier de l'ordre de la Toison-d'Or, lequel, luy et ses gens, se deffendirent moult vaillamment, nonobstant qu'ils furent sous-prins; et pendant l'assault, le comte de Ligny en sa compaignie le seigneur de Créquy, tous deulx chevaliers de l'ordre de la Thoison-d'Or, à bien petit nombre de gens se mirent à approchier la Pucelle et ses gens; laquelle pour la résistance qu'elle avoit trouvée au logis dudict Bauldot de Noyelle, et aussy pour le grant nombre des gens du duc, qui, de toutes parts, arrivoient où la noise estoit, si commenchèrent à retrayre. Si se frappèrent les Bourguignons dedans si très rudement, que pluiseurs en furent prins, morts et noyés. Et la Pucelle si soustenoit toute la dernière le faiz de ses adversaires; et y fut prinse par l'un des gens du comte de Ligny, et le frère de la Pucelle et son maistre d'hostel. Laquelle Pucelle fut menée à grant joie devers le duc, lequel venoit en toute diligence en l'ayde et secours de ses gens; lequel fut moult joyeulx de la prinse d'icelle, pour le grant nom qu'elle avoit; car il ne sembloit point à pluiseurs de son party que ses œuvres ne fussent miraculeuses. Et tantost après ladicte prinse, le duc se logea assez près de la ville de Compiengne. Auprès du logis du duc furent faictes mines et approces allendroit de ung fort bolvercq qui estoit au pont de la ville, où avoit forte garde; et là y eult maintes belles escarmouches tant d'ung costé que d'aultre; et si fust le bolvercq tant approchié que, par force d'armes et de bel assault, fut prins; et peu y eult de ceulx qui le gardoient qui ne fussent tous noyés, morts ou prins.

CHAPITRE CLIX.

Comment les Liégeois commenchèrent la guerre contre les Namurois, boutants feu en pluiseurs endroits.

En iceluy temps, le duc estant devant Compiengne, firent les Liégeois, quy avoient abstinence de guerre du duc, à certain temps dict, pluiseurs assemblés ensemble; et finablement conclurent de eulx mectre en armes à puissance, et aller destruire sa comté de Namur, sans luy demander le dédit de guerre. Et se mirent sus, et commencèrent à boutter feux en pluiseurs lieux; et prirent le chastel de Beaufort, qui par ung nommé Henri de Genne avoit esté abandonné. Ces choses venues à la connoissance du duc, luy estant devant Compiengne, par bonne discrétion et délibéracion du conseil, fut ordonné que le seigneur de Croy iroit à Namur pour résister allencontre desdits Liégeois, en nombre de sept à huit cents; et arriva en la ville de Namur le seizième jour de juing; et trouva ceulx de la ville et du pays entour moult desconfortés, combien que iceulx Liégeois ne tenoient encoires les champs à puissance.

CHAPITRE CLX.

Comment le comte de Ligny mist le siége devant Crespy, en Laonnois, qui luy feut rendue, et la cité de Soissons luy fist obéissance au nom du duc de Bourgongne.

Audict mois de juing, arrivèrent devers le duc, devant Compiengne, deulx comtes d'Angleterre, assavoir le comte de Hontiton et le comte d'Arondel; et amenèrent avecque eulx environ deulx mille combattants. Et adont les deulx chevalliers d'Angleterre, quy gardèrent le pont dont dessus est parlé, s'en allèrent à Paris; et, durant iceluy siége de Compiengne, fut le siége mis devant la ville de Vittry, des adversaires du duc. Che venu à sa connoissance, par délibéracion du conseil, y envoya le comte de Ligny parmy le pays de Lannois, pour lors adversaire du duc, et y fist de grands gasts; et mist le siége devant la ville de Crespy en Lannois, et luy fut rendue; et de là, en retournant audict siége de Compiengne fut devant la cité de Soissons; et fist tant que la dicte cité luy fist obéissance pour et au nom du duc, et luy fut rendue.

CHAPITRE CLXI.

Du trespas du duc Philippe de Brabant; et comment le duc de Bourgongne print possession de la duché; de pluiseurs faicts d'armes quy se firent durant le siége de Compiengne; et comment il fut délaissé.

Or est vray que, le quinzième jour du mois d'aoust, vindrent nouvelles au duc, que Philippes, duc de Brabant, son cousin germain, estoit allé de vie à trespas; et, pour icelle cause, se partist le duc de son logis, pour aller audict pays de Brabant, lequel pays, par le trespas de sondict cousin, luy estoit escheu; pourquoy il alla prendre la possession dudict pays, et ordonna le comte de Ligny comme chief dudit logis de Compiengne; et si demoururent les deulx comtes d'Angleterre dessus nommés, et estoient de trois à quatre mille combattants. Au mois de septembre ensuivant, après le partement du duc, le comte de Ligny, messire Hue de Lannoy, le seigneur de Créquy, et pluiseurs aultres, passèrent la rivière d'Oise, assez près de Compiengne, à ung pont faict de bateaulx, pour asségier la dicte ville; car encore n'estoit-elle point asségiée, ne n'y avoit siége que d'ung costé, et par bastilles, assez près de ladicte ville, bien garnies de gens de guerre. Les deulx comtes d'Angleterre ne se bougèrent de leurs logis, lesquels estoient à ung village nommé Venettes, à un quart de lieue de la ville; et, quand lesdits chevaliers furent passés ladicte rivière, ils advisèrent que à si petit nombre de gens que ils estoient, veu le grant tour de la ville, ils ne pouvoient asségier ladicte ville tout au tour. Si ordonnèrent à faire une bastille devant la plus forte porte de la dicte ville, du costé de la forest, la où les advenues des adversaires estoient, tant de ravitaillement que d'avoir secours. Si fut icelle bastille faicte et dreschiée devant icelle porte et gardée par le seigneur de Créquy et messire Florimont de Brimeu, chevalliers de l'ordre de la Thoison d'or; et là y eult maintes belles escarmouches, et de grants armes faictes à dreschier ledict bastillon, quy oncques ne fut parfaict. Et dura icelle logis l'espace de cincq mois passés; et, environ le mois d'octobre, s'assemblèrent les adversaires du duc, jusques au nombre de quatre mille combattants, ou plus, et vindrent ravitailler ladicte ville de Compiengne; et, quant les nouvelles furent venues à ceulx dudict logis, si leur fut acertené que iceulx venoient pour combattre; et lors les comtes de Hontiton, Ligny, Arondel, et messire Hue de Lannoy, ordonnèrent leurs gens pour combattre; et furent les quatre bastilles fermées de bonnes gens de guerre pour les garder. Si arrivèrent les susdits adversaires en une place, environ une petite lieue de ladicte ville; et les seigneurs dessusdits sachants leur venue, cuidants que lesdicts adversaires venissent combattre, marchèrent en bataille, tous à pied jusques à ladite place, pour le grant désir que ils avoient de combattre. Et, quand che vint à l'aborder ensemble, les dessusdits adversaires se départirent sans combattre; et s'en allèrent ceulx de cheval à course de leurs chevaulx; et ceulx de pied se frappèrent dedans la forest; et là y eult desdits adversaires, que morts que prins, environ trente. Si convint les seigneurs dessusdits retourner à pied, comme dessus est dict; et iceulx comtes et seigneurs revenus, trouvèrent les adversaires en belle ordonnance et bataille, et à cheval, entre la ville et la forest; et là se monstrèrent bien gens de guerre. Si commencha une escarmouche entre les deulx batailles. Et, pour vray dire, se ils eussent combattu l'ung l'aultre, la bataille eult esté mortelle, car la besongne estoit très hayneuse, et si avoit des vaillants hommes d'ung costé et d'aultre. Mais à peine se pou-

voit-il faire que il y eult bataille; car les gens du
duc ne voulloient combattre que à pied, et les adversaires à cheval; si estoit chascun sur sa garde.
Mais, pendant icelle escarmouche, les dessusdits
adversaires avoient envoyé de leurs gens de pied
dedans la ville de Compiengne, lesquels, avecque
ceulx de la ville, assaillirent la bastille où le seigneur de Créquy, messire Florimont, et messire
Jacques de Brimeu estoient. Or ne pouvoient ceulx
de la bastille veoir leurs gens, estants en bataille,
comme dessus est dict; et, pour che, avoit esté dict
à ceux de Créquy, et de Brimeu que ils feissent
gecter canons, se on les assailloit. Lesquels signes
ne furent point ouis; et, par ainsi, ne fut point
ladicte bastille secourue; et fut prinse de bel assault. Et furent prins les seigneurs de Brimeu et
Créquy, et pluiseurs aultres; et furent morts bien
trente de leurs gens. Entre lesquels y fut mort le
seigneur de Limères, le chastelain Archambault de
Brimeu; et tantost apprès fut porté à la congnoissance des comtes de Hontiton, de Ligny et d'Arondel, lesquels en furent terriblement troublés;
et non sans cause, car ils avoient faict une grant
perte. Et lors feirent par un roy d'armes sommer
leurs ennemis et requérir la bataille. Mais ils ne
feirent à che propos point de responce. Si demourèrent les dessusdits en bataille, l'ung devant
l'aultre, jusques aulx vespres, que les adversaires
entrèrent dedans ladite ville, et y bouttèrent grant
foison de vivres que ils avoient amenées sur che-

vaulx en main; et les gens du duc, tous ensemble, repassèrent la rivière d'Oise à ung pont faict de batteaulx, qui pour lesdictes bastilles et logis avoit esté faict.

Le lendemain bien mattin, les adversaires issirent de la ville, et allèrent assaillir trois bastilles qui estoient près de la ville, et en prinrent les deulx, et la troisième se tint; et che faict, lesdicts adversaires se retrayrent dedans la ville. Et ce venu à la cognoissance du comte de Ligny, qui n'avoit nulle voullenté de partir, s'en alla où lesdictes bastilles avoient esté gardées; et faisoit son compte de là attendre le duc auquel il avoit mandé l'adventure du jour; et tout ainsi que le comte de Ligny ordonnoit remectre gens dedans lesdictes bastilles, on lui vint dire que les deulx comtes d'Angleterre, de Hontiton et d'Arondel s'en voulloient aller, en disant que le paiement de leurs gens estoit failli, passé avoit huit jours, et que sans argent ne demouroient plus. Pour quoy le comte de Ligny, tant dolant que plus ne povoit, alla devers les susdits comtes d'Angleterre, et les requit qu'ils voulsissent demourer jusques atant que on fust revenu de devers le duc; mais ce ne vouldrent-ils point faire, et se conclurent d'eulx partir. Lors tint le comte de Ligey conseil avec la noblesse qui avec luy estoit. Sy fut advisé que, puisque on ne povoit faire demourer lesdits Anglois, qui avoient la plus grosse compaignie, que bonnement ledict comte de Ligny ne povoit demourer sans grant dangier, attendu que le duc estoit en Flandres ; parquoi ne polroit venir là que ne fust bien hault jour. Et sembla que mieulx valloit que il se partist avec les deux comtes dessusdits, que là demourer à si petit nombre de gens qu'il avoit. Sy fut conclud que il partiroit ; qui lui feit très amère desplaisance ; et partirent tous ensemble et laissèrent leurs bastilles et logis ; et ainsi demoura ladicte ville sans estre prinse.

CHAPITRE CLXII.

De la guerre de l'évesque de Liége allencontre des Bourguignons, au pays de Namur et dudit Liége, laquelle fut fort rigoreuse.

Et pour revenir au propos des Liégeois, qui estoient entrés ou pays de Namur, et pour parler des seigneurs de Croy et de Mamynes, chevalliers de l'ordre de la Thoison-d'Or, qui se partirent de Compiengne, et arrivèrent en ladicte ville de Namur, au quinzième jour de juing, atout belle et noble compaignie de gens de guerre ; si ne demoura gaires que les députés de quatre membres de Flandres arrivèrent en ladicte ville de Namur, le quinzième jour de juing, pour aller en la cité de Liége, espérants trouver traictié avec lesdicts de Liége, là où ils vacquèrent environ quatorze jours, durant lesquels le sire de Croy ne feit aulcune guerre, tant pour ce que les susdits députés de Flandres ne eussent aulcun empeschement, comme pour che qu'ils entendoient à fortifier les fauxbourgs de ladite ville de Namur, qui n'estoient fermés que de palissades. Ce nonobstant, lesdicts de Liége boutèrent le feu, ce temps durant, en pluiseurs lieux audit pays de Namur, et après le retour desdits députés de Flandres, qui ne besongnèrent rien, car lesdicts Liégeois ne désiroient que la guerre. Et lors l'évesque de Liége, nommé Jehan de Hainseberge envoya audit lieu de Namur porter ses lettres de déffiance audict seigneur de Croy, par lesquelles il deffioit le duc pour cause de ce que ledict évesque de Liége avoit esté devers le duc pluiseurs journées, touchant la question desdicts Liégeois; et finablement fut appoinctiée, en ladicte ville de Gand et scellé, que se aulcuns d'eulx voulloient faire guerre ou emprinse l'un sur l'autre, ils le signifieroient quinze jours devant ladicte entreprise ; et pour ce envoya les dessusdictes lettres au seigneur de Croy, lequel fut conseillié de les recepvoir. Mesmement le porteur d'icelles disoit qu'il n'avoit charge que de les baillier audict seigneur de Croy. Et ce faict, sans attendre le temps de quinze jours, que ledict évesque avoit scellé, icellui évesque partit lendemain, et alla faire boutter feux en ung gros village nommé Andenne, et fist tout ardoir, excepté le corps de l'église des chanoines et chanoinesses. Et ce faict, ledict seigneur de Croy fut conseillié de aussi deffier ledict évesque, et ainssi le fit. Lesquelles deffiances présentées audict évesque, qui s'estoit retraict en sa ville de Huy, en attendant la puissance et commune de son pays, et le seigneur de Hainseberge, son père, qui le vint servir atout six cents Allemands ou environ, le seigneur de Croy s'en alla devant la ville de Fosse, une ville fermée, laquelle estoit audit évesque, et la print d'assault et la fist ardoir et destruire, et puis retourna en la ville de Namur. Ne demoura gaires que nouvelles vindrent au seigneur de Croy, que les Liégeois de dessus la rivière de Sambre estoient assemblez, et qu'ils voulloient bouter feux en la comté de Namur, en ung gros villaige nommé Fleru. Et pour en sçavoir la vérité, le sire de Croy y envoya de ses gens, qui trouvèrent les Liégeois assez près d'ung bois, de six à sept cents hommes à pied, desquels en demoura morts environ six vingt, et le surplus se saulvèrent ou bois et ailleurs le mieux qu'ils peurent. Tantost apprès, le seigneur de Croy envoya le seigneur de Reubempré, son beau-frère, en la forteresse de Poileinache, pour la garder allencontre des Liégeois; mais il ne fut mye onguement dedans ladicte forteresse, que, à une saillie qu'il fist allencontre de ses adversaires, fut bleschié et emmené prisonnier à Dinant, où il morut de ladicte blessure, dont ce fut grant dhommaige. L'évesque de Liége, et ceulx de ses pays, se mirent sus tous ensemble aux champs, et s'en allèrent bouter feux parmi la comté de Namur; et mirent le siége devant une forteresse, nommée Gosselines, que avoit en garde le bastart de Salme, et le rendit aux Liégeois, corps et biens saufs, de lui et de ses compaignons; mais ledict traictié lui fut mal tenu, car les Liégois lui tuèrent environ cent de ses gens, à l'issir de ladicte forteresse; et se saulva ledict bastart à grant peine; et ardirent ladicte forteresse; et ce faict, passèrent la rivière de Meuse, à Huy, et allèrent asségier la forteresse de Poillinache, où le seigneur de Croy avoit envoyé apprès la prinse du seigneur de Reubempré, ung chevalier nommé le seigneur de Senlis. Si l'asségièrent les Liégois, et leur fut rendue par traictié, saufs corps et biens de ceulx qui estoient dedens; et fut pour la cause que l'eau, leur estoit faillie. Et là dedans estoient retraits les subjects du pays d'entour; et sur cest estat avoient induce (trèves) de par scellez, de vidier leurs biens, jusques à huit jours. Mais rien ne leur en fust tenu, car au second jour, les feulx y furent boutez, et la place démollie. Et en icellui siége envoyèrent, ceulx de la ville de Trect, cent arbalestriers et vingt hommes d'armes, avec aultres gens, jusques au nombre de quatre cents; lesquels furent tous rués jus par le seigneur de Croy; et peu en eschappa qui ne fussent morts ou prins. Et tantost apprès, les Liégois allèrent mettre le siége devant la ville de Bonningues, en la conté de Namur, où estoient envoyez deulx gentilshommes de par le seigneur de Croy, nommez Sandras de Soies, et Morlet de

Renty, et pluiseurs aultres compaignons de guerre.
Si estoient les Liégois bien trente mille hommes ;
et dura le siége environ vingt-six jours; et là y
eult maintes belles escarmouches ; et firent les Liégois trois ou quatre assaulx au bolverq de la tour;
mais ceulx de dedans se deffendirent si vaillamment
que lesdicts Liégois n'y peurent rien faire; et finablement levèrent leur siége sans conquester la ville.
Et durant icellui siége, les Liégois avoient laissé,
pour garder le pays de Hazebain, neuf mille hommes ou environ, tant de cheval comme de piet. Si
est vray que le seigneur de Croy chevauchoit souvent, tant sur ceulx dudit siége comme sur ceulx
qui gardoient ledict pays de Hazebain, là où il fist
maintes belles escarmouches. Et tantost apprès,
ledict seigneur envoya Jehan de Floron, et Allemand de Flesin, pour garder la ville de Vallecourt, en la cité de Namur. Mais iceulx n'eurent
mie conseil de le tenir; ains s'en partirent et le habandonnèrent ; et les Liégois, tantost apprès y entrèrent et le pillèrent, et puis y bouttèrent les feulx.
Apprès ces choses faictes, les Liégois se retrayrent
en leur pays et bonne ville de Liége ; et ne demoura tenant les champs que les neuf mille hommes qui gardoient le pays de Hazebain, sur lesquels le seigneur de Croy et ses gens portoient de
grands dhommaiges, et boutoient les feulx en pluiseurs lieux du pays de Liége. Tantost apprès, une
compagnie de Liégois firent rencontre de messire
Jehan de Croy et de pluiseurs aultres chevalliers et

aultres gens, et desconfirent lesdicts Liégois; et y en eult, que morts que prins, bien quatre cents; et là furent faits chevalliers le seigneur de Lannoy et le bastard Jehan de Namur; et les fist chevalliers messire Jehan de Croy. Et durèrent icelles guerres ès pays de Liége et de Namur, les mois de juillet, aoust et septembre, lesquelles furent très rigoreuses, et si feurent moult dhommageable à chascune des parties.

En la fin dudict mois de septembre, l'an mil quatre cent trente, furent prinses abstinences de guerre entre lesdicts pays de Liége et de Namur, et ce, pour cause de la mortalité d'impédimie, laquelle estoit si grande au pays de Namur et ou pays d'environ, que c'estoit pitié, et dont le seigneur de Mamisnes, chevallier dudict ordre de la Thoison d'or, fina vie par mort, dont ce fut dhommaige, car il estoit vaillant chevallier. Et par le traictié des susdites abstinences, fut appoinctié que une journée se tiendroit à Malines, où lesdits Liégois seroient ouys par le duc, et feroient offres pour estre receus à traictié de paix, se faire se povoit.

CHAPITRE CLXIII.

Comment les gens du duc de Bourgongne furent rués jus devant Garmegny d'un chevalier de France; comment ilz envoyèrent demander la bataille au duc, quy estoit dedans Roye; et la response que le duc luy fist.

Et pour revenir à parler du deslogement de Compiengne, vray est que le duc en fust déplaisant, et mesmement pour les places que les adversaires avoient conquises depuis le deslogement; et de faict le duc assembla gens et les fist passer oultre la rivière d'Esne, en tirant droit à Garmegny, forteresse lors tenant le party contre le duc. En laquelle forteresse estoit venu de la nuict ung capitaine, nommé Poton de Sainct-Trailles, en sa compaignie environ deulx cents lances; et n'en sçavoient rien les gens du duc, et cuidoient qu'il n'y eult que la garnison accoutumée. Or avoit ledit Poton mis embusche sur la venue des gens du duc, assez près de ladite forteresse. Or est ainsi que fortune, quy pluiseurs choses de ce monde gouverne, fist saillir ung regnart en très beau pays; et lors le crys et la chasse se fist après iceluy regnart; et lors les adversaires saillirent de leur embusche bien montés et armés, la lance ou poing, et se férirent dedans les gens du duc quy estoient bien épars et sans ordonnance, et les pluiseurs sans harnois de teste. Sy se cuidèrent les aulcuns mectre ensemble, lesquels furent tous morts et prins. Et lors commencèrent les aultres à fuir et eulx saulver quy polvoit. Et là furent morts Jacques de Helly, Anthoine de Vienne et messire Thomas Breriel, Anglois. Prins furent messire David de Poix, Gherart de Brimeu et pluiseurs aultres; et en y ot de morts bien quarante. Et fut cette besongne faicte le vingtième jour de novembre mil quatre cent trente. Et ce mesme jour, le duc séant à table en la ville de Péronne, sceult la nouvelle de la destrousse de ses gens, quy moult luy despleust. Et en toutte diligence monta à cheval, et chevaucha le droit chemin envers la place où ses gens avoient esté rués jus; mais les jours estoient lors sy cours, et aussy pour la grand' compaignie qu'il avoit, ne peult aller plus avant d'ung village nomme Lihons en Santers; et encoires fust nuict ains (avant) qu'il arrivast, lequel Lihons est à deulx lieues de ladite place de Garmegny, et là fist le duc assembler son conseil. Lors luy fust dict que Pothon, quy avoit rué jus ses gens, estoit logié au village de Garmegny et hors de la forteresse, veu les gens qu'il avoit avec luy; et adonc se offry le comte de Ligney de y aller la nuict, pour, au point du jour, frapper sur les logis dudit Poton. Aultres seigneurs estants audit conseil, ne furent mie de celle opinion, veu que le duc n'avoit pas grands gens, et sy estoit bien avant en pays d'ennemis pour mectre ce qu'il avoit de gens en deulx parties. Sy demourèrent tous celle nuict ensemble audit lieu de Lihons; mais à iceluy conseil fut ordonné que le duc envoyeroit quérir aulcuns Anglois quy avoient leur siége devant Clermont. Sy fut ainsy faict; et y fus moy-mesme envoyé, mais je ne les trouvay pas, ains estoient retrays à Rouen, où le roy Henry d'Angleterre, bien josne enfant, estoit; et là trouvay le duc de Bethford, lors régent de France, auquel je dis comment j'avois laissié le duc audit lieu de Lihons, et comment ses gens avoient esté rués jus et destroussés. Sy me respondit le duc de Bethford, qu'il envoyeroit ses gens à son beau-frère le duc, et fist grant grand' diligence de les assembler, comme cy-après sera dict. Et pour revenir à parler du duc, vray est que lendemain, dudict logis il se deslogea avec son armée, et chevaucha droict à ladite forteresse de Garmegny, mais ne trouva personne; et s'en estoit allé ledit Pothon, ensemble ses gens et ceulx de ladite forteresse; puis s'en alla à Roye en Vermandois, tenant son party. Or est vray que le duc de Bethford envoya ung de ses prochains parents, nommé le comte de Perche, frère au comte de Sombresset, devers le duc; et en la compagnie dudit de Perche ung vaillant chevalier, nommé messire Loys de Robertsart, chevalier de l'ordre de la gartière d'Angleterre et exploittèrent tant qu'ils furent jusques à ung villaige nommé Conty, à cinq lieues de la cité d'Amiens, et là se logèrent; et à iceluy logis vindrent sur eulx les adversaires, c'est assavoir le

23.

comte de Vendosme, le maréchal de Bousquehen (Buchau) capitaine Escochois, Pothon de Saint-Traille, Amado de Vignolles, et aultres, jusques au nombre de quatre à cinq mille combattants; lesquels assaillirent les dessusdits Anglois, quy n'estoient que de quatre à cinq cents hommes, et furent lesdits Anglois rués jus. Et là fut mort, messire Loys de Robertsart, luy huitième; et se feut bien saulvé, comme l'on disoit, s'il eust voullu, mais pour cause qu'il estoit de ladite ordre de la garretière, ne se voult retrayre au chastel de Conty. Le comte et ses gens se retrayrent audit chastel; et n'y eult pas grand nombre de morts, mais ils perdirent la plupart de leurs chevaulx. Après eulx venoit ung vaillant chevalier anglois, nommé le seigneur de Villeby, lequel alla saulvement devers le duc; mais desjà les dessusdits adversaires avoient esté bien près de la ville de Roye demander au duc bataille. Et quant audit comte de Perche, il ne fut point devers le duc et ne passa point Amiens, comme dict est. Après que lesdits adversaires eulrent rué jus les logis dessusdits de Conty, ils s'en allèrent le chemin vers Roye, et envoyèrent deulx officiers d'armes devers le duc demander bataille. Sy adressèrent les susdits héraults au comte de Ligny, quy leur fist demander qu'ils voulloient : et lors dirent qu'ils requéroient de parler au duc. Sy leur fut dict qu'ils dissent ce qu'ils voulloient dire. Sy dirent que ils estoient là envoyés de par les dessus nommés adversaires, pour avoir bataille

allencontre du duc, ce que on luy fist sçavoir; et
tantost eulrent réponse; laquelle fut telle, que
pour le jour il estoit bien tart pour combattre; car
c'estoit environ les plus cours jours de l'an, et
qu'ils dissent à leurs maistres que s'ils voulloient
attendre jusques à lendemain mattin, que le duc
les combatteroit. Sy retournèrent vers leursdits
maistres, et dirent la response du duc; laquelle
response oye, renvoyèrent leurs héraults de rechief
devers le duc, en disant que leurs gens n'auroient
que vivres pour icelle nuict, et qu'ils n'y demouroient plus. Sy leur fut faicte réponse, de par
le duc, que on leur bailleroit bonne seureté et
abstinence de guerre pour icelle nuict et lendemain heure de combattre; et avec che leur bailleroit et délivreroit la moitié des vivres qu'ils pourroient avoir; et s'ils n'estoient contents de demourer, ils venissent près de ladite ville de Roye,
où il les combatteroit. Sy s'en retournèrent lesdits héraults devers leurs maistres et firent leur
response; mais iceulx adversaires, ladite response
oye, s'en allèrent toutte la nuict chacun en leurs
villes et forteresses; et ainsi se départirent et rompirent leurs assemblées sans autre chose faire. Et
le duc demoura celle nuict en ladite ville de Roye;
et lendemain le duc se partist et alla mettre le siége
devant une forteresse, nommée Lengny-les-Cate-
gnies, laquelle luy fut rendue à voullenté; et y
eult aulcuns de ladite ville pendus; et dura le
siége six jours ou environ; et là dedans estoit

l'abbé de Sainct-Faron-lèz-Meaulx, et pluiseurs gentilshommes, tout à la voullenté du duc; mais ledit abbé et aultres gentilshommes furent mis à finances, et depuis délivrés. Et le second jour de décembre ensuivant, se party le duc, et s'en alla à Péronne, et donna à ses gens congié, pour cause de l'iver quy estoit grand ceste année; et dudit lieu de Péronne s'en alla à Brouxelles en Brabant, où estoit madame la duchesse, et là fut jusques au quatrième jour de janvier.

CHAPITRE CLXIV.

Du pardon que le duc fist aux Cassellois pour leur rébellion; et comment il en fist exécuter; et remit le pays en justice.

Le quatrième jour de janvier dessusdit, se partit le duc de Brouxelles et s'en alla à Sainct-Omer, pour résister allencontre de ceulx de Cassel, quy s'estoient rebellés à ses officiers; et là assembla une belle et grand'armée. Et quand le duc et ses seigneurs et ses gens furent prests pour entrer audit pays de Cassel, ils envoyèrent devers le duc, en luy priant qu'il les voulsist prendre à merchi; sy les rechupt par ainsi qu'il les auroit à sa voullenté sans rien réserver, et que tous les hommes dudit pays de Cassel, au-dessus de quinze ans et au-dessous de quarante, venroient hors de leurs pays, la teste nue, deschaulx et nus pieds, et les gens d'église revestus atout croix et bannières, et eau bénoiste; et avec ce porteroient tous leurs habillements de guerre en quelque lieu que il plairoit au duc. Si fust ainsy faict et se rendirent ainsy que dessus est dict, et issirent hors de leur pays; et vindrent en une place à une lieue près de Sainct-Omer, en tel estat que dessus est dict, nommée ladite place le Noeuf-Fossé. Si fist ce jour si très horrible temps de vent et de pluye, qu'il n'estoit quy peust durer aulx champs; et en iceluy jour eult en la ville de Sainct-Omer maintes églises et maisons découvertes du très horrible temps qu'il faisoit. Et quant les dessusdits de Cassel furent arrivés en ladite place, sy se mirent en belle bataille, les gens d'église, comme dict est, revestus, et tous les testes nues, deschaux et nuds pieds, nombrés environ trente mille hommes. Et quant le duc sceult leur venue, il alla vers eulx atout son armée; et tantost qu'ils le perchurent ils se mirent à genoulx. Si passoient les gros ruisseaulx d'eaue parmi eulx de la pluye, tellement que c'estoit grand' pitié à veoir; et lors vint le prévost de l'église de Sainct-Omer et Andrieu de Toulonjon, de par madame la duchesse, quy se mirent à genoulx en l'eaue et la boe devant le duc, en luy priant, de par madame la duchesse, qu'il luy pleust pardonner le meffaict aux dessusdits Casselois. Se les receupt à merchy et leur pardonna leur meffaict, réservé à six quy eulrent les testes coppées en la ville de Cassel. Après touttes ces choses, donna le duc congié à tous ses gens d'armes, et s'en alla en ladite ville de Cassel, là où il fist morir par justice les six hommes dessusdits. Lequel pays avoit esté bien deulx ans ou environ en dissention et guerre sans justice. Et ces choses faictes, s'en alla le duc en sa bonne ville d'Yppre en Flandres, en laquelle ville il ne séjourna gaires, qu'il s'en retourna à Brouxelles en Brabant, là où il avoit laissié madame la duchesse.

CHAPITRE CLXV.

De l'estat que le duc de Bourgongne tinst en la ville de Brouxelles ; et du trespas de son cousin le prince de Piedmont.

L'an 1431, en la bonne ville de Brouxelles en Brabant, le jour de tous les saincts, au disner, le duc et la ducesse tinrent leur estat, moult honnourablement accompaigniez de très révérendz pères en Dieu les prélats qui s'ensuivent, assavoir : l'archevesque de Coullongne, l'évesque de Cambray, l'évesque d'Amiens, et pluiseurs autres abbés et prélats, et de grans, haulx et notables seigneurs, comtes, barons, chevaliers et escuyers; présents, lesquelz il voult montrer la bonne intencion et voulloir qu'il avoit des ordonnances faire appartenant à ladicte ordre de la Thoison-d'Or. Si est aiussi que a icelle journée, le duc ne tint point l'estat en sa personne, pourtant que les nouvelles qu'il avoit eu nouvellement de son cousin le prince de Piedmont, filz au duc de Savoye, lequel estoit allé de vie à trespas; et à ceste cause le duc fist son sustitut à tenir son estat pour la journée, de Jehan monseigneur de Clèves, filz au duc de Clèves, son nepveu, qui très honnourablement le tint. Le duc, présent toute la noble compaignie qui là estoit, fist par son roy d'armes de Brabant, à ce ordonné, sa dicte bonne intention et voullenté sçavoir et publier sollempnellement, comme il appartenoit, en la manière qu'il s'enssuit.

CHAPITRE CLXVI.

La publication que le duc feist faire en la ville de Brouxelles, pour encommenchier la feste de l'ordre de la Toison-d'Or.

« Or, oyez princes, seigneurs, chevaliers et escuyers. De par très hault et très excellent, très puissant prince et mon très redouté seigneur Philippe, par la grâce de Dieu, duc de Bourgongne, de Lothiers, de Brabant et de Lembourg, comte de Flandres, d'Arthois et de Bourgongne, palatin, etc. Assavoir à tous les nobles seigneurs et compaignons de l'ordre de la Thoison, et à tous aultres princes, seigneurs, chevaliers et escuyers, que vous soiez en la bonne ville de Lille en Flandre, la nuict Sainct-

Andrieu prochain venant, pour accompaignier le duc; lequel a intencion et voullenté de encommenchier la feste de ladicte noble ordre de la Thoison-d'Or. Si fera très bonne chière à ceulx qui venir y vuoldront.

Il est vrai que ou dit an le duc fut en ladicte bonne ville de Lille, accompaignié des chevaliers et compaignons portans ladicte Thoison-d'Or en la manière qui s'ensuit, avec pluiseurs grants, nobles et puissants seigneurs.

CHAPITRE CLXVII.

De la première feste de l'ordre de la Toison d'or, que le duc de Bourgongne tint à Lille; et des cérémonies observées à ladite feste.

Si est ainsi que la nuict Sainct-Andrieu, à l'heure de vespres, le duc, accompaignié de dix-huit de ses compaignions dudict ordre, furent vestus de robes vermeilles fourrées de gris, longues jusques dessoubs les genoulx, et par-dessus grants et longs manteaulx de ladicte coulleur de fine escarlatte, or, bordées de riches orfrois de fin et grans et larges et à la fachon de fusilz, comme le duc les porte; et estoient fourrez de menus vairs moult richement; et par-dessus ils portoient chapperons de pareil drap à longues coquilles doubles, à l'usage anchien; et par-dessus iceulx habits, ils portoient le collier de ladicte ordre à descouvert. Or, est-il vrai que le duc et ses compaignions se mirent en ordonnance à l'heure de vespres, en la grande salle, deulx à deulx ensemble, et le duc tout darrière eulx, vestus et parez comme dit est. Si s'en partirent et vinrent à la porte dudict hostel, où leur vindrent au-devant les processions, moult réveramment et sollempnellement ; et s'en allèrent ainsi tenants leur ordonnance, les sainctes processions devant eulx, jusques à l'église Sainct-Pierre, où ils entrèrent dedans le chœur, et se seyrent en leurs siéges parez moult richement et nottablement ordonnez, comme ci-après s'ensuit. Tout le cœur de ladicte église estoit, hault et bas, parez et tendus de fines et riches tapisseries tissues à or, et les siéges pareillement. Si estoit par-dessus le siége du duc, ung tableau armoiez de ses armes, de hachement (écussons) de son ordre et devise. Et pareillement aux deulx costez du chœur, en haultes fourmes, estoient les siéges où se seyrent lesdicts seigneurs de l'ordre; et par dessus chascun siége, tableaux armoiez des armes, hachements, ordre, noms et titres d'iceulx chevaliers ; et par leurs armes chascun chevalier scet où il doit seoir; et quand l'ung d'iceulx chevaliers sont allez de vie à trespas, on mect en leur siége ung drap noir où les armes sont, comme toutes ces choses sont bien à plain déclarez ès chapitre de ladicte ordre. Or, fault parler d'iceulx qui furent en ladite ordre en personne. A la première feste, si y furent le seigneur de Roubaix, messire Anthoine de Vergy, messire Hue de Lannoy, messire Anthoine de Toulonjon, le seigneur de Jonvelle, le seigneur de Croy, messire Jacques de Brimeu, messire Jehan de Croy. Au senestre costez estoient assis, au plus près du prince, messire Rollant d'Utekerque, messire David de Brimeu, le seigneur de Commines, messire Guilbert de Lannoy, le seigneur de l'Isle-Adam, le seigneur Florimont de Brimeu, le Bègue de Lannoy, le seigneur de Ternant, et le seigneur de Créquy, et par procureurs le seigneur de Sainct-George, messire Renier Pot, le comte de Saint-Pol, et le comte de Ligny. Le seigneur de Mamines estoit allé de vie à trespas; pour laquelle cause son siége estoit couvert de drap noir, et dessus icellui drap ses armes. Et là se tinrent honnourablement jusques à tant que le sainct serviche divin fust faict; et après vespres chantées, se levèrent lesdits seigneurs les plus josnes devant, deulx et deulx, par devant le prince et souverain de ladicte ordre, en le révérendant. Si revindrent, aussi en belle ordonnance, jusques à l'hostel du duc, dont ils estoient partis; et là entrèrent tous en une chambre, là où ils devestirent leurs manteaulx, et plus ne fut ce jour faict. Or est vrai que par grant délibéracion de conseil, le duc et les seigneurs dudict ordre avoient institué, faict et ordonné quatre hommes officiers à eulx, dont les mémoires s'enssuivent; c'est à savoir, ung chancelier pour eulx servir en ladicte noble ordre, faict par un très-nottable docteur en théologie, familier du duc, appelé maistre Jehan Ger-

main, esleu évesque de Nevers; le second, pour
leur greffier et secrétaire, ung notable homme appelé maître Jehan Imber, familier et officier du
duc; ung autre pour leur trésorier, ung très puissant et riche homme, pareillement familier et officier du duc, appelé Guy Guibault, et ung nottable
homme et souffisant hérault, appelé Charolois,
lequel estoit aussi au duc. Icelui feirent leur roy
d'armes, et le nommèrent Thoison-d'Or, pour eulx
servir en leurs besongnes et affaires; et est autheur
de cestuy livre, comme devant est dit en ung pro-
logue. Et tous iceulx quatre officiers servans à ladicte ordre pareillement furent vestus chascun
de rouges robbes, manteaux et chapperons, les
robbes fourées et les manteaulx, non réservé le
docteur, qui avoit l'abi et foure comme à docteur
appartient. Et furent iceulx quatre officiers assis ès
basses fourmes, par-devant le siége du duc, chascun
en son degré. Et lendemain pareillement, comme
la nuict Saint-Andrieu, entrèrent en l'église à huit
heures au matin. Si se sist chacun en son siége, et
quant le sainct service fut faict jusques à l'offrande,
alla le duc, fondateur et souverain de ladicte ordre,
le premier à l'offrande; et après, lui retourné en
son siége, le roy d'armes de l'ordre, pour le plus
prochain du haultain siége, appela le seigneur de
Sainct-George, ou son procureur pour lui; et pareillement il appela messire Regnier Pot, ou son procureur pour lui; pourquoi, au lieu d'iceulx chevaliers
qui estoient absents, il s'en apparurent deux aultres

chevaliers de l'ordre dessusdit, dont l'ung fut messire Anthoine de Vergy, qui se présenta au lieu de monseigneur de Sainct-George, et le seigneur de Jonvelle se présenta au lieu de messire Regnier Pot.

Si se partirent de leurs siéges, comme procureurs représentans les personnes des dessusdits défaillans. Si allèrent à l'offrande ces deulx ensemble, et chascun d'ung pièce d'or; et aussi firent tous les aultres chevaliers de ladicte ordre; et apprès allèrent offrir, le seigneur de Roubaix et messire Rollant d'Utekerque ensemble, de telle manière que les aultres dessusdits; et ainsi, tous par ordre, ils allèrent offrir tous, deux et deux, l'ung à dextre et l'aultre à senestre. En telle manière et ordonnance se fist l'offertoire, qui dura moult longuement; et estoient, chascune fois, appelez par le roy d'armes, qui les conduisoit jusques à l'hostel, et les raconduisoit jusques à leurs siéges. Apprès ladicte offertoire faicte, se fist une moult belle prédication, en manière de collacion, par le chancelier de ladicte ordre, docteur et évesque de Nevers. Apprès icelle prédication, se parfist le sainct service divin, et puis se partirent de l'église les susdits seigneurs de l'ordre en leur très honnourable ordonnance, comme j'ai dict dessus, et s'en retournèrent à l'hostel du duc. Si le convoyèrent en sa chambre, où il fut une espasse avec icelle noble compaignie. A toutes icelles ordonnances furent pluiseurs héraulx, roys d'armes et poursuivans : premier pour roys d'armes, le roy de Berry, le roy de Brabant, le roy de Flandres, le roy d'Arthois et le roy de Hainault; et pour héraulx, Sezille, Bretaigne, Orenge, Sainct-Pol, Namur, Vianne, Enghien, Zellande et Anthoing. Et de poursuivans furent le nombre de quatorze, tous à grants princes et seigneurs. Quant l'heure du disner fut venue, environ à midy, les tables furent dreschiées et très nottablement parées, comme à ung si très hault et très noble et riche estat appartenoit, et les dreschoirs parez et aournez de riche vasselle et joiaulx, si très richement que ce seroit trop longue chose à racompter. Si s'assist le duc au milieu de la table, et puis les seigneurs de degré en degré; c'est assavoir, les plus anchiens faicts chevaliers au plus près du souverain, les ungs à dextre et les aultres à senestre, en la fourme et manière que leurs tableaux de leurs armes estoient à l'église, comme dict est. Et au bout d'icelle longue table, par devant, au dextre, y avoit une petite table où les quatre officiers de ladicte ordre se séoient, et chascun atout leurs manteaulx et habits de ladicte ordre; et en icelle grant salle n'y avoit aultre table dreschiée; si furent servis très honnourablement les ungs apprès les aultres en leur degré. Là trompettes et menestreulx cornoient et jouoyent devant les metz et non ailleurs; et là estoit une doulce mélodie à ouyr durant icelui disner; et ainsi se fina le disner en très grant esjouissement et honnourable ordonnanche. Apprès grâces rendues, le duc et lesdicts seigneurs se retrairent chascun en leurs chambres, et se desvestirent de tous leurs habis. En aultres salles se tindrent les estats de messeigneurs de l'église et des aultres nobles seigneurs qui furent venus à ladicte feste. Apprès icelle noble feste et sollempnité passée, à l'heure de vespres, le duc et mesdicts seigneurs de l'ordre se revestirent tout de noirs habits, manteaulx et chapperons longs comme de dœul; si se mirent en leur ordonnance comme ilz avoient faict au matin, chascun en son ordre et degré; et leur vindrent les processions au-devant; et, en fesant dévotes processions et oraisons, ilz retournèrent en l'église, et se mirent en leurs propres siéges, chascun desoubz ses armes; et là furent chantées et dictes vegilles pour les trespassez; et dura le serviche moult longuement et bien avant en la nuict; et puis, ledict service faict s'en retournèrent audict hostel en ordonnance comme dessus. Quant che vint l'heure du soupper, ilz s'assirent à table atout leurs habis noirs, chascun en son degré, comme dict est. Des metz et ordonnance d'icelui soupper, je me tais; mais vrai est qu'il fut de grant magnificence. Et lendemain matin, de rechief, en noirs habis de doeul, se rangèrent en leur ordre; et avec les processions retournèrent à l'église; et très dévottement y furent au serviche divin que on fist pour les morts; dont au millieu du chœur y avoit ung chandellier de bois paint de noir, sur lequel y avoit vingt-quatre chierges ardans pour et ou nom desdicts seigneurs de l'ordre, chascun pesant trois livres; et icelui de mondit seigneur le duc souverain estoit au milieu, plus grant que les aultres; et chascun chierge armoié de petits escuchons des armes desdits seigneurs de ladicte ordre; et estoient tous assis par ordre comme les seigneurs et les tableaux de leurs armes. Si se fist le sainct service divin très révéramment; et quant il fut l'heure de l'offrande, le roy d'armes Thoison-d'Or apporta à mondit seigneur le duc son chierge, ainsi armoié comme dict est, lequel mondit seigneur le duc offrit à l'autel; et puis, par le roi d'armes, fut rapporté en son lieu sur le chandellier; et puis, comme j'ai dict dessus, furent appelez, chascun seigneur en son siége, pour aller à l'offertoire; et leur apportoit, le roy d'armes, à chacun son chierge; et puis, comme dit est, rassis en leurs siéges. Et les seigneurs qui y furent deffaillanz y furent pareillement appelez; et y eulrent chascun leurs procureurs par lesdicts seigneurs et compaignions de l'ordre, comme dessus est dict aux aultres offertoires. Mais cellui de deffunt le seigneur de Mamisnes fut offert par le roy d'armes de l'ordre, et laissié à l'hostel destaint, sans estre rapporté en sa place comme les aultres furent; et par ainssi demoura ladicte place vide tout le remain dudict service, en desmonstrant les trespas dudict seigneur de Mamisnes; lesquelles choses estoient moult desvottes et plaisantes à veoir. Quant icelle offertoire fut passée, le greffier et secrétaire de l'ordre se mist à l'endroit des tableaux des frères, mesdits seigneurs de l'ordre, et là fut faicte par lui une moult belle et pitoiable recommandation à mondict seigneur le duc, et à eulx tous, pour et au nom dudict chevallier seigneur de Mamisnes que Dieu pardoinst! dont les armes estoient allendroit de son siége, comme dict est, et le fist en la manière qui s'enssuit.

« Très excellent et très puissant prince, mon très redoubté seigneur, le fondateur, chef et souverain de ceste honnorable et léable ordre de la Thoison-d'Or, et vous, nobles et honnourez seigneurs, chevalliers, frères et compaignons dudit ordre, cy présents maintenant à che service que l'on faict pour les trespassez : à l'intention de vous, Monseigneur, affiert faire singulière et espécialle mention de l'ame du noble et vaillant chevalier messire Robert de Mamisnes, en son vivant frère et compaignon d'icellui ordre, qui trespassa à Namur, en vostre service, contre vos ennemis, l'an passé, et si vaillamment et grandement servy son naturel prinche, vous, Monseigneur, en vos guerres, voyaiges, armées; et aultrement, en maintes manières, a faictes de haultes proesses. »

Et ainssi, parmoult belles, dévottes et très nottables ordonnances, se parfist le sainct serviche divin; et puis, par la manière que j'ai dict dessus, le duc et les seigneurs de l'ordre, en leur nottable et honnourable ordre et ordonnance, se partirent de l'église, et retournèrent audit hostel du duc; et à l'heure du soir, à table, mondit seigneur le duc, en son siége moyen, et mesdits seigneurs, chascun en son degré, comme dessus a esté dict, en leurs habits de doeul; et puis le disner passé, pour tout le jour furent ainssi vestus jusqu'à la nuit. Et lendemain, le duc et les seigneurs dudit ordre furent vestus de tels habits qu'il leur plust, à l'église, où ils furent ensemble ouyr la messe de Notre-Dame; et entrèrent en chappitre, où ils furent par ordre, et en manteaulx dudit ordre, où ils esleurent deulx chevalliers, pour estre frères et compaignons dudict ordre : c'est assavoir le comte de Meurs et messire Simon de Lalaing, comme il sera dict chi apprès.

CHAPITRE CLXVIII.

La coppie des lettres de l'institution de la noble ordre et confrairie de la Toison-d'Or, faicte en la ville de Lille, le vingt-septième jour de novembre l'an de grâce mil quatre cent et trente-un.

« PHILIPPE, par la grâce de Dieu, duc de Bourgongne, de Lothier, de Brabant et de Lembourg, comte de Flandres, d'Arthois et de Bourgongne, palatin de Hainault, de Hollande, de Zellande et de Namur, marquis du Sainct Empire, seigneur de Frise, de Salins et de Malines, sçavoir faisons à tous présents et advenir, que pour la très grand' et parfaicte amour au noble estat et ordre de chevallerie, dont, de très ardant et singulier affection, désirons l'honneur et accroissement, parquoi la vraie foy chatolicque, la foy de notre mère saincte église et la tranquillité et prospérité de la chose publicque, soient, comme poeulvent estre, deffendues, gardées et maintenues; nous, à la gloire et louenge du Tout-Puissant, nostre créateur et rédempteur, en révérence de sa glorieuse mère vierge Marie, et à l'honneur de monseigneur sainct Andrieu, apostre et martyr, à l'exaltation de vertus et bonnes meurs, le quinzième jour de janvier, l'an de Nostre-Seigneur mil quatre cent trente, qui fut le jour de la sollempnisation du mariaige de nous et de nostre très chière et très aimée compaigne, de certain nombre de chevalliers que vollons estre appelez l'ordre de la Thoison-d'Or, sous la forme, condicion, statuts, manières et articles qui s'ensuivent.

» Premiers : ordonnons qu'en l'ordre devant dicte aura vingt-un chevalliers, gentilshommes de nom et d'armes, et sans reproches; dont nous, en nostre temps, serons le chief et souverain, et après nous, nos successeurs ducs de Bourgongne.

» *Item*, les frères et chevalliers dudict ordre à entrer en icellui, deveront laissier et laisseront toutte aultre ordre, se aultre en ont ou avoient, soit de prince ou de compaignie, excepté empereurs, rois et ducs, qui, avec che présent ordre, polront porter l'ordre dont ils seront chiefs, par ainssi que ce soit du gré et consentement de nous ou de nos successeurs souverains, ou des frères de l'ordre, passé en leur chappitre, et non aultrement. Et pareillement, nous et nos successeurs de ce présent ordre, en cas semblables, porrons, s'il nous plaît, porter l'ordre des dessusdits empereurs, rois et ducs, avec la nostre, en démonstrance de vraye et fraternelle amour l'un envers l'aultre, et pour le bien qui en polroit venir.

» *Item*, pour avoir connoissance dudit ordre et des chevalliers qui en seront, nous, pour une fois, donnons à chacun des chevalliers, ung collier d'or, faict à nostre devise : c'est assavoir par pièces, à façon de fusils touchants à pierres, dont portent estincelles ardants; et au bout d'icellui collier, pendant semblance d'une thoison d'or, lequel collier, qui appartiendra à l'ordre, et demourra toudis (toujours) à l'ordre, nous et nosdits successeurs souverains, et chascun chevallier dudit ordre, serons tenus de porter chascun jour, autour du col, à descouvert, sur peine de faire dire une messe de quatre sols, et quatre sols donner pour Dieu, que ils seront tenus de faire en conscience, pour chascun jour, qu'ils fauldront à le porter, excepté en armes, où il souffira de porter la thoison sans le collier, qui ainsi le vouldra faire. Aussi se le collier avoit besoing de réparation, il pourra pour ce estre mis ès mains de l'orfévre, et jusques il soit réparé, ne sera tenu ledit chevallier de l'amender de non porter; et pareillement, se en aulcun lointaing voiage laisser le convenoit, ou en aultre cas, ils le délaissent à porter par aulcun temps, tant par maladie comme pour la sceureté de leurs personnes. Lequel collier ne poulra estre enrichi de pierres, ni d'aultres choses ; et ne le pourront donner, vendre ne gaigier, ne aliéner, pour quelque nécessité ou cause, ne en quelque manière que ce soit.

» *Item*, que pour bonne amitié avoir audit ordre, tous les chevalliers d'icellui sont tenus et promecteront, à leur entrée, avoir bonne et vraye amour à nous, nos successeurs, souverains dudit ordre, l'ung à l'aultre, et nous à eulx vouloir pourchasser et avancher à leur pouvoir l'honneur et le prouffit, et eschever (éviter) leur déshonneur et dommaige de ceulx dudict ordre ; et s'il oyent aulcune chose dire qui fust à la grant charge de l'honneur d'aulcun d'icellui ordre, ils seront tenus de s'excuser par la meilleure manière que faire le poulront ; et se le disant, vouloit persévérer publicquement en ses parolles, ils sont tenus, en ce cas, de lui dire en effect : Nous, par le serment faict à l'ordre, sommes tenus de révéler à tous les chevalliers de l'ordre, se aulcune chose estoit dicte contre leur honneur ; et pour che advisez, se voullez persévérer en vos paroles. Et ou cas qu'il persévèreroit, sont tenus de le donner à congnoistre au chevallier duquel seroient dictes les parolles.

» *Item*, promecteront lesdicts chevalliers, se aulcun s'efforchoit de grever ou porter dommaige par œuvre de faict à nous et à nos successeurs, chiefs et souverains dudit ordre, ou a nos pays, terres et seigneuries, vassaulx et subjects, ou que nous ou iceulx successeurs souverains, emprénissions aulcunes armes pour la deffense de la saincte foy chrestienne, ou pour deffendre, maintenir et rétablir la dignité, estat et liberté de notre mère saincte église et du sainct siége apostolicque de Rome, en ce cas, les chevalliers dudict ordre, les puissants en leurs personnes, seront tenus de nous servir personnellement, et les non puissants, faire servir, moyennant gaiges raisonnables, s'ils n'ont loialle ensonne (embarras), et apparant empeschement, duquel cas se poulront excuser.

» *Item*, que pour ceste cause et pour la grant amour et confidence de nos frères chrestiens, chevalliers dudit ordre, nous, pour nous et pour nos successeurs souverains, déterminons que nous, ne iceulx, n'entreprendrons aulcunes guerres ou aultres haultes besognes, que avant ne l'ayons faict sçavoir à la greigneur (majeure) partie desdits frères chevalliers, pour sur che avoir leur avis et bon conseil, saufs entreprises secrettes et hastives, dont le révéler à pluiseurs pourroit porter préjudice et dommaige auxdictes entreprises.

» *Item*, semblablement, que les chevalliers de l'ordre, nos vassaulx ou subjects, ou des seigneuries de nostre gouvernement, ne se mecteront en aulcunes guerres ou voiaiges loingtains, sans le donner par avant à congnoistre à nous et à nos successeurs, chief de l'ordre, et sans nostre congié ou licence; mais par ce, ne entendons-nous pas que les chevalliers de icellui ordre, subjects de nous ou de nos successeurs souverains, soient empeschiés ou astraints, que au regard des terres et tenements qu'ils tiendront d'aultrui, qu'ils ne puissent bien entrer en guerre, et servir, ainssi qu'il appartient par honneur, comme ils eussent peu faire auparavant l'establissement de nostredit ordre, et nonobstant icellui, et aussi que les non subjects de nous et dudit chief de l'ordre, ne puissent servir en armes et faire voiaiges à leurs plaisirs, par ainssi que ils le nous donnent à congnoistre paravant que faire le poulront, sans préjudice de leur entreprise ou voiaige.

» *Item*, s'il advenoit que entre aulcuns chevalliers de l'ordre sourdit débats ou contents, à cause de leurs personnes seulement, dont voye de faict et inconvénieut fust apparent, che venu à la connoissance du souverain, il fera aux parties deffendre, ou deffendra toutes œuvres de faict, en leur enjoignant que se submettent ou dit et ordonnance de lui et de l'ordre, et que, en leurs personnes, ou se ils ne peuvent pas procurer, comparoir au prochain chappitre ou assemblée d'icellui ordre, pour dire che qu'ils vouldront l'ung à l'encontre de l'auttre; lequel souverain et chevaliers de l'ordre, parties ouyes, appoincteront du débat, le plus tost que faire se pourra; à quoi les parties seront tenues de obtempérer et obéir, saoulf par out le droit et haultesse de nostre justice et seigneuries de nos successeurs.

» *Item*, si aulcun, par son oultrage, voulsist villennier aulcun chevallier de l'ordre, tous les aultres qui ad ce seront présents, ou qui faire le pourront, sont tenus de y pourveoir et remédier.

» *Item*, si aulcun, non subject du souverain ludict ordre, estant en son gouvernement, faisoit injure à aulcun des chevalliers de l'ordre, subject ludict souverain, ou de ses seignouries de son gouvernement, qui, par voies de justice, ne poeult avoir réparation, et que icellui chevallier, soi-disant grevé, ne se voulsist de la chose submectre au dict et ordonnance du souverain de l'ordre, et sa partie adverse le refusast, en che cas, le souverain et chevaliers de l'ordre seront tenus de faire à leur dict frère et compaignon, pour son droict, toutte assistance possible; et quant aux chevalliers estranges, non subjects du souverain de l'ordre qui se vouldroit submectre, et leur partie, en soi refusant, en ce cas, le souverain et chevalliers en feront telle assistance que bonnement pourront.

» *Item*, et aussi, que audict ordre poulront estre chevalliers non subjects du souverain, pourroit venir à guerre au seigneur naturel desdicts chevaliers non subjects, ne au pays dont ils seront naifs ; pour nous et nos successeurs souverains dudict ordre, déclairons que, en ce cas, lesdicts chevalliers non subjects poulront garder leur honneur et deffendre leur naturel seigneur, et ce, au pays dont ils seront natifs, sans pour che encourir en charge de déshonneur, ne mesprendre audict ordre. Mais se leurdict seigneur voulloit faire guerre au souverain dessusdict ou à ses pays et subjets, attendu la fraternité et abstriction de l'ordre, se devront excuser de servir. Touttefois, se le seigneur ne les y volloit recepvoir, ains les y voulsist constraindre, le poulront, sans pour ce encourir charge de déshonneur, servir, en ce cas que leur seigneur y seroit en personne, et non aultrement mais que par leur scellé le signifie paravant audict souverain de l'ordre.

» *Item*, si aulcuns des chevalliers de l'ordre allast en voiaige et service d'arme de seigneurs estranges, il devera advertir; et se aulcuns de ses frères et compaignons d'icellui ordre, estoient prins en bataille ou guerre, il feroit son léal povoir de à sondict compaignon saulver la vie; et s'il estoit prins de sa main, lui quicteroit sa foy, et le délivreroit franchement à son povoir, sinon que ledict chevallier seroit le chief de la guerre; et se ledict seigneur ne voulloit ainssi consentir, icellui chevallier de l'ordre ne se pourroit, par honneur, armer pour luy, mais debveroit laissier son service.

» *Item*, que les chevalliers dudict ordre y demoureront durant le cours de leurs vies, se ils ne commectoient cas reprochable, parquoy ils en deuent estre privez, lesquels cas, nous déclarerons ce qui s'ensuit :

» C'est assavoir, se aulcun desdits chevalliers, que jà n'aviegne! est actaint et convaincu de hérésie et erreur contre la foy chrestienne, ou avoit pour che souffert paine et pugnition publicque;

» *Item*, s'il estoit actaint ou convaincu de traïson ;

» *Item*, s'il s'enfuyoit ou parteist de journée en bataille, soit avec son seigneur ou aultres; ou bannières fussent déployées, et que on eult assemblé et procédé jusques à combattre.

» Pour lesquels trois cas dessus déclariez, affin que l'ordre et compaignie ne soit ad ce diffamée, mais demeure necte et honnorée, comme il appartient, ordonnons que le chevallier qui en seroit actaint ou convaincu, ou des deulx ou de l'un d'iceulx, soit, par le jugement du souverain et compaignons dudict ordre, osté, privé et débouté d'icellui ordre, lui ouy en ses deffences sur le cas, se deffendre et excuser s'en voulloit, ou par lui sur ce duement appelé, sommé et actendu ; ou s'il commectoit aulcun aultre villain et énorme ou reprochable cas, le souverain et chevalliers de l'ordre procèderoient contre lui, comme dessus est dict ; et par aultre manière, ne polroit estre privé ne débouté. Mais s'il advenoit que le souverain feist tort, grief ou viollence à aulcuns des chevalliers de l'ordre, tout après que icellui chevallier auroit souffisamment requis et sommé ledit souve-

rain et les chevalliers, de luy en faire raison e
justice, et l'auroit deuement attendue, et ne l
polroit obtenir; et que par déclaration des frère
et chevalliers pour che assemblez, de la greigneu
partie d'eulx seroit faicte la déclaration du tor
et reffus de justice; en che cas, et non par avant
ledict chevallier ainsi grevé polroit rendre ledie
collier, et soi départir de l'ordre sans fourfaire n
estre chargiez d'honneur, en prenant gracieul
congié; et pareillement pour aultres licites et rai
sonnables causes, selon l'advis et déclaration de
chevalliers de l'ordre.

» *Item*, et affin de se oster touttes difficulté
qui pourroient venir touchant les honneurs, esta
et degré d'entre lesdicts chevalliers, et mesme
ment que bonne et vraye amour et fraternelle com
paignie ne doict point avoir regart à telles choses
nous voullons et ordonnons que tant en aller, soi
en l'église ou en chappitre, et à table, nommer
parler et escripre, et en touttes aultres choses tou
chant ladicte ordre et amiable compaignie, tien
nent lieu et ordre, selon le temps que ils auron
receu l'ordre de chevallerie, et que s'il en y avoi
qui tout en ung mesme jour eussent esté faict
chevalliers, ordonnons que le plus anchien d'eag
tiengne lieu premier, en ce que dict est, et le
aultres ensieuvent, et quant à ceulx qui seront e
l'ordre par élection du souverain et des chevalliers
ordonnons qu'ils auront lieu selon le temps qu'il
seront receus audict ordre; et se pluiseurs en

avoit d'un mesme jour, ils aueroient, selon comme dict est, exceptez empereurs, rois et ducs, lesquels pour hault essoine (soin) de leurs dignitez, auront lieu en ceste ordre, selon le temps qu'ils averont receus l'ordre de chevallerie, sans point avoir aultre regart à noblesse et lignaige, grandeur et seigneuries, offices, estats, richesses ou puissanches.

» *Item*, que à la création et commenchement de nostredict ordre, pour le sens, prud'hommie, vaillance, vertus et bonnes mœurs des chevalliers cy-dessoubs escripts, la confidence que avons de leur loyaulté et persévérance, et honnourables et bonnes œuvres, nous iceulx, selon leur anchienetés en l'estat de chevallerie, et sans avoir regart, comme dessus est dict, à noblesse de lignage, ie avons nommés, et par ces présentes nommons : c'est assavoir nos très chiers et féaulx, messire Guille de Vienne, seigneur de Sainct-Georges et de Saincte-Croix, nostre cousin ; messire Regnier Pot, seigneur de Laprugne et de La Roche ; messire Jehan, seigneur de Roubaix et de Herselles ; messire Rollant d'Utekerque, seigneur de Hemsrode et de Henstrunt ; messire Anthoine de Vergy, comte de Dampmartin, nostre cousin ; messire David de Brimen, seigneur de Ligny ; messire Hues de Lannoy, seigneur de Santes ; messire Jehan, seigneur de Commines ; messire Anthoine de Toulonjon, seigneur de Tranes et de la Bastie, mareschal de Bourgongne ; messire Pierre de

Luxembourg, comte de Sainct-Pol, de Conversa[n]
et de Brienne, seigneur d'Enghien, nostre cousin[;]
messire Jehan de La Trimouille, seigneur de Jo[n-]
velle, nostre cousin; messire Guilbert de Lanno[y,]
seigneur de Willeroal et de Tronchiennes; messi[re]
Jehan de Luxembourg, comte de Ligny et d[e]
Beaurevoir, nostre cousin; messire Jehan de Vi[l-]
lers, seigneur de l'Isle-Adam; messire Anthoine[,]
seigneur de Croy et de Renti, nostre cousin; me[s-]
sire Florimont de Brimeu; messire Robert, se[i-]
gneur de Mamisnes; messire Jacques Brimen; me[s-]
sire Baulduin de Lannoy, dict le Besgue, seigneu[r]
de Mollenbaix; messire Pierre de Beffremont[,]
seigneur de Charny; messire Philippes, seigne[ur]
de Dinant; messire Jehan de Croy, seigneur d[e]
Tours-sur-Marne, nostre cousin; et messire Jeha[n]
de Créquy et de Canaples : et le surplus, pour a[c-]
complir ledict nombre de trente chevalliers d[e]
l'ordre, sans le souverain, réservons à estre mis e[n]
icelle ordre au prochain chapitre ou aultre, sub[-]
séquent à l'élection de nous et de nos compaignon[s]
dudict ordre.

» *Item*, que en che présent ordre avons ordonn[é]
et ordonnons quatre officiers : c'est assavoir, chan[-]
cellier, trésorier, greffier et roi d'arme, qui ser[a]
appelé Thoison-d'Or. Lesdictz officiers serviront a[u]
dict ordre en la manière déclarée en certain livr[e]
et articles que leurs avons faict bailler par escrip[t]
pour leur instruction et enseignements, requis[à]
icelluy ordre, et feront services chascun en droi[ct]

soy d'eulx acquitter en leurdict serviche, comme il appartient, et de tenir secret tout che que sera faict, dict, ordonné et apoinctié audict ordre que céler se devera.

» *Item*, que en faveur dudict ordre ferons, se Dieu plaît, en nostre ville de Dijon, en nostre duchié de Bourgongne, certaines fondations du divin serviche, en l'église de nostre chapelle des ducs, audict lieu de Dijon, et aultres fondations des vivre et sustentation des povres chevalliers, et édification à che pertinentes et nécessaires, ainsi que déclariez est en nos lettres sur che faictes.

» *Item*, que au chœur de ladicte esglise, contre le mur, dessus le siége du souverain de l'ordre, sera mis et fichié l'escu de ses armes, heaulmes, tymbres et hachements, et pareillement sera faict des aultres chevalliers dudict ordre, dessus leurs siéges, au cœur de ladicte esglise.

» *Item,* combien que par cy-devant eust esté advisé de sollempnisier la feste et chappitre de che présent ordre, chascun an au jour sainct Andrieu, apostre; néantmoins, pour considération de la brielté des jours, et que griesve chose est aux anchiens chevalliers et aux aultres qui sont de longtaines contrées, de y venir souvent en si dure saison, nous, eue de plus délibération en cette matière, ordonnons la feste, chapitre, convention, assemblée et amiable compaignie du souverain et de tous les frères chevalliers estre tenus de trois ans en trois ans, au second jour du mois de may, en tel lieu que le souverain fera par avant sçavoir, par temps compétent et raisonnable, selon la distance des lieux. Toutes voies nous réservons à nous de povoir tenir ladicte feste, et la anticiper et mettre à plus brief jour, se véons qu'il y ait cas qui le requiert, toudis à distanche et intervalle d'un an du précédent chappitre et non moins.

» *Item*, et à affin que le chappitre, convention et feste de l'ordre soit entretenue, comme dessus est escript, et ne soit délaissié ou empeschié par les nécessités des cas qui pourroient advenir, voulons et ordonnons, que si par maladies, prison, périls de guerre, dangiers, de chevalliers ou aultres quelconques causes raisonnables et rechevables, le souverain ou aulcun des chevalliers de l'ordre estoient empeschiés de non povoir sollemnellement comparoir audict chappitre et feste ; en che cas celluy qui auroit tel empeschement seroit tenu d'envoyer pour luy aultres chevalliers de l'ordre ou sur pluiseurs : c'est assavoir le commis du souverain pour présider, et des chevalliers, pour assister et comparoir audict chappitre, dire son excusation ou essonne (affaire), tenir lieu pour luy faire ses offrandes et sollempnités, ou ce que pour luy ou contre luy sera dict et faict, receut les corrections et paines, pour de tout luy faire rapport, et chascun pour faire au lieu de son maistre, qui commis envoyé aura, que il mesmes poeult et deust faire, si présent y estoit; en quoi sera obéi et entendu par eulx de l'ordre, à icelluy qui personnellement y debvoit comparoir.

» *Item*, que dès le premier jour de may, tous les chevalliers de l'ordre, venus au lieu de l'assemblée, se viendront présenter devers le souverain dudict ordre, en son hostel, devant l'eure de vespres, et il les recevera amiablement et honnourablement, comme au cas appartiendra.

» *Item*, que le premier jour de may, ledict souverain et les chevalliers de l'ordre partiront ensemble de l'hostel de icelluy souverain ou de son commis, vestus pareillement de manteaulx d'escarlatte, comme dict est dessus; lesquelz manteaulx et habillements le souverain et chascun des chevalliers fera faire à ses propres cousts, frais et despens, et en cet estat iront à l'église ouyr vespres, comme dict est.

» *Item*, le jour de la sollempnité yront ouyr la grand' messe, qui sollempnellement sera célébrée en la révérenche de monseigneur sainct Andrieu; à l'offertoire de laquelle messe sera, par le souverain et chascun des chevalliers présents et procureurs des absents, offert une pièce d'or à la dévocion de celluy qui l'offrera, et après le service retourneront, en la manière dicte, en l'hostel du souverain, qui au disner les recevera à sa table et les festoiera honnourablement, ou les fera festoyer par son commis.

» *Item*, cedict jour mesme, le souverain et chevalliers dudict ordre, comme dict est, partiront de celluy, vestus de longs manteaulx et affublés de chapperons noirs à longue cornette, et iront ainsi à l'église ouyr vegilles et service pour les trespassés ; et lendemain iront en tel estat ouyr la messe pour les trespassés, à l'offertoire de laquelle le souverain et chascun des chevalliers présents, et procureurs des absents, offreront chascun ung chierge de chire armoié des armes de celluy pour quoy offert sera ; et à ladicte offertoire sera, par le greffier dudict ordre, leu ung rolle des noms, sournoms et tiltres du souverain et des chevalliers de l'ordre trespassés, pour les ames desquelz et aultres deffunts, celluy qui célèbrera ladicte messe dira d'abondant en la fin de l'offertoire le psalme *de profundis*, et une oraison des trespassés.

» *Item*, le jour ensuivant le souverain et chevalliers de l'ordre, vestus comme bon leur semblera, iront à l'église ouyr la grand' messe, qui sera célébrée sollempnellement de l'office de Nostre-Dame.

» *Item*, le lendemain de ladicte sollempnité, pourront les souverains et chevalliers de l'ordre, s'il leur plaist, encommenchier le chappitre pour traictier des affaires de l'ordre en tel lieu que par le souverain ordonné sera. Mais quant aux élections et corrections des chevalliers de l'ordre, elles se feront au chappitre de l'église où aura esté le service divin, si ce chappitre y a convenable à ce, et si non en tel lieu qu'il plaira au souverain ; auquel lieu on feroit lesdictes élections ou corrections, le souverain, chevalliers et officiers de l'ordre auront leurs manteaulx et chapperons d'escarlatte dessusdicts.

» *Item*, audict chappitre sera parlé par le souverain ou son commis, ou par le chancellier, de l'auctorité du souverain, et enjoingt à tous les chevalliers présents, et procureurs des absents, et officiers de l'ordre, que ils tiennent secret ce que ès consaulx dudict chappitre sera dict, faict, traictié et demené, mesme les corrections faictes sur les chevalliers de l'ordre, sans rien reveller à aulcuns, fors les procureurs des absents, qui en porront rapporter à leurs maistres che quy leur touchera seullement.

» *Item*, et affin que ce présent ordre et amiable compaignie soit maintenue en bons termes, et que les supposts, chevalliers et frères d'icelluy ordre, travaillent à vivre vertueusement en bonnes mœurs, accroissement d'honneur et bonne renommée, pour exemple à tous aultres chevalliers et nobles, parquoy le debvoir de l'ordre de chevallerie et noblesse soit maintenue et mieulx congnue, et plus patent à tous, sera audict chappitre, entre aultres choses, touchié en général par le chancellier de l'ordre, ce qui leur semblera estre bon et vaillable, et prouffiter à la correction des vices et inclination à amendement de vie et vertus par lesdicts de l'ordre ; et ce faict sera par icelluy mesme chancellier, au nom dudict ordre ; et enjoingt au derrain en siége desdicts frères et compaignons, selon l'institution et ordre que dessus, que il isse du chappitre, et attende au dehors, jusques à ce que on l'appellera pour y retourner

» *Item*, et que lui ainssi parti dudict chapitre, le souverain ou son commis, ou ledict chancellier ou nom du souverain et de l'ordre, demandera par serment grant et sollempnel, à tous les chevalliers et au souverain, et à ung chascun particulièrement, en commenchant au siége d'en bas et procédant continuellement jusques en hault, que ils dient se ils ont veu, sceu ou ouy dire à personne digne de foi que leur frère et compaignon issu dudict chapitre ait dict, faict ou commis chose qui soit contre l'honneur, renommée ou estat de chevallerie, mesme contre les estatuts, points et ordonnanches de che présent ordre et amiable compaignie, et dont elle puist estre blasmée et diffammée aulcunement.

» *Item*, et s'il est trouvé par le rapport des frères chevalliers de l'ordre, ou de souffisant partie d'eulx, que leur dict frère et compaignon ait commis aulcun vice ou offense contre l'honneur ou estat de chevallerie ou noblesse, mesme contre les paines et ordonnances de che présent ordre, et aultres cas que en ceulx qui requièrent privation, il lui sera par le souverain ou son commis, ou par ledict chancellier, remonstré et blasmé en le admonestant caritablement qu'il s'en corrige, et en telle manière que tous blasmes ou paroles diffammatoires ou mal sonnantz sur personnes de si noble estat doibt cesser, et que dès lors en avant les compaignons de l'ordre ayent de lui meilleur rapport ; et quant aux paines, le souverain et chevalliers dudict ordre en appoincteront ainssi qu'ils verront estre à faire selon le cas; à quoi debvera obéir le dict chevallier sur quoi lesdictes paines seront mises; et sera tenu de les porter, souffrir et accomplir.

» *Item*, et sera pareillement procédé après au regart de l'aultre chevallier prochain, et ainssi conséquamment des procureurs, en montant jusques au chief et souverain de l'ordre. Sur lequel, pour les raisons touchiées, et afin de entretenir l'amour et fraternité, et garder en che point égalité; et mesment que des greigneurs, doit par raison venir le meilleur exemple, voullons que l'issue et examen se face de lui comme des aultres, et la correction, paine et pugnition, à l'advis desdicts chevalliers de l'ordre, si le cas y eschiet.

» *Item*, si le chevallier issu du chapitre, estoit par ledict et témoignage des aultres ses frères et compaignons, reputé de bonne renommée, honnourable et vertueuse vie, et entendant aux haulx faicts de chevallerie et noblesse, il sera par le chancellier, de l'advis du souverain et des chevalliers, dict et exposé, par manière de congratulation, et pour le animer de tousjours bien faire, que ledict souverain et lesdicts frères de l'ordre sont oultre liez et joyeulx de la haulte et bonne renommée qu'ils ont eue de lui et des biens de sa personne, en le exortant et admonestant à toudis persévérer en bien et se efforchier à mieulx, affin que ses mérites et louenges en accroissent, et que il, par son bon exemple, donne à tous occasion de faire bonnes œuvres ; et pareillement sera dict aux aultres chevalliers de l'ordre, qui au dict de leurs compaignons seront tenus et réputés bons et vertueulx.

» *Item*, que se audict chapitre venoit à la connoissance du souverain de l'ordre, que aulcun des chevalliers et frères d'icellui eust commis aulcuns cas ou crismes par quoi il en deubt estre privé selon les estatus de ceste présente ordonnance, se ledict chevallier estoit là présent, le souverain fera mectre son cas en terme; et lui ouy en ses deffenses, se aulcune chose voeult dire et prouver en son excusation et solucion, lui sera sur che faict droict par le souverain et les chevalliers dudict ordre ou la 'greigneur partie d'eulx ; et se la chose venoit à la cognoissance du souverain hors le temps du chapitre, il signiffiera par ses lettres closes ou patentes scellées du scel de l'ordre, qu'il envoyera par le hérault Thoison-d'or ou aultre personne notable au chevallier blasmé et chargié du cas, qu'il viengne au chappitre prochain, pour estre procédé en sa matière ; et che faict, che que raison donra ; et se le temps dudict prochain chappitre estoit si brief selon la distanche du lieu de la demouranche dudict chevallier, la signification sera faicte au chappitre subséquent, en lui inthimant qu'il viengne ou non, l'on procédera contre lui comme il appartiendra.

» *Item*, et s'il estoit trouvé que ledict chevallier ait commis aulcun cas reprochable ou digne de privation de l'ordre, il, par le souverain et chevalliers de l'ordre ou la greigneur partie d'eulx, en sera osté, privé et débouté comme dessus est dict; et affin que l'ordre ne soit scandalisiée ou blasmée par la coulpe en sa personne, lui sera interdict et deffendu de jamais porter ledict collier ne aultre semblable, en lui enjoignant et commandant par les serments par lui faits à entrer en icelle ordre, que ledit collier il rende ès mains du souverain ou du trésorier de ladicte ordre; et se ledict chevallier n'estoit présent ad ce, lui seront envoyées lettres patentes scellées du scel de l'ordre, contenants la privation, sentence et condempnation, deffence, interdict, inhibition, commandement et choses dessus dictes.

» *Item*, se ledict chevalier ainsy sommé estoit refusant de renvoyer ledit collier, ledit souverain, s'il estoit son subject, procèdera par voie de justice à le contraindre ad ce, et s'il n'estoit subject du souverain, il procèdera comme il appartiendra, par l'advis et conseil des chevaliers de l'ordre.

» *Item*, ordonnons que quant l'ung des chevalliers de l'ordre ira de vie à trespas, ses hoirs ou ayant cause seront tenus de renvoyer, dedans trois mois après, ledit collier dudit défunt audit trésorier de l'ordre; et parmi ces lettres dudit collier, ses hoirs ou ayant cause seront tenus quictes et déchargiés d'icelluy collier, aultrement non.

» *Item*, s'il advenoit que aulcuns desdits chevalliers perdist le collier par guerre et faict honourable, ou que en poursuite d'aulcun faict honnourable et d'honneur il fust faict prisonnier, par quoy ledit collier fust perdu, le souverain de l'ordre sera tenu, en ce cas, de donner à ses despens ung aultre collier audit chevalier; mais se ledit chevalier perdoit son collier aultrement, il seroit tenu de faire faire ung à ses dépens semblable, et l'avoir et porter, en dedans quatre mois apprès, ou le plus tost que bonnement faire se pourroit.

» *Item*, que quant il y aura vacqueant ung lieu en l'ordre, par trespas d'aulcuns des chevaliers ou aultrement, il sera prins jour pour remplir le nombre pourveu d'ung aultre des condicions devant escriptes, par l'élection et plus grand nombre de voix du souverain et chevaliers de l'ordre; en laquelle élection et touttes aultres opinions ou délibérations touchant les besongnes de l'ordre, la voix du souverain aura lieu et sera comptée pour deulx et non pour plus, sinon au cas cy-après déclaré.

» *Item*, sera procédé à ladite élection en la manière quy s'ensuit; c'est assavoir, qu'après le trépas d'aulcuns des chevaliers de l'ordre, Thoison-d'Or, roy d'armes, sera tenu de le tantost donner à congnoistre au souverain quy, par ses lettres-patentes, le signifiera aux chevaliers de l'ordre, les requérant et mandant que au chappitre de lors prochain à venir, se le tamps est compétent, et s'il estoit trop brief, à l'aultre chappitre à venir et prochain; après ils soient de leurs personnes advisés et prests de nommer et procéder à l'élection du nouvel frère et compaignon de l'ordre ou lieu du deffunt ; et s'ils avoit essoingne ou empeschement raisonnable, parquoy personnellement ils n'y puissent comparoir, que chacun d'eulx envoie audit chappitre par leur procureur et aultre sceur, et au souverain en escript par sa cédulle, semblablement close et scellée de son scel, le nom du chevalier qu'il vouldra pour ce nommer.

» *Item*, et se lieu estoit vacquant, par privation, pour ce qu'elle se feroit en chappitre, et par le souverain et chevaliers de l'ordre, comme dict est, iceluy souverain diroit ou feroit dire aulx chevaliers ou frères d'icelle ordre présents et aux procureurs des absents, que après ladite privation, ils advisent à nommer et à procéder à l'élection au lieu du privé que dessus.

» *Item*, que ladite élection se fera ou tamps et lieu du chappitre ordinaire et non aultrement, et avant que l'on y procède, par l'istorieur ou greffier de l'ordre, et che que par luy a rapport au roy d'armes, Thoison-d'Or, aura esté mis par escript des hauts faicts du chevalier trépassé, à sa recommandation et louange.

» *Item*, avant l'élection, sera par le souverain et les chevaliers présents et procureurs des absents, baillée cédulle où nommeront des chevaliers, se ils sçavent aulcune chose parquoy les dessus nommés ne doibvent estre récepvables à l'élection.

» *Item*, et après ceste généralité, le souverain et chevaliers de l'ordre estants au siége audit chappitre, sera dict par le chancellier : Messeigneurs, vous êtes icy assemblés pour élire ung nouveau frère et compaignon ; mais, pour y procéder sainctement et justement, vous avez à faire les serments quy s'ensuivent, et vous jurerez ès mains de monseigneur le souverain ou de son commis, par la foi et serment de vos corps et l'obligation et astriction que vous avez à l'ordre, que vous procèderez, chacun en droict soy, léalement et justement à ladite élection ; et pour ce nommera chacun à son jugement et advis ung notable chevalier, des condicions dessus escriptes, bon et prouffitable pour le souverain et ses successeurs souverains dudit ordre, leurs pays et seigneuries, et pour le traitement et bien dudit ordre ; ne pour lignaige, amour, hayne, justement à votre povoir élirez celuy quy moult vous semblera digne d'estre appelé et mis à ceste honnourable ordre et amiable compaignie.

» *Item*, tantost après se lèvera le chevalier du premier siége, et révéramment verra (viendra) devers le souverain, ès mains duquel fera serment, tel que dict est ; et luy retourné en son siége, fera pareillement le prochain ; après et ainsi les aultres, conséquamment et par ordre.

» *Item*, demandera après le souverain ou son commis au chevalier du premier siége, par le serment que faict a, quy est le chevalier quy mieulx luy semble digne d'estre appelé et receu à ceste ordre. Alors se lèvera ledit chevalier, et à un plat d'or et d'argent à ce ordonné, devant le souverain ou son commis, venra mectre une cédulle, en laquelle sera escript le nom du chevalier qu'il voudra nommer; et ainsy feront tous les aultres conséquemment pareillement; et mectera le souverain sa cédulle et celles qu'il aura receues des chevaliers absents, closes et scellées.

» *Item*, ce faict, le chancellier prendra toutes lesdites cédulles et les lira tout haut; et seront mis en escript les noms contenus dedans lesdites cédulles dont sera faict collation ensamble, pour sçavoir quy aura le plus; et che faict, le chancellier proclamera le nombre de voix que chacun des dénommés aura, et après, le souverain reprendra le plus de voix, et dira en nommant celuy quy plus en aura : tel a le plus de voix, et par ainsy est esleu et appelé à nostre frère et compaignon de l'ordre; et s'il y avoit difficulté pour ce que deulx des nommés eussent aultant de voix l'ung que l'aultre, en ce cas et non aultre des affaires de l'ordre, le souverain, pour avanchier à l'élection, polra, oultre ses deulx voix, donner encoire la tierche à iceluy des deulx nommés que bon luy semblera. Mais sy le souverain ne le voulloit faire, on renouvelleroit l'élection première; touttefois les cédulles des absents demoureront en valleur, pour ce que on ne poulroit assez tost avoir les leurs nouvelles.

» *Item*, et que l'élection faicte, elle sera par le greffier de l'ordre enregistrée en ung registre servant ad ce, le jour que faict aura esté. Et après che, sy le chevalier esleu n'estoit au lieu, le souverain, par le roy d'armes Thoison-d'Or ou par aultre notable, signifira au chevalier esleu sadite élection, en luy requérant que le voeulle agréablement recepvoir, et accepter amiablement sa vocation à l'ordre; des ordonnances duquel luy sera, avec lesdites lettres, envoyé le double par escript, afin de prendre sur ce son advis, en luy enseignant que se ladite élection luy est agréable, et luy plaist estre à compaignie en l'ordre, il viengne devers le souverain, au jour quy luy sera signifié, pour faire les sermens recepvoir le collier de l'ordre et faire touttes aultres choses pertinentes, et que son intencion sur che y voeult le déclarer au porteur, et aussy en certifier le souverain, et en luy rescripre ses lettres par le porteur.

» *Item*, et se ledit chevalier esleu est grand seigneur, par quoy il deust avec grands occupations et affaires, ou demourast, ou fut voyagier en lieu lointain, dont fut à doubter de pouvoir personnellement comparoir devers le souverain, s'il luy semble expédient, polroit faire bailler au porteur de ses lettres ung collier d'icelle ordre, pour, après ce que ledit esleu aura accepté ladite élection, et non aultrement, présenter ledit collier, à condicion que de sadite acceptation et réception dudit collier, il baillera ses lettres audit porteur quy les rendra au souverain, et par icelles promectera de venir au prochain chappitre, se faire se poeult bonnement, et sy non à l'aultre subséquent, on devers le souverain, pour jurer les poincts de l'ordre, le plus tost que bonnement faire se polra, et généralement faire tout che à quoy il sera tenu de faire.

» *Item*, que ledit chevalier esleu et quy aura esté accepté à ladite élection, venu devers le souverain pour faire les serments et recepvoir le collier de l'ordre, se présentera au souverain, et luy dira, selon sa manière de parler : j'ay veu par vos lettres comment, de la grâce de vous et des très honnourés frères et compaignons de la très honrable ordre de la Thoison-d'Or, j'ay esté esleu à iceluy ordre et amiable compaignie, dont je me tiens très grandement honnouré. J'ay révéremment receu et accepté, et vous en remerchie de très bon cœur; sy suis venu devers vous et m'y présente prest pour obéir, et de faire touchant iceluy ordre tout ce que je suis tenu de faire. A quoy sera respondu par le souverain, accompaignié de plus grand nombre de chevaliers de l'ordre que faire se polra : Sire, nous, nos frères et compaignons de l'ordre, quant de vous avons ouy dire tant de bien, espérants que y persévèrerez et les augmenterez de l'exaltation et honneur de l'ordre de chevalerie, et à nostre mérite, louange et exaltation, et recommandation, vous avons esleu à estre perpétuellement, se Dieu plaist, frère et compaignon d'iceluy ordre et amiable compaignie; parquoy avez à faire les serments quy s'ensuivent; c'est assavoir qu'à vostre léal polvoir vous aiderez à garder, soustenir et défendre les haultes seigneuries et droits du souverain, tant que vous vivrez et serez dudit ordre.

» *Item*, que de tout vostre polvoir vous emploierez et labourrez à maintenir à ladite ordre estat et honneur, et mecterez paine à le augmenter sans le souffrir décheoir ou amoindrir, tant qu'y puissiez remédier.

» *Item*, s'il advenoit, que Dieu ne voeulle! que vous fust trouvé aulcune faulte, par quoy, selon la constitution de che présent ordre, en fussiez privé et débouté, et sommé et requis de rendre le collier, vous, en ce cas, le renvoyerez sain et entier devers le souverain ou le trésorier de l'ordre, dedans trois mois après ladite sommation faicte, sans jamais après icelle sommation porter ledit collier, ne aultre semblable, ne pour ceste occasion avoir ne tenir rancune ou malveillance envers ledit souverain, ne les frères chevaliers, ne aulcuns d'eux.

» *Item*, que touttes aultres pugnition et correction, quy pour aultres mendres cas vous seront enchargiés ou enjoingts par l'ordre, vous les porterez et accomplirez sans pour che aussy tenir, ne aulcune rancune ne haine envers le souverain.

» *Item*, que vous venrez et compaignerez aulx chappitres, assemblées de l'ordre ou y envoyerez selon le statut et ordonnance dudit ordre, et au souverain obéirez ou à son commis en touttes choses raisonnablement, touchant et requérant le debvoir et affaire d'icelle ordre.

» *Item*, que de vostre léal polvoir vous entenderez et accomplirez tous les statuts, ordonnances, articles et points de l'ordre que vous avez veu par escript, et les promectez et jurez en général, tout ainsy que se particullièrement et sur chascun point en fissiez espécial serment.

» *Item*, que le chevalier le promectera et jurera ainsy ès foy et serment, et touchera la croix et les sainctes évangilles.

» Et ce faict, ledit chevallier se mectera révéramment devant le souverain ou son commis, quy prendra le collier de l'ordre et luy mectera autour du col, en disant ou fesant dire semblables parolles: Sire, l'ordre vous rechoit à son amiable compaignie, et, en signe de che, vous présente ce collier. Dieu doinst que le puissiez long-temps porter à sa louange et service, et exaltation de saincte Église, accroissement et honneur de l'ordre, de vos mérites et bonne renommée! Au nom du Père et du Fils et du Sainct-Esprit. A quoi ledit chevallier répondra Amen! Dieu me doinst la grâce! Et après che, le chevalier du premier siége, quy lors sera présent, mènera le chevalier nouvellement esleu devers le souverain en son siége, et icelluy souverain le baisera en signe d'amour perpétuelle; et aussy le baiseront par ordre tous les aultres chevaliers.

» *Item*, se le chevalier esleu se excusoit de accepter la élection, le souverain le signifiera aulx frères de l'ordre, en leur donnant à congnoistre, et requérant et mandant qu'ils soient apareillés de procéder à l'élection quant appartiendra.

» *Item*, et que les sermeuts en la forme devant escripte et costume, feront aussy les chevaliers par nous cy-dessus nommés à frères et compaignons dudit ordre.

» *Item*, que chascun chevallier dudit ordre, à sa réception, paiera au trésorier dudit ordre, quarante escus de soixante-douze au marcq, ou la valleur, pour convertir aulx vestements, joyaulx et ornements pour le service divin au collége dudit ordre. Touttes voies, se il voulloit donner en che lieu joyaulx et ornements, jusques à la valleur de la somme, faire le porra ; et par che moyen sera tenu quicte de ladite somme.

» *Item*, quant aulcun chevalier de l'ordre trespassera, chascun des frères d'iceluy ordre, ledit trespas venu à sa congnoissance, sera tenu de bailler ou envoyer au trésorier dudit ordre, argent pour faire chanter quinze messes et quinze sols pour donner pour Dieu, pour les ames d'ung chascun chevalier trespassé, et ledit trésorier sera tenu de l'employer, comme dict est, ou lieu de la fondation.

» *Item*, s'il advenoit après le décès du souverain de l'ordre son successeur, en l'ordre fust mendre en asge, parquoy il ne fust puissant de mener les faicts de l'ordre, voullons et ordonnons que, en ce cas, les frères et compaignons de l'ordre, fassent ensemble une assemblée et convention, et par oppinions, et le greigneur nombre de voix, eslissent l'ung d'entr'eulx pour présider et demener les besongnes de l'ordre, ou lieu du mineur à ses despens, jusques à ce qu'il sera en eage de chevallier; et se, au trespas du souverain, demouroit fille son héritière non mariée, voullons et ordonnons que semblablement soit esleu ung des frères de l'ordre, pour conduire les faicts d'iceluy ordre, jusques à ce que ladicte fille soit mariée à chevallier en eage d'emprendre conduire la charge et faicts de souverain de l'ordre; auquel, ainsi esleu, voullons et ordonnons, durant ledict temps, estre obéi ès besongnes d'iceluy ordre comme au souverain.

» *Item,* et pour che que ce présent ordre, comme dessus est dict, est une fraternité et compaignie amiable, en laquelle se submectent de leur bon gré et voullenté, les frères et chevalliers d'iceluy, et les prometteront et jureront garder et franchement entretenir sans enfraindre ne aller au contraire, voullons, establissons et décernons ledict ordre, avoir congnoissance et court souveraine ès choses et cas qui touchent et regardent ledict ordre; et se les frères et compaignons d'iceluy, et que touttes sommations, privations, appointements, sentences, jugements, arrests et choses passées et faictes par ladicte ordre, ès cas qui lui touchent, et sur les frères et chevalliers d'iceluy, soient exécutoires et vallables comme de court souveraine, sans ce que, pour les empeschier, l'on puisse ou doive dire, par appel, complainte, supplication ou aultrement, comment que che soit, traire ou adreschier à quelque seigneur, prince, juge, court, compaignie, ne aultrement quelconques, ne que le souverain et frères dudict ordre, soient pour che tenus de respondre, attendu la volontaire et franche submission jurée solempnellement comme dict est.

» Tous lesquels poincts, conditions, articles, et choses dessusdictes, et chascune d'icelles, que avons ordonné et establi, ordonnons et establissons, comme dessusdict est, nous, pour nous, et nos hoirs et successeurs ducs de Bourgongne, chiefs et souverains de nostre présent ordre et amiable compaignie de la Toison-d'Or, promettons, tenir garder et accomplir à nostre pouvoir, entièrement et inviolablement à tousjours; et se ès choses dessus escriptes ou aulcunes d'icelles avoit aulcune obscurté, doubte ou difficulté, nous en réservons et retenons à nous et à nosdicts successeurs, ducs de Bourgongne, souverains dudict ordre, la détermination, interprétation et déclaration; et si adjouster, corrigier, muer et esclarcir en l'advis et délibération de nos frères et compaignons dudict ordre, excepté le premier article, faisant mention du nombre et de la condition des chevalliers dudict ordre; le second, faisant mention, et disant que les frères et chevalliers de l'ordre, ne doibvent, iceluy receu, estre de nul aultre, sinon par la condition audict article déclarez; la quatrième article, de l'amitié que les souverains et chevalliers doibvent

avoir l'ung envers l'autre; la cinquième, du service
que les chevalliers de l'ordre sont tenus de faire
au souverain; la huitième, comment le souverain
debvra procéder pour apaiser les débats, si aulcuns
en sourdoient entre les chevalliers de l'ordre, à
cause de leurs places; la neufviesme et dixiesme,
de l'assistance que le souverain et chevalliers de
l'ordre debveront faire à leurs frères et compaignons; la onziesme, en quel cas les chevalliers
non subjects du souverain, pourront servir allencontre de lui, sans charge d'honneur; la douziesme
quelle courtoisie les chevalliers de l'ordre debveront faire à leurs frères et compaignons, s'ils estoient prins en guerre et en bataille où ils fussent;
les treiziesme, quinziesme et seiziesme articles
touchant les cas parquoy se debveront faire privation de l'ordre, et aultres pour lesquels les
chevalliers se pourront despartir; la dix-septiesme
article, contenant la manière et ordre qui se debvera tenir en aller seoir, escripre, parler et aultres
faicts des choses, regardant à la situation de l'ordre
devantdicte; le. . . . . . faisant mention de l'é-
lection à faire, quant il y aura lieu vacquant d'aulcuns chevalliers de l'ordre, que le souverain aura
deulx voix; le cinquante-deuxiesme, de la manière
de la réception du chevallier esleu; et iceluy mesme
article, et les cinquante-trois cinquante-quatre,
cinquante-cinq et cinquante-septième, des serments que debveront faire les chevalliers de l'ordre. Lesquels articles et chascun d'eulx ci-dessus,

26.

désignez selon leur forme et manière, voullons demourer fermes et entiers, sans par nous, nos successeurs souverains, ne aultre, y estre faict mutation aulcune. Et voullons que, au *vidimus* de cestes, soubz nostre scel d'iceluy ordre, ou aultres authentiques pleine foy y soit adjoustée comme à l'original. Et affin que che soit chose ferme et estable à tousjours, nous avons faict mectre nostre scel à ces présentes.

» Données à nostre ville de Lille, le vingt-septiesme jour de novembre, l'an de grâce, mil quatre cent trente et un.[1] »

CHAPITRE CLXIX.

Du nombre des officiers de l'ordre de la Toison d'or; et comment ilz doibvent exercer leurs offices; et du serment qu'ils sont tenus de faire.

« Premièrement en iceluy ordre, aura ung officier nommé chancellier; et pour tant que l'office est grant et de grant charge, et requiert d'avoir homme nottable, voeult et ordonne mondit seigneur le duc, que nulne soit à iceluy office, pourveu s'il n'est constitué en prélature ecclésiasticque, comme archevesque ou évesque, ou dignité nottable, cathédralle, ou collégiale église, ou per-

---

1. Voyez ces statuts, t. 3, folio 1, à 63 de la Historia de la insigne orden de la Toison de Ore, por don Julian de Pinedo y Salazar.

sonne séculière de grant recommandation ou expérience, clercq gradué en théologie ou en droit canon et civil.

» *Item*, que le chancellier aura en garde et gouvernement le scel de l'ordre qui sera mis en ung coffre fermant à clef; et ne polra ledict chevallier, sceller d'iceluy scel aulcunes lettres touchant l'honneur d'aulcuns chevalliers, sinon par l'ordonnance expresse du seigneur souverain et de six compaignons dudict ordre, à tout le moins soubscrits à la signature. Mais, en l'absence dudict scel de l'ordre, mondict seigneur le souverain pourra bien faires sceller icelles lettres de son scel de secret.

» *Item*, aura la charge, ledict chancellier, de par le souverain ou son commis, d'enquérir ou demander audict chappitre, aulx chevalliers de l'ordre, qui y seront, de l'estat du gouvernement de ung chascun d'iceulx chevalliers, qui, pour ceste cause, isseront hors du chappitre, l'ung apprès l'aultre; et les oppinions ou despositions desdicts chevalliers révèlera ou récitera pour, par lesdicts souverain et son commis, y estre prins conclusions; laquelle conclusion, soit qu'elle tende à recommandation et louange, ou à correction, peine ou pugnition, iceluy chancellier proposera, remonstrera, et prononchera sur le chevallier à qui ce touchera.

» *Item*, avec che, ledict chancellier, ou temps de l'élection à faire des chevalliers de l'ordre, recepvera du souverain et chevalliers les cédulles de ladicte élection, et fera conparison, présents les officiers, du nombre des voix que aura chascun chevallier nommé pour ladicte élection.

» *Item*, et que ledict chancellier, ou aultre de l'ordre, commis par ledict souverain, ensemble aulcuns chevalliers de l'ordre, à ce députés par ledict souverain, sera ou temps du chappitre, à l'audition des comptes du trésorier de l'ordre.

» *Item*, que ledict chancellier aura la charge, de par le souverain de l'ordre, de proposer et mectre avant audict chappitre dudict ordre, touttes les choses qui seront advisées pour l'honneur, prouffict, et bien d'iceluy ordre, et touttes les fois que par iceluy souverain ou son commis ordonné lui sera.

» *Item*, audict ordre, aura ung aultre appelé trésorier, qui aura en garde touttes chartres, priviléges, lettres, mandements, escriptures, muniments et enseignements, touchant la fondation et les appartenances d'iceluy ordre, et aussi la garde de tous joyaulx, reliques, aornements et vestements d'esglise, tapisserie et libraire appartenants audict ordre, et, avec che, la garde et gouvernement des manteaulx d'escarlatte, appartenants au souverain et chevalliers de l'ordre, servants à l'estat et sérimonies de ladicte assemblée, convention et chappitre; lesquels manteaulx il debvera, à ladicte assemblée et convention à chascun chevallier bailler le sien, pour adoncques en user; et après, les recepvera et gardera soigneusement pour le temps advenir. Mais les habits desdicts officiers demeureront devers eulx, et seront pour eulx en user à leurs voullentés; et, s'il y avoit officiers nouveaulx, ils en feront faire à leurs despens, habits tels qu'il appartiendra, sur les gaiges qu'ils auront du souverain.

» *Item*, après le trespas ou privation d'aulcuns des chevalliers de l'ordre, fera le trésorier oster les armes, heaulmes et tymbres d'iceluy chevallier de sa place au chœur de l'église de la fondation, et les transporter où faire se debvra, selon l'ordre; et quant aultre chevalier sera en ce lieu esleu et receu, iceluy trésorier fera mectre ses heaulmes, tymbres et armes, en la place qui lui sera deue au chœur de ladicte église.

» *Item*, aura encoires ledict trésorier la charge de la dotation et fondacion dudict ordre, et des dons, laiz, augmentations, prouffictz, bienffaitz et émolumens d'icellui qu'il recepvra et fera venir ens, bien diligamment, et par ce, les fondacions, penssions et charges ordinaires aux gens d'églises, povres chevaliers et officiers de l'ordre, selon l'ordonnance de la fondacion; et sur ce, en fera aussi les aultres missions et despens nécessaires et convenables pour le faict de l'ordre, au commandement du souverain ou de son commis, et de tout rendre bon et léal compte au chapitre ordinaire, par-devant icellui souverain ou son commis ou ceulx de l'ordre ad ce desputez.

» *Item*, fera faire, ledict trésorier, livres ou seront escripts tous les dons, aulmosnes, laiz et bienffaitz que l'on fera à l'ordre, de quelques choses que che soit; et des joiaux et aornemens fera inventoire et ostencion à chascun chappitre, si longuement qu'ilz porront durer ou estre; et des dons pécunieulx et prouffictz des rentes, revenus et possessions, comme dit est; et, à chascun chappitre, nommera par nom et surnom les bienffaicteurs dudict ordre, et déclarera les dons qui y auront esté faictz, affin de avoir mémoire et prix, et pour eulx, et donner exemple et couraige de y faire bien.

» *Item*, des chartres, priviléges, fondacions, augmentations, acquestz, lettres, munimens et enseignemens dudict ordre, fera, ledit trésorier, faire livres et cartulaires collationnés aulx originaulx, et approuvé par scellés authentiques et saingz de nos notaires ou personnes publiques; desquels cartulaires, l'un demourra en ladicte église, et l'autre sera mis au trésor des chartres de Bourgongne; et si y sera foi adjoustée comme aux originaulx, affin que s'ils estoient d'aventure perdus, on peist avoir recours et soi aidier desdits cartulaires.

» *Item*, ung aultre officier aura audict ordre, appelé greffier, qui sera prébende d'une des bandes en l'église où sera faicte ladicte fondacion d'icellui ordre, ou aultre personne nottable et habile clercq, homme d'église ou séculier; lequel greffier sera tenu de faire deulx livres en parchemin, en chascun desquelz sera escripte la fondacion dudict ordre, les causes, ordonnances et status d'icellui; et au commenchement desdicts livres sera historiez la représentation du fondateur, et des vingt-quatre chevalliers premiers dudict ordre ci-dessus nommez ; desquelz livres l'ung sera attachié au chœur à chaisne de fer, en ladicte église, devant le siége du souverain, et l'autre aussi sera attachié à chaisne de fer ou chappitre devant le siége d'icellui souverain.

» *Item*, que ledict greffier mectera par escript, en ung livre ad ce ordonné, touttes les proesses louables et honnourables fait du souverain et de tous les chevaliers dudit ordre, faitz depuis la fondacion d'icellui, dont il sera informez par Thoison-d'Or, roy d'armes ; et sera tenu de moustrer au chappitre enssuivant la minute qu'il aura sur ce faicte au rapport dudit Thoison-d'Or, pour là estre leu et corrigié, se mestier est, et après mis en grosse audit livre ; laquelle sera leute avec la minute ou chappitre subséquent.

» *Item*, en ung aultre livre escripra, ledict greffier, les appointemens, conclusions et actes des chappitres ordinaires, les fautes commises par les chevaliers de l'ordre, dont ils auront estez blasmez et reprins en chappitre, les corrections, pugnitions et peines qui pour che leur auront esté ordonnées, et avec ce, les combinances des chevaliers de l'ordre qui ne seront comparus en chappitre, et n'y auront pour eulx souffisamment envoyez à faire remonstrer leurs excusations.

» *Item*, ung autre officier aura ordonné, c'est

assavoir ung roy d'armes, appelé Thoison-d'Or, prudent, de bon renom et souffisamment à l'office; auquel mondit seigneur le souverain fera baillier ung esmail qui sera dudict ordre, qu'il portera tant qu'il vivera; et apprès le trespas d'icellui, ses héritiers seront tenus de rendre au trésorier de l'ordre ledict esmail, s'il n'avoit été perdu en aulcun voyage ou faict honnourable, sans fraulde; auquel cas ses héritiers seront quittes dudict esmail, qui ainsi perdu seroit; et sera tenu ledict souverain de lui en faire avoir ung autre.

» *Item*, le roy d'armes dessusdict aura charge de porter ou faire porter les lettres du souverain aux chevalliers de l'ordre et aultres où il les fauldra envoyer; signifier à icellui souverain le trespas des chevalliers de l'ordre quant le cas adviendra; porter ou faire porter lettres de élections aux chevalliers; rapporter leurs responses; et généralement de faire ou faire faire toutes les messageries et choses dues, qui par le souverain ou officiers de l'ordre lui seront ordonnées.

» *Item*, ledit roy d'armes, Thoison-d'Or, encquerra dilligamment des prouesses et haulx faits, honnourables entreprinses du souverain et chevalliers de l'ordre, dont il fera véritable rapport au greffier de l'ordre, pour estre mis en escript, comme faire se debvera.

» *Item*, quant l'office du chancelier de l'ordre sera vacquant doresnavant, le souverain appellera des chevalliers de l'ordre le plus qu'il poulra recouvrer, et néant moins du nombre de six, et ad ce présents le trésorier et le greffier de l'ordre, se bonnement faire se poeult, procèdera à élection du nouveau chancellier, promeu à prélature ecclésiasticque, comme archevesque, évesque, ou dignité nottable, cathédralle ou collégiale, église ou personne séculière de grant recommandation et expérience, clercq gradué en théologie ou en droit canon ou civil; laquelle élection ainssi faicte sera signiffiée à l'esleu, en lui assignant jour de venir devers le souverain pour faire les sermens pertinens, en requérant que son intencion sur che il signiffie et certifie audict souverain.

» *Item*, s'il s'excusoit d'accepter ladicte élection, ledit souverain procèdera à élection d'ung aultre, et fera comme en l'article dessus prochain est contenu; et jusques il y ait chancellier esleu, et qu'il ait faict le serment, le office sera exercé par ung commis, par l'advis et authorité du souverain et des chevalliers de l'ordre.

» *Item*, et que chancellier esleu, et qui aura accepté l'élection, fera, ès mains du souverain ou son commis, les sermens que s'enssuit : c'est assavoir, qu'il comparera aux chappitres et assemblées de l'ordre en personne, sinon que, par maladie ou aultre essongne ou cause recepvable, il en fust empeschié; auquel cas il le fera sçavoir, sans fraulde, par ses lettres au souverain, qui, en son absence, pour icelle fois, commectera la charge de l'office à nottable personne, des condicions dessusdites, telle qu'il lui plaira, qui sera sermenté comme au cas appartient.

» *Item*, qu'il ne scellera du scel de l'ordre aulcunes lettres touchant l'honneur des chevalliers, sinon du commandement du souverain, présens six des chevalliers de l'ordre à tout le moins.

» *Item*, que pour amour, haine, crainte, faveur ou affection aulcune, il ne laissera de loyaulment et duement à son povoir dire et proposer, ès chappitres et assemblées de l'ordre, toutes les choses qui lui seront chargiées par le souverain; et que les conclusions prinses ès chappitres, touchant la correction ou corrections d'aulcuns chevalliers ou aultrement, il dira où il appartiendra; et ainssi que faire se debvera, selon le contenu de cette ordre, tiendra secret les consaulx d'icellui; et généralement à son povoir exercera, en tout et partout, bien et duement ledit office.

» *Item*, sera faicte la élection du trésorier de l'ordre quant le cas y écherra, ainssi que celle du chancellier; et fera les sermens qui se ensuivent; c'est à savoir, que bien et duement il gardera et gouvernera à son povoir les joiaulx, meubles, rentes, revenus et biens de l'ordre qu'il aura en gouvernement, sans en rien distribuer, fors en usaiges à quoi ils seront, par le souverain de l'ordre, applicquez et ordonnez.

» *Item*, que bien et loiaulment il distribuera aux gens d'église ce qui leur sera ordonnez pour le divin service, aux officiers de l'ordre pour l'exercice de leurs offices, et aux povres chevalliers pour leur vivre et substentation, selon les fondacion et dotation sur ce faictes; et de che fera son devoir, sans en rien retenir ne retarder.

» *Item*, qu'il rendra bon et loial compte des rentes et revenus appartenantes audit ordre, comme des dons et largesses qui faictz y seront, sans riens céler ni retenir; et en touttes aultres choses exercera le faict de son office bien et loiaulement à son povoir.

» *Item*, que vacquant le lieu du greffier de l'ordre, il sera, par le souverain, six des chevalliers de l'ordre, et néantmoins, esleu ung autre greffier, nottable personne des condicions dessusdictes; lequel greffier, ainsi esleu, et qui aura accepté, fera, ès mains du souverain ou de son commis, le serment qui se enssuit : c'est assavoir que bien véritablement et diligamment à son povoir il mectra par escript et en registres les haulx faictz et honnourables des chevaliers qui, par le roy d'armes d'icellui ordre, lui seront rapportés; et pareillement mectra léalement par escript les peines et corrections données aux chevalliers de l'ordre ès chappitres et assemblées; enregistrera les actes desdits chappitres, et se acquittera et fera son debvoir en toutes escriptures touchant l'office; tiendra secrets les consaulx de l'ordre; et icellui office exercera bien et loiaulment et duement, à son pouvoir.

» *Item*, à l'élection du roy d'armes, nommé Thoison-d'Or, on procèdera en la manière que dict est du trésorier et greffier; et fera les sermens qui s'enssuivent ; c'est assavoir qu'il enquerra des haulx faitz des chevaliers de l'ordre, sans faveur, amour, hayne, dhommaige, prouffict ou autre affection ; et en fera véritable rapport au greffier de l'ordre, pour estre mis ès cronicques ou registres, comme faire se debvera.

» *Item*, que bien et dilligamment il fera ou faire fera les messages qui lui seront encbargiés, et obéyra au souverain et chevalliers de l'ordre en touttes choses, servant loiaulment et dilligamment à son povoir. »

CHAPITRE CLXX.

Comment le prince d'Orange et les Bourguignons furent desconfits à la bataille des Daulphinois, devant Anthonne; et comment le seigneur de Montagu fut privé de l'ordre de la Toison-d'Or.

En celuy an, le prince d'Orenges, quy estoit gouverneur de Languedoc, fist de grants conquestes en iceluy pays sur les gens d'armes du daulphin. Or advint qu'il mist ung siége devant une place nommée Anthonne, que les gens du daulphin tenoient. Le daulphin, pour secourir ses gens, fist ung grant amas de gens d'armes et de traict. Entre lesquels y furent le seigneur de Gaucourt, gouverneur du daulphin, et pluiseurs aultres seigneurs dudit pays, et aussy de Lionnois; et avec eulx, Digne de Villedras, Edite de Ribedieux, Sallesart, et pluiseurs aultres capitaines. Et, quand ils furent assemblés, ils se mirent aulx champs pour combattre le prince d'Orange, quy estoit grandement accompaigné de pluiseurs grands seigneurs de Bourgongne; lesquels, véants leurs adversaires, se mirent en belle ordonnance avec bannières déployées et cottes d'armes vestues. Que vous diroye? les puissances s'assemblèrent ensemble et combattirent; mais la fortune tourna sur les Bourgongnons; et là furent pluiseurs grants seigneurs de Bourgongne morts et prins. Le prince d'Orenges se saulva; et aussy fist le seigneur de Montagu, quy portoit l'ordre de la Toison-d'Or, dont il fut fort repris; et pourceque, par le chapitre de la Toison-d'Or, il y a trois choses parquoy on peult perdre ladicte ordre, c'est assavoir si ung des chevaliers dudict ordre estoit atteint ou convaincu de trahison, d'hérésie, ou que il se trouvast en journée de bataille, où cottes d'armes et bannières fussent desployées, et procéder aussy avant que jusques à combattre sans estre victorieulx, mort ni prins, pour l'ung de ces trois cas, il seroit privé et débouté de iceluy noble ordre et fraternelle compaignie de l'ordre de la Toison-d'Or. Or est vray que le seigneur de Montagu ne fut victorieulx, mort ni pris. Pour laquelle cause il fut mandé à comparoir en personne devant le duc, fondateur, chief et souverain, et les aultres chevaliers de l'ordre de la Toison d'or, au prochain chapitre lors ensuivant. Auquel chapitre le seigneur de Montagu ne comparut point, mais envoya pour ouir che de quoy on le vouldroit accuser. Auxquels il fut dict que ledict de Montagu, leur maistre, avoit offense faict, et commis cas par quoy il debvoit estre privé et débouté de la noble compaignie de la Toison-d'Or, et de ne jamais porter le collier ni enseigne d'iceluy noble ordre, en leur enjoingnant, de par le duc, et ceulx de l'ordre, qu'ils deissent au seigneur de Montagu, leur maistre, qu'il renvoyast le collier, et que jamais il ne le portast. A quoy iceulx notables gens envoyés de par le seigneur de Montagu respondirent, et monstrèrent maintes belles et grandes excusations pour ledict seigneur de Montagu, disants que, au jour de la bataille, il avoit, par sa vaillance, sauvé maints chevaliers et escuyers d'estre morts ou prins, et que, par pluiseurs fois, il soustint le faix des ennemis, les fist arrester et retarder de la chasse qu'ils faisoient sur eulx, et prenoit à prouver, par nobles hommes, qu'en che feut le derrain retrayant de la besogne; et, s'il ne vouloit, à son droit escient, estre mort ou prins, aultrement ne povoit faire. Et si, pour bien faire, il falloit qu'il perdist icelle noble compaignie de l'ordre, il luy sembloit que c'estoit une dure chose à porter; mesmement qu'il s'estoit gouverné icelui jour si vaillamment que corps de chevalier povoit faire. Touttefois, quelque remonstrance que les gens du seigneur de Montagu sceussent faire, le seigneur de Montagu ne feut receu à excusation nulle; et fut procédé allencontre de luy; et, par les opinions ceux de l'ordre de la Thoison-d'Or estans en leur chapitre, nonobstant pluiseurs poursuites, qui lors se feirent, depuis, le seigneur de Montagu fut jugié de non jamais porter le collier de la Thoison-d'Or, et d'estre privé et débouté de la noble compaignie d'icelle ordre. Quand le seigneur de Montagu sceut la sentence, il fut dollent et desplaisant que jamais homme ne povoit plus estre; car il estoit vaillant chevalier et de grant courage. Pour laquelle cause, il fist ses ordonnances, et fist finances pour s'en aller au sainct voyage du sainct Sépulchre de Jérusalem; duquel voyage ne retourna oncque depuis, et là fina ses jours. Dieu en aye l'ame! Aulcuns voeullent dire que le prince d'Orenges avoit porté le collier de l'ordre de la Thoison-d'Or; mais bien poeult estre que, à la cause de ladicte journée, il perdit d'avoir ledict collier et compaignie; car il estoit bien homme pour estre en icelle belle compaignie, n'eust esté la douloureuse et mauldicte aventure quy luy advint. Je lairay à parler de la bataille de Languedoc, et parlerai de celle des Barrois, où le duc de Bar fut prins, et Barbasan mort.

CHAPITRE CLXXI.

De la guerre du duc de Bar, René d'Anjou, contre le comte de Vaudemont, lequel, avec le secours des gens de guerre que le duc de Bourgongne luy feit, combattist ledit duc de Bar, quy fut prisonnier et envoyé au duc de Bourgongne, et perdist la bataille.

UNE grant guerre se meult entre Regné d'Anjou, fils du roy Loys, nommé roy de Sézille, lequel Regné avoit ung oncle de par sa mère, c'est assavoir le cardinal, filz et héritier du duc de Bar, son frère; lequel frère morut à la bataille d'Agincourt, l'an xv, dont cy-devant est faicte mencion. Or est vrai que ledict cardinal donna et fist son héritier dudict Regné, son nepveu; et lui donna et délaissa la duchié de Bar, et pluiseurs aultres belles seigneuries; et par le moyen d'icelles seigneuries, et aussi qu'il estoit filz de roy, issu de la très chrestienne maison de France, la fille et héritière de la duchié de Lorraine lui fut donnée en mariage, qui fut ung grant bien pour les duchiés de Bar et de Lorraine; car de long-temps avoit en icelles seigneuries guerres et divisions, qui, par icellui mariage, furent en paix et unis soubz ung seul seigneur. Aulcuns disoient que ladicte seigneurie de Lorraine s'estoit entretenue si long-temps qu'il n'estoit mémoire du contraire, tousjours venans de père en filz. Or estoit lors un nommé Ferry de Lorraine, yssu de la maison de Lorraine, lors si prochain du duc de Lorraine que son nepveu et cousin-germain de l'héritière, femme dudict Regné, fils du roys Loys. Si advint, ne sçai si ce fut par partage ou aultrement, que guerre s'esmeut entre icellui Regné, duc de Bar et de Lorraine, allencontre du comte de Vaudemont, seigneur de Genville, de Boves et aultres seigneuries. Regné, duc de Bar et de Lorraine, se trouva le plus puissant, et tellement que le comte de Vaudemont eust esté tout destruit, n'eust été qu'il se retraict devers le duc, lequel pour lors estoit en la ville de Gand; et là lui remonstra que ses prédécesseurs, ducs de Lorraine, avoient tousjours esté amis et alliés de la maison de Bourgongne, en lui requérant qu'il lui voulsist faire ayde de gens d'armes et de traict. Le duc lui ordonna et accorda cappitaines de Picardie, qui eslevèrent grant nombre d'archiers; et avec ce rescripvist et manda aulx grands seigneurs de Bourgongne qu'ils se missent sus en armes, et qu'ils feissent toutte l'assistance et ayde qu'ils pourroient audict comte de Vaudemont. Tant fut la chose exploittiée, que Bourguignons et Piccards se trouvèrent ensemble avec le comte de Vaudemont; et se mirent avec eulx deulx chevaliers d'Angleterre, l'ung nommé messire Jehan Adam, et l'aultre messire Thomas Gargaron. Quant icelles compaignies furent eussemble, ils prirent le chemin pour tirer en la comté de Vaudemont, que Regné, duc de Bar, destruisoit du tout par feu et espée. Quant le duc de Bar sceult le comte de Vaudemont et les Bourguignons venir, il print les champs pour aller au-devant d'eulx. En sa compaignie avoit Franchois, Barrois, Lorrains et Allemands, en bien grant nombre; et tant procédèrent le duc de Bar et ses adversaires, que ils virent l'ung l'autre. Le duc de Bar, qui a merveilles grans gens, ne fist guerre de compte du conte de Vaudemont ne des Bourguignons; et les Bourguignons au contraire; car quant ils veirent la grant puissance, ilz prinrent place la plus avantageuse qu'ilz peurent pour eulx, laquelle estoit de grans buissons et haies, que ilz avoient endossez; et aux deulx ailes de leur bataille, s'estoient fermé de leur carroy; et oultre avec ce, les archiers s'estoient fortifiés de penchons aguisiez aux deulx bouts. Quant le duc de Bar vit qu'ils avoient prins place, bien cuida qu'ils fussent à sa vollenté; et ordonna batailles pour les combattre à pied et à cheval; et de cette opinion estoient la plupart de ses gens, excepté ung vaillant chevallier nommé Barbasan, natif de France, qui fut d'opinion contraire, disant que mieulx les vauldroit affamer que combattre, veu le lieu où ils estoient : car de nul costé du monde ne povoient avoir vivres ; et si estoit la puissance du duc de Bar si grande que bien povoient garder que vivres ne leur povoient venir. Son oppinion fut reboutlée. Et disoient aulcuns que grant honte seroit de les laissier en la place où ils estoient sans combattre,

veu le petit nombre qu'ils estoient; et y eult aulcuns
qui dirent à Barbasan : « Qui a paour des fœulles, si
» ne va pas au bois. Il respondit: Icelles parolles sont
» pour moi. La merchi Dieu, j'ai vescu sans reproche,
» et aujourd'hui l'on verra si je le dis par lacheté ne
» pour crainte d'eulx; mais le dis pour le mieulx et
» pour éviter les dangiers qui en pourroient adve-
» nir. » Que vous en dirai-je? Le duc de Bar et toutte
sa puissance, sans grant ordonnance, marchèrent
comme tous à cheval, et par espécial les Allemands, lesquels cuidoient de prime fache, à la
puissance de leurs corps et chevaulx, deffaire de
tous points les Bourguignons. Mais ils les trouvèrent si bien ordonnez, et fortifiez d'arrière et aulx
costez, que peu leur firent de mal; et, au contraire,
ils furent receus à pointes de lances et de traicts,
servis à si grant habondance, que eux et leurs chevaulx furent navrez et bleschiez, par telle fachon
que en grant désarroi ils se retrayrent. Le duc de
Bar véant ce desroi, se mit à pied, en sa compaignie pluiseurs grans seigneurs d'Allemaigne, le
bon chevallier Barbasan, et pluiseurs aultres ; et
quant ils se trouvèrent auprès de la bataille, les
archiers bourguignons commenchèrent à tirer sur
eulx, tellement que pluiseurs en furent mors et
bleschiez ; et avec ce, les Bourguignons estoient
si bien fermez et en si belle ordonnance, que le
duc de Bar ne ses gens ne leur povoient faire mal
sans grant perte. Les Bourguignons véants le desroi
des gens du duc de Bar, issirent hors de leur fort

et combattirent le duc de Bar; et ses gens à peu de perte, obtinrent la victoire; et là fut le duc de Bar prins; le comte de Salverne, et pluiseurs aultres grans seigneurs d'Allemaigne mors; le bon chevallier Barbasan mort; le seigneur de Rodemarcq prins, et pluiseurs autres. Le duc de Bar fut prins de la main d'ung homme d'armes Hainuyer, nommé Martin Frinart, qui depuis fut bailli de Nostre-Dame de Haulx, auquel le duc donna dix mille francs d'argent comptant, et cinq cents francs de rente pendant sa vie, et le duc, comme raison, eult le duc de Bar son prisonnier. En icelle battaille, eust de grants seigneurs de Bourgongne, c'est assavoir messire Anthoine de Toulongon, mareschal de Bourgongne, et la plus grant partie des seigneurs, chevalliers et escuyers de la duchié et comté de Bourgongne, les gens du prince d'Orenges et son étandart. Icelle journée, fust à grant honneur et profit du duc, et, par espécial, du comte de Vaudemont : car tout eust esté destruit, n'eust esté le secours et ayde que le duc lui fist. Lors estoit commune renommée que l'intencion du duc de Bar estoit la comté de Vaudemont et la seigneurie de Genville concquister comme bien lui sembloit estre au-dessus de conqueste la duchié et comté de Bourgongne, et aultre chose avec. Et quant à moy, je luy ouy une fois dire en la ville de Dijon, lui estant prisonnier du duc, que au jour qu'il fust prins à la battaille dessusdicte, que bien lui sembloit avoir gens assez pour combattre tout le monde pour ung jour; mais, en peu d'heures fortune l'avoit bien bas mis, disant, puisqu'il falloit que ainsi fust-il, debvoit bien louer Dieu, d'estre cheu en la main de son beau-cousin de Bourgongne; et disoit lors : l'homme propose et Dieu dispose. Je layray à parler de la bataille de Barrois, et parleray d'une besongne qui se fist assez près de Beauvais, et qui s'appelle la bataille du Bregier.

CHAPITRE CLXXII.

De la bataille du Bregier, où les Franchois furent desconfits des Anglois.

Bien advez ouy parler comment aulcuns, de legier et créance voullaige, se bouttèrent à croire que les faicts de la Pucelle estoient choses miraculeuses et permises de par Dieu, et fort y furent pluiseurs enclins de le croire. Or advint apprès de Jehanne la Pucelle, que aussi aulcuns de folle créance, mirent sus un fol bregier, lequel, comme avoit dict la Pucelle Jehanne, disoit qu'il avoit révélation divine, afin qu'il se mist sus en armes, afin d'aidier ce noble roy de France. Icelle folie fust expérimentée à la charge, perte et déshonneur du royaulme. Et advint que pluiseurs nottables seigneurs et cappitaines, eulx confiants en iceluy bregier, se mirent aulx champs; et quant les Anglois le sceurent, ils firent une grant assemblée pour résister allencontre d'eulx. De la part des Franchois estoient le mareschal de Boussac, Pothon de Saincte-Trailles, La Hire, et pluiseurs aultres cappitaines; en leur compaignie, le chief, ce meschant bregier. De la part des Anglois, estoient le comte d'Arondel, le seigneur de Tallebot, et pluiseurs aultres : lesquels Franchois et Anglois assemblèrent à battaille, et combattirent très vaillamment les ungs et les aultres. Touttefois la fortune tourna sur les Franchois; et là furent pluiseurs morts et prins; le vaillant Pothon de Saincte-Trailles, qui depuis fust mareschal de France, y fust prins; et se y fust prins le polvre bregier, sur lequel estoit l'espérance des Franchois. Le mareschal Boussac, La Hire, et aultres, se retrayrent à Beauvais; et les Anglois, à grant honneur, triomphe et gloire, s'en retournèrent atout leurs proies et conquestes. Et là fust mené le bregier. Qu'il devinst depuis, je ne sçai. Mais je ouy dire qu'il avoit esté gecté en la rivière de Seine et noyé. Icelle battaille fust appellée la battaille du Bregier : laquelle battaille est plus au long escripte ès livres de ceulx qui en ont cronicqué. Et atant je me passe, et me souffist d'en faire mencion.

CHAPITRE CLXXIII.

Comment le duc de Bethfort, régent de Franche, asségia Laigny-sur-Marne, laquelle fut ravitaillée des Franchois, et le siége délaissié par ledict régent.

En l'an 1432, le duc de Bethfort, lors régent de France, assembla une grant armée pour mectre le siége devant la ville de Laigny-sur-Marne, que les Franchois tenoient et occupoient. Après ce que le régent ot faict son amas de gens, il s'en alla asségier icelle ville de Laigny, et fist faire pont sur la rivière de Marne; et, moyennant iceluy pont, fust la ville toutte asségiée, et puis approchie et battue de bombardes et canons, et aultre artillerie, ainsi qu'il estoit coutume de faire en siége de si grand prince que lors estoit le duc de Bethfort, régent de France. Dedans laquelle ville estoit cappitaine pour les Franchois, ung gentil chevallier, nommé Jehan Foucault, qui, à la garde d'icelle ville se gouverna honnourablement. Que vous diroie-je? Après ce que le siége eust esté par grant espasse devant icelle ville, les Franchois se assemblèrent en grant nombre, entre lesquels estoient le bastard d'Orléans, chevallier vaillant et bien renommé, et grant nombre d'autres seigneurs, cappitaines et nobles hommes. Et quant le régent sceult la venue des Franchois, il print place, cuidant combattre; en laquelle place, les gens de son siége se retrayrent comme tous ensemble. Quant les Franchois furent venus, ils demourèrent à cheval en moult belle et grant ordonnance; et bien sembloit que ils ne demandassent que la battaille. Et lors levèrent une grant escarmouche; et, pendant icelle escarmouche, ils firent boutter foison vivres, qu'ils avoient faict amener avec eulx; et, avec ce, y bouttèrent pluiseurs vaillants hommes pour aydier ceulx de la ville. Icelles choses faictes, et la ville ravitaillée et rafraischie de gens, comme dict est, les Franchois s'en retournèrent en leurs villes, chasteaulx et places, quant le régent, qui avoit veu le ravitaillement, leva son siége, et s'en alla à Paris. Iceluy jour fust le jour Sainct-Laurent, l'an dessusdict, que lors il fist si très chaud, que pluiseurs Anglois moururent de la chaleur; et le régent fust tellement féru du soleil, qu'il en fust malade; car il estoit sanghin, cras et replet, et aussi je crois bien que desplaisance et envie lui furent fort contraires, car, à la vérité dire, il estoit vaillant chevallier; et, s'il avoit desplaisance, ce n'estoit pas merveilles.

CHAPITRE CLXXIV.

De la seconde feste et solempnité de la Toison-d'Or, quy fut tenue à Bruges.

La seconde solempnité et chapitre de l'ordre de la Thoison-d'Or en l'an dessusdict, fut tenu en la ville de Bruges, à la Sainct-Andrieu, mil quatre cent trente-deux. Et comparurent personnellement avec le souverain dudict ordre, le seigneur de Roubaix, Messire Rolland d'Utquerque, messire David de Brimeu, messire Hues de Lannoy, le seigneur de Commines, le comte de Sainct-Pol, messire Guillebert de Lannoy, le seigneur de Croy, messire Jacques de Brimeu, messire Baulduin de Lannoy, le seigneur de Ternand, messire Jehan de Croy, messire Jehan de Créqui, et le comte de Nevers; et par procureurs comparurent messire Anthoine de Vergy, le comte de Ligny, le seigneur de l'Isle-Adam, le seigneur de Charny; messire Regnier Pot, et messire Anthoine de Toulonjon estoient allés de vie à trépas; et messire Florimont et messire Simon de Lalaing estoient prisonniers de guerre. Apprès les solempnités du service divin en l'église Sainct-Donat, le souverain et chevalliers, et frères dudict ordre entrèrent ou chapitre de ladicte église de Sainct-Donat. Le premier jour de décembre, vestus de leurs habits d'icelui ordre, comme il appartenoit. Ouquel chapitre le souverain et chevalliers, séant aussi en siéges paraulx, les ungs à dextre, les aultres à sénestre, selon l'ordre, procédèrent à l'élection de deux chevalliers, pour estre frères dudict ordre, l'ung au lieu de messire Regnier Pot, et l'aultre au lieu de deffunt messire Anthoine de Toulonjon, ainssi qu'il est accoutumé en ordre de faire. Et fut esleu messire Andrieu de Toulonjon, pour lors pélerin en la Terre Saincte, frère et compaignon de l'ordre, au lieu de messire Regnier Pot; mais ledict messire Andrieu alla de vie à trespas oudit saint voyage; et par ainssi ne porta point le collier dudict ordre, et le seigneur d'Anthoing fut esleu à seigneur et compaignon dudict ordre, au lieu de messire Andrieu de Toulonjon; et lui fut porté le collier de l'ordre par Thoison-d'Or; lequel il receut très amiablement et aggréablement; et depuis, ledit seigneur d'Anthoing alla devers le duc le merchier très humblement, et aussi à messeigneurs de l'ordre fist le serment ès mains du duc aussi, et par la manière qu'il est accoustumé.

CHAPITRE CLXXV.

Comment Pierre de Luxembourg, comte de Sainct-Pol, asségia la ville de Sainct-Valery, quy luy fut rendue par traictié; du trespas du comte de Sainct-Pol; et des emprinses et conquestes que monseigneur Jehan de Luxembourg, comte de Ligny, fist sur les Franchois.

Au mois de juing mil quatre cent trente-trois, se partirent le duc et la duchesse, pour aller secourre et visiter ses pays de Bourgongne, auxquels ses ennemis estoient entrés; et avoient couru par pluiseurs fois, tant à puissance comme aultrement, où ils avoient prins et ravis, tant par force comme par traictié ou emblée, pluiseurs villes et forteresses, lesquelles ils tenoient ainssi que cy-après sera faicte mencion. Si emmena le duc une très grand' et noble armée en sa compaignie, et par espécial de pluiseurs lieux de Piccardie; et fut son partement de la ville d'Arras; et à l'environ de ladicte ville fut faicte son assemblée, là où il fut ordonné par le duc et son conseil ce qu'il s'enssuit: c'est ascavoir que Pierre de Luxembourg, comte de Sainct-Pol et d'Enghien, chevallier de l'ordre de la Thoison-d'Or, asségeroit une bonne ville nommée Sainct-Walery-sur-Somme, qui est place de mer, laquelle pour ce temps estoit ravie et remplie des ennemis du duc, qui luy portoient et faisoient grant contraire et dhommaige, et à tout le pays à l'environ; et messire Jehan de Luxembourg, comte de Ligny, aussi chevallier de ladicte ordre, auroit certain nombre de gens d'armes pour garder la rivière de Somme, que les ennemis n'entrassent èsdicts pays du duc, tant Piccardie, Arthois, comme Flandres et Hainault. Or est vray que le comte de Sainct-Pol en brief temps fist après son amas de gens d'armes où il y eust une moult grande et noble compaignie. Et environ l'entrée du mois de juillet, il mist le siége devant Sainct-Walleri, là où il fut par l'espace de cinq sepmaines ou environ; et tant constraint iceulx estants dedans ladicte ville, par force d'armes, que il les conquesta par certain traictié faict entre luy et eulx. Lequel traictié fust tel, que ceulx de ladicte ville auroient jour et temps, durant ung mois, pour combattre ou rendre ladicte ville, et bonnes trèves et abstinence de guerre entre luy et eulx, durant icelluy terme, voire par ainsi que ledict comte seroit plus fort sur les champs à icelle journée que lesdicts adversaires, ils se renderoient saufs leurs corps et biens; et pour tous leurs prisonniers et habillements de guerre, ils debveroient avoir dudict comte la somme de mille salus d'or, et pour tous ces traictiés et accords entretenir, iceulx de ladicte ville donneront hostages suffisants. Si tint ledict comte de Sainct-Pol la journée qui fut le vingtième jour d'aoust l'an dessusdict; et fust en sa compaignie sur les champs, pour tout le jour, environ six mille combattants, tant des marches de Piccardie comme d'Angleterre. Or est ainssi que ceulx de ladicte ville de Sainct-Walleri ne eurent point de secours; et ne s'y apparurent nuls d'eulx à ladicte journée; et se rendirent par la forme dessusdite. Icelle ville rendue, que vous avez ouy, le comte de Sainct-Pol entra dedans Normandie atout sa noble compaignie, et mist siége devant une forteresse, nommée Monceaulx, quy alors estoit emplie des ennemis du duc; sy se mirent en composition, et prindrent journée de rendre ladite ville, ou de combattre, le vingtième jour d'octobre ensuivant; et de ce faire livrèrent deulx gentilshommes de leur compaignie, pour pleiges et hostages de ladite journée entretenir ou de ladite place rendre. Il est vray, durant ce temps, et devant le vingtième jour d'octobre, le comte de Saint-Pol alla de vie à trespas; et tantost apprès le trespas dudit comte, ung capitaine adversaire du duc, appelé Lahire, accompaignié d'aultres capitaines, tels que Pothon de Sainct-Trailles, et aultres, à grand' puissance de gens d'armes, passa la rivière de Somme et entra ès pays du duc, comme d'Arthois, Haynault, Vermendois et Cambrésis, et y boutta les feux en pluiseurs villaiges et églises, et y fist de grands pilleries et prinses de prisonniers. Lors estoit en la comté de Sainct-Pol, lé comte de Ligny avec son nepveu, fils dudit défunt, que Dieu pardoint! en très grand deul pour la mort de son frère, non sachant la venue des adversaires ès plus prochaines villes et places à eux obéissants, atout leurs butins. Iceulx adversaires avoient nouvellement prins une forteresse, nommée Haplencourt, séant sur la rivière de Somme, en laquelle avoient enfermé cinquante ou quarante hommes, lesquels polvoient grandement grever ou pays à l'environ. Sy fut ainsy que le comte de Ligny, atout une très grosse puissance, alla mectre le siége devant ladite forteresse de Haplencourt; et tant les constraint par force d'armes, que iceulx adversaires se rendirent à la voullenté dudit comte. Sy les fist tous pendre, excepté cinq. Durant ledit siége quy dura cinq jours ou environ, lesdits adversaires se mirent ensemble, faisants semblant de vouloir lever le siége. Mais ils ne furent pas conseillés, et s'en retournèrent chascun en leurs places. Là furent des chevaliers de l'ordre, avec le comte de Ligny, le seigneur d'Anthoing et messire Simon de Lalaing. Ces choses faictes, le comte de Ligny se partit et donna congié à ses gens jusques au vingtième jour d'octobre, que ladite journée de Monceaulx se debvoit tenir; laquelle journée il tint pour et au nom de son nepveu, fils et héritier de feu le comte Pierre de Sainct-Pol, comme sa première armée. Sy y eust une belle compaignie, nombrée de cinq à six mille combattants; et y furent de la noble ordre de la Thoison-d'Or, le seigneur d'Anthoing, messire Simon de Lalaing, et les trois de Brimeu dessus nommés. Mais à icelle journée ne s'y apparurent nuls de ses adversaires, ains laissèrent leurs hostages comme ils les avoient livrés, et ne rendirent point la place, ne tindrent promesses nulles qu'ils eussent faictes ; donc, après icelle journée ainsy passée, chascun de mesdits seigneurs se retrayrent dedans leurs villes, maisons et forteresses. Ne demoura gaires après que lesdits adversaires de mondit seigneur le duc, tant de la garnison de la cité de Laon comme de là environ, refirent une grosse assemblée pour cuidier eschieller et prendre la ville de Vrevin, en Térasse, mais ils faillirent à leur enprinse ; sy se retrayrent, et, en retournant, bouttèrent les feux en pluiseurs lieux en la comté de Marle ; et par espécial, ils ardirent tous les faulbourgs de la ville de Marle, laquelle chose vint à la congnoissance dudit comte, quy estoit en sa ville de Guise. Sy se partist hastivement atout ce qu'il pot avoir de gens, et tira après lesdits adversaires ; sy les rataing à un passaige là où ils cuidoient passer la rivière, assez près de ladite ville de Marle ; et furent prins en desroy et rués jus. Et là y eut sur la place environ deux cents ou environ, tant de pied comme de cheval, et de prisonniers environ soixante-six, lesquels furent tous pendus ; et la cause, pour ce qu'ils avoient boutté les feux en la comté de Marle et ailleurs.

CHAPITRE CLXXVI.

Comment le duc de Bourgongne partis d'Arras, pour aller en Bourgongne, contre ses ennemis, quy gastoient le pays; de pluiseurs places quy se rendirent à luy par traictié ou aultrement-

Or fault revenir à parler comment le duc se partit de la ville d'Arras pour aller en Bourgongne, ainssi que devant est dict. Vray est que avant son partement, fut conclu qu'il laisseroit aulcuns commis pour gouverner et garder ses pays, tant Arthois, Flandres, Brabant, comme Haynault, Hollande, Zellande et Namur. Si y furent d'iceulx commis, de la noble ordre de la Thoison, le seigneur de Roubaix, le seigneur de Commines, messire Hues de Lannoy et messire Rolland d'Utequerke, avec pluiseurs aultres. Environ le partement du duc furent commis et envoyez, de par luy, ambassadeurs au sainct concile, à Basle, c'est assavoir messire Guilbert de Lannoy, chevallier dudit ordre, avec pluiseurs aultres nobles et souffisants clercqz, et pour déclarer l'emprinse et allée dudit duc et de la duchesse, qui se estoient partis pour secourir et aidier sondict pays de Bourgongne, où ses adversaires estoient entrez, comme dict est. Après ces choses ainssi par luy ordonnées et par son noble conseil, tant en la ville d'Arras comme ailleurs, fault revenir à parler, et de ses advenues depuis icelle ville d'Arras jusques à sondit pays de Bourgongne, et, au surplus, de ses emprinses et conquestes, avec les grands faicts d'armes qui ont esté faicts et accomplis audict pays de Bourgongne, ès jours, termes et dactes cy-apprès dictes. Or est vrai que le duc ordonna pour sa conduicte deulx principaulx capitaines; c'est assavoir, messire Jehan de Croy faisoit l'avant-garde; le duc, avec pluiseurs nobles capitaines, qui faisoit la bataille; et le seigneur de Crequy, l'arrière-garde. Et en ceste noble assemblée avoit une très grant et très noble armée de chevalliers et escuyers. Le duc entra au pays de Champaigne, où on le tenoit pour adversaire. Le duc et son armée passa la Marne assez près d'Espinay, en tenant son chemin devers la cité de Challons, et en oultre, devers la cité de Troyes, auquel chemin il eust grant faulte de vivres; mais il séjourna par trois jours devant la ville de Troyes, là où vindrent pluiseurs marchands des villes et forteresses obéissants à luy, qui très grandement avitaillèrent et pourveyrent son ost de vivres et aultres affaires dont ils avoient grant nécessité, et firent de moult grants réconforts en pluiseurs manières; et là vindrent les grants seigneurs de Bourgongne à noble compaignie, allencontre du duc. Le quart jour se deslogea, et alla mectre le siége devant une bonne ville, nommée Mussy-l'Évesque, séant sur la rivière de Saone, à l'entrée du pays de Bourgongne. Le duc se logea à Poitthières, une forte abbaye, ainssi que à une lieue près de Mussy-l'Evesque. Le seigneur de Charny, messire Jehan de Croy, le seigneur de Créquy et le bastart de Sainct-Pol, et pluiseurs aultres grants seigneurs, mirent le siége; et en peu d'heures fut ladicte ville de Mussi tellement approchée, qu'il y en eust logiez devant les fossez; et tant fut approchée, que au bout de huit jours ils se mirent en traictié de rendre ou combattre, au huitième jour ensuivant; et au cas qu'ils ne seroient secourus, ils renderoient ladicte ville, et s'en iroient, saufs corps et biens, rendant tous prisonniers, et la ville entière. Et de ce faire et entretenir, livrèrent hostages de ladicte ville. A laquelle journée ne s'apparut nuls pour combattre ne secourir. Si fut la ville rendue par la manière que dit est, et furent renvoyez lesdicts hostages. Apprès la reddition de ladicte ville, se alla le duc, atout sa noble compaignie, à Chastillon, où estoit la duchesse; et de Chastillon se partist la duchesse, atout son estat, très noblement accompaigniée, et s'en alla à Dijon, en Bourgongne, là où elle se tint une très grand' espace de temps; et la conduisoient messire Anthoine de Vergy et le seigneur de Neuf-Chastel. Ces choses faictes, le duc se parti de Chastillon, atout son armée, et tira devers une forte place, nommée Lizines, séant ou pays de Bourgongne, là où il avoit grosse garnison de ses adversaires. Si y mist le siége, et ordonna comme chiefs de l'ost le seigneur de Charny et messire Jehan de Croy, chevalliers de la noble ordre de la Thoison-d'Or. Et se tint le duc en un petit chastelet, nommé Haussy-le-Seigneur, assez près dudit Lizines; et y fut le siége par l'espace de douze jours ou environ; lesquels douze jours, iceulx adversaires furent si contraints, par force d'armes, que pour eulx rendre à la vollenté du duc. Et ainssi se rendirent; et estoient environ mille à douze cents combattants. Se leur fut dict que, s'ils sçavoient trouver manière de rendre Passy, une ville fermée, et chasteau séant à un quart de lieu de là endroit, on leur saulveroit la vie; ou si ce non, ils morroient tous. Et alors, iceulx compaignons traictèrent tant devers iceulx de Passy, que ils eurent quinze jours de indusse (trève) pour leur secours aller querre; et en cas qu'ils se trouveroient plus forts sur les champs que le duc, ils demouroient paisiblement en leurs possessions; et si ce non, ils estoient tenus de rendre ladite place; et de ce, livrèrent bons et seurs hostages. Le duc, après ce qu'il ot ouy leur responce, leur dict que pour quinze jours qu'ils demandoient, il leur donneroit ung mois, lequel fut le premier jour de septembre; et sur che recupt lesdits hostages. Le duc, espérant avoir journée de bataille, sans faillir, manda la noble chevalerie et gentillesse, lesquels y vindrent bien et diligemment, et durant icellui terme d'ung mois, le duc se tira à Dijon vers la duchesse, et ordonna les seigneurs de Charny, messire Jehan de Croy et le seigneur de Créquy, avec grant foison de gens pour conquerre

et recouvrer pluiseurs places et forteresses enne-
mies du duc, à l'environ d'icelles places de Passy
et de Ligines; assavoir à Maligny, une forteresse
moult belle, là où il furent l'espace de trois
jours. Si se rendirent, saulfs leurs corps et biens;
et dedans estoient environ cinquante ou soixante
combattants. Apprès, lesdicts seigneurs tirèrent
devers Ligny-le-Chastel, qui, tantost apprès la
sommacion faicte, se mirent en l'obéissance. Et
pareillement se rendirent pluiseurs aultres forteresses. Après tirèrent à ung lieu nommé Orby, là
où il y a bonne ville fermée; si y mirent le siége;
et y furent environ quatre ou cinq jours. Auquel
terme ceulx de ladite ville, doubtants la force de
l'ost, se mirent en traictié avant que les bombardes ne canons eussent tiré, ne à eulx fait grant
dhommaige, par ainsi que ils auroient tel traictié
et appoinctement que ceulx dudit Passy, et de ce,
livreroient bons et seurs hostages, jusques au nombre de six. Si leur fut accordé, par ainsi qu'ils furent constraints de donner et délivrer vivres pour
l'ost avitailler, moyennant que on leur payast; et
ainsi fut faict. Puis de là s'en allèrent mectre le
siége devant un fort chastel; nommé Coursant, et
y furent environ huit jours, et furent tant battus
de canons et de bombardes, qu'ils furent constraints, par force d'armes, que toutte la garnison
se rendist prisonniers; et furent enmenés prisonniers plus de soixante à quatre-vingts hommes
de guerre. Durant icellui siége de Coursant, vind-

rent par seurté, après sommacions faictes par officiers d'armes, héraulx ou poursuivants, devers lesdits seigneurs, c'est assavoir le seigneur de Santes, le capitaine de Venissy et le capitaine de Sainct-Falle; et leur fut accordé tout tel traictié que ceulx de Passy avoient. Donc, pour tout ce faire et entretenir, ils livrèrent hostages et seurs; et pour ce que ladicte journée du premier jour de septembre approchoit de la reddicion de Passy, comme dict est, iceulx seigneurs de Charny, messire Jehan de Croy et le seigneur de Créquy se retrayrent à Moinbar, et à l'environ, atout leur armée, et là actendirent le duc, lequel avoit assemblé une très grande armée de gens de sondict pays de Bourgongne, et tant qu'à ladicte journée ils se trouvèrent ensemble huit mille combattans ou environ. Si vint aussi en l'aide du duc le seigneur de Tallebot, atout mille combattants Anglois; y et si estoit le seigneur de l'Isle-Adam, maréchal de France. Si est ainssi que, quand ils furent assemblez tous ensemble, nouvelles vindrent au duc, que le seigneur de Chasteau-Villain, et le damoiseau de Commersi, adversaires, avoient asségié une place nommée Bourg, assez près de Lengres, tenant le parti du duc. Si prist le duc conseil quel secours il leur polroit faire. Si fut ordonné que messire Anthoine de Vergy et le seigneur de Créquy, iroient avec le comte de Fribourg et messire Jehan de Vergy, atout une grosse et noble compaignie de gens, prinse en l'ost du duc, nonobstant que la journée estoit le mardy ensuivant, que le duc debvoit tenir la journée pour combattre devant Passy, comme dit est. Et fut envoyé le secours à Bourg, le prochain dimence devant. Le duc se tira à ung gros village nommé Ravières, à deulx lieues près de Passy; et là, par bonne délibéracion de conseil, fut ordonné que le seigneur de Charny et messire Jehan de Croy, comme chiefs de l'ost, iroient tenir la place pour le duc devant Passy; et mèneroient et conduiroient la noble armée du duc; et il demourroit audict Ravières, accompaignié de sa noblesse : et ainssy fut faict. Et la cause pourquoy le duc n'alla point au lieu où la journée se debvoit tenir, fut pource que les adversaires ne se comparurent poinct à puissance à ladicte journée, comme après sera dict. Or est vray que le seigneur de Charny et messire Jehan de Croy tindrent la journée, comme dessus est dict, à laquelle nul ne s'apparut pour combattre; dont ladicte ville et chastel de Passy se rendirent comme leur traictié le portoit; et en prindrent lesdicts seigneurs la possession; et pareillement se rendirent touttes les villes et forteresses dont ci-devant est faict mencion. Si furent les hostages renvoyés et délivrés, comme raison estoit, après ceste journée ainssy tenue par le duc. Et les choses dessus faictes et passées, il donna congié à la plus grant partie des gens quy là estoient venus à son mandement; et se retournèrent le seigneur de Tallebot, anglois, le seigneur de l'Isle-Adam, et pluiseurs aultres, à

Paris et ailleurs, dont ils estoient partis; et les remerchia le duc moult honnorablement, en faisant de moult nobles et riches dons. Et aussy pluiseurs seigneurs de Bourgongne s'en retournèrent en leurs lieux et maisons. Le duc print son chemin à Noyers, et là ordonna, par bonne délibéracion de conseil, qu'il envoieroit mectre le siége devant une forte ville nommée Chamblires, là où estoient ses ennemis à grant puissance; et furent chiefs d'icelle armée le seigneur de Charny et messire Jehan de Croy; et y furent par l'espace de six jours ou environ, que iceulx furent si contraints par force d'armes, que ils se rendirent, saulfs corps et biens. Or fault parler de cinq chevalliers, quy tous furent en leur temps frères et compaignons de la noble ordre de la Thoison-d'Or; c'est assavoir messire Jehan et messire Anthoine de Vergy, le seigneur de Neufchastel, le seigneur de Créquy et le seigneur de Montagu, avecque eulx le comte de Fribourg, qui par le duc furent envoyés pour lever le siége que tenoient le damoiseau de Commersi et le seigneur de Chasteau-Villain, et aultres devant Bourg; et fut le partement le vingt-huitième jour d'aoust, an dessusdit. Or est ainssi que, quand lesdits de Chasteau-Villain et de Commersi sceurent la venue desdits seigneurs, et qu'ils venoient sur eulx à puissance, ils levèrent leur siége et se retrairent dedans la cité de Lengres. Quand les seigneurs dessusdits sceurent leur partement et là où ils estoient retraits, ils se meirent apprès eulx en chemin, et s'en allèrent devant ladicte cité de Lengres, là où ils furent depuis dix heures au matin jusqu'à sept heures aux vespres; et là y eult de grants armes et escarmouches faictes. Apprès partirent iceulx seigneurs de là, et allèrent mectre le siége devant une forte place nommée Cavenchy, là où il y avoit dedans environ soixante combattants, lesquels se rendirent, saulfs corps et biens. Si fut conclu par lesdits seigneurs de abattre ladicte place, laquelle appartenoit au seigneur de Chasteau-Villain; et fut abattue et toutte démolie. Apprès, envoyèrent iceulx seigneurs sommer une aultre place nommée Villers, appartenant pareillement au seigneur de Chasteau-Villain, lesquels se rendirent, et mirent les gens en la main du duc. Apprès touttes icelles choses faictes, se retournèrent iceulx seigneurs tous en leurs hosteulx, réservé le seigneur de Créquy, quy s'envint logier à Jumeaulx, ung gros village, à trois lieues près de Dijon, et y mena ses gens, pource qu'il avoit eu nouvelles que le seigneur de Chasteau-Villain y voulloit boutter les feulx. Si se y tint, par l'espace de trois jours, pour garder ledit village; mais nul ne s'apparut pour che faire. Le duc manda le seigneur de Créquy, qu'il venist vers luy hastivement en la ville d'Espoisse, pour conclure à ses affaires, et pour aller devant Avallon, comme cy après sera dit.

CHAPITRE CLXXVII.

Comment le duc print la ville d'Avallon d'assault, et la forteresse de Pierre Petrins.

Apprès les choses dessus faictes et passées, le duc se partit de Noyers, et tira son chemin vers Espoisse, laquelle siet en son pays de Bourgongne, là où il se tint une espace de temps; et là fut conclud et délibéré, par noble conseil, d'aller mectre le siége devant la ville d'Avallon, là où il y avoit grant garnison de ses adversaires, jusques au nombre de trois cents ou environ, lesquels avoient prins et emblé ladicte ville, et faisoient moult de dhommaige au pays de Bourgogne. Si furent ordonnés les choses et gouvernements du siége les seigneurs de Charny et messire Jehan de Croy, lesquels tindrent le siége d'un gcosté de la ville; et, d'aultre costé, fut ordonné le seigneur de Créquy, avecque le seigneur de Chastellus, le seigneur de Prébles, le bastard de Sainct-Pol, et le seigneur de Humières. Et dura icellui siége trois sepmaines, ou environ; auquel terme la ville et muraille furent moult travaillées et endommagiées de bombardes et canons, et moult de gens morts et navrés, tant par traicts d'artillerie, comme aultrement. Pour laquelle cause, on commença à parlementer les ungs aulx aultres, en demandant à ceulx de dedans pluiseurs grants demandes, tant de la réparacion de la ville, comme de rendre aultres places et forteresses prinses et tenues de iceulx de leur parti; à quoi nul traictié ne s'y povoit trouver. Et advint qu'en iceulx jours que on parlementoit, ung grant pan de mur de la ville, lequel avoit esté fort battu de bombardes, chéyt ès fossés, dont ceulx de l'ost, qui che virent, furent moult joyeulx et crièrent à l'arme. Et adonc, sans nulle ordonnance, et oultre le commandement du duc quy, par pluiseurs fois, avoit deffendu que on ne l'assaillist point, iceulx de l'ost assaillirent bien asprement et rudement; duquel assault il y eult moult de gens morts et navrés, d'ung costé et d'aultre. En telle manière fut assaillie, que, par force d'armes, il convint retraire les assaillants, et faillirent à leur empriuse; et, nonobstant, ceulx de la ville, apprès la retraicte faicte, se mirent ensemble, pour eulx conseillier qu'ils avoient à faire. Et ainssy que à neuf heures de nuict, doubtants que derechief ils ne fussent assaillis, et aussy que ils ne pourroient payer les grants demandes que on leur avoit icelluy jour faictes, se conclurent de eulx en aller et habandonner la ville, et à icelle heure, ils firent secrettement deffermer une petite posterne, pour eulx enfuir. Si saillirent moult ruddement, tant à cheval comme à pied; de laquelle saillie le guet se perceut; et crièrent à l'arme; et là y eut une grant mortalité à l'assembler ensemble, tant d'ung costé comme d'aultre; et en eschappa trente, ou environ, de ceulx de dedans; et le surplus, par force d'armes, furent reboultés dedans la ville, et ceulx de l'ost avecque eulx; et mesme par les murailles, tant abbatues que droictes, et par force d'assault prinrent la ville, et mirent tout à sacquement. A laquelle furent prins deulx cents prisonniers et quatre cents chevaulx de selle, et grant foison de gens morts et navrés, comme il est de coustume faire en tel cas. Icelle conqueste et prinse d'Avallon faicte, le duc entra dedans. et visita ladicte ville, laquelle il trouva fort adommagiée par les bombardes et canons; et si trouva iceulx deulx cents prisonniers, lesquels eulrent tel traictié avecque le duc, que, pour leur vie saulve et avoir délivrance de prison, ils feirent rendre en l'obéissance du duc Mailly-la-Ville, Mailly-le-Chastel, et Sainct-Vry, emplies de grosses garnisons, et quy moult avoient adommagié le pays environ. Touttes lesquelles garnisons se partirent; et par ainssy lesdits prisonniers furent quictes et mis à délivrance, comme raison estoit. Apprès icelles choses faictes, le duc se tira à Véselay, là où il séjourna jusques au jour des ames; et envoya mectre le siége devant une forteresse nommée Pierre-Petrins. Le duc se partit de Véselay, et vint audit siége de Pierre-Petrins. Si fist visiter la place, et trouva que la basse-cour estoit imprenable d'assault; mais néanmoins ils assaièrent lendemain, au point du jour; moitié assault, moitié emblée, si l'assaillirent et l'emportèrent d'assault; et, par force d'armes, ils poursuivirent, et continuèrent si rudement leur emprinse, qu'ils les feirent retraire au donjon; et là le duc fut des premiers montant au bolverq et entrant dans la basse-court. Si feurent si constraints iceulx adversaires, qu'ils traictèrent d'eulx partir, saulfs leurs biens, et ung baston en leurs mains, et, avecque che, de rendre tous prisonniers qu'ils avoient en leur povoir, là où qu'ils fussent avecque une bonne ville et chastel nommés Crevant; et ainssy fut faict et accompli. Or est vray que, en touttes les emprinses faictes et conquestes advenues, depuis la venue du duc de Bourgongne en icelluy sondit pays, le seigneur de Charny a esté et estoit tousjours gouverneur du pays de Bourgongne, ayant povoir de tout pardonner à tous malfaicteurs, abolir et recepvoir hommes, place, ville et forteresse; de donner saulf-conduit, et de faire touttes choses quy appartiennent à lieutenant de prince, tout et en icelle manière que se le duc y eust esté en personne; là où il s'est gouverné grandement et honourablement. Et ainssy a esté tousjours, touttes les concquestes durant jusques en fin, le seigneur de Croy, en la compaignie du duc et auprès de luy, à touttes choses faire, tant en consaulx comme à touttes les journées et lieux là où il espéroit avoir bataille, comme son premier chambellan et le plus prochain de son corps. Et aussy le seigneur de Ternant a accompaignié le duc tousjours durant lesdits voyaiges, armées et concquestes. Esquelles concquestes et durant touttes les choses dessusdictes, tant par les reddicions des forteresses adversaires du duc, comme par celles quy ont esté prinses et conquestées par force d'armes, par pluiseurs parties, depuis le premier jusque siége mis par le duc devant Mussy-l'Évesque, jusques à l'accomplissement de Pierre-Petrins, se sont partis et vidiés, tant du pays de Bourgongne comme des frontières, à l'environ deulx mille bons combattants, ou plus, comme les traictiés et accords en font vraie mencion.

CHAPITRE CLXXVIII.

De la troisième feste et chapitre de l'ordre de la Toison-d'Or, tenue à Dijon, où le nombre des chevalliers fut accru de six.

La vigille Sainct-Andrieu, mil quatre cent trente-trois devant la sollempnité des vespres, fut tenu chapitre de la chappelle des ducs à Dijon; et y feut procédé aux élections quy estoient à faire, pour ce que le nombre des chevaliers quy estoient là présents estoit petit, et pour remplir les lieux de huit chevaliers quy estoient à élire : c'est assavoir, le premier ou lieu de messire Renier Pot, au lieu duquel l'an précédent avoit esté esleu messire Andrieu de Toulonjon, quy avant que son élection luy fut signifiée estoit trespassé au retour du voyaige de la terre saincte; le second ou lieu du comte de Sainct-Pol trespassé depuis le précédent chapitre; et six aultres quy feurent mis de creue (accroissement); ordonnance n'estoit que de vingt-cinq chevaliers; car la première et depuis fut advisé que on en mectroit encoires six, quy feroient le nombre de trente-un. Ainsy y eult à ce chapitre huit chevaliers esleus, dont les noms s'ensieult; c'est assavoir le seigneur de Crevecœur, messire Jehan de Vergy, messire Baudot de Noyelle, messire Jehan, bastard de Sainct-Pol, le comte de Charollois, seul fils du souverain dudit ordre, le comte de Varnembourg et le seigneur de Neufchastel; lesquels huit chevaliers esleus feurent très joyeulx de leur élection, receurent très agréablement le collier, et firent les sermens audit lieu de Dijon, appartenant à faire comme il est declaré ès chapitres dudit ordre.

CHAPITRE CLXXIX.

Comment les adversaires du duc de Bourgongne prinrent d'assault la ville de Mont-Sainct-Vincent; et comment ils abandonnèrent le siége.

Le jour des rois audit an, fut prinse des adversaires du duc la ville du Mont-Sainct-Vincent au pays de Charollois, et fut prinse d'assault.

c'est assavoir de Rodigues Chappelle, Sallesart et pluiseurs aultres capitaines; et estoient en nombre de quatorze cent combattants. Le duc eult nouvelles de ladite prinse le lendemain au vespre, en la ville de Dijon où il estoit; et tantost après icelles nouvelles ouies de ladite prinse, assembla son conseil que dès icelle nuict il y envoyeroit de ses gens. Sy y envoya le bastard de Sainct-Pol et messire Baudart de Noyelle, le seigneur d'Auxy et aultres, atout cinq cents combattants; lesquels s'en allèrent logier à ung villaige à trois lieues près de ladite ville de Mont-Saint-Vincent; et prinrent dix ou douze prisonniers desdits adversaires, par quoy on sceult quels gens estoient en ladite ville. Les chevaliers dessusdits firent sçavoir au duc, quy pour lors estoit à Dijon, touttes nouvelles de sesdits adversaires; et lors se party le duc, ces nouvelles ouyes, en toutte haste pour les approchier; et s'en alla à Challons sur la Somme; et quant le duc feut illec arrivé, il fist son mandement en sa duchié et comté de Bourgongne, et assembla grand nombre de gens, lesquels allèrent à Buschy, où les chevaliers dessusdits nommés avoient esté dix à douze jours en gardant le pays du duc. Et allèrent adviser la ville du Mont Saint-Vincent, pour y mectre le siége; et quant ils eurent advisé la ville, ils se logièrent à demie lieue de la ville pour lendemain mectre le siége. Mais les dessusdits adversaires, doubtants du siége qu'ils véoient approchier, se partirent et s'enfuirent par bois, haies et chemins ou pays de Bourbonnois, dont ils estoient partis, sans ce que les gens du duc s'en perchussent, qu'il ne fut jour; et quant les nouvelles vinrent en l'ost, les seigneurs en furent moult esbahis. Sy firent tantost mectre gens sus pour aller après, mais ils estoient sy eslongiés qu'il n'en y eult nuls prins. Aulcuns des gens du duc entrèrent en la ville, laquelle estoit destruite desdits adversaires; et les aultres s'en tirèrent à Challons. Tantost après se partist le duc, de Challons pour aller à Chambéry, en Savoie, aux nopces du comte de Genèves, fils aisné du comte de Savoie, et cousin germain du duc. Se furent en sa compaignie pluiseurs grands seigneurs des pays de Bourgongne et de Picardie, comme cy-après sera dict.

CHAPITRE CLXXX.

De la feste des nopces du comte de Genève, fils aisné du duc de Savoie, et de Anne, fille du roy de Cyppre, en la ville de Chambéry; des princes, seigneurs, dames et damoiselles quy y furent; et de la pompe et esbattemens de ladicte feste.

Le dimanche, septiesme jour de février, audict an mil quatre cent trente-trois, fust faicte la feste et solempnité des nopces de Loys, aisné filz du duc de Savoie, nommé comte de Genève, et de Anne, fille du roy de Cippre, en la ville de Chambéri, en Savoie. Et, à iceluy jour, entra ladicte dame des nopces, en ladicte ville de Chambéri, environ quatre heures après midi, accompaigniée du cardinal de Cippre, oncle de ladicte dame, et deulx chevalliers nottables du royaulme de Cippre, et de pluiseurs aultres chevalliers, et escuyers dames et damoiselles. Sy furent en la compaignie du comte de Genève, seigneur des nopces, allencontre de ladicte dame, le duc et les ducs de Savoie et de Bar, Jehan monseigneur de Clèves Jehan, monseigneur de Nevers, Philippe, monseigneur de Savoie, le prince d'Orange et le marquis de Salusse, le comte de Fribourg, Christophe de Harcourt, et pluiseurs grants seigneurs de Bourgongne, de Savoie et d'ailleurs, dont le recorder seroit trop long à escripre. Et quant les seigneurs dessusdicts furent issus de ladite ville de Chambéry, se partist le comte de Genève, seigneur des nopces, accompaignié de Jehan, monseigneur de Clèves, Jehan, monseigneur de Nevers, Philippe, monseigneur de Savoie, son frère, et pluiseurs chevalliers et escuyers; et allèrent au-devant de ladicte dame, plus avant que lesdicts aultres seigneurs dessus dicts ne firent; et trouvèrent ladicte dame, une petite lieue de la ville. Or n'avoit oncques veu le comte de Genève, seigneur des nopces, ladicte dame: si la bienviengna et baisa; et aussi firent les dessusdits de Clèves, de Nevers et de Savoie; et ce faict, retourna le comte de Genèves, vers les grans seigneurs dessusdicts, les-

quels attendoient ladicte dame, environ un quart
de lieue de la ville. Et les trois aultres, de Clèves,
de Nevers et de Savoie, demourèrent avec ladicte
dame, et l'accompaignèrent jusques où les grants
seigneurs estoient. Quant ladicte duchesse fust ar-
rivée là où les grants seigneurs l'attendoient, hors
de ladicte ville, elle fust receue grandement et
honnourablement. Et là estoit le cardinal de Cippre, à qui les honneurs furent faicts premiers;
et le baisa chascun des grants seigneurs à la joue,
et puis après ladicte dame des nopces; et ce fait,
entrèrent dedans la ville en très grant et très noble
compaignie. En icelle entrée, estoit la dame vestue,
et aussi les dames et damoiselles de sa compaignie, de la livrée du comte de Genèves, seigneur
des nopces; laquelle livrée estoit robbes vermeilles, et dessus les manches ung estocq. Enquel estocq pendoit une plume d'austrice, faicte de brodure
et d'orfaivrerie très gracieusement; et espousa
en tel estat. A icelle entrée et tout au long de la
ville, fust la dame menée par deulx chevalliers à
pied, nommez messire Jehan de Fise, et messire
Loys de la Morée, à destre du duc et du duc de
Bar, et ainsi accompaigniée jusques à la chappelle
du chastel, là où elle fust grandement receue. Devant la chappelle, estoient pluiseurs grants dames
et damoiselles, chevalliers et escuyers, qui la receurent grandement et honnourablement; et là
estoient les dames : premièrement madame Marguerite, fille au duc de Savoie, sœur au comte de

Genèves, seigneur des nopces, et royne de Sézille ; la dame de Gaucourt, la dame de Vauvert, la dame de Bargectes, la dame de Cutille, et pluiseurs aultres dames et damoiselles, dont les noms seroient trop longs à escripre. Or fust la dame menée en la chappelle par le duc et le duc de Bar, et là où les solempnités de saincte église furent faictes. Et ce faict, fust la dame menée en sa chambre pour lui ordonner ; et là fust revestue d'une riche robbe de drap d'or ; et tantost apprès, fust la dame menée par les ducs et damoiselles, là où estoit la royne de Sézille hors de la chambre, jusques en court du chastel, pour aller soupper ; et, en icelle court, vindrent assembler avec les dames et damoiselles le duc et les ducs de Savoie et de Bar, et pluiseurs grans seigneurs qui là estoient. Et, durant ladicte feste, les princes et princesses s'assemblèrent en ladicte court, à l'heure que on debvoit disner ou soupper. La dame fust menée en la salle par le duc et le duc de Bar. Lors lavèrent, puis assirent à table, comme cy-apprès est escript, le cardinal de Cippre, le duc, la dame des nopces, la royne de Sézille, le duc de Bar, Jehan monseigneur de Clèves, et Jehan monseigneur de Nevers ; la seconde table, le prince d'Oranges, la dame de Vauvert, le viscomte de Morième, la damoiselle de Bon-Repos, messire Jehan d'Assonville, la dame du Chastiau-le-Palus, la damoiselle de Sallenove ; la tierce table, Christophe de Harcourt, le duc de Savoie, la dame de Gaucourt, le comte de Monrevel, le seigneur de Tallenchon ; la quarte table, l'évesque de Moriène, l'évesque de Thurin, l'évesque de Velais, le Provost de Mongat; la quinte table, le marquis de Salusse, la dame de Millan, la bailliesse de Savoie, la dame de Bargicles, la dame de la Marche ; la sixième table, le seigneur de Bussi, le seigneur de Vauvert, le seigneur de Palus, la femme de Pierre de Menton, la femme de Guille de Genèves ; la septiesme table, le comte de Fribourg, la dame de Piémont, le seigneur de Blammont, la dame de Chorague, la dame de Barbazan, la dame de Monnajour, la dame des Allemens. Et, avec che, y avoit pluiseurs chevalliers et escuyers qui alloient devant les mests : premiers, Guille du Bois, premier maistre d'hostel du duc ; messire Pierre Amblart, maistre d'hostel de Savoie; Melfroy de Salusse, mareschal de Savoie ; messire Ymbert, bastard de Savoie ; le bastard de la Morée, messire Nicolle de Menton, le seigneur de Briaux, messire Boniface d'Oussex, le seigneur de Battray, Pierre de Menton, Philibert de Menton, Jehan, mareschal. Ladicte salle fut très grandement et plantureusement servie ; et tant belle chose estoit à veoir que merveilles. Et pour entremetz de viandes, y eult chèves tous blans, et sur chascun chève avoit une bannière des grans seigneurs qui là estoient, dont il y avoit grant foison. Apprès, y eult aussi ung aultre entremetz de deulx héraulx du duc de Savoie, lesquels estoient vestus, et leurs chevaulx couverts, des armes de Savoie ; et apprès eulx avoit quattre trompettes sur chevaulx de artifice, couverts, eulx et leurs chevaulx, desdictes armes ; apprès lesdictes trompettes avoit douze gentilshommes, qui portoient chascun une bannière en main, armoyée des ducés, comtés et seigneuries du duc de Savoie ; et estoit chascun gentilhomme vestu et armoyé, et leurs chevaulx. Lesquels chevaulx estoient tous d'artifice, excepté les deux chevaulx des deulx héraulx dessusdicts, qui estoient chevaulx à chevaulchier ; et ainssi entrèrent en ladicte salle, trompettes et clarons jouants, et les douze gentilshommes, atout leurs bannières, saillants et poursaillants, tellement que belle chose estoit à veoir. A icellui soupper avoit pluiseurs trompettes et menestreulx de divers pays, jouant devant la grant table. Après che, y eult pluiseurs rois d'armes, héraulx et poursuivants, de divers lieux, dont les noms s'ensuivent : le roy d'armes de la Thoison-d'Or, Autheriche, Savoie, France, comté de Genève. Heraulx : Hermenie, Romarion, Monreal, Argueil, Esprunier, Hurier Zuflant, Humble-Requeste, Doulce-Pensée, Léal-Poursuite, auxquels fut donné, par le duc de Savoie, deulx cents francs, monnoie de Savoie, pour crier largesse. Apprès soupper commenchèrent les dances, où y eult grant noblesse ; dont il y eult, entre les aultres choses, vingt-six chevalliers, escuyers, dames et damoiselles, qui danssèrent deulx et deulx, dont le duc et la dame de Gaucourt furent premiers ; le duc de Bar et la dame de Rie; apprès le prince d'Orange et la dame de Gensy et le marquis de Salusse; la dame de Veussel, et pluiseurs aultres, jusques au nombre dessusdit. Lesquels chevalliers, escuyers, dames et damoiselles furent tous vestus de drap de soie vermeil, et dessus batture à fachon de drap d'argent, très richement faict. Et avoient les chevalliers et escuyers leurs robbes bordées de martres, et les dames et damoiselles, colliers et brodures de laitices[1]. Ainssi danssèrent icelle nuit les dessus nommés; et après les dances fut appareillé ung très bel bancquet pour tous ceulx qui bancqueter voulloient : ainssi passa la première nuit en très grant joye. Le lundy, huitiesme jour du mois ensuivant, furent les princes et princesses dessus nommés, en la grande chappelle dudict chastel ouir messe; laquelle fut célébrée par l'évesque de Morienne, et chantée par les chappelains du duc, tant mélodieusement que c'estoit belle chose à ouir; car pour l'eure, on tenoit la chappelle du duc la meilleure du monde, du nombre qu'ils estoient. Et à icelle messe ne fut à l'offrande que la dame des nopces. Apprès icelle messe chantée, se retrayrent les dessus nommés en leurs chambres, et tantost après se rassemblèrent en la court du chastel, et allèrent ensemble disner en la grant salle. L'assiette de la grant table fut : le cardinal de Cippre, la royne de Sézille, le duc, la dame des nopces, le duc de

---

(1) Fourures de couleur de lait.

Bar, Jehan monseigneur de Cleves, Jehan monseigneur de Nevers; et aux aultres tables furent assis les chevalliers, escuyers, dames et damoiselles, comme le jour devant avoient esté. Sy fut la salle servie très grandement; et allèrent les chevalliers, escuyers, trompettes et ménestreulx devant les mets, comme le jour précédent. A icellui disner, eut ung entremetz d'une nef à voille, mast et hune; en laquelle hune avoit ung homme; et ou chastel de derrière estoit le patron de la nef, au long de la salle formée de seraines qui chantoient très gracieusement; et estoit icelle nef chargée de poissons, desquels en fut deschargiez partie devant la grant table. En ce mesme disner jouèrent trompettes et ménestreulx, comme le jour devant et leur fut donné par Ymbert, bastart de Savoie, cinquante francs pour crier largesse. Ainsi se passa le disner. Apprès les dansses, qui dansser voulloit. Au souper furent les seigneurs, dames et damoiselles en la salle, et fut l'assiette faicte comme celle du disner; et fut ladicte salle grandement servie; et durant icellui soupper y eult ung entremetz, d'ung destrier menez par deulx varlets, à fachon d'olifant; et dessus, ung chastel de bois, là où il y avoit ung gentilhomme, lequel avoit ailes de plumes de paon, et ordonnez à façon de Dieu d'amour; et tenoit en sa main ung arc dont il trayoit de table en table dessus les dames et damoiselles, roses blanches et vermeilles; et ainssi alla deulx tours au long de la salle; et fut si bien faict que c'estoit belle chose à veoir. Apprès jouèrent les trompettes et ménestreulx devant la table; et leur fut donné par le cardinal de Cippre cinquante francs pour crier largesses. Et apprès graces dictes commenchèrent les dansses; èsquelles dansses y eut pluiseurs grans seigneurs, dames et damoiselles, jusques au nombre de trente à quarante, tous vestus de blanc, or, clinquant, et sur leurs testes, bourlets pareilles des robbes. Et avoient les chevalliers et escuyers leurs robbes à longhes mances, agues, et chains de grosses chaintures plaines de clochettes; et les dames et damoiselles, justes robbes; et danssèrent en tel estat deulx et deulx. Et menoit le duc la royne de Sézille, le duc de Bar la dame de Bargectes; et tous les aultres pareillement danssèrent comme la nuit devant; et apprès icelles dansses fut apporté vin et espisses; et ainssi passa icelle nuit. Le mardi ensuivant furent les seigneurs, dames et damoiselles, en la chapelle dessusdicte, oyr messe. Apprès la messe allèrent disner en la salle, excepté le duc et le duc de Savoie, lesquels disnèrent en leurs chambres. L'assiette de la grant table : le cardinal de Cippre, la royne de Sézille, le duc de Bar, la dame des nopces, Jehan monseigneur de Clèves, Jehan monseigneur de Nevers, et les aultres tables, ainssi que devant avoient esté, réservé que Philippes de Savoye fut assis en la place du duc de Savoie, son père. Là y eult ung entremetz de quatre hommes, en fourme d'hommes saulvaiges, lesquels portoient ung jardin vert plain de roses, et dedans ledit jardin avoit ung bosquetin en vie, lequel avoit les cornes dorées d'or, et estoit ledict boucquetin si bien attachié sur le jardin qu'il ne se povoit bougier; et ce jour jouèrent trompettes et ménestreulx; et leur donna messire de Salusse trente francs, monnoie du pays, pour crier largesse. Ainsi passa le disner dessusdict; et après le disner, les dansses. Icellui jour, au soupper, furent lesdicts princes et princesses, en la salle comme dessus. A icellui soupper y eult ung entremetz de quatre hommes, lesquels portoient ung pasté au long de la salle; et fut ouvert devant la grant table; et avoit dedans ledit pasté ung homme en forme d'ung aigle, si proprement ordonné de teste, de becq, d'eilles et de corps, que bien ressembloit à ung aigle; et faisoit ledict aigle semblant de voller hors du pasté, et alors issoient de dessus lui coullons (pigeons) blans, lesquels voulloient sur les tables de la salle; et sembloient aulcunes fois, que lesdicts coullons ississent de dessous ses eilles. Se fut porté deux tours au long de ladicte salle; et ce faict, jouèrent trompettes et ménestreulx; et donna Philippes, monseigneur de Savoie, cinquante francs pour crier largesse; et le marquis de Salusse en donna pareillement cinquante. Laquelle largesse fut criée ainssi que dessus. En ce point passa le soupper. Apprès commenchèrent les dansses des seigneurs et dames dessusdictes, jusques au nombre de trente ou quarante, lesquels furent tous vestus de robbes, chapperons et chappeaux noirs couverts de clinquant, et sur les chappeaux grans plumes d'icellui or, et leurs chapperons en formes, et les chevalliers et escuyers, faulx visaiges, et les dames non. Se danssèrent en tel estat, excepté le duc, lequel fut lui dixième ou douzième vestu de pallettes de drap vermeil, et par-dessus longhes robbes à queues traisnantes et très deliées; et avoient sur leurs chiefs rons bourlais; et dessus lesdicts bourlais, voiles pareilles desdictes robbes, et ainssi vindrent danser avecque les dames. Après lesdictes dances fut ordonnez ung très beau bancquet, là où les seigneurs et damoiselles bancquetèrent en très grant joie, et léesse Après icellui bancquet recommenchèrent les dances comme devant. Et le merquedi ensuivant, il n'y eult ni disner ni soupper en ladicte salle; mais il y eult dances, esquelles y eult dix-huit chevalliers et escuyers vestus de robbes de drap jaunes couverts de clocquettes, chapperons et robbes tenans ensemble; et avoient les chapperons grans oreilles comme folz; et ainssi danssèrent avec les dames. Le jeudi y eut pareillement dansses, au vespre, sans nul desguisement; et là y eult maintes chansons chantées, tant de musicque, comme de bregieretes; et après, vin et espisses furent donnés. Et ainssi se passa cette belle feste, comme vous avez oui; et de icelui soir les ungs prindrent congié des aultres; car lendemain se partirent les princes, le duc et le duc de Bar, et pluiseurs aultres chevalliers et escuyers, dames et damoiselles qui là estoient venus en grant nombre. Car, à la vérité, ce fut une grande et noble assemblée de princes et grans seigneurs, de dames et damoiselles; et fut la feste, sans tournoy et jouste, aussi belle qu'on povoit veoir; et pour la beauté d'icelle, je le mis par escript.

CHAPITRE CLXXXI.

Comment le duc de Bourgongne envoya gaster le pays de Beaujolois; en comment il retourna en ses pays de Flandres et de Brabant.

TANTOST après icelle feste, le duc retourna à Dijon; et fut le dix-huitième jour de février, où il fist assembler pluiseurs gens de guerre, lesquels il ordonna à estre en la compaignie du bastard de Sainct-Pol et de messire Bauldot de Noyelle, et les envoya au pays de Beaujolois et ès marches d'envion; et entrèrent èsdit pays de Beaujolois lesdits seigneurs, et y firent de grands dommages, et y prinrent pluiseurs forteresses, et bouttèrent les feux en pluiseurs lieux. Sy ne trouvèrent nul qui se offrist à les combattre, et ainsy retournèrent en Bourgongne. Le darrain jour de mars, se partist le duc, de Dijon, pour aller en ses pays de Brabant, de Flandres, Arthois et Haynault. Or est vray que, avant son partement, le duc ordonna, par bonne délibération de conseil, que la duchesse demourroit ès pays de Bourgongne, ayant le gouvernement des dessusdits pays; et messire Anthoine et messire Jehan de Vergy seroient capitaines du pays. Après icelles ordonnances se partit le duc pour retourner en Flandres, et arriva en sa ville d'Arras, le dix-septième jour d'apvril ensuivant 1434, et de là à Lille, Bruges et Gand, et en pluiseurs aultres villes. En ce temps, le comte de Ligny prinst une forte abbaye, nommée Sainct-Vincent, auprès de la cité de Laon. Et estoit ladite abbaye sy près de ladite cité, que de canons et de serpentines ils jectoient tous les jours l'ung dedans l'aultre. A merveilles coustoit audit comte de Ligny à garder icelle place, en espérant de mectre la cité en subjection. Mais rien n'y vallut; ains par certain appoinctement se partit le comte de Ligny de ladite place, et feurent ceulx de ladite cité tenus d'abattre icelle forteresse; laquelle chose ils firent à grand' déplaisance, et feut toute démolie.

CHAPITRE CLXXXII.

Comment le duc de Bourgongne partit de son pays de Flandres pour estre au jour que les Franchois avoient prins de combattre ou rendre la place de Gransy, laquelle fut rendue ; et de pluiseurs forteresses prinses autour de Mascon ; et de la prinse de Chaumon' et Belle-Ville ; et comment les ducs et duchesses de Bourgougne et de Bourbon s'assemblèrent à Nevers, faisant grosses chieres les ungs aux aultres ; et de la conclusion quy se tiendroit en la ville d'Arras.

EN icelle saison 1434, fut, par les nobles et grands seigneurs de la duchié et comté de Bourgongne, le siége mis devant Gransy, que les Franchois tenoient ; et tant y fut procédé que les Franchois prindrent traictié et jour de combattre ou rendre la place. Le duc, quy estoit en Flandres, sceult le jour. Sy fist son mandement, et assembla gens pour estre à ladite journée ; et se partist de son pays de Picardie, accompaignié de messire Jehan de Clèves, des seigneurs de Croy, de Haultbourdin, d'Auxy, de Waurin, de messire Simon de Lalaing, de Lancelot de la Trimouille, et de pluiseurs aultres, et vint tenir ladite journée ; et luy vindrent au-devant, de ses pays de Bourgongne, le prince d'Oranges, messire Anthoine et messire Jehan de Vergy, le seigneur de Neufchastel, le seigneur de Sainct-George, le seigneur de Ternant et la chevalerie de Bourgongne. Lesdits Franchois ne vindrent point, et fut ladite place rendue et desmolie. Au départir de la journée, le duc et la duchesse, quy estoit allée au-devant du duc, et le seigneur de Charollois, s'en allèrent à Dijon; et pour ce que lesdits Franchois avoient prins pluiseurs places en Charollois et environ Mascon, le duc envoya les seigneurs de Hautbourdin et de Warin ès frontières de Charollois; et messire Anthoine de Vergy mena avec luy messire Simon de Lalaing, messire Robbert de Saveuses, Lancelot de la Trimouille, Harpin de Ricammes, et les gens de messire Jehan de Hornes et le seigneur d'Auxy devant Lengres; et ardirent le pays allenviron; et y ot une grosse escarmouche devant Lengres. Au retour, le duc envoya le seigneur de Charny, accompaignié desdits seigneurs de Lalaing, de Saveuses, de Ricammes, avec aultres de Bourgongne, à Mascon, où ils trouvèrent le seigneur de Ternant accompaignié de Jehan seigneur de Grouville et pluiseurs aultres; et leur ordonna de mectre le siége devant pluiseurs forteresses, que les Franchois tenoient environ ladite ville de Mascon, ce qu'ils firent; et prinrent et abattirent; et firent ceulx de dedans tous prendre. Pareillement envoya les seigneurs de Hautbourdin et de Waurin, et pluiseurs aultre mectre le siége devant une forte place, nommée Chaumont; et estoient dedans environ deulx cents combattants. Le duc, mesme ce temps pendant durant le siége, envoya quérir le prince d'Oranges et pluiseurs aultres seigneurs; et s'en allèrent devant ladite place de Chaumont; et là fut tant que elle se rendit à sa voullenté, et les fit tous pendre. Au partir de là, il manda le seigneur de Charny, et luy dict l'heure et le jour qu'il seroit audit lieu de Mascon, et luy ordonna qu'à icelle heure, luy et tous ses gens partissent, et menassent vivres avec eulx, et allassent devant Villefrance, prendre le siége et enclorre le duc de Bourbon dedans, et que le lendemain il y seroit à (avec) toute sa puissance. Les seigneurs dessusdits se partirent à l'heure ordonnée et se mirent aulx champs; et parlèrent au duc quy à icelle heure entra audit Mascon; et se mirent en chemin environ le soleil couchant; et environ minuit leurs chevaucheurs rencontrèrent le seigneur de la Crette, le seigneur de Chabannes et la puissance du duc de Bourbon, quy s'estoient party de Belleville pour venir ruer jus le logis dudit Saveuses, quy avoit esté logié en ung villaige au-dehors de Mascon. Lesdits Franchois eulrent le premier cry et reboutèrent les coureurs dedans leurs gens; mais tantost, messire Simon de Lalaing et aultres, quy faisoient l'avant garde devant le charroy, mirent pied à terre et jectèrent leur cry; et tantost lesdits Franchois retournèrent en grand desroy à Belleville. Mais pour che que c'estoit nuict on ne les chassa point, et se remirent lesdits Picards et Bourgongnons en leur chemin en belle ordonnance, et passèrent auprès dudit Belleville, et arrivèrent devant Villefrance. Le lendemain, environ huit heures du matin, ils se mirent en bataille assez près de la ville; et là descendirent et repeurent eulx et leurs chevaulx ; et conclurent que quant ils auroient repeus, ils drescheroient une grosse escarmouche, et adviseroient de prendre leur logis ; mais tantost qu'ils furent descendus, ung messagier apporta lettres du duc, par lesquelles il leur manda qu'il ne venroit point, et que tantost ces lettres veues, ils s'en retournassent audit lieu de Mascon. Et à ceste cause, après ce qu'ils eurent repeus, se mirent en retour en bonne ordonnance. Et pour ce qu'ils sçavoient le duc de Bourbon avec grand' puissance, et que le pays environ Villefrance est couvert et estroit, ils ordonnèrent deux cents archiers à pied avec les arrières-courreurs ; et firent mener leurs chevaulx par leurs compaignons, jusques à che que on verroit au large. Mais peu de gens se monstrèrent pour venir après eulx. Ils se remirent en leur train, et au repasser devant Belleville eult une très grosse escarmouche à pied et à cheval ; et fut bien avant en la nuict avant qu'ils fussent retournés à Mascon. Le lendemain fut par le duc conclud d'aller asségier Belleville, ce qu'il fist ; et le fist tellement battre, qu'il fut conclud que à certain jour, à l'obbe du jour, ung chascun seroit armé le plus près des fossés qu'ils polroient ; et eut ledit de Lalaing la charge, à certain nombre de gens garnis d'eschelles, après que la bombarde auroit gecté, entrer ès fossés et monter amont; et les aultres sievir (suivre) moictié eschelles, moictié assault. Mais cependant le seigneur de Hautbourdin, par le moyen du seigneur de Plansy, parlementa et fist tant qu'ils se offrirent d'eulx rendre, et d'en aller saufs leurs vies ung baston à la main; et laisseroient chevaulx, harnois et touttes aultres bagues. Ceulx de la ville quy vouldrent demourer demourèrent; et leur accorda-t-on tous leurs biens meubles; mais les vivres furent d'avantaige pour la garnison quy y entra; et y furent mis en garnison le seigneur de Charny, Anthoine et Guille de Waudres, et pluiseurs aultres. Le duc, pour l'hiver quy approchoit, s'en alla à Challons, et laissa grosse garnison à Mascon, quy coururent tout le pays de Dombes et y prinrent pluiseurs places; et quant au duc de Bourbon, il se tenoit à Villefrance. Ne demoura gaires de tamps après qu'une journée, pour traictier de la paix entre le duc et le duc de Bourbon, se print; et assemblèrent leurs gens ensemble en la ville de Belleville. Les gens du duc de Bourbon se bouttèrent à voulloir soustenir que le duc de Bourbon venoit de la lignie Sainct-Loys, et devoit aller devant le duc; pour laquelle cause on se partist sans rien faire. Tantost après, à l'heure que on entendoit la chose estre en plus grand' aigreur et plus ennemie que devant, le duc de Bourbon envoya devers le duc requerre ung sauf-conduit pour ung chevalier de son hostel, nommé messire Gasconnet, son maistre d'hostel, pour aller devers le duc, auquel il fist tant de si belles offres de par le duc de Bourbon, pour venir à paix, que journée fut accordée et prinse de eux assembler à Nevers, à certains briefs jours ensuivant.

Icelle journée accordée, le duc renvoya son armée. A icelle journée de Nevers, assemblèrent le duc et le duc de Bourbon, et les dames de Bourgongne et de Bourbonnois, aussi le connestable de France et pluiseurs princes, chevaliers, barons, escuyers; et là firent grand' feste les ungs aux aultres; et sy grand' chière faisoient, qu'il sembloit que jamais ne eussent eu guerre ensemble. Et dès la première nuict, souppèrent les princes ensemble en la chambre du seigneur de Croy, et aussy pluiseurs chevaliers et escuyers. Mais ne fut mie sans boire d'autant; et toulloient les couppes et tasses les ungs aux aultres; et là disoient pluiseurs saiges, quy les regardoient faire telle chière et de sy bon cœur, qu'il estoit fol quy en guerre se bouttoit et se faisoit tuer pour eux. Le duc et la duchesse de Bourbonnois, sa propre seur, s'entrefaisoient grand' chière, et grand'liesse demenoient. Là y furent faicts pluiseurs beaulx bancquets et belles danses. Après fut conclud que une journée se tenroit en la ville d'Arras, à la Sainct-Jehan de lors prochain venant, pour la paix pour le royaulme de France, entre le roy Charles, septième de ce nom, et le duc. Après pluiseurs festoiements et chières faictes, le duc et le duc de Bourbonnois et pluiseurs princes quy là estoient, s'en retournèrent en leurs pays; et quant au duc et la duchesse, et leur fils de Charollois retournèrent en Picardie, Flandres, Brabant, etc.; et print le duc son chemin par la ville de Paris, et fist sçavoir à messire

Jehan, seigneur de Saveuses et aultres, qu'ils fussent au-devant de luy; lesquels le firent atout belle et grand' compaignie de gens d'armes et de traict, et jusques en la ville d'Auxoire. Le duc fut par aulcuns jours en la ville de Paris, où il et sa compaignie firent très grand' chière; et de Paris s'en alla en ses pays dessusdits, où il fut besongnant en ses affaires jusques à la journée et convention d'Arras.

CHAPITRE CLXXXIII.

De la journée quy se tint à Arras, entre le duc et les ambassadeurs du saint-père, les ambassadeurs des roys de France et d'Angleterre, pour la paix finalle du royaulme de France, laquelle fut faicte et conclue entre le duc et les ambassadeurs de France; des seigneurs quy se trouvèrent à ladicte journée, et des armes quy y furent faictes entre deulx gentilshommes, chevalliers; assavoir, messire Jehan de Merlo, Castillian, et le seigneur de Charny, Bourguignon, dont le duc estoit juge.

Au nom de Dieu, de la glorieuse vierge Marie et de toute la saincte cour de Paradis, Amen. Vraie mémoire soit faicte de la très noble assemblée, laquelle se fit en la très bonne ville d'Arras, en l'an 1435, pour parvenir, par la grasce de Dieu, au très sainct bien de paix par moult long-tamps désirée de toutte la chrétienté; et obviera la très grand' et horrible division estant entre les roys, princes et seigneurs de France, d'An-

gleterre et de Bourgongne. En icelle assemblée
furent de par le père saint, nommé Eugènes, à
icelle heure tenant son siége en la cité de Florence, et de par le saint concile tenu à Basle-sur-
le-Rhin, en Allemaigne, accordé de Dieu, du père
saint et de sainte église, fut envoyé en ladite cité
d'Arras, deux cardinaulx, dont l'ung fut iceluy
de Cippre, et l'aultre de Saincte-Croix; et entrèrent en ladite ville au jour cy-après déclaré,
accompaigniés par la manière qu'il s'ensuit. Il est
vray que le huitième jour de juillet, an dessusdit,
entra le cardinal de Cippre, légat, accompaignié
comme s'ensuit: premier de l'archevesque d'Aux,
lequel avoit soubs luy deux docteurs chapellains et gentilshommes; l'évesque de Brexionam
en Dace, du royaulme de Suède; se avoit en sa
conpaignie un docteur, l'archidiacre de Mest en
Lorraine, avec pluiseurs chappellains, au nombre
de treize chevaulx que mulles; l'évesque d'Albinghe, soubs le duc de Millan, accompaignié d'ung
chevalier et d'ung docteur, à quinze que mulles
que chevaulx; l'évesque de Uzé servi de moult
nobles docteurs; sire Nicolle Lassessequin, lequel
estoit au sainct concile, de par le roy de Poullane
(Pologne), à quinze chevaulx; l'abbé de Verselay,
le sacrastin de Lion-sur-le-Rhosne; si estoient les familiers de son hostel, son auditeur, docteur, l'arcediacre de Thurin, docteur, ung maistre en théologie,
son confesseur, six chappelains, seize gentilshommes, tous ceux de son hostel. Les aultres ar-

chevesques et évesques quy entrèrent dedans Arras, cent et cinquante que mules que chevaulx, en la compaignie du cardinal de Cippre. Le treizième jour dudit mois, vint en la ville d'Arras, le cardinal de Saincte-Croix, légat du pape, moult honnourablement accompaignié de l'évesque de Viseu, au royaulme de Portingal, de sire Loys de Garcie, docteur en théologie, de messire Luc de Saincte-Victoire, archeprestre de Juvelles, et d'aultres nobles, familiers et serviteurs, jusques au nombre de cinquante chevaulx que mules. Le vingt-cinquième juillet, arriva une noble et puissante ambassade, de par le roy d'Angleterre, moult grandement accompaigniée, jusques au nombre de trois cents chevaulx : sy y furent l'archevesque d'York, l'évesque de Norvic, l'évesque de Sainct-David, le comte de Sulforch, messire Gautier de Hunghefort, baron, messire Jehan Rateclif, et aultres, jusques à six chevaliers et quatre docteurs. Le vingt-troisième jour dudit mois de juillet, entra en sadite ville d'Arras, le duc accompaignié, premier du duc de Gueldres, lequel avoit en sa compaignie deux cents chevaulx.

Item, entra avec le duc, le damoiseau de Clèves, son nepveu, à vingt-quatre chevaulx; en après, estoit le comte d'Estampes, cousin germain du duc, fils au comte de Nevers, à quarante chevaulx ou environ. Après estoit le comte de Nassau, brabranchon, noblement accompaignié, jusques au nombre de quatre-vingt et six chevaulx; après estoit le damoisel de Gasebecq noblement accompaignié, et ses gens montés de quarante chevaulx ou environ ; après le comte de Rousseclare, à dix-sept chevaulx ; après le damoisel de Rousselare, frère audit seigneur, à dix chevaulx ; après estoit le commandeur de Chanteraine, accompaignié de quatorze chevaulx ; Jehan seigneur de Witem, à dix chevaulx ; Guille de Sombref et Jehan de Sombref, frères, richement montés de dix-sept chevaulx ; messire Clair de Sainct-Guernies et son frère, nommé Henry, à sept chevaulx ; Jehan de Castregat, à quatre chevaulx ; Jehan Hincart et son frère, à six chevaulx ; et pluiseurs aultres nobles du pays de Brabant. De Hollande y eut de grands seigneurs et nobles hommes, premiers le seigneur de Mont-fort, Hollandois, accompaignié et richement monté de quarante chevaulx ou environ, et de deux chevaliers et dix gentilshommes ; le seigneur de Wassenaire, à vingt-quatre chevaulx ; messire Guillaume d'Argiemont, seigneur de Ysselain, oncle du duc de Gueldres, à dix-sept chevaulx ; Guillaume de Valduit, maréchal de Hollande à héritage, à dix-sept chevaulx ; et pluiseurs aultres de Hollande quy ne sont point icy comprins. Avec les dessus nommés estoient pluiseurs prélats et gens d'église ; c'est assavoir les évesques de Cambray, d'Arras et d'Auxoire, confesseur du duc, le prévost de Trect, l'archidiacre de Rouen, le grand prieur de France et pluiseurs aultres prélats. En oultre, estoient en la com-

paignie du duc, de la noble ordre de la Thoison-
d'Or, pluiseurs ducs, comtes et barons, lesquels
ne sont pas escripts par ordre selon leur degré, pour
ce qu'ils sont venus à pluiseurs fois; premiers le
comte de Nevers, le comte de Ligny, le seigneur
d'Antoing, le seigneur de Croy, le seigneur de
Commines, messire Rollant d'Utequerke, messire
Simon de Lalaing, messire Bauldot de Noyelle, le
seigneur de Créquy, le seigneur de Charny, le
seigneur de Crèvecœur, messire Jehan de Croy,
le seigneur de Roubaix, le seigneur de Ternant,
messire David, messire Jacques et messire Florimont de Brimeu, messire Hues, messire Guillebert et messire le Besgue de Lannoy. Et avec che,
y avoit grand' foison de chevaliers et escuyers, seigneurs et barons du duc et de ses pays, tant de
Bourgongne, Arthois, Haynault et Flandres,
dont il s'ensieult une partie de leurs noms, sans
y comprendre les chevaliers et escuyers d'escuyrie,
chambellans, maistres d'hostel et aultres familiers
de sa cour. Premiers : le comte de Faulkem-
berghe, le seigneur d'Arguel, fils du prince d'O-
ranges, le vidame d'Amiens, le seigneur de Chastillon, le seigneur de Lignes, messire Jehan de
Hornes, le seigneur de Humières, le seigneur de
Saveuses, messire Jacques de Sars, messire Jehan
Villain, le seigneur de Lens, messire Guillan de
Hallewin, le seigneur d'Isenghien, le seigneur d'Inchy, le seigneur de Landas, le seigneur de Fossés,
le seigneur de Robecque, messire Gauwain de

Bailloeul, messire Lancelot de Chau-Maisnil, le seigneur de Sombrin, le seigneur de Croisilles, messire Paien de Beaufort, messire le Besgue d'Antreulle, le seigneur de Waurin, le seigneur de Flourent, le seigneur de Roye, le seigneur de Chauny, le seigneur de Saint-Simon, le seigneur de Moroeul, le seigneur d'Aulphemont, Jacques de La-Hamaide, Jacques de Dinselle, Jehan de Villerval, Jehan d'Avelus, Jehan de Potiers, Henry de la Tour, Guillaume de Vandre, Robert de Saveuses, Philibert de Jaucourt, Joffroy de Thoisy, le seigneur de Thoisy. La plupart d'iceulx vindrent à pluiseurs fois, et pour ce ne sont pas mis par ordre selon leur degré. Et quant le duc feut entré en sadite ville d'Arras, il s'en alla, ainsy accompaignié, jusques à l'hostel du cardinal de Saincte-Croix, et là descendit et entra dedans, le duc de Gueldres et le damoiseau de Clèves avec luy; et là se firent grands révérences et honneurs; et puis remonta à cheval et s'en alla devers le cardinal de Cippre, lequel estoit logié sur le grand marchié. Et vint au-devant du duc, tout à pied, et bien loing de son hostel; et là se firent grands révérences et honneurs; et puis remonta à cheval et s'en alla jusques à son hostel, que on dist à la Cour-le-Comte auprès de Sainct-Vaast; et estoient au nombre de deux mille chevaulx ou environ. Le comte de Vaudemont arriva en la ville d'Arras le derrain jour de juillet, accompaignié de chevaliers et escuyers, et aultres en nombre de trente-six chevaulx. Et iceluy jour, vint l'ambassade envoyée de par le roy Charles de France. Sy estoit le premier, le duc de Bourbon, accompaignié du seigneur de la Fayette, maréchal de France pour le roy Charles dessusdit, de vingt-cinq chevaliers et trente gentilshommes, bien richement, à trois cents chevaulx ou environ. Après vint le comte de Richemont, connestable de France, pour le roy Charles dessusdit, moult grandement accompaignié de sept chevaliers et d'escuyers jusques à quarante ou environ, à onze cent soixante chevaulx. Sy y furent pour chevaliers messire Gilles de Saint-Simon, messire Pierre Gruljo, messire Pierre Bragonnet, le seigneur de Margny, messire Jehan de Chevery, le seigneur de Saint Pierre et messire Franchois de Chaunay.

Item, avec lesdits abassadeurs de France, assavoir le duc de Bourbon et comte de Richemont, y avoit pour chascun vingt-quatre archiers bien monté et armés, et vestus de robbes de livrées à orphaivreries; et avec ce y avoit rois d'armes, héraults, poursuivants, trompettes, ménestreulx, chapellains et tous officiers quy appartiennent à estat de prince, moult noblement et richement habillés; l'archevesque de Rains, per et chancellier de France, pour le roy Charles dessus nommé, révéremment et richement monté et adourné, accompaigniés de vaillants et nobles hommes et clercqs, au nombre de quinze et soixante chevaulx. Le comte de Vendosme estoit moult noblement accompaignié de chevalliers et escuyers, au nombre de soixante chevaulx ; le seigneur de La Fayette, mareschal de France, noblement monté à trente chevaulx : Christofle de Harcourt, moult bien accompaignié de chevalliers, escuyers et aultres, à soixante chevaulx, ou environ ; maistre Adam de Cambray, premier président en parlement, moult bien accompaignié ; le grant doyen de Paris, moult bien accompaignié ; seigneur Jehan Castenier, l'ung des trésoriers de France, moult bien accompaignié. Somme totale en icelle ambassade de France pour le roy Charles de France, il estoit entre neuf cents et mille chevaulx, ou environ. La duchesse de Bourgongne entra le troisième jour d'aoust ensuivant ; et furent au-devant d'elle Brabanchons, Hainnuyers, Hollandois, Flamands, Artésiens, Picards, Bourgongnons, Namurois, et moult d'aultres grants seigneurs et princes, et par espécial, les Franchois, moult honnorablement, tels que le duc de Bourbon, le comte de Richemont, l'archevesque de Rains, le comte de Vendosme, Christofle de Harcourt, le mareschal de la Fayette et aultres ; et estoient, à son entrée, de onze à douze cents chevaulx. Et estoit la duchesse en une litière moult richement dorée, garnie et couverte, acostée des grants ducs et comtes, et de cinq chariots dorés de fin or moult richement, couverts de draps d'or, emplis de dames et de damoiselles sur haquenées, au nombre de douze, sieuvant la littière touttes vestues d'une coulleur de noir, richement ouvrées d'orphaivrerie; et allèrent ainssy tout au long de la ville jusques au grant marchié. Et, quand elle fut devant les hostels de mesdits seigneurs de France, elle voulut prendre congié d'eulx, en les remerchiant, et se firent de grants révérences; mais, néantmoins, ils ne voulurent arrester jusques à tant qu'ils vindrent à l'hostel du duc; et là prinrent congié, puis retournèrent à leurs hostels. Le seigneur de Longueval, baron, vint en ladicte ville d'Arras, le septième jour d'aoust, à douze chevaulx, et estoient tous ceulx de sa compaignie gentilshommes. Le comte de Sainct-Pol et le comte de Ligny y entrèrent le huitième jour d'aoust, accompaigniés moult grandement et honnorablement de Thieubaut, monseigneur, frère audit comte de Sainct-Pol, et de chevallerie et escuyerie. Là estoient messire Daviot de Poix, messire Baudart de Cuvillers, et le seigneur de Belleforière; messire Ferrande, Espaignol; messire Jacques de Lievin, chevallier; et de gentilshommes richement montés environ cinquante, et de chevaulx environ soixante-dix. Le comte de Meurs vint en ladicte ville, le neuvième jour d'aoust, bien accompaignié de chevalliers et escuyers des pays d'Allemaigne, jusques au nombre de seize ou environ, et de chevaulx environ cinquante. Messire Rollant d'Utekerke y entra che jour, bien accompaignié, et ses gens richement vestus de sa livrée de brodure et orphaivrerie, douze crenequins arbalétriers devant luy, et sept paiges derrière luy, et moult beaulx chevaulx, sans les sommiers et bagaiges.

Le jeudi, onzième jour d'aoust, y eult faictes armes dont le duc fut juge; et se feirent par deulx gentils hommes chevalliers, dont l'ung estoit du royaulme de Castille, et avoit nom messire Jehan de Merlo, et l'aultre le seigneur de Charny, du pays de Bourgongne. Si estoient les armes telles que de courre chascun trois lances assises et rompues, chascun armé à voullenté; et se feirent par la manière qu'il s'ensieult. Le jour dessusdit, entra ledit de Merlo, à neuf heures du matin, par la fenestre et entrée des lices, monté tout armé sur son cheval, et avoit ung heaulmet atout ung blanc plumas en sa main, une bannerette vermeille, atout une croix blanche sur son cheval tout couvert de drap vermeil; et avoit son espée chainte, et faisoit mener ung coursier en main apprès luy.

Item, on portoit apprès luy quatre lances touttes blanches. En sa compaignie estoient quatre chevalliers que le duc luy avoit ordonnés pour luy conduire; et estoient en sa compaignie environ vingt chevaulx; et s'en vint présenter ainssy devant le duc, et dict : « Très excellent et puissant prince » et redoubté seigneur, je me viens présenter de- » vant vous, pour accomplir che que j'ai promis à » faire. » Le duc luy dict qu'il estoit le très bien venu, et qu'il le tenoit bien pour présenté. Environ demie heure apprès, vint le seigneur de Charny, accompaignié de très grant foison de seigneurs, chevalliers et escuyers, rois d'armes, héraulx et trompettes; et y fut le comte de Suffort, Anglois, lequel tenoit une lance; le prince d'Arguel, fils au prince d'Orenges, portoit une aultre lance; après venoient le comte de Sainct-Pol et le comte de Ligny, lesquels portoient aussy chascun une lance quy estoient touttes bleues. Le comte d'Estampes alloit après, lequel portoit son heaulme; après alloient le comte de Nevers, quy portoit le manicle, et messire Simon de Lalaing, le grant garde-bras. On menoit derrière luy quattre beaulx coursiers par quattre paiges, couverts moult richement de drap vermeil, brodé d'or; et son coursier sur quoy il estoit, estoit couvert de drap d'or viollet, et avoit une journade (casaquin) de pareil pardessus son harnois, en sa main une bannerette, dont à l'ung des lez estoit l'imaige de Nostre-Dame, et à l'aultre costé l'imaige de sainct George. Les quatre seigneurs dessusdits, qui portoient les lances, vindrent requerre au duc que on visitast les mesures des lances; et ainssy feut faict: mais elles ne feurent mie trouvées toutte d'une longueur; et, pource que on mectoit ung peu trop longuement à les mectre à point, ledict seigneur de Charny envoya dire au seigneur de Merlo que il lui envoyast deulx de ses lances, et qu'il luy envoieroit deulx des siennes. Ledict seigneur de Charny essaya son cheval deulx courses avant che qu'ils besongnassent; et, après le cri et les deffenses faictes, ils firent leurs courses par la manière

qu'il s'enssieult. La première course, ils faillirent;
et aussy la deuxième et la troisième; la quatrième
assist ledit de Merlo; la cinquième, ils faillirent;
la sixième, ils croisèrent. Or est vray que le cheval dudict de Merlo fuyoit tousjours, et ne voulloit
le cop actendre. Il fit requérir au duc qu'il luy
donnast grace de rechangier de cheval, et le duc
luy accorda; si descendit ès lices, présent tout le
peuple, puis remonta moult habillement sur ung
aultre cheval, et parfirent leurs courses. Le premier cop après le changement, ils rencontrèrent
très ruddement de bonne et noble assiette, et rompirent tous deulx leurs lances très vaillamment.
Le treizième cop toucha ledict de Merlo; le quatorzième, ils faillirent; le quinzième, ils croisèrent;
le seizième, ils assirent tous deulx, et rompit
ledit de Merlo sa lance; et, en che point, les fit
cesser le duc et les fit venir devant luy, et dict
premièrement audict de Merlo: « Je tiens les armes
» de cheval de vous et de vostre compaignon pour
» accomplies; et les avez faictes bien et vaillam-
» ment. Et pareillement en dit autant au seigneur de
» Charny. » En che point prinrent congié du duc,
et se partirent hors des lices. Mais ils faisoient difficulté de partir hors l'ung devant l'aultre; et firent
demander au duc comment il luy plaisoit qu'ils
fissent; à quoi le duc respondit que ils vidassent
chascun par où ils estoient entrés, et qu'il n'y
avoit point de péril lequel vidast premier. En che
point se conclut la journée. Or fault ung peu

parler de che que ledit de Merlo entra dedans les lices, l'espée chainte, et atant eurent trois ou quatre courses. Les conducteurs, lesquels estoient du conseil du seigneur de Charny, parlèrent au duc; en disant que ledict de Merlo avoit son espée chainte en courant, quy n'estoit point chose acoustumée. Si en fut parlé audict seigneur de Merlo quy, tantost, libérallement, la deschaindit. Le lendemain vendredy, lesdicts de Merlo et de Charny firent armes à pied, comme ils avoient promis, par leurs scellés, grant temps devant, dont le duc fut juge; et firent par la manière quy s'enssuit. Les preneurs ad che commis et ordonnés par le duc furent huict; et, à l'heure de sept heures du matin, entra ledict de Charny par la dextre entrée du champ, sur ung coursier, moult richement armoyé de ses armes, et moult nottablement accompaignié; et portoit le comte de Suffort son espée, le comte de Sainct-Pol la targe, le comte de Ligny la lance, et le comte d'Estampes la hache; et s'en alla tout droit dedans son pavillon, lequel estoit moult riche de drap de Damas, armoyé de ses armes; et puis s'en alla devant le hourd (échaffaud) où le duc estoit accompaignié moult honourablement, et se mit à genoux. Là le seigneur de Santes parla pour luy, et dict en telle manière : « Mon très redoublé seigneur, vous
» véez cy monseigneur de Charny, lequel se pré-
» sente devant vous, comme à son juge, pour faire
» che pourquoy il est ichy venu. » Et le duc luy

dict qu'il le tenoit bien pour présenté. Apprès che, il se retraict en son pavillon, et avoit en sa main une baniérette là où il y avoit, à l'ung des costés, l'image de Nostre-Dame, et, à l'aultre lez, sainct Georges; et en fesoit souvent le signe de la croix. Tantost apprès, vint ledict de Merlo, tout à pied, accompaignié de ceulx quy l'avoient accompaignié le jour de devant, lesquels portoient ses bastons; et estoit armé de tout plein harnas, le bachinet en teste, visière levée, ung bien delié couvre-chief devant sa visière, lequel il avoit, à la journée devant, autour de son bras; et estoit vestu de sa cotte d'armes; et ainsy entra en son pavillon, puis alla faire la révérence au duc leur juge; apprès retourna en son pavillon. Icelles choses faictes, les seigneurs quy accompaignèrent le seigneur de Charny allèrent devers le duc, et par espécial le seigneur de Santes, et dist en telle manière: « Mon très redoubté seigneur, vous nous
» avez ordonnez au conseil du seigneur de Charny,
» et si avez veues les lettres contenants ce pourquoi
» ils sont ici assemblés au faict des armes. Nous
» avons veu que le chevallier qui est ici venu, a
» porté un becq de faucon en lieu de hache, et vous
» savez qu'ils doibvent combattre de haches; et nous
» semble qu'il y a grant différence; si vous plaise à
» en ordonner; et ledit seigneur de Charny est prest
» à faire che qu'il vous plaira. » Ces paroles ouyes, le duc alla au conseil, et sur ce il leur respondit: « Il me semble qu'eux-mesmes en soient d'accord

» enssemble, et parlez aux deulx parties. » Donc sur ceste responce faicte par le duc, les seigneurs parlèrent les ungs aux aultres ; et y eult assez paroles, mais enfin, ils se conclurent ; et s'en revinrent lesdicts seigneurs qui avoient parlé au duc, et lui dirent ainssy : « Mon très redoubté seigneur, mon-
» seigneur de Charny est d'accord, pour l'honneur de
» vous et de gentillesse, et pour son honneur, et non
» pas pour droict, que l'aultre se combatte de son
» bec de faucon, ce que on n'a point veu ou royaulme
» de France ; car becq de faucon n'est mie hache,
» ains sont deulx choses. » Apprès ces parolles, ils se retrayrent. Le duc tenoit une flesche en sa main ; si demanda aux gardes, c'est à entendre aux preneurs, s'ils congnoissoient bien le signe, et ils dirent que oil. Tantost apprès, les cris et deffences, ainssi qu'il est accoutumé faire, furent faictes ; et ce faict, le seigneur de Charny saillit de son pavillon, en cotte d'armes, garni de tous ses bastons, la lance branlant en son poing, et d'un hardi courage tira pas à pas pour aller vers le pavillon de sa partie. Apprès saillit ledict de Merlo de son pavillon, sa visière levée, sa lance au poing, le couvre-chief sur sa visière, lequel il fist hoster par ung gentilhomme de son pays ; et bien hardiement en che point, la lance au poing, s'en alla au-devant de son compaignon, lequel s'estoit fort avanchié. Adonc, ledit de Charny, quant il le veist si près de lui que pour jecter la lance, il la jecta, et puis bien hastivement print sa hache à deulx mains.

31.

Mais adonc, ledit de Merlo, par grant vertu, jecta sa lance et assena ledict de Charny ou bras sénestre, et le ferra en l'extrémité de son brachelet, au-dessus du gantelet, tant que la lance se tint attachiée une espasse. Mais ledit de Charny, bien habillement escous (délivra) son bras, et se defferra. Ledit de Merlo print son becq de faucon à deulx mains, et s'en vint bien hardiement contre ledict de Charny; et là se rencontrèrent bien et vaillamment. Quant ils se furent l'ung une espasse combattus de leurs haches, et faits l'ung l'autre tourner et dépasser, et monstré les tours d'armes qu'ils sçavoient, comme vaillants et hardis chevalliers, le duc jecta sa flesche en bas, et dist: « Holà! » holà! » Adonc, les preneurs les prindrent sus en che point; les conducteurs vindrent devers le duc, en disant qu'ils les avoient prins subs plus tost que les parties n'eussent voullu. Si demandèrent au duc quel chose il lui plaisoit qu'ils fissent, ou s'ils viendroient tous deulx enssemble devers luy, ou chacun à part soy. Si vint le seigneur de Charny, et se mist à genoux, et leva sa visière, et parla ledict de Santes, et dist : « Mon très redoubté sei- » gneur, vechy le seigneur de Charny, tout prest » de faire et parfaire son debvoir. » A quoi, le duc respondit que il avoit très bien et vaillamment faict, et que il tenoit les armes bien accomplies. Apprès vint ledit de Merlo, sa visière levée, et se mist à genoulx devant le duc, et dist : « Très hault et très » excellent et puissant prince, redoubté seigneur,

» je suis venu de bien loing devant vostre seignou-
» rie, là où je ai eult moult de travail par terre et
» par mer, et une grande despense pour si peu de
» chose faire. J'eusse bien voulu qu'il vous eust pleu
» de nous laisser ung peu esbastre, et encoires pren-
» dre un petit de plaisir en armes. » Le duc lui dit
qu'il avoit très bien et très vaillamment faict, et
qu'il tenoit les armes accomplies. Alors ledit chevallier répliqua, et dict : « Trés redouté seigneur,
» les loings voyages et travail que j'ai faict pour ve-
» nir devant vostre seigneurie, laquelle est tant et si
» noblement recommandée par tout le monde, me
» fait penser et anvier que vous ne nous avez laissiez
» plus avant besognier, s'il vous eult pleu. » Le duc
lui respondit : « Vous ne debvez estre mal content ;
» car vous avez faict très vaillamment ; aussi a l'autre ;
» si tienge les armes pour touttes parfaictes et ac-
» complies. » — « Adonc, répondit-il, puisque il plaist
» ainssi à vostre noble seigneurie, il en soit fait à
» vostre noble plaisir, car je ne puis aultre chose
» faire. » Et en che point, il se retraict pour aller devers son pavillon. Le seigneur de Santes vint dire
au duc quel chose il lui plaisoit qu'ils fissent, et que
on avoit veu aultrefois que on les faisoit toucher enssemble. Adonc, dist le duc que on les fist venir
tous deulx, et que on les fist touchier enssemble
par bonne amour. Ils vindrent tous deulx devant
le duc, et ostèrent leurs gantelets, et bénignement ils se touchèrent enssemble, et Dieu scet les
révérences et remerciances qu'ils faisoient. Si prin-

rent congié du duc et se partirent du champ honnorablement. Le vingt-deuxième jour du mois d'aoust, entra en ladite ville d'Arras l'évesque de Liége, en compaignie de nobles chevaliers et escuyers, gentilshommes et aultres, richement habilliés, au nombre de deulx cents quarante-six chevaulx; et s'en alla tout droict à l'hostel du duc. En ce mesme jour, entra l'ambassade d'Angleterre en la ville d'Arras; pour laquelle cause le duc monta à cheval pour aller au-devant d'eulx, très noblement accompaignié de ses seigneurs, comtes, barons, chevaliers et escuyers. Pareillement se mirent ensemble tous les cardinaulx et tous les archevesques et évesques quy estoient en ladite ville, et s'en allèrent allencontre de ladite ambassade; en laquelle ambassade estoient le cardinal de Vincestre, le comte de Hontinton, le comte de Suffort et pluiseurs aultres, lesquels venoient du royaulme d'Angleterre. Sy les accompaigna toutte la compaignie, jusques en l'église Nostre-Dame en la cité, là où lesdits cardinal et seigneurs d'Angleterre furent logiés. Et là y eut de grands honneurs et révérences faictes, et puis s'en départirent. Le cardinal de Vincestre et le comte de Hontinton furent noblement accompaigniés de nobles barons, chevaliers et escuyers, moult richement et nottablement habilliés et montés, jusques au nombre de cinq cents chevaulx ou environ.

Or faut parler du disner que fist le duc, en son hostel en la ville d'Arras. Vray est que le premier jour de septembre, tint le duc estat, et fist ung moult noble disner, là où furent conviés les nobles seigneurs d'Angleterre, ambassadeurs, dont dessus est faicte mention; et y furent les estats moult grands et honnourables. L'assiette de la grand' table fut : l'archevesque d'York, le cardinal de Vincestre, le duc, le duc de Gueldre, l'évesque de Liége, duc de Buillon, le comte de Suffort, le comte de Hontinton; et puis les nobles barons, chevaliers et escuyers aux aultres tables, de degré en dégré. Comme ils furent servis, ne faut pas demander, car le duc fut en son vivant ung trésor d'honneur, et par tant je me passe de plus rien dire. En iceluy jour, entra en la ville d'Arras une grand' ambassade envoyée par l'université de Paris, où il y avoit de moult notables docteurs et clercqs. Le six dudit mois de septembre, se partirent lesdits ambassades, prélats et nobles d'Angleterre, et s'en retournèrent en Angleterre sans rien besongnier, ne pour trèves ne pour la paix, et sans espérance de y besongnier; et très déplaisants s'en retournèrent, pour ce qu'ils véoient que le duc estoit du tout enclin à faire paix. Et le merquedy septième dudit mois, la veille Nostre-Dame, vint le comte de Charollois, fils du duc; et fut apporté de Lens en Arthois en une litière, moult honnourablement, et nottablement accompaignié. Au-devant de luy furent les ambassades de France et la noble chevalerie du pays du duc; et fut rechupt à grand' joie. Or est vray que lendemain, jour de Nostre-

Dame, en l'église de Sainct-Vaast, les cardinaulx de Saincte-Croix et de Cippre, ensemble les ambassadeurs de nostre sainct-père, du sainct concile, et le duc, et aussy tous les princes et ambassades de France, de quelque part qu'ils fussent, et mesmement tous les aultres princes, comtes, barons, et chevaliers et escuyers quy en la ville estoient, furent là assemblés; et là fut chantée une belle messe par les chantres de la chappelle; et là fut consacrée très heureuse paix pour le royaulme de France, jurée par les princes et ambassadeurs de France, pour et ou nom du roy, et par le duc, en pardonnant la mort de feu le duc Jehan de Bourgongne, son père; et aussy pour les princes et aultres comtes, chevaliers et escuyers quy là estoient, excepté messire Jehan de Luxembourg, comte de Ligny qui ne le voult point jurer, pour aulcunes causes qui cy-après seront dictes. Laquelle paix est escripte bien au long en ce présent livre. Et ce mesme jour Nostre-Dame, tint le duc ung moult et noble estat, là où il donna à disner aux seigneurs de France, et à tous les aultres ducs et comtes à ceste heure estants à Arras, et au cardinal de Cippre. Et fut l'assiette telle qu'il s'ensieult : à la grand' table, l'archevesque de Rains, chancellier et pair de France; le cardinal de Cippre, fils, frère et oncle des roys de Cippre; après, estoit le duc, et le duc de Bourbon et le comte de Richemont, connestable de France; le comte de Vendosme et Christofle de Harcourt. L'assiette de la petite table, quy estoit en la salle que on dist la chambre fut : l'évesque de Liége, le duc de Gueldres, le comte de Meurs et le seigneur de la Fayette, maréchal de France.

CHAPITRE CLXXXIV.

Du jugement d'armes quy se fist à Arras, à l'occasion du débat entre messire Collart, dict Florimont de Brimeu, d'une part, et messire David de Brimeu, son oncle, d'aultre part, pour les armes de la bannière et seigneurie de Brimeu.

On faut parler du jugement d'armes quy se fist, le treizième jour d'aoust, en l'hostel du duc, par nobles chevaliers et escuyers. Et fut la question telle, que ung seigneur de Brimeu, chief des armes de Brimeu, lequel avoit ung frère maisné de luy, nommé Guille, et n'avoit d'enfants que une fille, laquelle il maria à ung chevalier, nommé messire David de Poix, issu de Poix, nonobstant qu'il n'estoit pas seigneur. Or morut ledit seigneur de Brimeu; et demoura audit David toute la seigneurie et terre de Brimeu, à cause de sa femme; et print les armes et le nom de Brimeu en délaissant celles de Poix, dont il estoit issu. Sy est vray que Guille de Brimeu, son second frère, à quy les armes debvoient appartenir, fut moult courrouchié de ce que ledit de Poix avoit prins les armes dessusdites, et le voult débattre; mais néantmoins ledit de Poix ne les voult laisser; et, luy assailly de procès, s'en voult deffendre, en telle manière que il convint que chevaliers et escuyers les apointassent. Sy fut considéré que ledit de Poix, quy avoit ladite terre de Brimeu, estoit trop plus riche et puissant que ledit Guille en son tamps chevalier, lequel estoit moult anchien, et avoit cinq fils de bien josne asge. Se fut appoinctié entre lesdites parties, que pour obvier aux maulx et aux pertes quy s'en pourroient ensievir (ensuivre), que ledit de Poix les porteroit toutte sa vie en bataille et fait d'armes, là où il appartiendroit, tant en bannières et pegnons comme en cottes d'armes, et ainsy les héritiers quy de luy isseroient; et ledit seigneur Guille les porteroit en son scel, sa vie durant, non aultrement; car il estoit sy anchien, que il estoit excusé de luy jamais armer; et après sa mort les débattist qui y sentiroit avoir droit. Or issit dudit de Poix ung fils quy pareillement les porta; et de ce fils ung aultre; et tant que celle génération, issue de Poix, joyrent et portèrent les armes cinquante ans ou environ. Or failly icelle lignie de père à fils, et la terre de Brimeu retournée à femme. Sy est ainsy que ledit Guille de Brimeu, quy avoit cinq fils, comme dict est, trespassa, dont l'aisné de ses fils reprint lesdites armes de Brimeu que son père avoit transportées, comme dict est; et se maria; et dudit mariage issy ung fils nommé Collart, dict Florimont de Brimeu, en son tamps chevalier. Or vesquirent grand tamps lesdits Florimont frères, et ledit Florimont fils de l'aisné. Or trespassa ledit aisné frère, chief desdites armes et père dudit Florimont. Et l'aisné après lors vivant voult prendre les armes, et dict qu'elles luy appartenoient comme à celuy quy estoit venu plus prochain de l'estocq, car il estoit filsdudit sire de Brimeu; et ledit Florimont dict qu'il estoit fils du fils aisné dudit sire Guillaume, et disoit qu'elles luy appartenoient mieulx, et comme raison estoit les debvoit avoir. Et sur ces poincts dessusdicts, entre ces deux chevaliers, oncle et nepveu, en fut envoyé à Paris, Amiens et ailleurs, à pluiseurs clercqs, maistres et licenciés ès lois, et aultres seigneurs à ce congnoissants en parlement, pour en avoir leur conseil et advis. Si en furent pluiseurs oppinions oyes, grands rolles et escriptures faites, lesquelles furent lancées devant lesdits seigneurs chevaliers ad ce commis pour juger, et présents pluiseurs roys d'armes et héraults cy-après déclarés. Et premièrement furent demandées les oppinions desdits roys d'armes et héraults. Et par moy portant la parolle de toutte l'office d'armes, ainsy que par eulx ordonné m'estoit, fut dict que ledit Florimont, fils de l'aisné frère, debvoit succéder et avoir les armes plaines, comme son père et ses devanchiers les avoient eues et portées; et que le transport que ledit messire Guille avoit fait de ses armes audit de Poix, avoit esté de nulle valeur, et qu'il ne debvoit porter préjudice au prochain des armes; c'est assavoir masle, car femme poeult bien avoir la seigneurie, mais les armes non. Et se ne poeult par droict homme nul vendre, transporter, ne aliéner ses armes, que elles ne voisent (aillent) tousjours d'homme à homme et de degré en degré; et en oultre que possession, tant soit de long terme, est de nulle valleur en armes, puisqu'elle soit prinse indueement. L'oppinion de l'office d'armes proposée par ma bouche, le chancellier de Bourgongne demanda aux chevaliers et escuyers leurs advis, lesquels furent tous, excepté ung, de l'oppinion de l'office d'armes; et par ainsy demeurèrent, à messire Florimont, les plaines armes de la seigneurie et bannière de Brimeu, et la terre à l'héritier.[1]

---

[1]. Le manuscrit de la bibliothèque du roi n° 9869³, ancien fonds Colbert n° 603, finit ici; mais je dois à l'obligeance du marquis Levert, la communication d'un manuscrit plus complet. C'est de ce manuscrit que je tire les chapitres qui suivent jusqu'à la fin.

CHAPITRE CLXXXV.

Coppie du traictié de la paix faicte et conclue en la ville d'Arras, entre le duc de Bourgongne et l'ambassade du roy Charles de France, VIIᵉ de ce nom.

« Philippe, par la grace de Dieu, duc de Bourgongne, de Lothier, de Brabant et de Lembourg, comte de Flandres, d'Arthois, de Bourgongne, palatin de Haynault, de Hollande, de Zellande et de Namur, marquis de Sainct-Empire, seigneur de Frise, de Salins, de Malines, savoir faisons à tous présents et advenir, que comme, pour et afin de parvenir à paix générale en ce royaulme, aient esté tenues pluiseurs conventions et assemblées, et mesmement en nostre cité d'Auxerre, et en la ville de Corbeil, et derrain ait esté accordé de tenir en cette ville d'Arras, certaine journée et convention sur le faict de ladicte paix générale; pour laquelle, mon très redoubté seigneur le roy Charles, ayt envoyé, et y soit venus nos très chiers et amés frères et cousin le duc de Bourbonnois et d'Auvergne, le comte de Richemont, connestable de France, le comte de Vendosme, grant maistre d'hostel, et très révérend père en Dieu, l'archevesque et duc de Rains, chancellier; Christofle de Harcourt, Guillebert, seigneur de la Fayette, mareschal de France; maistre Adam de Cambray, premier président en parlement, et maistre Jehan Tudert, doyen de Paris, conseiller et maistre des requestes de l'hostel; Guille Chartier, aussi conseiller; Jehan Castenier, et Robert Marlière secrétaire de mondict seigneur le roy, et tous ses ambassadeurs; et de la part de nostre très chier sire le roy d'Angleterre, y sont venus très révérend père en Dieu, l'archevesque d'Yorck, nos amés cousins, les comtes de Hontinton et de Suffort, et pluiseurs aultres gens d'église et séculiers; et aussi y soyons venus et comparus en nostre personne, à compaignie de pluiseurs de nostre sang et aultres, nos féaulx et subjects en grant nombre; à laquelle convention et journée, de par notredict sainct-père le pappe, ayt esté envoyé très révérend père en Dieu, nostre très chier et espécial ami le cardinal de Saincte-Croix, atout bon et souffisant pouvoir de nostre sainct-père; et de par le sainct concile de Basle, semblablement y aient esté envoyés très révérend père en Dieu, nostre très chier et très amé cousin, le cardinal de Cippre, et pluiseurs dessus nommés, ayant pouvoir souffisant sur ce, dudict concile; par devant lesquels cardinaulx légaulx et ambassadeurs de nostre sainct-père et du sainct concile, sont comparus lesdicts ambassadeurs de France d'une part, et d'Angleterre d'aultre, et nous aussi en nostre personne, touttefois qu'il a esté besoing; et, par icelles ambassades, ayant esté faictes pluiseurs ouvertures et oblacions d'ung costé et d'aultre. Et combien que finablement, de la part de mondict seigneur, par lesdicts ambassadeurs, ayent esté faictes aulx gens et ambassadeurs d'Angleterre, grants et nottables offres et oblacions, afin de parvenir à ladicte paix générale : lesquelles il sembloit aulxdicts cardinaulx et aultres légats et ambassadeurs de nostre sainct-père et du sainct concile, estoient justes et raisonnables, et ne les debvoient ou polvoient raisonnablement refuser lesdicts ambassadeurs d'Angleterre, et que lesdicts cardinaulx de Saincte-Croix et de Cippre, et aultres ambassadeurs du sainct concile, eussent prié et requis à iceulx ambassadeurs d'Angleterre les accepter, en leur disant et remonstrant que aultrement et ou cas qu'ils ne vouldront entendre par effect à ladicte paix générale, ils avoient charge et commandement de nostre sainct-père et du concile de nous exhorter, requérir et sommer de entendre avec mondict seigneur le roy, à paix particulières avec lui, en tant que touchier nous polvoit. Touttes voies, lesdicts ambassadeurs d'Angleterre n'ont voulu accepter lesdictes offres à eulx faictes, mais se sont départis de nostre ville d'Arras, sans aulcune conclusion, et sans vouloir prendre ne accepter lesdictes offres, ne jour certain de retourner. Parquoy, après leur département, par lesdicts cardinaulx et aultres légaulx en ce ayant esté exhortés, requis et sommés de vouloir entendre par effect à ladicte paix particulière et réunion avec nostre seigneur le roy, moyennant que pour le cas de la mort de feu nostre très chier seigneur et père, que Dieu pardoint! que, pour nostre intérest en ceste partie, nous seroient de par notredict seigneur le roy et ambassadeurs dessus nommés, ad ce souffisamment fondés pour lui et en son nom faictes offres raisonnables, à fin de satisfaction, recompensation et aultrement que en debvroient estre contents : lesquelles offres, par lesdicts ambassadeurs d'iceluy monseigneur le roy, ayent esté baillées par escript, en ung rolle aulx cardinaulx et ambassades du concile ; et par iceulx avons présenté ; duquel rolle de mot à mot, la teneur s'ensuit :

« Nous, Charles, duc de Bourbonnois et d'Auvergne ; Arthus, comte de Richemont, connestable de France ; Loys de Bourbon, comte de Vendosme ; Regnault, archevesque de Rains, chancellier de France ; Christophe de Harcourt ; Guillebert, seigneur de la Fayette, mareschal de France ; Adam de Cambray, président en parlement ; et Jehan Tudert, doyen de Paris ; Guille Chartier, Estienne Moreau, conseillers ; Jehan Costenier et Robert Molière, secrétaires, et tous ambassadeurs du roy de France, notre souverain seigneur, estant présentement en la ville d'Arras, faisons pour et ou nom de luy au duc de Bourgongne et de Brabant, pour son intérest et querelle qu'il a et peut avoir à l'encontre du roy à cause de la mort de feu le duc Jehan, duc de Bourgongne, son père, comme aultrement, affin de parvenir avec lui au traicté de paix et concorde.

« *Item*, que le roy dira, ou par ses gens notables souffisants fondés, fera dire au duc que la mort de feu le duc Jehan son père, que Dieu absolve! fut inicquement et maulvaisement faicte par ceulx qui perpétrèrent le cas et par mauvais conseil, et lui en a tousjours despleu, et de présent déplaist de tout son cœur; et que s'il eust sceu le cas, en tel asge et entendement qu'il a de présent, il y eust obvié à son polvoir; mais il estoit bien jeune et avoit pour lors bien petite congnoissance, et ne fut point si advisé que pour y pourveoir; et priera au duc que toute rancune ou haine qu'il poeult avoir à l'encontre de lui à cause de ce, il oste de son cœur, et que entre eulx il y ait bonne paix et amour, et si en fera de ce expresse mencion ès lettres qui seront faictes de l'accord et traictié d'entre eux.

» *Item*, que tous ceulx qui perpétrèrent ledict mauvais cas ou qui en furent consentants, le roy les habandonnera, et fera toute diligence de les faire prendre, s'il est possible, quelque part que trouvez pourront estre, pour estre pugnis en corps et en biens; et se appréhendés ne peuvent estre, les bannira et fera bannir à tousjours; sans grasce ne rappel, hors du royaulme et Daulphiné, avec confiscation de tous leurs biens; et seront hors de tous traictiés.

» *Item*, ne souffrira le roy aulcun d'eulx estre recepté ne favorisié en aulcun lieu de son obéissance; et fera crier et publier par tous les lieux desdits royaulme et Daulphiné, accoutumés de faire cris et publications, que aulcun ne les récepte ou favorise, sur peine de confiscation de corps et de biens.

» *Item*, que le duc, le plus tost qu'il pourra, bonnement après ledict accord passé, nommera ceulx dont il est ou sera informé, qui perpétrèrent ledict mauvais cas, ou en furent consentants, affin que, incontinent et dilligemment soit procédé à l'encontre de eulx, de la part du roy; et en oultre, pource que le duc n'a encore pu avoir vrai congnoissance ne deue information de tous ceulx qui perpétrèrent ledict mauvais cas et en furent consentants, touteffois qu'il en sera cy-après deuement informé d'aulcuns aultres, il les pourra autrement nommer et signifier par les lettres-patentes ou autrement souffisamment au roy, lequel, en ce cas, sera tenu de faire procéder tantost et diligemment allencontre d'eulx, par la manière dessus dicte.

» *Item*, que pour l'ame dudict feu duc Jehan de Bourgongne; de feu messire Archambault de Foiz; de monseigneur de Noailles, qui fut mort avec lui, et de tous aultres trespassés à cause des divisions et guerres de ce royaulme, seront faictes les fondations et édifices qui s'ensuivent; c'est assavoir, en l'église de Montereau, en laquelle fut premièrement enterré le corps dudict feu Jehan, duc de Bourgongne, sera fondée une chappelle et capellenie perpétuelle d'une messe basse de *requiem*, chacun jour perpétuellement ; laquelle sera rentée et douée convenablement, à rentes amorties, jusques à la somme de soixante livres parisis par an, et aussi garnie de calices et adournements d'église, bien et souffisamment, aux dépens du roy ; et laquelle chappelle sera à la collacion du duc et de ses successeurs ducs de Bourgougne à tousjours.

» *Item*, que en ladicte ville de Montereau, ou au plus près d'icelle que faire se pourra, sera construite et édiffiée par le roy et à ses despens, une église, couvent et monastère de chartreux ; c'est assavoir pour ung prieur et douze religieux, avec les cloistres, salles, réfectoires, granges, et aultres édifices qui y seront nécessaires et convenables; et lesquels chartreux, c'est assavoir ung prieur et douze religieux seront fondés par le roy, de bonnes rentes et revenus annuels et perpétuels, et bien amortis, souffisants et convenables, tant pour les vivres des religieux et entretenement du divin service, comme pour le soustenement des édifices du monastère et aultrement, jusques à la somme de huit cent livres parisis par an, à l'ordonnance et par l'advis de très révérend père en Dieu, le cardinal de Saincte-Croix, ou de celui ou ceux qu'il vouldra à ce commettre.

» *Item*, et que sur le pont de Montereau, ou lieu où fut fait ledit mauvais cas, sera faicte, édifiée et bien entaillée et entretenue, à tousjours, une belle croix aux dépens du roy, de telle façon et ainsi qu'il sera advisé par ledit cardinal ou ses commis.

» *Item*, que en l'église des chartreux de Dijon, en laquelle gist et repose de présent le corps dudict feu duc Jehan, sera fondée par le roy et à ses despens, une haute messe de *requiem*, qui se dira chacun jour perpétuellement, au grant autel, à telle heure qu'il sera advisé; et laquelle fondacion sera douée et assurée de bonnes rentes amorties, jusques à la somme de cent livres parisis, par an, et aussi garnie de calices et ornements comme dessus.

» *Item*, que lesdictes fondacions et édifices seront commenchés à faire le plus tost que faire se pourra bonnement; en espécial commencera l'en à dire et célébrer les messes incontinent après ledict accord passé; et au regard des édifices qui se doivent faire en la ville de Montereau ou au plus près d'icelle, l'en commencera à ouvrer dedans trois mois après ce que ladicte ville de Montereau sera réduite en l'obéissance du roy; et si commencera l'en diligemment et sans interruption, tellement que tous iceulx édifices seront achevés et parfaits dedans cinq ans après ensuivant; et quant auxdictes fondacions, l'en y besoingnera sans délay, le plus tost que faire se poulra. Et pour ces causes, tantost après ledit accord passé, sera faict et assommé ladicte fondacion de la haulte messe ès chartreux de Dijon, comme dessus est faicte mencion, avec tout ce qui en deppend, de livres, calices, et aultres choses ad ce nécessaires ; et aussi sera dicte et celébrée, aux despens du roy, la basse messe quotidienne qui doit estre fondée en l'église de Montereau, jusques à ce que la ville sera réduite en l'obéissance du roy ; et au surplus, touchant les fondacions et édifices qui se doivent faire en ladicte ville de Montereau de la part du roy, sera mis dedans lesdicts trois mois. apprès la reddiction d'icelle ville en l'obéissance du roy, ès mains de celui ou ceulx que y vouldra commettre icelui cardinal de Saincte-Croix, certaine somme d'argent souffisant pour commencier à faire lesdicts édifices et acheter les calices ad ce nécessaires ; et d'aultre part seront aussi lors advisées, assises et délivrées les rentes dessus declarées, montants pour ledict lieu de Montereau, à huit cents soixante livres parisis an, par un bien revenans et seurement amorties et assises au plus près que bonnement faire se pourra dudict lieu de Montereau, sans y comprendre les cent livres parisis de rente, qui tantost doivent estre assises pour la fondation de la haulte messe ès chartreux dudict Dijon.

» *Item*, que pour et en récompensation des joaulx et autres biens meubles que avoit le duc Jehan au temps de son décès, qui furent prins et perdus, et pour avoir et en accepter des autres en lieu d'iceulx, le roy payera et fera payer réalment et de faict au duc la somme de cinquante mille riez, escus d'or, du poids de soixante-quatre livres au marcq de Troyes, huit onces pour le marcq, et vingt-quatre karat ung quart de karat de remède d'aloy, ou aultre monnoie d'or coursable à la valleur, aux termes qui ensieuvent; c'est assavoir quinze mille à Pasques prochain venant en ung an, qui commencera l'an mil quatre cent trente-sept, et quinze à Pasques ensievant, mil quatre cent trente-huit; et les vingt mille qui resteront, aux autres Pasques ensievant, qui commencera mil quatre cent trente-neuf. Et avec ce sera saulvé et réservé au duc son action et poursieutte au regard du beau collier de feu le duc son père, allencontre de tous ceulx qui l'ont eu ou ont peu avoir, ou recouvrer pour ledict collier et joyaulx avoir à son profit, en oultre, pardessus lesdicts cinquante mille escus.

» *Item*, que de la part du roy, au duc, pour partie de son intérest, seront délaissiés, et avecque ce bailliés et transportiés de nouvel pour lui et ses hoirs procréés de son corps, et les hoirs de ses hoirs, en descendant tousjours en ligne directe masle, les terres et seignouries qui s'ensieuvent; c'est assavoir la cité et comté de Mascon, ensemble toutes les villes, villages, terres, cens, rentes et revenus quelzconques qui sont et appartiennent et doivent compéter et appartenir en domaine au roy et à la couronne de France, en et partout les villages royaulx de Mascon et de Sainct-Gengon, et ès mectes d'iceulx, avec toutes les appartenances et appendances d'icelle comté de Mascon et de aultres, et par tous lesdicts bailliages de Mascon et de Sainct-Gengon, et tout en fief et arrière-fiefs,

confiscations, patronages d'église, collations et
bénéfices, comme en aultre droit et prouffits quelconques, sans y rien retenir de la part du roy de
ce qui touche et peut touchier la domaine, seignourie et jurisdiction ordinaire des comtés et lieux dessusdicts, et ost saulvé et réservé au roy; semblablement les fiefs et hommaiges des choses dessus
dictes, et le ressort et souveraineté ensemble, garde
et souveraineté des églises et subjets d'icelles, de
fondacion royale, estants ès mectes desdicts bailliages, enclavés en iceulx, et le droit de régalle,
là où il a lieu, et aultres droits royaulx appartenants d'anchienneté à la couronne de France et ès
bailliages dessusdicts; et pour ladicte cité et comté
de Mascon, ensemble des villes, villaiges, terres
et domaine dessusdicts, joyr et user par le duc et
sesdicts hoirs, à tousjours, et les tenir en foy et
hommage du roy et de sa cour de parlement, sans
moyen pareillement, et en telles franchises, droits
et prérogatives comme les aultres pers de France.

» *Item*, et avec ce, de la part du roy seront
transportés et baillés au duc et à cellui de sesdits
hoirs légitimes et procréés de son corps auquel il
délaissera, après son décès, ladicte comté de Mascon, tous les prouffits et émoluments quelconques
qui escherront esdicts bailliages royaulx de Mascon
et de Sainct-Gengon, à cause des droits royaulx et
de souveraineté, appartenants au roy en iceulx bailliages, soient par le moyen de la garde et souveraineté des églises quy sont de fondacion, et des sub-

jects, droit et régalle, et aultrement, tant confiscation pour quelque cas que ce soit, amendes, exploits de justice, le prouffit et émolument de la monoie, comme aultres prouffits quelconques, pour en joyr par le duc et sondit hoir après luy, durant leurs vies et du survivant d'eulx, tant seulement et par la manière qu'il s'ensuit : c'est assavoir qu'à la nomination du duc et sondit hoir après luy, le roy commectera et ordonnera celuy quy sera bailly de Mascon pour le duc, juge royal et commis de par luy à congnoistre tous ces royaulx et aultres choses procédants des bailliages, pays, lieux et enclavements dessusdits, aussy avant et tout en la forme et manière qu'ils ont faict et acccoustumé de faire, par cy-devant les baillifs royaulx de Mascon et de Saint-Gengon, quy ont esté le tamps passé; et lequel bailly de Sainct-Gengon est et sera bailly par ce moyen; et semblablement seront commis de par le roy, à la nomination du duc et de sondit hoir, tous aultres officiers nécessaires pour l'exercice de ladite jurisdiction et droits royaulx, tant chastelains, capitaines, prévosts, sergents, comme receveurs et aultres officiers nécessaires, quy exerceront lesdites offices au nom du roy, au prouffit du duc et de son hoir après luy, comme dict est.

» *Item*, et semblablement, de la part du roy, seront transportés et bailliés, audict duc et à son droit hoir apprès luy, tous les prouffits des aydes: c'est assavoir, les greniers au sel, quatrièmes de vins vendus en détail, impositions de touttes denrées, tailles, fourages, et subvencions quelconques quy ont ou auront cours, et quy sont et seront imposés ès élections de Mascon, Chaslons, Ostun et Lengres, si avant, que icelles élections s'étendent ens et partout la duchié de Bourgongne et comté de Charollois, et ladicte comté de Mascon, et tout le pays de Mascongnois, et ès villes et terres quelconques enclavées en icelle comté, duchié et pays; pour jouyr, de la part du duc et de sondict hoir apprès luy, de toutes ces aydes, tailles et aultres subventions, et en avoir les prouffits, durant le cours de leur vie et du survivant d'eulx, auquel le duc et son droit hoir après luy appartient la nomination de tous les officiers ad che nécessaires, soient esleus, clercs, receveurs ou aultres, commissions et institutions, comme dessus.

» *Item*, et aussy sera par le roy transporté et baillié au duc, à tousjours, pour luy et pour ses hoirs, soient masles ou femelles, descendants en directe ligne, en héritage perpétuelle, la cité et comté d'Auxerre, avecque touttes ses appartenances quelconques, tant en justice, domaine, fiefs, arrière fiefs, patronages d'églises, collacions de bénéfices, comme aultrement, à les tenir du roy et de la couronne de France, en foy et en hommaige et en pairie de France, sous le ressort et souveraineté du roy et de sa court de parlement, sans moyen pareillement, et en telles frauchises, droits et prérogatives, comme les aultres pers de France.

« *Item*, et avecque seront transportés et bailliés par le roy, au duc et à celluy de ses hoirs auquel il délaissera, apprès son décès, ladicte comté d'Auxerre, tous les proffits et émoluments quelconques quy escherront en ladicte cité et comté d'Auxerre, et en toutes les villes et terres enclavées en icelle, quy ne sont pas, soient à églises ou aultres, à cause des droits royaux en quelque manière que che soit, tant en régalles, constitutions, amendes et exploits de justice, le prouffit et émolument de la monnoie, comme aultrement; pour en jouir, par le duc et son droit hoir apprès luy, durant leur vie et du survivant d'eulx, tant seulement et par la manière dessus déclairée; c'est assavoir, que à la nominacion du duc et de son hoir apprès luy, le roy commectera et ordonnera celluy quy sera baillif d'Auxerre, pour le duc, juge royal et commis de par luy à congnoistre de tous cas royaulx et aultres choses ès mectes de la comté d'Auxerre et des enclavements d'icelle, aussy avant, et tout par la forme que ont fait et accoustumé de faire par ci-devant les baillifs de Sens, audict lieu d'Auxerre; et lequel baillif de Sens ne se entremectera aucunement durant la vie du duc et de sondict fils, son droit hoir, mais en lessera convenir ledit baillif d'Auxerre, quy sera juge commis de par le roy à la nominacion du duc et de son droit hoir, tous aultres officiers nécessaires pour l'exercité de ladite jurisdicion et droits royaulx en ladicte comté d'Auxerre, tant chastelains, capitaines, prévosts, sergents, comme receveurs et aultres, quy exerceront leurs offices au nom du roy, au prouffit du duc, et de son droit hoir après luy, comme dict est.

» *Item*, et en outre, de la part du roy, seront transportées et bailliés au duc, et à son droit hoir après luy, tous les proffits des aydes; c'est assavoir des greniers de sel, quatriesmes de vins vendus en détail, impositions de touttes denrées, tailles et aultres aydes et subventions quelconques, quy ont ou auront cours, et quy sont ou seront imposés en ladicte comté et ès villes enclavées, pour en jouyr par le duc, et son droit hoir après luy, et en avoir les prouffits durant leur vie et du survivant tant seulement, auquel le duc, et à son droit hoir après luy appartiendra la nominacion de tous les officiers ad che nécessaire, comme dit est.

» *Item*, et aussy seront, par le roy, transportés et bailliés au duc, pour luy et ses hoirs légitimes procréés de son corps, et les hoirs de ses hoirs, soient masles ou femelles, descendants en ligne directe, à tousjours et en héritage perpétuel, les chastel, ville et chastellenie de Bar-sur-Seine, ensemble touttes les appartenances et appendances d'icelle chastellenie, tant en domaine, justice, jurisdicion, fiefs, arrière-fiefs, patronages d'églises, collacion et bénéfices, comme aultres proffits et émoluments quelconques, à les tenir du roy, en foy et hommage, et en pairie de France, soubs le ressort et souveraineté du roy et de sa court de parlement, sans moyen.

» *Item*, avec che, appartiendra au duc, et de la partie du roy luy seront bailliés et transportés, pour luy, et pour celluy de sesdicts hoirs auxquels il délaissera, après son trépas, ladicte seigneurie de Bar-sur-Seine, tous les proffits des aydes, tant du grenier à sel, se grenier y a accoustumé, quatriesmes de vins vendus à détail, imposicions de touttes denrées, tailles, fouages, aultres aydes et subventions quy ont ou auront cours, sont ou seront imposés en ladicte ville de Bar, et ès villes, villages, subjects, et ressortissants à icelle chastellenie, pour jouyr de la part du duc et de son droit hoir, et en avoir les proffits par la main des grenetiers et receveurs royaulx quy seront ad che commis par le roy à la nominacion du duc, durant la vie de luy et de son droit hoir après luy, et du survivant d'eulx.

» *Item*, et aussi que de la part du roy sera transporté et baillié au duc, pour luy et ses hoirs comtes de Bourgongne, à tousjours et à héritage perpétuel, la garde de l'église de Luxeul, ensemble tous les droits, proffits, et émoluments quelconques appartenants à ladicte garde, laquelle le roy, comme comte, et à cause de la comté de Champaigne, dit et maintient à luy appartenir, combien que les comtes de Bourgongne prédécesseurs ayent par cy-devant prétendu et querellé au contraire; disant et maintenant icelle abbaye et église quy est hors du royaulme et ès mectes de la comté de Bourgongne, debvoir estre de leur garde; et pour che, pour le bien de paix, et pour obvier à tous débats, sera délaissié par le roy, et demourra la garde entièrement au duc, pour luy et pour ses successeurs, comtes de Bourgongne.

» *Item*, aussy seront par le roy transportées et bailliées au duc, pour luy et ses hoirs masles légitimes, procréés de son corps, et descendus en ligne directe, à tousjours en héritage perpétuel, les chastellenies, villes et prévostés foraines de Péronne, Mont-Didier et Roye, avecque touttes les appartenances et appendances quelconques, tant en domaine, justice, jurisdicion, fiefs, arrière-fiefs, patronnages d'églises, collacions de bénéfices, comme aultres droits, proffits et émoluments quelconques, à les tenir du roy et de la couronne de France, soubs le ressort et souveraineté du roy et de sa court de parlement, sans moyen.

» *Item*, avecque che, baillera et transportera le roy au duc, et à celluy de ses droits hoirs masles auquel il délaissera, apprès son décès, lesdictes villes et chastellenies de Péronne, Mont-Didier et Roye, tous les proffits et émoluments quelconques quy escherront en icelles villes et chastellenies et prévostés foraines, à cause des droits royaulx, en quelque manière que che soit, tant en régalles, constitucions, amendes et exploits de justice, comme aultrement; pour en jouyr par le duc et son droit hoir masle apprès luy, durant leur vie et du survivant d'eulx, tant seulement en et par la manière dessus déclairée; c'est assavoir qu'à la nominacion du duc et de son droit hoir masle après luy, commectera et ordonnera celluy quy sera gouverneur ou baillif desdictes villes et chastellenies, pour mon dict seigneur de Bourgongne, juge commis de par luy à congnoistre de tous cas, et aultres choses procédants desdictes villes, chastellenies et prévostés foraines, et ès villes et terres subjectes et ressortissantes à icelles, aussy avant, et par la forme et manière que ont acoustumé de faire par ci-devant les baillifs royaulx de Vermandois et d'Amiens; et en outre seront commis, se mestier est, par le roy, à la nominacion de mon dict seigneur de Bourgongne et de son droit hoir masle, tous aultres officiers nécessaires pour l'exercite de ladicte jurisdicion des droits royaulx.

» *Item*, et semblablement, de la part du roy, seront transportés et bailliés au duc, et à son droit hoir masle apprès luy, tous les prouffits des aydes; c'est assavoir du grenier au sel, quatriesme de vins vendus à détail, imposicion de touttes denrées, tailles, fouages, et aultres aydes et subvencions, quy ont ou auront cours, et quy sont ou seront imposés ès dictes villes, chastellenies et prévostés foraines, pour en jouyr par le duc, et son droit hoir masle apprès luy, durant le cours de leur vie et du survivant d'eulx; auquel duc et son droit hoir masle, appartiendra la nomination de tous les officiers ad ce nécessaires, soient esleus, clercs, etc., et au roy la commission et institution comme dessus.

» *Item*, et en oultre de la part du roy, sera délaissié au duc et à celui de ses héritiers auquel, après son décès, il laissera la comté d'Arthois, la composition des aydes audict comté d'Arthois, ressorts et enclavements d'icelles, montant à présent à vingt-quatre mille francs pour un an ou environ, sans ce que le duc et son droict hoir après lui, durant leurs vies, soient abstraints d'en avoir aultre don ou octroy du roy ne de ses successeurs, et nommeront le duc et son droict hoir après lui, officiers compellans, tant esleus, receveurs, sergents, comme aultres; lesquels, ainsi nommés, le roy sera tenu de instituer et commettre lesdicts officiers, et leur en fera baillier ses lettres.

» *Item*, et que le roy baillera et transportera au duc pour lui, ses hoirs et oyant cause, à tousjours, touttes les cités, villes et forteresses, terres et seigneuries, appartenantes à la couronne de France, sur la rivière de Somme d'ung costé et d'aultre, comme Sainct-Quentin, Corbie, Amiens, Abbeville et aultres, ensemble toutte la comté de Ponthieu, deçà et delà : ladicte rivière de Somme, Dourlens, Saint-Ricquier, Crèvecœur, Arleux, Mortaingne, avec les appartenances et dépendances quelconques, et touttes aultres terres qui peuvent appartenir à ladicte couronne de France, depuis ladicte rivière de Somme inclusivement, en tirant du costé d'Arthois, de Flandres, de Haynault, tant du royaulme que de l'empire, en prenant aussi au regard des villes, séants sur ladicte rivière de Somme, du costé de France, les baillières et eschevinaiges d'icelles villes, pour jouir de par le duc, ses hoirs et oyants-causes, à tousjours desdictes cités, villes, et en tous prouffits et revenus, tant de domaines, d'aides, ordonnances pour la guerre, et aussi tailles et immoluments quelconques, et sans y retenir, de par le roy, fors les foi, hommaige et souveraineté; et lequel transport et bail se fera, par le roy, comme dict est, de la somme de quatre cent mil escus d'or, viés de soixante-quatre en marcq de Troyes, huict onces pour le marcq; et d'alloy, à vingt-quatre karats ung quart, de remède ou aultre monnoye d'or, courant à la valeur : duquel rachat, de la part de monseigneur de Bourgongne, seront baillées lettres bonnes et souffisantes, par lesquelles il promectra, pour lui et les siens, que touttes et quantes fois il plaira au roy ou aulx siens faire ledict rachat, le duc ou eulx seront tenus, en recevant ladicte somme d'or, de rendre et laissier au roy, aulx siens, touttes lesdictes cités, villes, forteresses et seigneuries, comprises en ce présent article, tant seulement, et sera content en oultre, le duc, de recevoir le payement desdicts quatre cent mille escus d'or à deulx fois, c'est assavoir à chascune fois la moitié, pourveu qu'il ne sera tenus de rendre lesdictes cités, villes, etc., jusques ad ce que ledict payement soit accompli, et que il ait receu le derrain denier desdicts quatre cent mil escus, et cependant aura le duc, les frais siens de touttes lesdictes cités, villes, forteresses, et, sans rien déduire ne rabattre du principal; et est à entendre que audict transport et bail que fera le roy, ne seront point comprins la cité de Tournay, et bailleve dudict Tournay et Tournésis, et Sainct-Amand, ainçois demeureront ès mains du roy, réservé Mortaingne qui y est comprinse, et demourra au duc, ainsi que dessus est dict. Et combien que ladicte cité de Tournay ne doit poinct estre baillée au duc; ce nonobstant, est réservé à iceluy duc, l'argent à lui accordé par ceulx de ladicte ville de Tournay, par certain traictié qu'il a avecques eulx, durant jusques à certain temps et années advenir; et, lequel argent, lesdicts de Tournay entièrement payeront au duc; et est assavoir que, au regard de tous officiers qui seront nécessaires à mectre et instituer ès cités, villes et forteresses dessusdictes, au regard des domaines monseigneur de Bourgongne et les siens, les y mectront et institueront pleinement à leurs vollentés; et au regard des droicts royaulx, et aussi des aydes, tailles et aultres, la nomination en appertiendra à monseigneur de Bourgongne et aulx siens, et les institucions et commissions au roy, comme dessus est déclaré en cas semblable.

» *Item*, et pour ce que le duc prétend avoir en

la comté de Boulongne sur la mer, laquelle il tient et possède, et pour le bien de paix, icelle comté sera et demourra au duc, et enjoyra à tous prouffits et émoluments par lui et ses enfants masles, procréés de son corps seulement; et, en apprès sera et demourra icelle comté à iceulx qui droict y ont ou auront; et sera chargié le roy de contenter et appaisier les parties prétendants avoir droict en icelle, tellement que cependant il n'y demande ne querelle rien, ne en face aulcune poursuicte allencontre du duc et de ses enfants masles.

» *Item*, que les chastel, ville, comté et seigneurie de Gien-sur-Loire, que l'en dict avoir esté donnée et transportée piéça avec la comté d'Estampes et seignourie de Dourdan, par feu monseigneur le duc de Berry, à feu le duc Jehan, père du duc, seront de la part du roy, mis et baillés, réalment et de faict, ès mains du duc de Bourbonnois et d'Auvergne, tantost après ledict accord passé, pour le tenir et gouverner l'espace d'un an après ensuivant, et jusques ad ce que durant ledict an, Jehan de Bourgongne, comte d'Estampes, ou le duc pour lui, auront monstrée ou faict monstrer au roy, ou à son conseil, les lettres dudict don, faictes à mondict seigneur de Bourgongne, par mondict seigneur, duc de Berry; lesquelles veues, si elles sont trouvées souffisantes et vallables souverainement et de plain, sans procès, nous, duc de Bourbonnois, serons tenus de bailler et délivrer audict comte d'Estampes, lesdictes villes, chasteaulx et comté de Gien-sur-Loire, à lui appartenants par le moyen du don, nonobstant quelconques conditions et oppinions d'aultres qui vouldroient prétendre droict en ladicte comté de Gien; aulxquels, se aulcuns en y a, sera réservé leur droict pour le poursuivyr par voie de justice, quant bon leur semblera, contre ledict comte d'Estampes.

» *Item*, que par le roy, sera réservé et payé à monseigneur le comte de Nevers, et audict monseigneur d'Estampes, son frère, la somme de trente-deulx mil huict cents escus d'or, que feu le roy Charles, derrain trespassé, fist, comme l'en dict, prendre en l'église de Rouen, où icelle somme estoit en dépost, comme deniers de mariage, appertenants à feue madame Bonne d'Arthois, mère desdicts seigneurs, en cas que l'en fera directement apparoir que icelle somme ayt esté, et soit allouée en compte, au prouffit dudict feu roy Charles, à payer icelle somme de trente-deulx mil huict cent escus d'or, à tels termes raisonnables qui seront advisés, apprès le payement faict et accompli au duc de cinquante mil escus; et au regard des debtes que ledict duc, et maintient à lui estre deus par feu le roy Charles, tant à cause de dons et pensions, comme aultrement, montant à bien grants sommes de deniers, son droict tel qu'il a, et doict avoir pour la reconnoissance d'icelles debtes, lui demourra sauf et entier.

» *Item*, le duc ne sera tenu de faire aulcune foy, hommaige, ne service au roy, des terres et seigneuries qu'il tient à présent au royaulme de France, ne d'icelles qui lui pourront escheoir cy-apprès, par succession audict royaulme; mais sera et demourra exempt de sa personne, en tout cas, de subjection, hommaiges, ressort, souverainetés, et aultres du roy, durant la vie de lui. Mais apprès son décès, le duc fera à son filz et successeur en la couronne de France, hommaige de fidélité et service, tel qu'il appartient; et aussi se le duc alloit de vie à trespas avant le roy, ses héritiers et ayants cause, feront au roy lesdicts hommaiges, services, et ainsi qu'il appertiendra.

» *Item*, et pour ce que cy-apprès le duc, tant ès lettres qui se feront de la paix, comme en aultres lettres et escriptures, et aussi de bouche, recongnoistra, nommera, et polra nommer et recongnoistre là où il appartiendra le roy, souverain seigneur, offrants et consentants lesdicts ambassadeurs du roy, que lesdictes nominations et recongnoissances, tant par escript que de bouche, ne portent aulcun préjudice à l'exemption personnelle du duc, sa vie durant; et que icelle exemption, demeure en sa vertu, selon la teneur de l'article précédent, et aussi que icelles nominations et recongnoissances ne estendent que aulx terres et seigneuries que icelui duc tient et tiendra en ce royaulme.

» *Item*, et au regard des féaulx et subjects du

duc, des seigneuries qu'il a et tient et doit avoir par ce présent traictié, et quy luy pourront escheoir par succession au royaulme de France, durant les vies du roy et de luy, ils ne seront point constraints d'eulx avoir au commandement du royaulme de ses officiers, supposé qu'ils tiennent avec ce du roy aulcunes terres et seigneuries; mais est content le roy, que touttes les fois qu'il plaira au duc mander de ses féaulx et subjects, pour ses guerres, soit ou royaulme ou en dehors, ils soient tenus et constraints de y aller, sans polvoir ne debvoir venir au commandement du roy, se lors il les mandoit ; et pareillement sera faict au regard des serviteurs du duc, quy sont ses familiers et de son hostel, supposé qu'ils ne soient pas ses subjects.

» *Item*, touttefois, s'il advenoit que les Anglois ou aultres leurs alliés, fassent guerre cy-après au duc et à ses pays subjects, et à l'occasion de ce présent traictié ou aultrement, le roy sera tenu de secourir au duc et à ses pays ou subjects, auxquels l'en feroit guerre, soit par mer, soit par terre, à toutte puissance ou aultrement, selon que le cas le requerra, et tout ainsy comme son propre faict.

» *Item*, et que de la part du roy et de ses successeurs roys de France, ne sera faicte, ne promise, ne soufferte faire par les princes et seigneurs dessusdits, aulcune paix, traictié et accord avec ses adversaires et ceulx de la part d'Angleterre, sans le signifier au duc ou à son héritier principal apres luy, et sans leur exprès consentement les y appeller et comprendre, se compris y veullent estre, pourvu que pareillement soit faict de la part du duc et de son héritier principal, au regard et en tant qu'il touche la guerre d'entre France et Angleterre.

» *Item*, que le duc et ses féaulx subjects et aultres, qúy par cy-devant ont porté en armes l'ensaingne de mondit seigneur, c'est assavoir, la croix Saint-Andrieu, ne seront pas constraints prendre aultre ensaingne en quelque mandement ou armée qu'ils soient en ce royaulme ne ailleurs dehors, soit en la présence du roy, ou connestable, ou maréchaulx, et soient à ses gaiges souldés ou aultrement.

» *Item*, que le roy fera restituer et dédommagier de leurs pertes raisonnables et aussy de leurs ranchons, ceulx quy furent prins le jour de la mort dudit feu le duc Jehan de Bourgongne, et quy y perdirent leurs vies ou furent grandement ranchonnés.

» *Item*, que au surplus abolicion générale soit faicte, tous cas advenus et choses dictes, passées et faictes à l'occasion des divisions de ce royaulme, excepté ceulx quy perpétrèrent ledit maulvais cas où furent consentants de la mort dudit feu monseigneur le duc Jehan de Bourgongne, lesquels seront et demourront hors de tous traictiés, et que au surplus chascun costé et d'aultre retourne au sien; c'est assavoir les gens d'églises à leurs églises et bénéfices, et séculiers à leurs terres, rentes, héritaiges, possessions et biens immeubles en l'estat qu'ils seront, réservé au regard des terres et seigneuries estants en la comté de Bourgongne, lesquelles le duc et feu monseigneur son père ont eues, ou retenues, ou ont donné à aultruy comme confisquées à eulx, ad cause des guerres et divisions, lesquelles seront et demourront, nonobstant ladite abolicion et accord, à ceulx quy les tiennent et possèdent; mais partout ailleurs, chascun reviendra à ses terres et héritages, comme dict est, sans ce que pour démolicions, empirements, gardes des places ou réparations quelconques, on puist rien demander l'ung à l'aultre; et sera chascun tenu quicte des charges et rentes escheues du tamps qu'il n'aura joy de ses terres et héritages; mais au regard des meubles prins d'un costé et d'aultre, jamais n'en pourra estre aulcune querelle d'ung costé ne d'aultre.

» *Item*, et par ce présent traictié soient estaintes et abollies toutes injures et rancunes, tant de paroles et de faict comme aultrement, advenues cydevant à l'occasion des divisions, et tant d'une part comme d'aultre, sans ce que nul en puist aulcune chose demander ou faire question, ne reprochier ou donner blasme pour avoir tenu aulcun party, et que ceux quy diront ou feront le contraire soient pugnis comme transgresseurs de paix, selon la qualité du meffait.

» *Item*, en ce présent traictié seront compris,

expressément de la part du duc, toutes les gens d'église, nobles, bonnes villes et aultres de quelque estat qu'ils soient, quy ont tenu ou party de feu mondit seigneur son père, et joyront des bénéfices de ce présent traictié, tant au regard de l'abolicion que de recouvrer et avoir leurs héritages et biens immeubles à eulx empeschiés, tant au royaulme comme en Daulphiné, à l'occasion desdites divisions, pourvu qu'ils accepteront ce présent traictié et en vouldront joyr.

» *Item*, et renoncera le roy à l'alliance qu'il a faicte à l'empereur, contre le duc, et à toutes aultres alliances par luy faictes avec quelconques aultres princes ou seigneurs quy soient allencontre du duc, pourvu que le duc le fasse pareillement; et sera tenu et promectera en oultre, le roy au duc, de le soutenir et aidier allencontre de tous ceulx quy le vouldroient grever ou luy faire dommaige, par voie de guerre ou aultrement.

» *Item*, et consentira le roy, et de ce baillera ses lettres, que s'il advenoit que cy-après de sa part fut enfraint le présent traictié, ses vassaulx, subjets et serviteurs, présents et advenir, ne soient plus tenus de l'obéir et servir, mais seront tenus dès lors de servir le duc et ses successeurs allencontre de luy, et que audit cas, tous sesdits féaulx vassaulx et subjects soient absous et quictes de tous serments de fidélité et aultres, et de toutes promesses et obligations de service, en quoy ils pourroient estre tenus par avant envers le roy, sans ce que pour le tamps advenir il leur puist estre imputé pour charge ou reproche, ny que l'on leur puist rien demander; et que pour lors et dès maintenant le roy leur commande de ainsy le faire, et les quicte et décharge de toutes obligations et sermens au cas dessusdit, et que pareillement soit faict et consenti du costé du duc, au regard de ses vassaulx, féaulx, subjects et serviteurs.

» *Item*, et seront, de la part du roy, faictes les promesses, obligations et submissions touchant l'entérinement de ce présent traictié ès mains de monseigneur le cardinal de Saincte-Croix, légat de notre Saint-Père le pape, de monseigneur le cardinal de Cippre et aultres ambassadeurs du saint concille de Basle, le plus ample que l'on pourra adviser, et sur les peines d'excommuniement, aggravation et réaggravation, interdit en ses terres et seigneuries, et aultrement, le plus avant que la censure de l'église se pourra extendre en ceste partie, selon la puissance que en ont mesdits seigneurs les cardinaulx de notre sainct-père le pape et du concile, pourvu que pareillement soit faicte du costé du duc.

» *Item*, avec ce, fera le roy bailler au duc avec son scellé, les scellés des princes et seigneurs de son sang et de son obéissance, comme du duc d'Angoulesme, Charles son frère, du duc de Bourbon, du comte de Richemont, le comte de Vendosme, le comte de Foix, le comte d'Erminacq et aultres que l'on advisera, èsquels scellés desdits princes sera incorporé le scellé du roy; et promecteront de entretenir de leur part le contenu dudit scellé, et s'il estoit enfraint de la partie du roy, de en ce cas estre aydant et confortant au duc et les siens allencontre du roy; et pareillement sera faict du costé du duc.

» *Item*, et que pareillement, le roy fera bailler semblables scellés des gens d'église, des aultres nobles et des bonnes villes de ce royaulme et de son obéissance; c'est assavoir ceux desdites gens d'église, nobles et bonnes villes, que le roy voudra nommer, avec seureté de paines corporelles et pécunielles, et aultres seuretés, que messeigneurs les cardinaulx et prélats adviseront y appartenir.

» *Item*, et s'il advenoit cy-après, qu'il y eut aulcune faulte ou obmission en l'accomplissement d'aulcuns des aultres dessusdits, ou aulcune infraction ou attemptat faicts contre le contenu desdits articles, d'une part et d'aultre, et nonobstant cette présente paix, traictié et accord seront et demouront vallables et en leur plaine force, vertu ou vigueur, et ne sera pourtant icelle paix réputée, cassée ne annullée; mais les attemptats seront réputés, et les malfaicts contre icelle paix amendés, et aussy les défaultes et obmissions accomplies et exécutées duement. tant seulement que dessus est escript, et ad ce constraints ceulx qu'il appartiendra par la forme et sur les peines dictes.

» *Item*, ayant esté de rechief très instamment exhortés, requis et sommés par lesdits cardinaulx et ambassadeurs du saint concille, de vouloir entendre et de nous incliner et condescendre, moyennant les offres dessusdites quy leur sembloient estre raisonnables, ne les polvions ne debvions de raison refuser ainsy qu'ils nous ont dit, à paix et réunion avec mondit seigneur le roy, en nous disant et remonstrant en oultre que ainsy le debvions faire selon Dieu, raison et tout honneur, nonobstant les serments, promesses et alliances piéçà faites entre feu notre très chier seigneur le roy d'Angleterre derrain trépassé, et nous, pour pluiseurs grands causes et raisons à nous remonstrées et alléguées par lesdits cardinaulx et aultres ambassadeurs de par notre sainct-père et le concille; nous, pour révérence de Dieu, principalement pour la pitié et compassion que nous avons du povre peuple de ce royaulme, quy tant a souffert en tous estats, et aux requestes, prières et sommations à nous faites par lesdits cardinaulx, que nous tenons et réputons pour commandement, comme prince catholique et obéissant fils de l'église, eu sur ce grand avis et mesme délibéracion de conseil en grand nombre avec pluiseurs grands seigneurs de notre sang et lignaige et aultres nos féaulx et vassaulx, subjects et gens de conseil en grand nombre, ayant pour nous et nos successeurs, féaulx, vassaulx et adhérants en ceste partie, fait et faisons bonne, léalle, ferme, seure et entière paix et réunion avec mondit seigneur le roy et ses successeurs, moyennant les offres et aultres choses

cy-dessus escriptes, quy de la part de monseigneur
le roy et ses successeurs nous doivent estre faictes
et accomplies; et lesquelles offres, de nostre part
et en tant qu'il nous touche, avons agréables et les
acceptons. Et dès maintenant consentons et faisons
les renonciations, promesses, submissions et aultres
choses dessus déclairées, quy sont à faire de nostre
part, et recongnoissons mondit seigneur, le roy
Charles, nostre souverain seigneur, au regard des
terres et seigneuries que avons en ce royaulme, promettant pour nous, nos hoirs et successeurs, par la foy
et serment de nostre foy et corps, en parolle de prince,
sur nostre honneur et obligation de tous nos biens
présents et advenir quelconques, ladite paix et
réunion, et toutes et singulières choses cy-dessus
transcriptes, tenir, garder, entretenir et accomplir de nostre part, et en tant que touchier nous
peult inviolablement et à tousjours de point en
point, tant par la forme et manière dessus escriptes,
sans faire ou venir ou souffrir faire ou venir au contraire couvertement et en appert ne aultrement en
quelque manière que ce soit; et pour les choses
dessusdites et chascune d'icelles tenir, entretenir
et accomplir, nous submettons à la coercion, conclusion et constrainte de nostre sainct-père le pape,
du saint concille et desdits cardinaulx, légats et
aultres ambassadeurs du concille, et à touttes cours
tant d'église comme séculiers, voulant et octroyant
par icelles et chascun d'icelles estre constraints et
complis par la censure de l'église, tant et sy

avant qu'il semblera expédient auxdits cardinaulx et legats, ou cas que faulte auroit de ma part ès choses avantdites ou aulcunes d'icelles, renunchant à toutes allégations et exceptions, tant de droit que de fait, que pourrions dire ou allégier au contraire, et en espécial au droit, disant que générale renunciation ne vault, se l'espécial ne procède et tout sans fraulde, baras ou mal-engein. Et afin que ce soit ferme chose et establé à tousjours, nous avons fait mectre notre scel, en nostre ville d'Arras, le vingt-unième jour de septembre, l'an de grâce 1435.

CHAPITRE CLXXXVI.

Des offres que le duc Philippe de Bourgongne fist faire au roy d'Angleterre, de la part du roy de France, pour trouver la paix des deux royaulmes, quy ne furent ni agréables ni receues audit roy d'Angleterre.

En icelluy mois de septembre, l'an dessusdict, le duc, pour le désir qu'il avoit à la paix générale d'entre France et Angleterre, pratiqua envers les ambassadeurs du roy, dessus nommés, ladicte paix et traictié des deulx royaulmes dessusdicts. Et pour parvenir à icelle, furent advisées certaines et grandes offres qui se feroient, de par le roy, au roy d'Angleterre; et, ad ce faire et pratiquier, y furent messeigneurs les cardinaulx de Saincte-Croix et de Cyppre ; et par ung notable clercq de l'ordre des frères prescheurs, rescripvirent messeigneurs les cardinaux, audict roy d'Angleterre ; et le duc y envoya, par moi Thoison-d'Or, les offres grandes et honnourables que le roy faisoit au roy d'Angleterre, lesquelles offres seront cy-apprès déclairées ; c'est assavoir que le roy offroit au roy d'Angleterre, moyennant qu'il renonchast à la succession, tiltre et demande qu'il fesoit à la couronne de France, la duchié de Normandie, tout entièrement, saulf et réservé l'hommaige; la duchié de Guyenne, ce de quoi ils possessoient ; et tout ce qu'ils tenoient en Picardie, d'anchienne conqueste. Et pour lors le roy se vouloit obligier à ce traictié faire ; et pour che que le roy d'Angleterre n'avoit que quatorze ans, et que la coustume d'Angleterre est telle que il faut que ung enfant masle ait vingt et ung ans ains qu'il soit tenu pour eagié ; or, il y a de quatorze jusques à vingt-un ans, sept ans ; cedict temps, le roi d'Angleterre ne seroit point obligié ; mais quand il seroit en eage, et ledit traictié de paix et offres dessusdictes lui plaisoient, et estoit content de ratifier ledict traictié de paix ; et il lui plaisoit, pour plus grande amour et alliance avoir et prendre madame Arragonne, fille aisnée du roy à mariage, le roy lui donneroit ; et ou cas que iceulx traictiés et offres ne voldroit prendre, il pourroit revenir à toutes ses premières demandes et querelles. Et pour ce qu'il sembloit à pluiseurs notables seigneurs

du conseil, que attendu que le roy d'Angleterre avoit esté couronné de nouvel à Paris, roy de France; que de prime face, ne vouldroit point de sitost devenir homme du roy, me fut commandé à moi, Thoison-d'Or, de dire au roy d'Angleterre ou à son conseil, que durant la vie du roy d'Angleterre, il ne seroit point tenu de relever la duchié de Normandie ne aultres tenues du roy; et pourroit estre ordonné, s'il lui plaisoit, que son premier fils ou les fils aisnés de ses successeurs seroient nommés ducs de Normandie; et seroient doresnavant les lettres des fils aisnés des roys d'Angleterre; et durant la vie de leurs pères, roy d'Angleterre, releveroient ladicte duchié du roy; et par ainsi, le roy d'Angleterre ne releveroit pas du roy. Toutes lesquelles offres furent par moi, Thoison-d'Or, portées en Angleterre; lesquelles ne furent point acceptées, et mal prendrent en gré mon allée; et me fut répondu, par le chancellier d'Angleterre, les paroles qui s'ensuivent : « Thoison-d'Or, le roy
» d'Angleterre et de France, mon souverain seigneur,
» a veu les lettres et offres que vous lui avez appor-
» tées, lesquelles lui ont moult despleu, et non sans
» cause; pour lesquelles choses il a assemblé ceux
» de son sang et lignaige, pour y avoir advis, et vous
» en polvez bien retourner de-là la mer. » Et aultre réponse je n'eus; et toutteffois le duc avoit escript lettres closes au roy, et assez gracieuses, par lesquelles il lui signifioit que ce nonobstant qu'il eust fait paix au roy, et que ait pardonné la mort et

intérest de feu monseigneur son père, touteffois il n'entendoit point de avoir guerre à lui ne à ses voisins, mais se vouloit employer de tout son polvoir au bien de la paix générale; et pour icelle avoit obtenu du roy les offres dont dessus est faicte mencion, lesquelles offres lui sembloient dignes d'estre acceptées. Et quant au notabble religieux envoyé par messeigneurs les cardinaulx, ambassadeurs dessusdicts, devers le roy d'Angleterre, fut la réponse toute telle que celle de bouche me fut dict; et aultre response ne firent lesdits Anglois. Les ambassadeurs de France s'en retournèrent moult liement, et leur feit le duc de grands dons, tant en or, argent, vaisselle, comme aultres choses; et pareillement le feit à la pluspart des grands seigneurs qui là estoient ambassadeurs; et ne demoura gaires, après ce que lesdicts ambassadeurs furent arrivés devers le roy en la ville de Chinon, que la royne accoucha d'un beau fils auquel le roy feit donner le nom comme le duc; et furent les premières lettres que le roy escripvit oncques au duc.

CHAPITRE CLXXXVII.

Comment le roy de France jura la paix d'Arras solempnellement, et la fist aussy jurer aux grands seigneurs quy estoient entour luy; et comment le mariage de madame Catherine, deuxième fille du roy, fut traictié avecque le comte de Charrollois.

Ne demoura gaires, apprès que les ambassadeurs du roy furent partis de la ville d'Arras, que le duc envoya son ambassade, c'est assavoir messire Jehan de Croy, le seigneur de Harsy, le seigneur de Crèvecœur, et aultres, lesquels avoient charge de requérir au roy de faire le serment de la paix, et jurer tous les articles de ladicte paix de poinct en poinct, et avecques ce, que le roy fist jurer tous les princes de son sang qui là furent, et aultres grants seigneurs qui là estoient. Le roy recheupt grandement et honnourablement ladicte ambassade, et ordonna jour et heure où ils jurèrent ladicte paix, laquelle chose fist solempnellement; et si le fist jurer à messire Charles d'Anjou, et à tous les aultres grants seigneurs qui entour lui estoient; lesquels, tous jurèrent, excepté le bastard d'Orléans, qui ne le voult jurer, et s'excusa, disant que le duc d'Orléans et le duc d'Angoulesme, son frère, estoient en Angleterre; et que, sans le commandement et les congiés et licences d'eulx, ne vouldroit rien faire de ladicte paix. Sy fust le roy moult joyeulx, et bien le debvoit estre, car ce fust le plus grant bien que lui advinst oncques; et, par icelle, recouvra tout son royaulme, et se trouva au-dessus de ses ennemis, craint et doubté de ses voisins; et, en telle renommée et gloire, régna jusques à la mort; et qu'il soit vray que depuis trois cents ans, n'eust roy en France quy mieulx se gouverna que luy. Et pour revenir à parler desdicts ambassadeurs du duc, le roy leur fist grant chière et honneur, et leur donna de grants dons; et là se traicta le mariage de madame Katerine, seconde fille du roy, et du comte de Charollois, seul fils et héritier du duc, en la forme et manière que cy-après sera dict.

CHAPITRE CLXXXVIII.

La coppie des lettres que le roy escripvit au duc de Bourgongne.

« Très chier et très amé cousin, pour ce que bien savons que très grant plaisir prenez à oyr nouvelles de nous et de nostre estat, vous signifions que grâce à Nostre-Seigneur, nous sommes en très bonne santé et disposition de nostre personne, et que pareillement désirons estre et savoir de vous et de vostre estat, duquel, et de vos nouvelles, nous veueillez souvent rescripre et acertener; car d'en oyr en bien nous sera très grant resjouissement et plaisir; et comme autrefois, vous avons rescript que par vos gens et ambassadeurs retournés devers vous, vous avez peu savoir comment nous avons esté très contents et très parfaitement joyeulx, quant par la révélation de beau-cousin de Bourbon, de Richemmont et de Vendosme, de nostre amé et féal chancellier, de nostre cousin Christofle de Harcourt, et d'aultres, nos gens, qui ont esté à Arras, devers vous, avons esté acertenez plainement du bon et finable appoinctement pris et formé avec vous, touchant la bonne amour, paix et union d'entre nous et vous, qui estoit la chose en ce monde, que tousjours avons plus pourquise et désirée, espérant fermement que tout bien s'en ensieuvra à la gloire et louange de Nostre-Seigneur, et à la bonne prospérité de touttes nos affaires et les vostres, et mesme de toutte la chose publicque de nostre royaulme, et semblablement de touttes vos seignouries. Et ad ce que tout le monde puist mieulx congnoistre et percevoir que de vray intérest avons accepté, voullons et désirons icelle paix inviolablement entretenir, et, en tant que polroit estre possible, augmenter et accroistre la proximité et affinité d'entre nous et vous de nostre propre mouvement, apprès ce qu'il a plu à notre créateur délivrer aujourd'hui nostre très chier, très amée compagne, de ung beau-filz à la santé d'elle et de l'enfant, vous avons, nonobstant vostre absence, esleu et nommé, par affection cordiale, pour estre nostre compère, et pour donner vostre nom à nostredit fislz, et le avons faict tenir de par vous, sur les saincts fonts de baptesme, par nostre cousin de Bourbon, vostre frère, et par beau-frère, Charles d'Anjou; lesquels, en représentant vostre personne, lui ont donné vostre nom; et pour la confiance que nous avons que doyez estre joyeulx de la nativité de nostredict filz, et de ce que, comme dict est, lui avons faict donner et porter vostredict nom, le vous rescripvons et faisons savoir par cestui propre message, que pour ce envoyons devers vous, vous priant, que en ayant considération à votre bonne intention, veuilliez avoir agréable ce que faict en avons, et réputer nostredict filz pour vostre filleul, comme se en propre personne le eussiez levé et tenu sur les saincts fonts; car Dieu scet qu'en toutte bonne amour et intention l'avons ainsi faict, et mesme pour toujours mieulx accroistre et continuer amour entre nous et vous, nostre lignée et la vostre. En oultre, vous prions bien que la personne et bonne délivrance de nostre beau-frère, le roy de Sézille, dont autrefois vous avons bien espécialement escript, vueilliez, pour l'amour de nous, avoir en bonne mémoire et recommandation, et tellement que selon que nostre fiance y est, que briefs s'en doive percevoir de nostre intercession, car tout le plaisir bien et courtoisie que lui ferez, réputons à nous estre faict semblablement. Et vous prions d'avoir la personne, estat et bon droict de nostre cousin, l'évesque de

Tournay, pour singulièrement recommandé, et que soyez content de lui, et qu'il demeure paisible en son éveschié, selon ce que autrefois vous avons requis et rescript, sans lui donner sur ce aulcune vexation, et vous nous ferez très agréable plaisir. Au surplus, de nos nouvelles qui, de par la grâce de Dieu, sont depuis ladicte paix prospérées, et de jour en jour prospèrent de bien en mieulx, que désormais plus encore feront par vostre bon aide et moyen, vous en polrez estre en brief informés pleinement, par vos aultres gens qui encoires sont ici, et qui, dedans briefs jours, doibvent partir pour retourner par-devers vous. Pour che, de cette heure plus avant ne vous rescripvons.

» Donné à Chinon, le quatrième jour de février;
» et ainsi signé,   Charles.
» Et plus bas, *Picquart*. »

CHAPITRE CLXXXIX.

La coppie de la response que le duc de Bourgongne fist aux lettres du roy.

« Mon très redoublé seigneur, je me recommande à vous, tant et si humblement que je puis; et vous plaise sçavoir, mon très redoublé seigneur, que j'ai receu vos gracieuses et bénignes lettres, qu'il vous a pleu moi envoyer; par lesquelles, de vostre humilité, m'avez signifié le bon effect et disposition de vostre personne, et comment par mes gens et ambassadeurs qui ont esté devers vous, j'ai peu savoir que vous avez esté content et parfaictement joyeulx, quant par la relation de beau-frère de Bourbon et Richemont, beau-cousin de Vendosme, et d'aultres, vos gens, qui ont esté devers moi à Arras, avez esté content plainement du bon final appoinctement, prins et fermé avec moi, touchant la bonne paix et union d'entre vous et moi, qui est la chose en ce monde, que tousjours avez pourquise et désirée, afin de inviolablement entretenir, et, en tant qu'il polroit estre possible, augmenter et accroistre la proximité et affinité d'entre vous et moi de vostre propre mouvement. Apprès ce qu'il a pleu à nostre créateur délivrer madame la royne vostre compagne, d'ung beau fils à la santé d'elle et de l'enfant, nonobstant mon absence m'avez esleu et nommé par affection cordiale, pour estre vostre compère, et pour donner mon nom à monseigneur vostre filz, et l'avez faict tenir de par moi sur les saincts fonts de baptesme, par ledict frère de Bourbon, et par beau-cousin, Charles d'Anjou; lesquels, en représentant ma personne, lui ont donné mon nom; et pour la confiance que advez que doye estre joyeulx de la nativité de monseigneur vostre filz, et de ce que lui faictes donner mon nom. Le m'avez escript et faict savoir par cestui propre message, que pour cette cause avez envoyé devers moi, afin que, en ayant considération à vostre bonne intention, veuille avoir agréable ce que faict en avez et réputer vostredict fils pour mon filloel, comme se en personne l'eusse levé et tenu sur lesdicts saincts fonts de baptesme. Si vous plaise savoir, mon très redoubté seigneur, que de votre bon estat et disposition, et aussy de la délivrance de madite dame votre compaigne, j'ay esté et suis, comme raison est, tant parfaitement joyeulx qu'en ce monde plus ne pourroye, priant Nostre-Seigneur Jésus-Christ que par sa miséricorde veuille à vous, à madame et à vostre noble lignée, donner telle et sy bonne prospérité, que par moy-mesme le vouldroye et pourroy mieulx souhaidier. Et puisque votre humilité désire de mon estat estre acertené, il est vray mon très redouté seigneur, que je, ma très chière et très amée compaigne, et mon fils de Charollois, estions en bonne santé de nos personnes, grâces à Dieu le tout-puissant, quy semblable nous veuille tout tamps envoyer; et vous remerchie, mon très redoubté seigneur, tant humblement et cordialement que faire le puis, de la très singulière amour et affection que de votre grand' bonté m'avez montrée, en me avoir en mon absence, de votre mouvement, esleu pour estre parin de mondit seigneur vostre fils et luy donner mon nom; car plus grand honneur ne me pourroit être faict, et certainement je l'ay plus agréable et à greigneur plaisir que dire ne pourroye, parquoy je congnois véritablement que se le cas se polvoit offrir plus grand, que plus volontiers le eusssiez fait et feriez, à la contemplation de ladite paix et union; laquelle, comme Dieu sait, je suis, très parfaitement et sur touttes choses, désirant de l'entretenement par moy et les miens garder et entretenir; car par le moyen d'icelle, le peuple et chose publique de votre royaulme et des pays voisins, sera au bon plaisir de Dieu délivré de la très angoisseuse et pitoyable persécution où long-tamps ils ont esté; à laquelle paix et union, quant à mon honneur l'ay peu bonnement faire, j'ay esté très enclin, disposé et volontaire; et oncques sy grand' joie ne me advint, que quant j'ay peu veyr le tamps qu'elle a esté réformée; dont je loue le hault roy des roys, quy est auteur de vraie paix. Mon très redoubté seigneur, sur ce qu'il vous a pleu moy rescripre touchant beau-cousin le roy de Sézille, j'ay entendu qu'il doit briefment envoyer de ses gens devers moy, lesquels venus et oys, je feray en son faict, pour l'honneur et révérence de vous, ce que bonnement me sera possible de faire; et au regard de messire Jehan de Harcourt, dont vos lettres font mention, je vous en ay par deulx fois fait savoir mon intention et les causes quy ad ce me meuvent; parquoy, mon très redoubté seigneur, je vous supplie très instamment qu'il vous plaise escripre à notre saint-père le pape, qu'il veuille translater ledit messire Jehan aultre part, et avoir mon amé et féal conseiller l'archidiacre, chief de mon conseil en l'absence de mon chancellier, pour singulièrement recommandé, en manière que sa promotion, que je ay désirée, puist briefment sortir son effect, et vous me ferez très parfaicte amour et plaisir, etc. »

CHAPITRE CXC.

La cinquième feste et chapitre de la Thoison-d'Or fut tenue à Brouxelles.

Le cinquième chappitre, feste et solempnité de la devantdite ordre de la Thoison-d'Or, fut tenue à Bruxelles, à la Saint-Andrieu, audit an mil quatre cents trente cinq; à laquelle feste furent en personne avec le duc, souverain dudit ordre, les seigneurs cy-après nommés : premier, le seigneur de Roubaix, messire Hue de Lannoy, le comte de Ligny, le seigneur de Croy, messire Jacques de Brimeu, le comte de Meurs, le seigneur d'Anthoing, le comte de Charollois, messire Rolant d'Utekercque, messire David de Brimeu, le seigneur de Commines, messire Guilbert de Lannoy, le seigneur de Ternant, le seigneur de Créquy, le seigneur de l'Ille-Adam, messire Florimont de Brimeu, messire Bauduin de Lannoy, messire Simon de Lalaing, le seigneur de Crèvecœur, le bastard de Saint-Pol, le comte de Vernembourg. S'ensuivent ceulx quy comparurent par procureurs : les seigneurs de Saint-Georges, messire Antoine de Vergy, le seigneur de Jonvelle, le seigneur de Charny, messire Jehan de Croy, messire Jehan de Vergy, messire Baudot de Noyelle, messire Guy de Pontailler, le seigneur de Neufchastel. Au tamps d'icelle solempnité et chappitre, n'avoit nul des chevaliers d'iceluy ordre allé de vie à trépas. Se commencèrent en chappitre à procéder aulx corrections et requestes, lesquelles durèrent par l'espasse de quatre jours, car il y avoit de grands et pesantes matières et requestes quy pour lors furent bailliés.

CHAPITRE CXCI.

De la proposition que le souverain baillif de Flandres fist par le commandement et en présence du duc de Bourgongne, comte de Flandres, et aux doyens jurés et mestre de bourgeoisie de la ville de Gand; et la réponse faicte sur icelle.

Le lundy huitième jour de mars, l'an dessusdit, en la présence des eschevins des deulx bans ensemble, les deulx doyens et tous les aultres doyens et jurés, et les membres de bourgeoisie, dedans la ville de Gand, fut pronunchié par la bouche du souverain baillif de Flandres, a commandement du duc, ce quy s'ensuit. Quant le duc fut assis en sa chaière, et qu'il donna congié et commandement audit souverain de dire sa parole, il commença et dist : « Vous, seigneurs généralement, nostre

» très redoubté seigneur et prince vous fait dire
» par moy, à vous tous, bon jour, et vous remercie
» de ce qu'il vous trouve en sy nottable nombre.
» Notre très redoubté seigneur et prince naturel,
» que vous véez ichy devant vous en présence,
» est cy venu d'encosté vous, pour une chose quy
» moult luy touche au cœur, et plus que nulle aultre
» qu'il eust oncques à faire, laquelle il m'a com-
» mandé de vous dire, que se vous vueilliez
» mieulx prendre en gré que je ne vous sauroie
» dire, car je ne suis pas aprins à parler espéciale-
» ment et de si hault matière, je vous diray, sous
» la correction de sa révérente princeté, vous sei-
» gneurs généralement, que nostre très redoubté
» seigneur a intention que vous ayez en bonne re-
» tenue et retentive la journée quy a esté à Arras,
» touchant la paix quy fut fermée entre le roy de
» France, nostre souverain seigneur, et luy ; à la-
» quelle paix le avoient meu deulx principales
» causes, la première, très misérable povreté et
» destruction, quy long-temps avoient régné de-
» dans la couronne de France, comme il avoit veu
» par expérience, descendant de son pays de Bour-
» gongne, et venant en son pays de Flandres, que
» les chevaulx quy en sa compaignie venoient,
» mouroient, que les povres gens mangeoient et
» se combattoient pour avoir la char, laquelle
» chose luy estoit grevable à véoir, et l'advisa en
» grand' compassion, avec tant d'aultres diverses
» maleurtés et chetivetés quy régnoient ou royaume

» de France, quy estoient innumérables à dire.
» L'aultre point estoit la remembrance qu'il avoit
» eue du pape Martin de saincte mémoire, plui-
» seurs fois et par divers temps, parquoy il estoit
» sémons, au nom de Dieu, de s'employer à paix
» et d'avoir compassion sur la couronne de France,
» pareillement de notre saint-père le pape Eugennes,
» quy à présent est, et semblablement du saint
» concille, de cardinaulx, d'archevesques et aul-
» tres sainctes gens. Mon très redoubté seigneur,
» meu de pitié, et doubtant le péril de Dieu, s'est
» appliqué à paix et a fait mectre une journée en
» sa ville d'Arras, où il estoit escript au roy d'Angle-
» terre, et à aultres seigneurs et princes de son
» sang qu'ils y envoyassent leurs ambassadeurs;
» car mon très redoubté seigneur se vouloit pener
» de faire une paix générale. A laquelle journée
» fut envoyé le cardinal de Saincte-Croix par nostre
» sainct-père le pape, le cardinal de Cippre de par
» le sainct concille, et aultres évesques et prélats
» en grand nombre. Et avoit mon très redoubté
» seigneur, tant fait que aulx Anglois fut consenti
» l'ung tiers et meilleur tiers de la couronne de
» France, ce qu'ils ne vouldrent point accepter;
» et se excusèrent sur le josne tamps et eage du
» roy d'Angleterre; sur quoy leur fut consenti le
» tamps de sept ans, en la fin duquel sept ans, il
» pourroit estre à son choix de accepter ladite paix
» ou de estre en tel estat que il estoit ad ce jour,
» laquelle chose ne vouldrent accepter; ains se

» partirent les ambassadeurs d'Angleterre de la
» ville d'Arras, sans rien vouloir emprendre aul-
» cune charge ne prendre charge de reporter aul-
» cune chose. Mon très redoublé seigneur ce con-
» sidérant, et par la diligence quy luy fut faicte de
» par lesdits cardinaulx, accepta ladite paix parti-
» culière; et pour soy mectre en son devoir, fit
» aulxdits Anglois avoir trois mois de jour, dedans
» lesquels ils pouvoient estre comportés à ladite
» paix, s'il leur eust plu; et pour ce que mon
» très redoublé seigneur se voult mieulx mectre
» en son debvoir, lesdits cardinaulx ont envoyé
» de par eulx nottables docteurs, pour sommer le
» roy d'Angleterre qu'il voulsist accepter cette
» paix; et semblablement y envoya mon très re-
» doublé seigneur le roy d'armes de la Thoison-
» d'Or. Aulxquels ambassadeurs ne roy d'armes
» ne fut baillée aulcune réponse; mais fut mis ledit
» roy d'armes en une chambre fermée; et luy
» furent dictes pluiseurs rudes parolles; et fut me-
» nacié d'estre noyé; et aussy dirent pluiseurs pa-
» rolles touchant la personne et princeté de mon
» très redouté seigneur, combien que telles per-
» sonnes sont accoustumées d'aller franchement
» en toutes places, et aussy que nostre très redoublé
» seigneur peult sentir qu'ils ont intention de tour-
» ner tout le courroux sur luy et ses pays, comme
» il peut apparoir, et que mondit seigneur est
» plus à plain informé, et que ils ont envoyé de-
» vers l'empereur, l'archevesque de Coulongne,

» l'évesque de Liége, le duc de Gueldres,
» le duc de Mons, le comte de Meurs et le
» comte de Nevers, afin qu'ils volsissent estre
» ennemis à notre très redoubté seigneur et
» prince. Semblablement peut apparoir leur mau-
» vaise intention, car ils ont rescript aulx
» villes de Hollande et Zellande pour les injurer;
» et que à mon très redoubté seigneur ils ne
» feissent assistance nulle, eulx offrant partout
» grands sommes de deniers. Lesquelles lettres, les
» bonnes villes de Hollande, ont envoyé à mon
» très redoubté seigneur, luy priant que sur ce
» il voulsist faire telle réponse qu'il luy plairoit,
» fust à venir à paix ou à guerre. Pareillement
» peut apparoir leur mauvaise volonté; car en An-
» gleterre, depuis la paix d'Arras, ils ont occis
» certain nombre de Flamands et noyés; et aussy
» ont pris sur la mer certain nombre de vaissaulx
» quy avoient charge et avoir de Portingal et des
» Flamands. Au Portingal alors rendirent leur avoir,
» et retinrent l'avoir des Flamands, disant que à
» mon très redoubté seigneur, ils feroient guerre de
» feu et de sang. Aussy s'en sont-ils mis en peine de
» prendre par traison sa ville d'Ardre, dont les mal-
» faicteurs qui le debvoient avoir livré sont ès mains
» de nostre très redoubté seigneur. Et combien que
» mon très redoubté seigneur avoit intencion de
» vivre à paix, et ses pays tenir en bonne justice,
» ce ne luy peult advenir, dont il luy desplait; et,
» puisque il se veult deffendre, luy semble que

» en nulle manière il ne se peult mieux deffendre
» que acquerre son paternel patrimoine et héritaige,
» quy est la ville de Calais, et laquelle est perpé-
» tuelles marge de ses pays de Flandres et d'Ar-
» tois ; pour laquelle ville de Calais, son pays de
» Flandres prend innumérable dommage et perte ;
» et a advisé que son pays de Flandres est fondé sur
» la drapperie, et que la laine d'Angleterre est mise
» si hault, que les marchants ne peuvent prouffiter ;
» et, plus estre, il faut payer ung tiers de buillon,
» et bailler deulx phlorins pour ung noble; par les-
» quelles institucions et ordonnances la monnoye de
» nostre très redoubté seigneur seroit en voie de aller
» néant, et son pays estre sans gaignaige ; et aussy
» trouvoit mon très redoubté seigneur que la laine
» d'Espaigne et d'Escoche se commençoient à régler
» selon l'Englesse, et que l'en acceptoit lesdictes
» laines autant que l'en soulloit (avoit coutume) faire
» les Englesses. Mon très redoubté seigneur advisant
» que son peuple croissoit, et marchandise et gaigna-
» gne diminuoient en son pays, et que bonnement n'y
» pouvoient demourer en estat ; et aussy considérant
» la mauvaise intencion des Anglois, voulloit faire,
» comme bon droicturier seigneur et prince, et
» comme bon pasteur, et voulloit oster le loup hors
» des brebis ; et estoient son intencion et vollenté,
» par la grace de Nostre-Seigneur, et à l'ayde des
» bonnes gens de la ville de Gand, d'avoir et recon-
» querre son héritage, et de pour che mouvoir sa

» son sang, et tous ses bons aultres subjects; et leur
» faisoit prier, surtout le service que jamais luy pour-
» roient faire, et sur la foy et serment qu'ils leur
» doibvent, que en che il luy voulsissent faire assis-
» tance, en quoy ils luy feroient le plus grant plaisir
» et agréable service que oncque luy feirent; et que
» en che ils voulsissent ensuyr les traces de leurs
» devanciers, quy, par pluiseurs et diverses fois,
» avoient faict aux seigneurs et princes, ses devan-
» ciers, de bonne mémoire, comme au Pont-à-
» Choisy, en Brabant, à Hem, en Vermandois, et ail-
» leurs; que en che ils voulsissent adviser comment
» c'estoit près d'iceulx ses pays, et que soulloit estre
» Flandres anciennement, et le grant dommage de
» son pays de Flandres et tous les aultres pays en
» prendroient, et aussy que en che voulsissent pen-
» ser à l'amour de nostre très redoubté seigneur et
» prince, quy, par sa puissance et bien conquis,
» oultre plus de deulx cents lieues, et jusques à
» Lyon, sur le Rosne, grant nombre de villes et
» fermetés; et s'il estoit ainsy, que ils cessent ces-
» tuy, que che seroit grandement à son déshonneur
» et d'iceulx ses pays; et grandement à son honneur
» et à l'honneur d'eulx ; se il le conquéroit, et
» qu'il en seroit mémoire aussy longuement que le
» monde dureroit, et che on mecteroit en chroni-
» ques grandement à leur honneur. Et pour che que
» personne de prince; et, avecque che, de pour
» ceste cause, travailler les princes et seigneurs de

» aulcuns pourroient dire que il se lesseroit conten-
» ter d'argent, il n'est pas ainssy; car il aime
» mieulx vostre service que che que luy donnissiez
» ung million d'or. Sur laquelle requeste mon très
» redoubté seigneur requierre avoir response de
» vous quy soit bonne, et à demain. »

Lors parla mon très redoubté seigneur de sa
bouche ces mots : «Mes bonnes gens, che que vous
» a dict est tout vray, et vous prie que m'ay-
» diez à conquerre mon héritage, et vous me
» ferez le plus grant plaisir et service que jamais
» me pourriez faire, et le recongnoistrai toutte
» ma vie. »

Lendemain mattin, neuvième jour dudict mois
de mars, vint le duc, à heure de douze heures,
sur la loge des Foulons, où sa réponse luy fut
donnée par la bouche de maistre Bours de la Helle,
pensionnaire de la ville, en telle manière qu'il
s'ensieult :

« Très chier seigneur et prince naturel, les
» trois membres de cette ville de Gand ont esté
» assemblés, chascun à sa place, où ils ont ac-
» coustumé d'assembler; et sur che que, à la
» requeste quy hier leur fut faicte par monsei-
» gneur, nostre souverain baillif de Flandres,
» de par l'humilité de vostre princeté, sur che
» ferme sont d'ung accord de rendre à vostre per-
» sonne de princeté ceste response que, par l'ayde
» de Dieu et de vos aultres subjects et bien veuil-
» lants, ils vous ayderont à conquerre vostre héri-

» tage et patrimoine; et ad che vous présentent
» corps et avoir, priant à l'humilité de vostre
» princeté que ceste response vous soit agréable,
» et que vous le veuillez avoir en vostre recom-
» mandacion et princeté. — Amen. »

Fin des Mémoires
de Jean Lefebvre, seigneur de Saint-Remy.

APPENDICE.

Malgré la défense faite par Henri V, non-seulement de chanter, mais même de composer des vers en l'honneur de son triomphe d'Azincourt, il existe cependant, dans les bibliothèques d'Angleterre, plusieurs poèmes anglais du temps sur ce sujet. Th. Hearne, dans son édition de la vie de Henri V, par Th. Elmham, rapporte en Appendice le morceau suivant, tiré des manuscrits de la bibliothèque du Musée Britannique (*Vitellius. D. XII, II*, fol. 214).

APPENDICE.

The siege of Harflet et batayl of Agencourt, by K. Henry V.

Oure king at Westmester he laye,
And his bretheryne everich one,
And many other lordes, that ys no naye.
The kyng to them come a none,
« Serys, he sayde, be swete Sen John,
» To Frawnce I thynke to take the waye,
» To wreke me there upon my fone,
» And get my lond, if it I maye.
» Of good conseylle y wole youe praye,
» What ys youre will, that y schall do ? »
The dewke of Clarance then gan say :
» My lorde, it ys my will yt be so. »
And other lordes answeryd therto
And sayd : « We holde hit for the beste,
« Wit yove we bethe redy for to go,
» Wyle the brethe will we lest ».
« — Gramercy, lordynges », sayd oure kyng,
« I schall yowe quyte, zif y maye.
» Y warne yowe, he sayd bothe old and zong.
» Wake yowe redy wt oute delay,
» Atte Southe Hamtone to take yowre daye.
» At sent Peterys tyd, at Lamas,
» Be the grace of God, that ys no naye,
» Over the salte see y thynke to passe ».
The kyng let orden than full rathe,
Hertely and wt good chere,
His grette gonnes and engynes bothe,
And schyppyd hem at Loudon all y fere,
Wit all hys lordys sothe to say.
The Mayere was redy, and met him there,

« With thecrafteys of London in good aray.
« Hayll, comlye king, the Mayer gan say,
» The grace of God now be wt the,
» And spede yone zow well in youre jornaye
» Almythy God in trenyte,
» And grawnt zow eber more degre,
» To fel yowre enemyes nyzt and day,
» Amen, ». Seyd all the comente :
« Gramercy, serys, » oure kyng gan say,
To sent Poulys than he holde the way,
And offeryd ther full wordely.
And so then to the quene, that nys no nay,
He toke hys leve full reverentlye.
Thorow outt london than gan he ryde,
To sent Gorge's he com in hy.
And there he offred that ywe tyde,
And many other lordys that were him by.
To Southe-Hamton he went unto that strond,
For sothe he wolde no lenger dwelle.
1500 schyppys there he fond,
Wt stremeres and top castels.
Lordes of thys lond oure kyng gan sell
For a mylyon of goode, as I here say.
There fore here travall was quyte ful well.
They wold have made a quent affray.
The Erle of Marche, the sothe to say,
That ys grasyos in all degre,
He warnyd the kyng, that ys no naye,
Ho he was solde certenly.
« Syr, he sayde, there ys schoche a mane,
» Thys day thynke youe to betray. »
« — Gramercy, cossen », sayd oure kyng so fre,
« My nowne trwe knyght be God veray. »
They that had him sold, they song, welaway!
Here lyves they lost full sone a none.

Oure kyng zyd wt ryall aray
And saylde fayre one the salt see.
To saynes mowte tell that he come,
And Londyd at Redecans, the sothe to saye,
On our lady daye eve the Sompcyon.
In Normandie his banerys he gan display,
And to Harflete he toke the way.
He mosterde fayre be fore the toune,
And other lordes, that nys no nay,
Wt banerys bryzt and penoun.
And there they pyzt here tentysse adowne,
That weryn on browys wt armys gaye.
Fyrst the kyng's tente wt the crowne,
And other lordys wt Good aray.
« My brother Clarance, oure kyng gan say,
» The toder syde of the toune ze shall kepe
» Wyzt my dowzter, and wt her maydynys gay,
» To wake the French men of her slepe. »
« — London, he sayde, schall wt hym mete,
» My gonnes schall play wt Harflete
» A game at the tenys, as y wene.
» Myne engynes, that be of tre so clene,
» They schall be set by sayde thys hylle
» Over all Harflet that they may see,
» To marke the chase, whan they play well.
» S we to game, sayd good grace,
« My children bene redy everich one ».
Every gret gonne that there was,
In her mowthe they had a stone.
The captayne of Harflete sone anone
To oure kyng sent he anone,
To wete, wt was hys will to done,
That was come thedyr wt suche a mayne.
« Delyver me thys toune, oure kyng gan saye. »
» — Nay, syr », he sayd. « Be Sent Denyce,

APPENDICE.

» I schall hit get, zef that y my,
» Be the grace of God as my tenyce.
» My pleyeres that y have heder y brouzt,
» Balles beth of stones ronde,
» By the helpe of hym that me dere bouzt,
» They schall bet zowre walles oute the grond.»
The Frenche men cryde : « a mound, a mound!
» Thys towne; they sayde, be howyzt we to kepe ».
The kyng sayd : « he wold not fre the gronde,
» Or he had getyn now Harflet ».
Tryal manye oure kyng ded make,
And thorow the dyke they gan pas.
The Frenche men spyd ther wallys gan schake,
And conter menyd a zeyne in that place.
To gyderes there yn they gan race.
Hyt ys gret frad, to se ham fyzt.
Presoneres oure men there they dyde take
And out of the mynde they had ham dyzt.
The Frenche men than flew at a styzt,
To se oure men so strong and stout.
They fered the mayney w^t mayn and myzt,
W^t smolder and stynche they drowe ham out.
Lestenyzt lordys all a bowzt,
Of pamplys schall ze here.
The ballys of hym lordyly gan rouzt,
Among the houses of Harflete they were.
Than sayd Good grace : « than
» Have y do felowys, go we to game ».
Among the howses the balles ren,
And mad many a frenchemen lame
« Go be fore than sayd Londn, in fame. »
Hys ball foull fayre he gan throwe
A gayne the stepyl of stone roue.
The bellys they roung up a rawe.
« So his myne, sayde messyngere,

» I woll hit wyn zif that y may ».
The wall, that was y made fule seure,
He brake hyt doune, the sothe to say.
The kynge's douzter sayd : « Harke how they play.
» Helpe my maydonys at this tyde
» Alas, that nys no naye ».
The wallys they bete doune on every syde.
The Englys men sayd : « To long we a byde.
» Let us go in on asente ».
Where so ever the balles gan glyde,
The houses of Harflete they gan all to rent.
An Englysse man the bolwerke brent.
Women cryde, alas! that they were bore.
The Frenche men sayd : « Now be we schent.
» For us now thys toune ys y lore,
» Hyt is best, that we there fore;
» That we sche the kyng of grace,
» That he will assaye us no more,
» For to distroye ws in thys place.
» But the Dolfyn rescu us in thys cace,
» Thys toune to hym delyver will we ».
A messyngere they lete make,
And to the kyng the com in hye.
Lord Gaucort certen lye,
For he was captayne in that placee,
And the lord yike com hey,
And other allso bothe more and lasse.
To fore the kyng whan was com,
I wote they set hym on herckne.
« Hayle! comly prynce, sayde yt may umbras,
» The grace of god now hit ys wt the.
» For trewys we wol seke the,
» For that it be sonday at none,
» A but we rescevyd may be,
» We schall to zow delyver thys toune ».

The kyng than seyd to hym full sone :
» I graunt zow grace all at thys tyde.
» On of zow go forthe anon
» The remenant w^t me schall abyde,
» On to zow for the ryde ».
He wend the Dolfyn to have foond ther ryzt.
He was gone, he dorst not byde.
Of help the capteyn he souzt that tyde :
« Harflete for us is loste for ay.
» The walles bene bete on every syde,
» We may it no lengre kepe, by God wer ay.
» Of Gode concell y woll youe praye.
» What is youre will, y^t I schall done?
» We moste zywe hym batayll be sonday,
» Or els to hym delyver the towne. »
The lordes of Rone togeder gan rowne,
And bade the towne he schuld up zelde.
« The kyng England, ferce as lyon,
» We wol not met hym in the felde ».
The capteyn went a zeyn, w^t out lettyng,
Beffore oure kyng on knes gan fall.
« Hayle », he sayde, « comly kyng,
» Most wordy prynce in the worled ryall.
» Ser, y have y brozt zowe the kyeis all
» Of Harflete, that fayre cety.
» Al ys zowre oune, towe, toryn and hall,
» At zowre will, lord, for to be. »
» — I thankyd be God, than sayd oure kyng.
» And Mary moder, that ys so fre.
» Myn ounkyl Dorset, w^t out lettyng,
» Capteyne of Harflete he schall be.
» And all that ys in that cete.
» W^t zow stell hyt schall a byde,
» To a mend the town in all the gre.
» Then y now schall w^t yowe rede,

APPENDICE. 555

" To se the towne there over all.
" Wyffe ne chyld let none abyde,
" But hawe hem out, bothe gret and small,
" And let stoffe the towne on every syde
" Wt Englys men, there yu to be ».
They left no Frenche blode wt in the wall,
But hym fore all the comynalte
With C. men and schyldren a man myzt see,
Whan they went out. For they gan wepe
The g ete gonnys and engynestrewlyche
They were brouzt into Harflete.
Oure kyng in to the towne zede,
And rest hym there as hys wylle wasse.
" Syrs, he sayd, so God me spede,
" To Calys ward y thynke to passe. »

Here endet the segge of Harflet, and begynnithe bataylle of Agynk Corte.

Whan Harflet was gette, that ryall towne.
Thorowzt the grace of God omnypotent,
Oure kyng he mad hym redy bound.
And to Caleys ward full fayre went.
" My brother Gloucetor werament
" Ze schall ryde all by me syde,
" My cosyn Yorke ze take entent,
" For sothe ye schall also thys tyde.
" Me cosyn Honting-Tone seall wt me ryde;
" The Erle of Suffolke, that ys so fre,
" The Erle of Oxinford schall not abyde,
" He schall com forthe wt hys many,
· The zong Erle of Devenschere certaynly,
" The lord of Clyfort that newer wolde fayle.
" The lord Canuse that ys douzte,
" And also ser John Cornewall,
" Syr Gylbert Umfervile was in a wayle.

APPENDICE.

» The lord Whylby, so God me spede,
» Syr Thomas Harpynghame wol not faylle,
» Ne ser Willyam Bouecer, whan we have nede ».
Toward Calys ful fayre they zede,
In to the contre of Pecardy,
And out of Normandy than they zede,
Now Cryst save all this company.
Oure kyng rode forthe, blessyd he be,
Ne spared nother dale ne downe,
Be townes gret and castelles hy,
Tyll he come to the watyr of Some.
The Frenche men the breggys had throwe downe,
There over the water he myzt not passe.
Oure kyng he made ham redy bound,
And to the water of Tyevy he com in haste.
Oure kyng forthe w^t good spede
Into the contre of Cornewayle,
To Agyngcort now as we rede,
There as oure kyng and hys bateyle,
Be the watyr of Swerdes w^t out fayle
The Frensche men oure kyng they gan aspye,
And they thowzt hym assayle
All in the felde certanly.
The lord Ha / y untrewe knyzt
Un tel oure kyng he come in hye
And sayd, « syre, zeld zow w^t oute fyzt,
» And save zowre-self and zowre meyny »
And oure kyng bade hym go hys way in hy,
And byde no longer in hir syzt.
Be the help of God now ful of myzt
The Frensche men hade oure kyng a bount taste,
W^t Bateylys houge on every syde.
The duke of Orleance sayd : «I ham Cryste
» The kyng of England w^t us sall abyde.
» Who zaffe hym lewe thys ways to ryde.'

APPENDICE.

» There fore, he sayd, I schall be hynggyde
» Or than he com at Cales ».
The dewke of Brabayne answarde than
And sayd : « Be God in trenyte
» They ben so few of Englys in men,
» Thave no daynte hem to se. »
» — Alas! » he sayde, « what nedys us to fle.
» So many of us for to come here,
» For of ham shall have not on presoner ».
The dewke of Burben answerd : « Be Sent Denys,
Andothere lordys many one,
» We schall go play hem at dyes
» Thys lordys of England. » Everychone
The gentel men, they sayd : « Be swyte Sente Johne,
» Thar archoris they sold full feyere plente,
» That sex all of the beste bowemen
» All for a blanke of owre money. »
The duke of Lamson sayd wt astrene chere
» And wou to God shall i make,
» To take the kynk of Englond to me presonere,
» Or ellys be slayne for hys sake.
» His bauer, he sayd, y schall downe schake
» In feld thys day, zyf I may stond.
» Thys other menay y shall gar quake,
» And stryke of every archer is ryzt hond. »
And than answeryd the dewke of Bare
Wt wordys that were mocche of pryd.
« Be God, he sayd, I woll not spare
» Over zondir Englysshe men for to ryde.
» And that they wyll us abyde.
» We schall over throw all y fere.
» Gowe and se hem at thys tyde,
» And com home agayne tyll our devere. »
Our gracyus kyng, that is so gode,
He batayled ham ryally.

Stakyhel ette hewe doune in a woode,
And pyzt be fore oure archeres so fre.
The Frenche men oure ordenance gan aspye,
They that were busked to ryde,
They leyzt a downe w^t sorwe in heye,
And upone here fete theye gan abyde.
The duke of Yorke than full sone
Before oure kyng he fell on kne :
« My leche lorde, grawnte me a bone,
» The nawere thys day y^t ye graunt me ;
» Before youe in thys felde
» Be my banere sclayne wylle I bee,
» Rathere than to move my bake or yelde. »
« — Gramarcy, cossyn », sayd oure kyng,
» Thynke on ryzt of merye Englond. »
And than he gave hame all hys blessyng,
And bad the duke schulde up stonde.
» Criste », he sayd, « that schepe bothe see and sond,
» And arte a kyng of myzt,
» Thys daye holde on us thy holy hond
» And sped me welle in all ryzt.
» Helpe, Sent Jorge, Oure Lady knyzt,
» Sent Edward, that ys so fre,
» Oure Lady, Godys moder, bryzt,
» And Sent Thomas of Caunterbery,
» And bad all men blythely to be ».
And sayd : « Felowys, we schall wele sped
» Every man in hys degre,
» I schall quyte full well zoure mede ».
Our kyng sayd : » Felowys, what tyme of day ? »
« — Syre, they sayd, it is ny pryme. »
» — So we to thys ilke jornaye,
» Be the grace of God hit is good time.
» For all the Sayntes that lyve in schryne.
» To God fore us they bene preying.

APPENDICE.

» The relagius of Englond all by on thyng,
» *Ora pro nobys* for us they syng. »
Oure kyng cnelyd doune all in that strownde,
And all the Englys men in eche asyde,
And thryys there they kyssed the gronde,
And on ther fete gan they stond up ryzte.
« Cryst, said oure kyng, as I am thy knyzt,
» And let never yt good reme for me have hyndryng,
» Only ne thys daye wylle I never be take,
» Avaunt baner wt out lettyng
» Sant Joyrg before eny of myne,
» The banere of the trenyte, yt is heven kyng,
» And Seute Edward is baner at thys tyd.
» Our lady », he sayd, « yt is heven que
» Myn oune baner wt her schall abyde ».
The Frenche men all be dene
Sent Jorge be fore oure kyng they dyd se,
They trompyd up full meryly.
The grete batell togederes zed.
Oure archorys they schot full hartely,
They made the Frenche men faste to blede;
Her arowys they wente wt full good spede.
Oure enemyes wt them they gaue downe twrowe
Thorow breste plats, habourgenys and basnets,
XI M. Was slayne on a rewe.
Denters of dethe men myzt well deme,
So fercelly in fellde theye gan fythe.
The heve up on here helmys schene
Wt axeys and swerdys bryzt.
When oure arowys were at a flyzt,
Amon the Frenche men was a well sory schere.
There was to bryng of gold bokylyd so bryzt,
That a man myzt hold a strong armoure.
Oure gracyus kyng men myzt knowe
That day fozt wt hys owene hond,

APPENDICE.

The Erlys was dys comwytid up on a rowe,
That the had slayne understond.
Ne there schevyd oure other lordys of thy lond,
For sothe that was a full fayre daye.
There fore all Englond maye this syng;
Laws deo, we may well saye.
The duke of Gloucetor, y^t nys no nay,
That day full wordely he wrozt,
On ewry syde he made goode waye.
The Frenche men faste to grond they browzt.
The Erle of Hontyngton sparyd nozt,
The Erle of Oxynforthe layd on all soo.
The young Erle of Devynschyre he ne rouzt.
The Frenche men faste to grunde gan goo.
Our Englis men they were foull seker do,
And ferce to fyzt as eny lyone.
Basnetys bryzt they crasyd a to,
And bet the Frenche banerys a doune.
As thonder strokys there was a scownde,
Of axys and sperys ther they gan glyd.
The lordys of Franyse leste her renowne
W^t greysoly wondys they gan abyde.
The Frensche men, for all here pryde,
Thay fell downe all at a flyzt.
" Je me rende, " they cryde on every syde. "
Our englys men they undertod nozt a ryzt.
Ther poll axis owt of her hondys they twizt,
And layde ham a long stryte up on the grasse;
They sparyd nother deuke, erlle ne knyzt;
There fore, say we, *Deo gracyas.*
And whan that batayll scomfyt was
On the friday at after none,
Oure kyng to hys longyng hys waye he toke,
There as he lay the nyzt beforene,
Tyll hit was satyrday be the morne.

Throw ouzt the fellde he rode a gayne.
Now schall ye here of the lordys y^t were forlorne.
The Erlle of Mereke that there was slayne,
The Erlle of Rossey, the sothe to saye,
And also the Erle of Barbun.
The Erlle of Drewis went never awaye,
The Erle of Danmartyne dyid that daye.
The Erle of Saynys w^t all his gent,
The Erle of Grawnte y^t w^t owte delaye
And also the Arsbeschop of Sons.
The lord Raufermont was nozt absent,
The lord Daufy, so God me spede.
The lord Phylyp Daufay of Amyance,
And the lord Amerey to ground is zellde.
The lord Robart ffret all in that tyde,
The lord Waren was slayne in that bataylle,
The lord Gremeron in that retaylle.
The lord Valen hewyd that was so stowte,
The lord Mantance leyd downe the seile,
And the lord Gonsay for all hys rouzt ;
The lord Gonderet Gantlonyd lont,
Telord Donggardyn that was so gaye,
The lord Wremzys that was so stoute.
The lord Mont-Goyle, the sothe to say,
The lord Quenys, as I yow tell,
W^t the lorde Dampothe was slayn that day,
And the lord Gengeret of Dalfoure.
The deuke of Orlyawns, y^t was full woo,
That day he was take presonere.
The deuke of Braband slayne was there,
The duke of Barefaste hym ly,
The duke of Lamson went nevcr ffere,
Ne te Errle of Nevres scertaynlye.
Sere Bursygand be gan yellde,

And thus owre kyng conquered the ffelde,
Thorow the grace of God omnypotent,
Ne toke hys presoners young and ollde,
And to Kales ffull fayre he wente.

Here endythe the batayll of Agyng Corte.

TABLE

DES MATIÈRES

CONTENUES DANS CETTE DERNIÈRE PARTIE DES MÉMOIRES DU Sr DE SAINT-REMY.

                                                                Page

CHAP. LXI. Comment les Franchois ordonnèrent leurs batailles pour combattre le roy d'Angleterre....... 1

CHAP. LXII. De l'entreprinse que dix-huit gentilshommes Franchois feirent contre la personne du roy d'Angleterre; et du parlement qui fut tenu entre les deux batailles; de la bataille d'Azincourt, où l'armée des Franchois fut de tous points défaite par le roy Henry d'Angleterre...................... 5

CHAP. LXIII. Comment le roy d'Angleterre, après la bataille d'Azincourt, tint son chemin vers Guisnes et de là à Calais et à Londres, avec ses prisonniers, entre lesquels estoit le duc d'Orléans, quy fut trouvé entre les morts; et comment il fut reçu en son royaume d'Angleterre................. 15

CHAP. LXIV. Les noms des princes, grans maîtres, seigneurs et chevaliers Franchois qui moururent à la bataille d'Azincourt....................... 21

CHAP. LXV. Les noms des prisonniers Franchois qui furent prins à ladicte journée d'Azincourt....... 25

CHAP. LXVI. Comment le roi de France fut adverti de la bataille que les princes de son sang avoient perdue; comme aussi fut le duc de Bourgogne qui, à grand' puissance d'armes, tira vers Paris, où il ne peult entrer; et du départ du duc de Guyenne; et comment le comte d'Erminacq fut faict connestable.. 26

Chap. LXVII. Du retour du duc de Bourgogne en son pays de Flandres, et comment il alla visiter ses deux neveux, Jehan et Philippe, fils de son frère Anthoine, duc de Brabant, qui mourut en la bataille d'Azincourt; et des gens de guerre quy gastoient le pays de Santers, quy furent rués jus par le commandemant du roi de France.................. 32

Chap. LXVIII. Comment la sentence de condamnation, par cy-devant faicte par l'évesque de Paris, allencontre de feu maistre Jehan Petit, fut déclairée de nulle valeur au conseil de Constance............ 34

Chap. LXIX. Comment l'empereur Sigismond arriva à Paris, où honorablement fut reçu du roy, et de là passa en Angleterre, où aussi fut honorablement reçu et festoyé du roy d'Angleterre; de son retour en France sans avoir rien besongné touchant la paix des deux roys; et du trespas du duc Jehan de Berry, oncle du roy de France...................... 35

Chap. LXX. De l'armée de mer que le roi de France mit sus, laquelle fut défaite par l'armée des Anglois, dont le duc de Clarence estoit chief........ 39

Chap. LXXI. Comment l'empereur Sigismond se trouva derechief à Calais, vers le roy d'Angleterre, comme aussi feit le duc de Bourgogne; et de la rencontre que les Anglois de Harfleur eurent aux Franchois. 41

Chap. LXXII. Du monopole que les Parisiens feirent, quy fut descouvert d'une femme; et comment ceux quy furent coupables furent exécutés; et comment le dauphin de Viennois espousa la fille au comte de Hainaut; et des trespas desdits dauphin et comte de Hainaut.. 45

DES MATIÈRES.

Page

Chap. LXXIII. Comment Jehan de Bavière, esleu de Liége, bailla empeschement à dame Jacqueline de Bavière, en la comté de Hollande; et comment il se maria à la duchesse de Luxembourg, laquelle estoit vefve de feu Anthoine, duc de Brabant.......... 49

Chap. LXXIV. Comment le duc de Bourgogne escripvit lettres à plusieurs villes du royaulme, pour remettre le roy en liberté et pour le bien public du royaume; et comment la royne fut envoyée par le roy à Tours, en Touraine, avec trois gouverneurs, qui la tenoient bien court............................. 50

Chap. LXXV. Comment aucuns rebelles de Rouen occirent leur baillif, son lieutenant et autres; et comment le dauphin y alla à main armée, et feit punir les rebelles; de la mort du roy Loys de Cécille, et quels enfants il délaissa; et des pilleries et mauvais gouvernement qui estoit au royaulme de France...... 53

Chap. LXXVI. Le trespas du roy Loys de Cécille..... 56

Chap. LXXVII. Comment le duc de Bourgogne envoya ses ambassadeurs aux villes d'Amiens, de Dourlans, Abbeville, Saint-Riquier et Montreuil; et de la promesse que lesdites villes luy feirent............. 59

Chap. LXXVIII. Comment le duc de Bourgongne, avec une grande armée, s'en alla à Corbie et à Amiens, où le seigneur de Chauny vint vers lui de par le roy; de ses instructions, et la réponse du duc de Bourgongne, et comment ledit seigneur de Chauny fut constitué prisonnier en la bastille à son retour........ 60

Chap. LXXIX. Comment le duc de Bourgongne, en tirant à Paris, entra en plusieurs villes du royaulme, qui se rendirent à luy; comment il alla loger sur le Mont-Rouge, et envoya son héraut avec lettres, pour présenter au roy et au dauphin; de la response du dauphin auxdites lettres; comment Mont-le Héry, Estampes, Chartres et plusieurs autres villes se meirent en son obéissance.................................. 70

Chap. lxxx. Comment le duc de Bourgogne escripvit derechief lettres à plusieurs bonnes villes, et envoya une cédule quy contenoit la substance de la proposition que ceulx du concille luy avoient faict faire par un docteur; comment il s'en alla devers Tours, au mandement de la royne, laquelle il ramena à Chartres.. 75

Chap. lxxxi. Comment la royne envoya lettres aux bonnes villes de France estant en l'obéissance du duc de Bourgongne; comment le duc de Bourgogne fut derechief frustré de l'entrée de Paris; et comment la royne et luy se tinrent la plus grant part de l'hiver à Troyes.. 80

Chap. lxxxii. Comment Jehan de Bavière print la ville de Gorcum sur la comtesse de Hollande; comment ses gens furent déconfits; comment le roy d'Angleterre conquestoit villes et chasteaux en Normandie, et le duc de Glocestre, son frère...................... 82

Chap. lxxxiii. Comment le roi feit assiéger Senlis; comment les Franchois en partirent; du secours que le comte de Charollois leur envoya en l'absence du duc de Bourgogne, son père; et comment ambassades furent envoyées d'un costé et d'autre, pour union du royaume... 84

Chap. lxxxiv. Comment deux cardinaux furent envoyés en France, pour la paix qui feut conclue, et empeschée du parfait, par le comte d'Erminacq et plusieurs aultres.. 88

Chap. lxxxv. Comment le seigneur de l'Isle-Adam, à l'aide de aucuns Parisiens, entra avec ses gens tenants la partie du duc de Bourgogne, dedans Paris; des désordres et occisions y perpétrés; comment la bastille feut rendue, et le seigneur de Chauny, qui estoit prisonnier, commis à la garde d'icelle...... 90

Chap. lxxxvi. Comment les Parisiens, gens de petit estat, au nombre de quarante mille hommes, allèrent en diverses prisons, et tuèrent bien trois mille hommes, entre lesquels fut occis le comte d'Erminacq, connestable de France, pluiseurs évesques et seigneurs; comment la royne et le duc de Bourgogne entrèrent dedans Paris; de pluiseurs autres choses advenues; et comment la ville de Compiengne feut prinse des Dauphinois.................. 94

Chap. lxxxvii. Comment Jéhan, duc de Brabant, espousa dame Jacques de Bavière, comtesse de Hainault, de Hollande et de Zellande, sa cousine-germaine............................... 99

Chap. lxxxviii. Comment les vicaires de l'évesque de Paris révoquèrent en plein sermon la condamnation qui autrefois avoit esté faicte contre maistre Jehan Petit, en réparant l'honneur du duc de Bourgongne; comment Lagny-sur-Marne fut prinse et reprinse; et de la grand' peste qui régna dans Paris........ 100

Chap. lxxxix. Comment les Parisiens occirent derechief pluiseurs prisonniers; et comment le dauphin reprint la ville de Tours...................... 101

Chap. xc. Comment le roi d'Angleterre descendit avec son armée en Normandie, accompagné de deulx de ses frères et aultres gros seigneurs d'Angleterre; comment plusieurs villes et forteresses se rendirent à luy; comment la ville de Caen fut prinse par assault; et comment le duc de Glocestre asségia la ville et chasteau de Cherbourg...................... 104

Chap. xci. Comment le roi d'Angleterre asségia la ville de Rouen, et comment il fortifia son siége; de plusieurs choses quy y advinrent pendant ledit siége;

des ambassades des deulx rois, qui ne se peulrent accorder, et partirent sans traictier la paix........ 107

Chap. xcii. Comment ceulx de Rouen envoyèrent devers le roy et le duc de Bourgongne, pour avoir secours et leur remontrer la nécessité et misère et poureté qu'ils souffroient par famine et peste; d'une embusche que les Franchois feirent sur les Anglois, qui ne leur porta que dommaiges................ 116

Chap. xciii. Du traictié que le roy d'Angleterre et ceux de Rouen feirent, moyennant lequel ils rendirent la ville audit roy, quy avoit esté en l'obéissance des Franchois deulx cent et quinze ans.............. 120

Chap. xciv. Comment l'ambassade du roi d'Angleterre, en allant vers le roy de France, fut assaillie par les Daulphinois, qui furent déconfits par les Anglois; et du parc qui fut faict vers Meullant, où convinrent ensemble le roi d'Angleterre et ses deux frères, la reine de France, dame Catherine sa fille, le duc de Bourgongne et leurs consaulx, et retournèrent sans besongner........................ 125

Chap. xcv. Comment le duc de Bourgogne se trouva vers monseigneur le daulphin, où la paix fut entre eulx jurée solennellement, entre les mains du légat envoyé par le sainct-père; et comment le roi d'Angleterre feit escheler la ville de Ponthoise, où les Anglois trouvèrent et gagnèrent grant finance........ 129

Chap. xcvi. Comment la ville de Gisors se rendist aux Anglois, comme aussi feit le Chasteau-Gaillard, après avoir soutenu et enduré le siége par l'espace de seize mois, et par faute de cordes pour tirer eau... 135

Chap. xcvii. Comment le duc Jehan de Bourgongne fut occis à Montereau où faut Yonne, par le commandement et en la présence du daulphin, seul fils du roy de France; des mandements que le roi feit publier à icelle cause dedans son royaume; et comment le daulphin assembloit de tous costés gens d'armes.................................. 136

Chap. xcviii. Comment la mort du duc Jehan de Bourgongne fut annoncée à son fils unique, Philippe, comte de Charrolois, qui en feut moult déplaisant, et tout le pays du roy de France; de l'alliance qu'il feit, par conseil et licence dudit roy, avec le roy d'Angleterre; et du traictié faict à Troyes entre les deux roys, par lequel le roy de France donna sa fille à femme au roy d'Angleterre, et le feit héritier du royaume.................................... 147

Chap. xcix. Comment le daulphin se fortifia contre ses ennemis, et comment le comte de Conversant, messire Jehan de Luxembourg son frère, et autres, asségièrent la forteresse de Alibaudière, qui leur fut rendue; et de pluiseurs places au pays de l'Auxerrois, qui se rendirent au roy........................ 152

Chap. c. Comment le roi Henri d'Angleterre espousa madame Katerine de France, en la ville de Troyes, en Champaigne.............................. 155

Chap. ci. Le traictié fait entre les roys de France et d'Angleterre................................... 157

Chap. cii. Comment les roys de France et d'Angleterre asségièrent Sens, en Bourgongne, qui leur fut rendue, et la ville de Montereau où faut Yonne, prinse d'assault, et le chasteau rendu par composition; comment le corps de feu le duc Jehan fut porté et enterré aux Chartreux, à Dijon, en Bourgongne; et comment le daulphin print la ville de Saint-Esprit, sur le Rhône, et plusieurs autres forteresses, en Languedoc......................... 161

Chap. ciii. De la croisie contre les Bohémois et Pragois, laquelle ne profita gaires ou rien............ 166

CHAP. CIV. Du siége de Melun, qui fut environnée de tous costés ; comment le roy d'Angleterre y amena la royne sa femme; et comment, par traictié, elle fut rendue, et de pluiseurs incidents ; et comment les roys et roynes entrèrent à Paris, et à grant joie furent reçus............................. 168

CHAP. CV. Comment le duc de Bourgongne feit faire sa complainte au roy séant en justice, pour la mort du duc Jehan, son père, et demanda réparation; de la response du roy; et comment René d'Anjou, frère du roy de Cécille, épousa la fille héritière du duc de Lorraine.................................. 175

CHAP. CVI. Comment les roys de France et d'Angleterre tinrent leurs estats à Paris, le jour de Noël; et comment le roy d'Angleterre commença de régner en France.................................. 179

CHAP. CVII. Comment le roy d'Angleterre retourna en Angleterre avec sa femme, qu'il feit couronner royne en la ville de Londres, en Angleterre, où il tint moult grant feste; de l'aide qu'il requit à ses subjects, qui libéralement lui accordèrent........ 181

CHAP. CVIII. Comment la duchesse de Brabant se partit du duc son mari, par jalousie, et s'en alla avec le seigneur de Robersart, en Angleterre, où elle se maria avec le duc de Glocestre.................. 183

CHAP. CIX. Comment le daulphin fut banni du royaume et jugé indigne de la succession du royaume de France; et comment le seigneur de l'Isle-Adam fut fait prisonnier du duc d'Exester, capitaine de Paris......................... 185

CHAP. CX. Comment le duc de Clarence fut occis des Daulphinois, avec la fleur de la cavalerie d'Angleterre, à la bataille de Baugé, au pays d'Anjou; et du mariage du duc d'Alençhon à la seule fille du duc d'Orléans.................................... 186

Chap. cxi. Comment le roi d'Angleterre descendit à Calais à grosse armée, et tira vers Chartres, cuidant combattre le daulphin, qui l'avoit asségiée; et de la grant famine qui estoit à Paris, et entre Seine et Loire, Brie et Champaigne.................... 189

Chap. cxii. Comment le duc Philippe de Bourgongne combattit les Daulphinois, et gaigna la bataille qui fut nommée de Mons en Vimeux................ 192

Chap. cxiii. Comment le roy d'Angleterre asségia la ville de Meaux, en Brie; des saillies que les asségiés feirent; de la monnoye quy fut abbaissée, et les salus forgiés pour 25 sols...................... 197

Chap. cxiv. Comment le duc partist de Flandres pour aller en son pays de Bourgongne, en passant par Paris au bois de Vincennes, où estoient le roy et la royne, et de là au siège de Meaux; et comment il alla visiter le duc et la duchesse de Savoye, son bel oncle et sa tante; et comment le comte de Conversan fut délivré de prison; et aussi fut Arthus, comte de Richemont, frère au duc de Bretagne.......... 200

Chap. cxv. De l'emprinse du seigneur d'Offemont pour entrer en la ville de Meaux, en laquelle feut prins; et comment ceux de ladite ville se retirèrent au marché, en abandonnant la ville qui des Anglois fut prinse.. 202

Chap. cxvi. Comment le roy d'Angleterre feit sommer ceux qui estoient à Meaux, lesquels se rendirent audit roy par traictié; et comment plusieurs villes et forteresses furent rendues par les Daulphinois au roy d'Angleterre................................. 204

Page.

Chap. cxvii. Comment la royne d'Angleterre arriva à Harfleur, et de là s'en alla au bois de Vincennes, vers le roy et royne, ses père et mère, où le roi d'Angleterre vint vers elle; comment lesdits roy et royne tirèrent à Paris et à Senlis; de la femme de l'armoyeur du roy quy fut exécutée avec aucuns de ses complices............................ 210

Chap. cxviii. De la puissance que le duc de Bourgongne mena devant la ville de Cosne-sur-Loire, pour combattre le daulphin qui l'avoit faict asségier, lequel n'y comparut pas; du trespas du roy Henri d'Angleterre, et des remonstrances qu'il feit aux princes d'Angleterre............................ 213

Chap. cxix. Comment le corps du roy Henry d'Angleterre, dict le conquérant, fut porté en Angleterre et enterré à Westmoustier, auprès de ses prédécesseurs; de la pompe funèbre qui fut faicte, tant en chemin qu'en Angleterre............................ 219

Chap. cxx. Du trespas de la duchesse de Bourgongne, madame Michelle de France, en la ville de Gand; et du trespas du roy Charles de France, VIe de ce nom, nommé le Bien-Aimé, en la ville de Paris... 223

Chap. cxxi. Comment le duc de Bethfort fut régent du royaume de France, pour son nepveu, le roy Henry d'Angleterre, VIe de ce nom............. 224

Chap. cxxii. Comment ceulx de Meullant se rendirent aux Daulphinois, mais incontinent furent contraints de eulx rendre au duc de Bethfort, régent de France, à leurs grant perte et dhommaige....... 225

Chap. cxxiii. Comment les Daulphinois prinrent le chasteau de Dommart........................ 227

Chap. cxxiv. Des alliances que le régent de France, les ducs de Bourgongne et de Bretaigne feirent ensemble; et des mariages de deux sœurs du duc de

Bourgongne, Anne et Margueritte, qui furent traictiés avecques le régent et duc de Bretaigne; et de pluiseurs places prinses par ledit régent.............. 228

Chap. cxxv. Comment les Daulphinois perdirent la bataille contre les Bourguignons et Anglois, devant la ville de Crevant, qu'ils avoient asségiée......... 231

Chap. cxxvi. Comment le Crotoy fut rendu au régent de France; et de la mort de messire Jacques de Harcourt................................ 234

Chap. cxxvii. Comment messire Jehan de Luxembourg asségia la ville de Guyse; et comment la ville de Yvoy-la-Cauchie fut rendue aux Anglois par faute de secours........................... 238

Chap. cxxviii. Comment les Daulphinois furent déconfits en bataille par le régent de France, près de Verneuil, où le duc d'Allenchon fut prisonnier, et pluiseurs aultres........................ 240

Chap. cxxix. Comment la ville de Guyse se rendit à messire Jehan de Luxembourg quy de là en avant se nomma comte de Guyse................... 242

Chap. cxxx. Comment les ducs de Brabant et de Glocestre se submirent touchant leur procès à l'occasion de dame Jacques de Bavière, que chacun disoit estre sa femme, sur les ducs de Bethfort et de Bourgongne; et comment le duc de Glocestre refusa l'appointement par iceulx faict.................... 243

Chap. cxxxi. Comment le duc de Bourgongne espousa madame Bonne d'Arthois, sœur du comte d'Eu, sa belle tante; du mariage de monseigneur Charles de Bourbon à la sœur dudict duc de Bourgongne, nommée Agnès; du trespas de Jehan de Bavière, oncle du duc et duchesse de Brabant, qui délaissa le duc de Bourgongne son héritier............... 245

Chap. cxxxii. Comment le duc de Glocestre et la duchesse descendirent à Calais et tirèrent à Valenciennes, où ils ne peurent entrer, et de là à Mons, où elle feit ses remontrances, et fut le duc de Glocestre receu pour seigneur...................... 246

Chap. cxxxiii. Comment la ville de Brayne, en Haynault, fut rendue au duc de Brabant; et comment les Brabanchons retournèrent en leur pays........ 248

Chap. cxxxiv. Des lettres poignantes que le duc de Glocestre envoya au duc de Bourgongne.......... 251

Chap. cxxxv. De la response du duc de Bourgongne aux lettres envoyées par le duc de Glocestre, par laquelle il luy présente de le combattre corps à corps.. 254

Chap. cxxxvi. De la responce du duc de Glocestre aux lettres du duc de Bourgongne, par laquelle il lui accepta le combat et assigna jour................ 258

Chap. cxxxvii. Comment le duc de Glocestre se partit, et comment le duc de Brabant asségia la ville de Mons, en Haynault; du traictié faict audict siége, par lequel dame Jeanne de Bavière fut baillée en garde au duc de Bourgogne..................... 261

Chap. cxxxviii. Des remontrances que le duc de Bethfort, frère du duc de Glocestre, feit faire au duc de Bourgongne, pour empescher le combat, à quoi ledit duc ne se volt consentir; toutefois rien ne ensuivit, et ne retourna oncques puis en France le duc de Glocestre, fors que autour de Calais.......... 265

Chap. cxxxix. Comment le souldan d'Égypte et de Syrie envahist le royaulme de Cyppre, où il feist de gros dommaiges............................. 267

Chap. cxl. Des ambassadeurs par lesquels le daulphin envoya faire obéissance au pappe Martin; et des lettres du pappe publiées au pays de Brabant, pour le

DES MATIÈRES.   575

Page

faict de la duchesse dame Jacques.............. 271

Chap. cxli. Comment le duc de Bethfort, régent de France, gaigna la cité et comté du Mans par traictié................................... 272

Chap. cxlii. Comment la duchesse Jacques de Bavière trouva façon d'eschapper de Gand, et s'en alla en Zellande et Hollande, où elle fut receue comme dame; du secours que le duc de Glocestre luy envoya d'Angleterre; et comment le duc de Bourgogne les combattist et gaigna la bataille; et d'aultres emprinses faictes audict pays; et le trespas de la duchesse de Bourgongne, madame Bonne d'Arthois...................................... 273

Chap. cxliii. Comment le roi de Cippre fut prins à la bataille des Sarrazins, et mené prisonnier au souldan Baldador; et comment par finance il fut eslargi de prison et s'en retourna en Cippre........... 278

Chap. cxliv. Comment les Hollandois furent desconfits des Bourguignons, quy tenoient garnison à Hornes; et comment pluiseurs villes quy tenoient de la partie de la duchesse se rendirent................ 287

Chap. cxlv. Comment Anglois furent desconfits au siége de Montargis........................... 288

Chap. cxlvi. Comment la ville de Zenenberghe et le seigneur quy tenoit le party de la duchesse Jacques de Bavière, se rendirent au duc de Bourgongne; et du trespas du duc Jehan de Brabant, fils d'Anthoine, duquel Philippe, son frère, fut héritier, quy estoit comte de Saint-Pol et de Ligny, seigneur de Fiennes et chastelain de Lille................... 289

Chap. cxlvii. Comment le régent de France vint vers le duc de Bourgongne à Lille, pour l'appoincter avecques le duc de Glocestre.................... 291

  Page

Chap. cxlviii. Du débat pour l'éveschié d'Utrect; et de
 la paix finalle quy fut faicte entre le duc de Bourgongne et dame Jacques de Bavière, quy se maria à
 messire Frank de Borsel, comte de Ostrevant...... 292

Chap. cxlix. De pluiseurs crollements de terre qui advinrent en Castelogne, Espaigne et Languedoc; et
 coppie de la lettre que le souldan de Babylone envoya aux seigneurs de la chrestienté............ 294

Chap. cl. Comment les Anglois asségièrent la ville
 d'Orléans, où le comte de Salbery fut occis d'un
 coup de canon................................. 298

Chap. cli. Comment la Pucelle Jehanne vint en bruit
 et fut amenée au siége d'Orléans; comment elle
 saillist avec les Franchois sur les Anglois; et fut le
 siége abandonné............................... 301

Chap. clii. Comment le daulphin fut couronné roy
 de France à Rains; de pluiseurs villes quy se rendirent à luy; comment le duc de Bethfort luy alla allencontre et présenta la bataille; des faicts de la Pucelle, quy mena le roy devant Paris............. 304

Chap. cliii. De l'ambassade que le duc de Bourgongne
 envoya en Portingal, pour avoir madame Ysabel,
 fille du roy, en mariage........................ 309

Chap. cliv. Du mariage de l'Infant don Édouard, fils
 du roy de Portingal aisné, à la sœur du roy Alphonse
 d'Arragon; de leurs accoustremens et pompe nuptiale, et nopces célébrées dans la ville............ 310

Chap. clv. Comment madame Ysabel de Portingal arriva à l'Escluse, en Flandres, où elle fut honourablement receue; de la solempnité et feste des nopces
 du duc et d'elle, quy se tint à Bruges; et des joustes
 et esbattemens quy se y feirent; et des seigneurs et
 dames quy se trouvèrent à ladite feste........... 317

DES MATIÈRES.

Page

CHAP. CLVI. Comment le duc de Bourgogne, durant la feste de ses nopces, institua et meit sus la noble ordre de la Toison-d'Or.................. 331

CHAP. CLVII. Des armes quy se feirent en la ville d'Arras, entre Franchois et Bourguignons, dont le duc estoit juge........................ 334

CHAP. CLVIII. Comment le duc de Bourgongne asségia la ville de Compiengne, où la Pucelle Jehanne fut prinse par une saillie qu'elle feit; et de plusieurs aultres faits de guerre................... 336

CHAP. CLIX. Comment les Liégeois commencèrent la guerre contre les Namurois, boutants feu en plusieurs endroits............................. 340

CHAP. CLX. Comment le comte de Ligny meit le siége devant Crespy, en Laonois, que luy fut rendue, et la cité de Soissons luy feit obéissance au nom du duc de Bourgongne........................ 341

CHAP. CLXI. Du trespas du duc Philippe de Brabant; et comment le duc de Bourgongne print possession de la duché; de plusieurs faicts d'armes quy se feirent durant le siége de Compiengne; et comment il fut délaissé........................... 342

CHAP. CLXII. De la guerre de l'évesque de Liége allencontre des Bourguignons, au pays de Namur et dudit Liége, laquelle feut fort rigoureuse.......... 347

CHAP. CLXIII. Comment les gens du duc de Bourgongne furent rués jus devant Germigny des Franchois; comment ils envoyèrent demander la bataille au duc, quy estoit dedans Roye; et la response que le duc lui feit........................... 353

CHAP. CLXIV. Du pardon que le duc feit aux Cassellois, pour leur rébellion; et comment il en feit exécuter et remit le pays en justice.................. 358

Chap. clxv. De l'estat que le duc de Bourgongne tint en la ville de Brouxelles; et du trespas de son cousin le prince de Piedmont 360

Chap. clxvi. La publication que le duc feit faire en la ville de Brouxelles, pour encommenchier la feste de l'ordre de la Thoison-d'Or.................. 361

Chap. clxvii. De la première feste de l'ordre de la Thoison-d'Or, que le duc de Bourgongne tint à Lille; et des cérémonies observées à ladite feste.... 362

Chap. clxviii. La coppie des lettres de l'institution de la noble ordre et confrarie de la Thoison-d'Or, faicte en la ville de Bruges, le vingt-septième jour de novembre, l'an de grâce mil quatre cent et trente-un. 371

Chap. clxix. Du nombre des officiers de l'ordre de la Thoison-d'Or, et comment ils doibvent exercer leurs offices; et du serment qu'ils sont tenus de faire.... 404

Chap. clxx. Comment le prince d'Orange et les Bourguignons furent desconfits à la bataille des Daulphinois, devant Anthoin; et comment le seigneur de Montagu feut privé de l'ordre de la Thoison-d'Or.................................... 414

Chap. clxxi. De la guerre du duc de Bar, René d'Anjou, contre le comte de Vaudemont, lequel, avec le secours des gens de guerre que le duc de Bourgongne lui feit, combattit ledit duc de Bar, quy fut prisonnier et envoyé au duc de Bourgongne, et perdit la bataille.............................. 418

Chap. clxxii. De la bataille du Bregier, où les Franchois furent desconfits des Anglois............. 423

Chap. clxxiii. Comment le duc de Betbfort, régent de France, asségia Ligny-sur-Marne, laquelle fut ravitaillée des Franchois, et le siége délaissié par ledict régent...................................... 425

CHAP. CLXXIV. De la seconde feste et solempnité de la Toison, quy fut tenue à Bruges.............. 427

CHAP. CLXXV. Comment Pierre de Luxembourg, comte de Sainct-Pol, asségia la ville de Sainct-Valery, quy luy fut rendue par traictié; du trespas du comte de Sainct-Pol; et des emprinses et conquestes que monseigneur Jehan de Luxembourg, comte de Ligny, fist sur les Franchois................ 429

CHAP. CLXXVI. Comment le duc de Bourgongne partit d'Arras, pour aller en Bourgongne, contre ses ennemis, quy gastoient le pays; de pluiseurs places quy se rendirent à luy par traictié ou aultrement...... 434

CHAP. CLXXVII. Comment le duc print la ville d'Avallon d'assault, et la forteresse de Pierre Petrins.. 443

CHAP. CLXXVIII. De la troisième feste et chapitre de l'ordre de la Thoison-d'Or, tenue à Dijon, où le nombre des chevalliers fut accru de six................ 447

CHAP. CLXXIX. Comment les adversaires du duc de Bourgongne prinrent d'assaut la ville de Mont-Saint-Vincent; et comment ils abandonnèrent le siége.. 448

CHAP. CLXXX. De la feste des nopces du comte de Genève, fils aisné du duc de Savoie, et de Anne, fille du roy de Chypre, en la ville de Chambéry; des princes, seigneurs, dames et damoiselles quy y furent; et de la pompe et esbattemens de ladicte feste.. 450

CHAP. CLXXXI. Comment le duc de Bourgongne envoya gaster le pays de Rethelois; et comment il retourna en ses pays de Flandres et de Brabant...... 461

CHAP. CLXXXII. Comment le duc de Bourgongne partit de son pays de Flandres pour estre au jour que les Franchois avoient prins de combattre ou rendre la place de Gransy, laquelle fut rendue; et de plusieurs forteresses prinses autour de Mascon ; et de la prinse de Chaumont, et Belle-Ville ; et comment les ducs et duchesses de Bourgongne et de Bourbon s'assemblèrent à Nevers, faisants grosses chières les ungs aux autres ; et de la conclusion quy se tiendroit en la ville d'Arras............................ 463

CHAP. CLXXXIII. De la journée qui se tint à Arras, entre le duc et les ambassadeurs du Sainct-Père ; les ambassadeurs des roys de France et d'Angleterre, pour la paix finalle du royaulme de France, laquelle fut faicte et conclue entre le duc et les ambassadeurs de France ; des seigneurs quy se trouvèrent à ladite journée, et des armes quy y furent faictes entre deulx gentilshommes, chevaliers ; assavoir, messire Jehan de Merlo, Castillian, et le seigneur de Charny, Bourguignon, dont le duc estoit juge.. 469

CHAP. CLXXXIV. Du jugement d'armes quy se fist à Arras, à l'occasion du débat entre messire Collart, dict Florimont de Brimeu, d'une part, et messire David de Brimeu, son oncle, d'aultre part, pour les armes de la bannière et seigneurie de Brimeu... 489

CHAP. CLXXXV. Coppie du traictié de la paix faicte et conclue en la ville d'Arras, entre le duc de Bourgongne et le roi Charles de France, VIIe de ce nom. 493

CHAP. CLXXXVI. Comment le roi de France jura la paix d'Arras solempnellement, et la feit aussi jurer aux grands seigneurs qui estoient entour luy, et comment le mariage de madame Catherine, deuxième fille du roi fut traicté avecques le comte de Charollois..... 529

CHAP. CLXXXVII. La copie des lettres que le roi escripvit au duc de Bourgogne........................... 530

CHAP. CLXXXVIII. La coppie de la responce que le duc de Bourgongne feit aux lettres du roi......... 535

Chap. CLXXXIX. La cinquième feste et chapitre de la Thoison-d'Or feut tenue à Bruxelles............ 537

Chap. cxc. De la proposition que le souverain bailli de Flandres feit par le commandement et en présence du duc de Bourgongne, comte de Flandres, et aux doyens jurés et maistre de bourgeoisie de la ville de Gand, et la response faite sur icelle....... 538

FIN DE LA TABLE DES MATIÈRES.

Printed in the USA
CPSIA information can be obtained
at www.ICGtesting.com
LVHW051638200324
775044LV00030B/278